Why Mahler?
How One Man and Ten Symphonies Changed the World

一个人和十部交响曲如何改变我们的世界

为什么是马勒？

诺曼·莱布雷希特 (Norman Lebrecht) ／著
庄加逊 ／译

生活·讀書·新知 三联书店

Copyright © 2010 Norman Lebrecht
This edition arranged with A.M.Heath & Co Ltd.
Through Andrew Nurnberg Associates International Limited.

Simplified Chinese Copyright © 2018 by SDX Joint Publishing Company.
All Rights Reserved.
本作品简体中文版权由生活·读书·新知三联书店所有。
未经许可，不得翻印。

本书翻译得到上海高校高峰高原学科建设项目（上海音乐学院西方音乐史学科团队）资助

图书在版编目（CIP）数据

为什么是马勒？：一个人和十部交响曲如何改变我们的世界／（英）诺曼·莱布雷希特（Norman Lebrecht）著；庄加逊译．—北京：生活·读书·新知三联书店，2018.10
ISBN 978-7-108-06080-8

Ⅰ.①为… Ⅱ.①诺… ②庄… Ⅲ.①马勒（Mahler, Gustav 1860—1911）-传记 Ⅳ.①K835.215.76

中国版本图书馆 CIP 数据核字（2017）第 205150 号

责任编辑	樊燕华	
装帧设计	薛 宇 朴 实 张 红	
责任校对	安进平	
责任印制	徐 方	
出版发行	生活·讀書·新知 三联书店	
	（北京市东城区美术馆东街 22 号 100010）	
网　　址	www.sdxjpc.com	
图　　字	01-2017-0172	
经　　销	新华书店	
印　　刷	三河市天润建兴印务有限公司	
版　　次	2018 年 10 月北京第 1 版	
	2018 年 10 月北京第 1 次印刷	
开　　本	880 毫米 × 1230 毫米　1/32　印张 15.25	
字　　数	328 千字　图 60 幅	
印　　数	0,001-8,000 册	
定　　价	59.00 元	

（印装查询：01064002715；邮购查询：01084010542）

古斯塔夫·马勒生前最后一幅肖像画

"……在比例上,马勒的头相对于纤弱的身型似乎显得太大。他的头发往后梳,有些谢顶,但太阳穴上方的头发灰白浓密,额头高耸,布满皱纹,看起来伤痕累累、历经劫难。他戴着一副金色的眼镜,无框的眼镜架在线条高贵、强壮的鼻梁上。"这是托马斯·曼笔下的马勒;不久,这个形象被他写进自己的小说里。

19世纪中期伊格劳全貌。古斯塔夫·马勒成长于此。

这片土地无名无姓。它既不属于波西米亚，也不属于莫拉维亚，不过是帝国内由伊格劳河分割出来的一块边界之地。伊格劳（伊赫拉瓦）在当时是配备驻军的交通要镇，守卫从布拉格到布尔诺的道路，甚至捍卫着更远的帝国首都维也纳。

Gustav Mahler a jeho rodný dům v Kališti.

古斯塔夫·马勒出生地：位于波西米亚的卡利希特小村。该明信片发行于马勒逝世那年。门上刻有"Hostinec"字样，即捷克语"小酒馆"的意思，表明它当时依然被用作酒馆。右上方饰有马勒的肖像画。

"多么可怜巴巴的小屋啊，"马勒曾描述道，"所有窗户都没有玻璃。屋前有一个小池塘，邻近的村子也只有零散的几个小屋而已。"

少年马勒在伊赫拉瓦居住过的房子。

伊赫拉瓦后来重新翻修了马勒的老家，如今位于兹诺耶姆斯卡街256/4号。……广场上新建了一个醒目的、拥有37间套房，配备卫星电视的"古斯塔夫·马勒酒店"（Hotel Gustav Mahler）。

伊赫拉瓦的犹太会堂，古斯塔夫·马勒与家人参加宗教聚会的地方，1938年被奥地利纳粹代表人物阿图尔·赛斯－英夸特下令摧毁（此人后来在纽伦堡审判中被处以绞刑）。

1870年古斯塔夫·马勒首次在伊赫拉瓦举行公演的地方

"犹太商人家的孩子、现年九岁的男孩马勒在众多观众面前举办了首次钢琴独奏音乐会。这位未来大师的演出非常成功,若是乐器本身的质量能赶上他优秀的演奏技巧就更好了……"

五岁时的古斯塔夫·马勒。摄于1865年。

少女时代的阿尔玛·辛德勒(左)与妹妹格蕾特·辛德勒,曝光负片,摄于1895年冬,维也纳。

古斯塔夫·马勒与她的妹妹贾斯汀,摄于1899年,维也纳。

阿尔玛·马勒与两个女儿,摄于1906／07年。

……第二幕结束时,马勒要命的偏头痛又犯了。"如果现在有人接手就好了。"马勒有气无力地抱怨。就在这时,贾斯汀开了个不太合时宜的"犹太家庭式玩笑",对阿尔玛打趣道:"他和我在一起时还很年轻,和你在一起后就老了。"

……终于,阿尔玛与马勒在迈尔尼希重逢。马勒如同进行一场仪式般的把妻子领进小屋,诉说自己如何用激昂的快板主题来描绘她的样子,以及如何用行板乐队来代表他们的一双女儿。

马勒的妻子,阿尔玛·马勒,摄于1909年或1910年。

"我想做一些不一样的、非凡的事。比如写一部出色的歌剧,一件从未有女人做过的事。总之,我想成为重要的人。然而一切是不可能的,为什么呢?我并不缺乏才能,但对艺术目标的态度却过于轻率。上帝啊,求你给我一个伟大的使命吧,让我成就一些了不起的事!让我快乐!"

位于卡尔广场上的圣卡尔教堂,被大多数人视为全维也纳最出色的巴洛克教堂;1902年2月9日,古斯塔夫·马勒与阿尔玛·辛德勒在这座教堂内完婚。

当天下午一点半前,马勒身着灰色西装,在见证人摩尔、罗斯的陪同下走进空无一人的教堂。外面下着倾盆大雨,他脚上踏着胶鞋。阿尔玛与自己的母亲及妹妹贾斯汀乘坐计程车抵达,脚踩在大理石地板上的声响在整个教堂内回荡。

古斯塔夫·马勒与大女儿玛丽亚,摄于迈尔尼希,玛丽亚逝世前的那个夏天。

……6月最后一天的夜里,马勒抵达迈尔尼希家中,听闻五岁的大女儿玛丽亚身体状况不佳……马勒在女儿的房间跑进跑出,仿佛那是一种试炼,"在他的内心与她告别"……7月12日早晨,玛丽亚,也就是人们熟知的普琪咽下了最后一口气。

马勒与亲友在 Pragser Wildsee 酒店,从左至右依次为妻子阿尔玛、女儿安娜、玛丽亚·摩尔(位于后方被遮住半边脸)、奥斯卡·弗里德与安娜·摩尔,摄于1910年。

古斯塔夫·马勒与阿尔玛·马勒在位于托布拉赫夏日度假屋附近的山上散步，摄于 1909 年。

郁郁葱葱的托布拉赫湖区地处高地，一直是马勒的避暑胜地。之前的四个夏天，他都在此度过。阿尔玛和她的母亲找到一个"宽敞、与世隔绝的农舍，内有十一个房间"，位于偏远的村庄奥特舒德巴赫。

瓦尔特·格罗皮乌斯,德国建筑师,包豪斯建筑学院创始人,阿尔玛·马勒的第二任丈夫。

"一味地给您带来痛苦令我难过。至少允许我对您表达谢意,您以如此高尚的姿态待我,并慷慨地与我最后握了一次手。"——格罗皮乌斯致马勒。

曼侬·格罗皮乌斯(1916—1935),阿尔玛·马勒与瓦尔特·格罗皮乌斯的女儿。

安娜·马勒,阿尔玛·格罗皮乌斯·韦费尔与古斯塔夫·马勒的女儿。奥地利雕塑家。摄于1930年之后。

安娜关于父亲最充满柔情的记忆,是一个黎明破晓前。他们身处纽约的旅馆,整个世界还在沉睡,在音乐中他们俩惺惺相惜。她静静地坐在一边,看着父亲誊写第九交响曲的乐谱,小心不发出任何声音,她深知对父亲而言,"工作"比任何事都大。

捷克诗人、剧作家、小说家弗朗茨·韦费尔,阿尔玛·马勒的第三任丈夫。主要作品有:《穆萨山四十天》(1933)、《贝纳德特之歌》(1941),后者被改编为戏剧,由马克斯·莱因哈特操刀制作,于1940年登上美国舞台。

维也纳咖啡馆，人们边喝咖啡边交谈、阅读，女士们头戴各式的礼帽。摄于 1900 年。

维也纳外表的诡谲欺骗超越了真实本身，那里的人有一句流行语："schein über sein"，意思是表象比实质重要；与其存在，不如被人看到就好。一个建立在幻觉之上的城市，缺乏实质意义的政治职能，恰恰令艺术有机会创造出另一种真实。

时任维也纳市长的卡尔·鲁伊格博士。照片摄于 20 世纪早期维也纳某会议期间。

1897 年 4 月 8 日，马勒被正式任命的消息公布后，卡尔·鲁伊格当选维也纳市长。……鲁伊格是激进的反犹分子，体态挺拔、金色的胡子，人称"帅气卡尔"，对普通市民尤其具有吸引力。

维也纳国家歌剧院董事会成员（从最左端顺时针方向依次为）：J. 维尔德、埃默里希·冯·布科维奇、保罗·施伦特博士、古斯塔夫·马勒、弗朗茨·里特·冯·豪纳、海因里希·扬奇、恩斯特·盖特克、亚历山德里娜·冯·舍纳、穆勒·加特布隆。摄于维也纳，1898 年。

古斯塔夫·马勒摄于维也纳宫廷歌剧院办公桌前

"我们一起工作的最后时刻终要来临。我将要离开这个对我而言非常重要的地方，在此谨向各位郑重道别。虽然我曾梦想推出完整、完满的作品，如今却只留下这些残片与不完美——我想这便是人类的命运。"

古斯塔夫·马勒前往维也纳宫廷歌剧院途中，1920 年该歌剧院正式更名为维也纳国家歌剧院。照片摄于 1904 年。

"工作如黑洞将我整个儿吸了进去，夺走了我的身体与灵魂，"他说，"我忙碌的程度与一位剧院总监毫无二致……我全部的感官、感情一直处于接收讯息的状态。我对自己感觉越来越疏离……甚至每当想到自己，都觉得不过是在回忆一位故去的人。"

夏季度假期间的古斯塔夫·马勒，摄于奥地利，约 1905 年前后。

马勒于 1905 年夏天完成了第七交响曲，作品围绕两段间奏曲—夜曲进行建构，宛若在黑暗中召唤田园风光。

马勒在前往美国的船上，摄于 1910 年。

古斯塔夫·马勒在纽约,摄于 1910 年。

"我现在变得越来越有名……可以处理任何压力,绝对不会使问题恶化,"马勒写道,"比起之前十年,我确实工作能力更强了,也更快乐。"

古斯塔夫·马勒,六英寸快照,摄于纽约杜邦工作室,1909年。

一张留下马勒笔记的照片,上面写道:"摄于第八交响曲首演之前。演出后,我开心极了,脸上完全是不一样的表情啊。好了,现在让我们都唱起来(之后是几小节乐谱)。慕尼黑,1910年9月13日。古斯塔夫·马勒。"(第八交响曲首演于1910年9月12日)

罗丹制作的马勒像。青铜雕塑,1909年。

塑像大概分十二次完成,唯有一回马勒不愿意听从罗丹的要求。当时罗丹希望马勒跪下来,好让他能从各个角度观察马勒的头部。"当我请求他跪下时,他还误以为我要羞辱他。"罗丹嘟囔着。

马勒位于托布拉赫的"创作小屋"。

马勒很喜欢这个地方,在山坡的小树林边搭了户外小棚屋,里面放了立式钢琴。阿尔玛觉得这栋小屋粗糙得不像样,与茅厕几无分别。"小屋里安装了全套的炉台,"阿尔玛回忆道,"马勒总是亲自点燃炉子,在上面准备餐食……"某天,一只老鹰因追逐寒鸦冲进马勒的小屋,"原本让作曲家专注于音乐、宁静安详的避难所成了战场。"

阿特湖附近的马勒创作小屋,位于萨尔茨卡默古特(盐湖区),奥地利北部地区。

在离开施泰因巴赫之前,马勒花钱请当地的工匠在湖边用砖砌了一间小屋。如此一来,到了第二年夏天,他便可以透过窗子眺望湖面。"湖水拥有它自己的语言,"他告诉工匠的儿子说,"它会对我说话。"

安德拉什大街(Andrássy Street)上的布达佩斯歌剧院。(马勒、巴托克、李斯特曾在这里登台指挥)

"我已经花了三个月试图了解布达佩斯,希望能尽快融入其中,结果发现了很多令人惊讶的事实。最匪夷所思的是匈牙利拥有比欧洲其他任何国家都更为出色的声乐歌手,好声音一大把,却从不曾考虑组建属于自己的国家歌剧院……另外,歌剧表演过程中混乱的语言问题竟从未引发人们的关注。"

木刻版画《猎人的葬礼》,由浪漫派画家莫里兹·冯·施温德创作于1850年。该作品以视觉方式展现马勒第一交响曲中"动物葬礼进行曲"的主题,对埋葬猎人的动物们逐一做了细致描绘,动作神情各异。

世纪之交的捷克斯洛伐克奥尔米茨,马勒在此获得人生第二份工作。值得注意的是奥尔米茨广场边的军乐队。军乐队主题曾被马勒用于创作中。

文艺复兴时期歌手、大键琴及低音提琴演奏家乔治·巴尔巴雷利(1477/8—1510)所绘画作《协奏曲音乐会》。这是马勒最喜欢的一幅画,因为画上的这位大键琴演奏家酷似他本人。马勒将这幅画挂在汉堡歌剧院的办公桌上方。

1910 年慕尼黑第八交响曲首演排练现场，画面中的马勒正在为 9 月 12 日的首演做准备。

当马勒出现在指挥台上时，所有观众仿佛在同一时刻接收到某种神秘的暗示，全场肃立。人们像是在迎接一位国王，屏息无声。看到这一切的马勒十分惊讶，他用简单的动作向观众致意，台下爆发出巨大的欢呼声，此等礼遇在音乐会中很不寻常，更何况这一切发生在音乐会开演之前。

马勒第八交响曲首演海报，慕尼黑，1910 年。

为了这场"一战"前最后的文化盛会，众多名流从四面八方涌来。四位维也纳作家——施尼茨勒、霍夫曼斯塔尔、巴尔及茨威格在慕尼黑受到德国新文学领袖托马斯·曼的欢迎。音乐界理查·施特劳斯、马克斯·雷格尔、齐格弗里德·瓦格纳与法国作曲家圣－桑、杜卡斯齐聚一堂。由于人数众多，指挥家斯托科夫斯基只能勉强挤进音乐厅的站票区。

古斯塔夫·马勒与德国指挥家、作曲家布鲁诺·瓦尔特在慕尼黑。据推测照片拍摄于第八交响曲首演期间,1910年。

"我从未见过节奏如此紧凑的人,"瓦尔特写道,"如此简洁的指令,统帅的姿态,一股专心达到某种目标的指挥意志令人惊惧,迫使大家完全进入服从状态。"

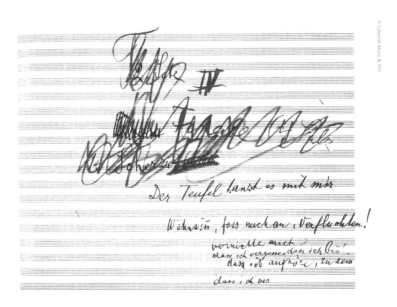

选自古斯塔夫·马勒第十交响曲谐谑曲部分乐谱手稿。在乐谱上马勒写着:"魔鬼与我共舞／疯狂,它死死地抓住我,一个被诅咒的人!／毁灭我／我将忘记我的存在!"

古斯塔夫·马勒在布拉格演出第七交响曲期间,摄于1908年。

古斯塔夫·马勒与同伴交谈,摄于慕尼黑,第八交响曲首演期间。

九月的慕尼黑,到处是金黄的美景,除了满目的落叶,还有冒着泡沫的金黄啤酒杯。某个寒冷的周六晚上,马勒抵达慕尼黑,入住欧陆酒店,之后颤抖地躺到床上。周日上午,马勒开始发烧。经医生检查,他喉咙一侧淤积了大量白色脓毒。

阿尔弗雷德·罗勒为瓦格纳歌剧《特里斯坦与伊索尔德》设计的舞台布景。1902年。

1906年5月8日,一位林茨来的少年(阿道夫·希特勒)在剧院外苦苦乞讨当晚的音乐会票。最后,他挤进人满为患的歌剧院,站着看完马勒指挥的《特里斯坦与伊索尔德》。一年后,少年重返维也纳,希望能追随阿尔弗雷德·罗勒学习舞台设计。然而他太过怯懦,手执推荐信却始终没有勇气敲门。1934年2月,希特勒把罗勒叫到他的总理府会面,诉说自己当年的胆小与懊恼,细细回味那场具有天启意味的《特里斯坦与伊索尔德》……他们两人谁也没有提起马勒,一个在历史纪录中并不被认可的指挥。随后,罗勒接受了希特勒的邀约,为在拜罗伊特上演的歌剧《帕西法尔》进行舞台设计。

德国指挥家、作曲家理查·施特劳斯与奥地利画家、舞美设计师阿尔弗雷德·罗勒在维也纳国家歌剧院前的合影。

"如果用尼采的话来说,我是'不属于自己时代的人'……施特劳斯才是生逢其时的那个,所以他能在活着时就享有不朽名声。——马勒如是说。

勃拉姆斯在图书馆。摄于 1894 年。

马勒把勃拉姆斯送回小屋,离开时回头看了他一眼,发现勃拉姆斯正站在厨房的炉子边,一个人孤独地烤着晚餐的香肠。这个场景在马勒心中留下了强烈的印象,他警醒自己,世上再多的成就与掌声都不能永保作曲家拥有舒适、幸福的生活。他不愿自己的人生和这位不朽的勃拉姆斯一样,虽然备受推崇,却终归孤独。

卡尔·摩尔,维也纳艺术家,阿尔玛的继父。摄于 1909 年。

摩尔个性随和、讨人喜欢,天生擅于包容错误、化解矛盾。他常能将自己的画作卖个好价钱,有时作为"中间人"为更大牌的艺术家与画廊、客户牵线搭桥。

奥地利中提琴演奏家纳塔莉·鲍尔－莱赫纳,马勒的朋友。

莱赫纳成为记录马勒的天使,每天晚上在房间里写下他说过的每一句话。之后的十年,莱赫纳的笔记本犹如摄像机般与马勒如影随形,捕捉与他相关的一切细节。有时候,马勒会借由莱赫纳展现出一种姿态,但大部分时候他其实都没有注意到她的存在,忘记了这个用心诉说的女人。

古斯塔夫·马勒与维也纳爱乐首席阿诺德·罗斯。摄于维也纳,1899 年。

1911 年 5 月 18 日,星期四,空气潮闷,预示着一场大雨将要降临……罗斯一路狂奔至疗养院,浑身湿透。他及时赶到了。十一点过五分,医生宣布了马勒的死亡。

安娜·弥登伯格，奥地利女高音，在瓦格纳歌剧中饰演布伦希尔德。

"我闭上眼睛，双手无法克制地拧在一起。我所有的希望与渴念倾泻而出，'看呐，布伦希尔德正在恳求你呀。'那句歌词成为我的祷告，如同在绝望之地发出的一声呐喊，我闪耀的希望之星（马勒）竟在我到剧院的头几天便出现在眼前。"

《阿尔班·贝格画像》，由阿诺德·勋伯格绘于1910年。画者与被画者皆为奥地利作曲家。

在最后为数不多的清醒的日子里，马勒有一天忽然惊恐地问道："勋伯格会怎样呢？要是我走了，就没有人站在他那一边了。"

漫画《马勒与第一交响曲》：古斯塔夫·马勒于布达佩斯指挥首演他的第一交响曲。绘于1889年。

乐评人阿布拉尼指出："铙钹大响，单簧管与小提琴发出刺耳的尖叫，鼓声隆隆，长号咆哮；总之，所有乐器都着了魔一般，犹如疯狂的巫婆在跳舞。"听众如坐针毡，不知道究竟该笑还是哭。马勒的朋友吕尔回忆道："作品从紧接段一路冲向尾声，声音大得骇人，坐在我边上的优雅妇人吓得手上的东西掉落一地。"

汉斯·伯勒尔所作漫画《指挥中的马勒》，传神地描绘了马勒指挥时的四种姿态。

他会突然把指挥棒往前伸，仿佛一条吐信子的毒蛇。他的右手像是要把音乐从乐团中拔出来……他的眼睛紧盯着舞台，对歌手做出恳求的手势。突然，他像被蜜蜂蜇了般的从指挥椅上跳起来。马勒像一簇燃烧着的火焰，大动作地四处跳动。

马勒去世的地方,维也纳马利安娜大街勒夫疗养院。

马勒住进位于马利安娜街上的勒夫疗养院,离先前他供职的歌剧院不过十五分钟的路程。人们把马勒安置于底层的房间,窗子正对着巨大的花园……维也纳爱乐乐团送来了鲜花。"我的爱乐啊",马勒喃喃自语……

1911年4月,某维也纳当地报纸刊登此画:"奥地利作曲家古斯塔夫·马勒,临终前躺在巴黎疗养院病床上。"

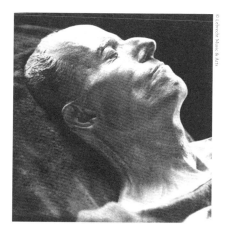

马勒逝世后的面部模型,卡尔·摩尔制作。

……5月19日上午,一位名叫斯坦齐格的地区医生刺穿了马勒的心脏。随后,摩尔用黏土覆盖死者的脸,等它凝结后便会形成一个死亡面具。"真是崇高且平静的美。"阿尔弗雷德·罗勒说。

《马勒之墓》。蚀刻版画,1920年。

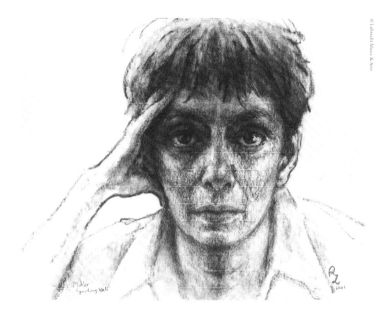

《当聆听马勒第一交响曲时》,匈牙利画家罗博茨(Zsuzsi Roboz)自画像,绘于20世纪80年代。

美国指挥家、作曲家伦纳德·伯恩斯坦(左)与吉尔伯特·卡普兰,摄于20世纪80年代。

《魂断威尼斯》剧照。意大利导演卢奇诺·维斯康蒂执导的电影,根据德国作家托马斯·曼小说改编。背景音乐采用马勒第五交响曲。

Contents

目录

致中国的读者们　　　　　　　　　　　　　I

序：马勒之后的另一波洪流？　　　　　　001
引言：苦寻马勒　　　　　　　　　　　　007

第一部分　为什么是马勒？

1　常见的疑问　　　　　　　　　　　　　016

第二部分　马勒是谁？——生平与时代

2　生在无名之地（1860—1875）　　　　　044
3　城市之梦（1875—1887）　　　　　　　067
4　如世界般壮阔的交响曲（1887—1891）　088
5　再次复活（1891—1894）　　　　　　　107
6　那些爱教会我的事（1895—1897）　　　132
7　权力的滋味（1897—1900）　　　　　　157
8　维也纳最美的姑娘（1901）　　　　　　186

9	幸福的小插曲（1902—1906）	216
10	三锤重击（1907）	249
11	进军美国（1907—1910）	269
12	为你而生，为你而死（1910—1911）	313
13	马勒之后的世界（1911—1920）	349

第三部分 马勒属于谁？

14	如何诠释马勒？	370

第四部分 如何理解马勒？

15	找到开启私人空间的钥匙	452

致 谢	456
文献目录	463

致中国的读者们

自我第一次走进无名的捷克小镇伊赫拉瓦,一晃30年过去了。这个在奥匈帝国时代被称作伊格劳的偏远之地曾是配备驻军的交通要镇,如今显得破败、荒凉,真真是可惜了它周围的旖旎风光:那连绵起伏的绿色山丘,镶嵌在波西米亚—莫拉维亚边境线上的一汪汪深蓝、平静的湖水。在伊格劳,时间趋于停滞,好像什么都不曾发生过;游人只要待上一小会儿,不出一个钟头便能明白为何天才少年古斯塔夫·马勒如此迫切地渴望走出去,渴望逃脱。15岁那年,马勒搭乘火车前往维也纳著名的音乐学院学习。隔年夏天,他为了完成毕业考试重返伊格劳,不巧,赶上了父亲的葬礼。

在这里,最令我兴奋的是翻阅马勒学生时代的试卷。它们被存放在市政厅的地窖内,另有大量学校当年在校生的注册资料,详细纪录着这个不起眼的小镇每一位入学者的信息。档案员很快便将这些文件翻找出来摆在我面前,对传记作者而言,这无疑是醉人的天堂!一整个上午,我沉溺其中,忘情、专注地研读起天才少年稚嫩的笔迹。

我一眼便知，哪些科目引发了年轻马勒浓烈的兴趣，另有一些却叫他提不起精神、应付了事。对于感兴趣的话题，马勒常常会在试卷中有十分精彩的个性表达，而对于那些无聊乏味的，他便勉强混个及格过关。最后一袋卷宗里有几页纸引起了我的注意，那是一篇题为《东方对德国文学的影响》的论文，以尖锐的笔触向当时的帝国时代公然提出反抗。这是很重要的线索，由于不能影印，我只得坐下来逐字辨认，直到读完才起身离开。

1876 年，马勒时年 16 岁，他拒绝接受长久以来人们将欧洲文化设定为"优等文化"的思维传统，转而投向东方，从东方文明中汲取养分。这是一场至关重要的考试，马勒唯有通过才能获准进入大学，日后也才有可能在这世界赢得属于自己的自由天地。然而少年马勒不惜冒险触怒考官，只为了主张文化平等。这篇文章无异于个人宣言，马勒将自己视作一个局外人、一个探索者，更是一个永远拒绝被归类的创造者。身为一名德国艺术家，马勒穷尽一生试图打破思维的疆界，那是他至大的安慰与信念。那日早晨，就在伊赫拉瓦的档案堆里，我已然触碰到了《大地之歌》最初的萌芽。

1907 年夏天，马勒的事业与生活遭受接二连三的重创——从维也纳国家歌剧院辞职，大女儿夭亡，变卖房产，与阿尔玛的婚姻陷入空前危机。韦尔特湖畔的小屋是马勒在这世上唯一拥有过的、被他称作"家"的地方。如今，他再度成为无家可归的人，准备启程前往美国开启第二段职业生涯。陷入人生低谷的马勒从朋友处得到一本中国诗集，并深深被唐代诗人所吸引——张继、王维，尤其最爱李白。不论是诗人形象，还是诗句所召唤出的情感，竟是如此不受时空之限,凝结作永恒。

"这是我一辈子所做过的最个人化的事情。"马勒对指挥《大地之歌》的布鲁诺·瓦尔特如此说道。他内心总有踌躇,甚至担心作品根本不好演。《大地之歌》不同于西方音乐正典中任何一部作品,连马勒自己都不敢确凿地称之为"交响曲",虽然它本质上的确是交响作品。它是全新的、独特的创造,音乐在其中自我表达、自我倾诉,远远超越了素材构成本身。

第一次到中国时,我便询问当地人是否知道这么久远的诗歌。听闻中国六七岁的孩子如今在学校里依然要求学习、背诵这些诗词,我很惊讶。马勒,从未到访过中国,但依然能在中国文化中体验到强有力的、持久的精神。对东方文化的追寻并在其中获得精神慰藉勾连起他的少年与晚年,这一头一尾,颇有深味。马勒总是带着好奇,苦苦追求人类创造的核心秘密。他对中国心向往之,他深知文化并非是某个地区或某种语言的专有财产,文化理应是超越种族、将全人类永恒相连的至高天赐。

诺曼·莱布雷希特
2017 年 9 月

Why Mahler?

序：马勒之后的另一波洪流？

在周年庆这件事上，古斯塔夫·马勒比起任何一位作曲家都要声势浩大，他所拥有的继承者与拥趸代代相承，规模之庞大、影响之深远怕是其他作曲家难以企及的。1960 年，适逢马勒百年诞辰，伦敦 BBC 制作人与纽约的伦纳德·伯恩斯坦（Leonard Bernstein）合作，首度将马勒全套的交响曲搬上舞台，马勒的作品得以重新进入常规音乐会曲库。1971 年，作曲家逝世 60 周年，卢奇诺·维斯康蒂（Luchino Visconti）的电影《魂断威尼斯》（*Death in Venice*）令更多普罗大众认识了马勒的音乐。1986 年，75 周年之际，克劳迪奥·阿巴多（Claudio Abbado）一手创办了由欧洲多个国家的乐手组成的乐团——古斯塔夫·马勒青年管弦乐团（Gustav Mahler Youth Orchestra），随后又促成了马勒室内乐团（Mahler Chamber Orchestra）的成立，作曲家的名字俨然成为代表卓越品质的标签。一轮又一轮的纪念庆典，循环往复，马勒的声名大有渐强之势。2010 年 12 月，柏林爱乐音乐厅以"他的时代已经降临"（His Time Is Come）为题推出了一系列展览及演出计划。显然，这个名字具有很强的福音救赎色彩。不过短短的半个世纪，马勒已经从一个无名小卒蜕变为民间英雄。

从 2010 年马勒的 150 周年生辰纪念一直到 2011 年马勒的百年冥诞，纪念周期之长令原本动作慢吞吞的乐团纷纷策划上演马勒作品全集，一场马勒音乐复兴就此拉开帷幕，汹涌之势遍布世界各地——悉尼、首尔、北京、罗马、莱比锡、斯德哥尔摩、克拉科夫、巴黎、曼彻斯特、伯明翰、阿姆斯特丹、布拉格、杜塞尔多夫、慕尼黑，更别提推出长达三年演出曲目的匹兹堡、波士顿等其他地方。仅伦敦南岸艺术中心，两年内就上演了 27 场马勒音乐会，而城市另一头的巴比肯中心、皇家阿尔伯特音乐厅（Royal Albert Hall）等其他地区的音乐会数量也不在少数。面对如此多的选择，乐迷们显然被宠坏了，仅英国某个周六晚上就有两处地方上演《复活》；二月里某个灰色星期三，你恐怕会在西蒙·拉特（Simon Rattle）的第三交响曲与萨卡里·奥拉莫（Sakari Oramo）的第十交响曲之间左右为难。音乐家们大肆抱怨这股矫枉过正的风潮。有些人预言，这场百年纪念恐怕会出现反作用。

正是在这场漫长的、历时两年的纪念长跑期间，我再一次搜寻与作曲家相关的足迹，看看先前的研究是否有所遗漏，也试图发现一些为时间所遗弃的新鲜事。位于卡利希特村（Kalischt）的马勒出生地被细心地修复了，如今成为一家异常静谧的小旅馆。至于他成长的伊赫拉瓦（Jihlava），原本被烧毁的犹太会堂被改造为古斯塔夫·马勒公园，而马勒家族所居住过的房子在各国欧元基金疯狂涌入之后变身为博物馆，散发着难以言表的温柔。马勒

27岁时曾带领过的布达佩斯歌剧院也在此期间为其雕像揭幕。由他亲手重塑再造的纽约爱乐乐团则什么也没做（仅在纪念年前一年上演了马勒全集音乐会，这着实出人意料）。不过，纽约北部的一位锡拉丘兹人在马勒曾经指挥过的地方建造了一个纪念他的石凳，当地乐团由于财政问题取消了一场马勒音乐会。

至于见证了马勒职业生涯与生命终点的维也纳，则擅长优雅的模棱两可、闪烁其词。据悉，当地已为旅游者设计了一条马勒线路，尚未对外公布。某剧院博物馆举办了特展，一股子忸怩作态的亲昵感，比如他逝世时身上的亚麻衬衫，衣服的标签上标着"纽约制造"，等等。这种看待马勒之死的方式只能说明维也纳依然把马勒视作外来者。

在格林津（Grinzing）的坟墓旁，我与文化评论者沃尔夫冈·赫勒斯（Wolfgang Herles）聊起关于坟墓雕像的社会意义。这时，他忽然哼唱起从前祖母唱过的欢快小调，一首讨人喜欢的小波尔卡，大约是这个样子：

> 当我死了，死了，死了，
> 那拖灵柩的马儿便要咯嗒，咯嗒，咯嗒地迈开步呀，
> 把那齐特琴儿拉呀，拉呀，拉呀，
> 一直走到死亡的墓穴。

整整一年，这首歌一直在我的脑中嗡嗡作响，它不断敲击叩问着关于马勒的永恒谜题——在多大程度上这是真实的马勒，这其中又有多少是文化与环境所装扮成的模样。

举例来说，病态被视作马勒的代表特征。这点可以理解，其最早期的创作总是一首开头冠以葬礼进行曲的波尔卡，而死亡的阴影更是从第一交响曲的第三乐章一路延续到第十交响曲苦涩的终结。不过，人们可以在维也纳文化语境中找到对葬礼哀悼主题同等炽热的迷恋，这种情愫广泛地被提及，并总是将哀悼与欢愉平行并置。沃尔夫冈·赫勒斯祖母口中的民间小调与第一交响曲中的儿歌《雅各兄弟》(Frere Jacques)同根同源，说到底是一个东西。究竟马勒的作品中有多少是他独有的，又有哪些是他的人生经历、时代背景所造就的？

马勒本人大概不会为此感到困扰，对于"创新"二字他向来不太重视，当被指责只是一味用旧曲衍生新作时，他也只是耸耸肩表示不在乎。对马勒而言，"传达讯息"意味着全部，是唯一重要的事。马勒曾公开宣称"你无法在音符中找到音乐"，交响曲与其说是旋律构成的，倒不如说是一种拥抱并反映世界的方式。最重要的是音乐之下的意义：das Wichtigste[1]。除此之外，他再没有给出更多的线索。马勒任由指挥依照个人方式诠释他的作品，在经历最初几次不成功的沟通后，他断然拒绝向他人解释自己的音乐究竟意义为何。未来的时代将会理解，他大声宣告：我的时代终会到来！

马勒作品中的反讽与暧昧尚存争议。各位音乐大师们竞相通过乐团乐手传递出作品中的双重含义，但又不愿丢失自己在作品诠释过程中的权威；毫无耐心的编辑则不断催促乐评人写出语意

---

[1] 德语，这才是最重要的。——译者注

更为确切的评论,甚至要求就每个版本给出星级的等级评价。然而,马勒蔑视一切老掉牙的传统评价体系。他同样拒绝被归入可分类的音乐历史进程,那些僵化的、被供奉的神龛。皮埃尔·布列兹(Pierre Boulez)将音乐史定义为连续的统一体,巴赫—海顿—贝多芬—瓦格纳,然后借由马勒进入当代,这种说法似乎是成立的,又有那么点儿站不住脚。回想起来,或许马勒可被视作古典与现代之间丢失的联结,但他的大多数作品与传统相偏离,甚至是直接的对立。西蒙·拉特曾做过有意义的尝试,在演出马勒第三交响曲之前先演奏另外两位作曲家的作品——勃拉姆斯(Johannes Brahms)与沃尔夫(Hugo Wolf),然而此举令马勒的问题更加凸显。仿佛音乐之流平稳地过渡到勃拉姆斯,马勒却一把将原有的东西撕得粉碎,只为了探索未被看见、被人遗忘的事物。显然,这并非布列兹口中一脉相承的"直线"。

马勒个性中的推诿闪避,令这条轨迹的勾勒变得愈发复杂暧昧。就在写这篇序言的当口,克努德·马特纳(Knud Martner)从哥本哈根发来了一封令人心寒的信,一张冗长的勘误表表明他先前所规整的马勒音乐会目录检索有不少谬误与遗漏,该书2010年由卡普兰基金会(Kaplan Foundation)出版发行。要知道,这世上再没有比克努德更刨根究底、更一丝不苟的研究者了。他耗费毕生精力欲将马勒生活的每一天细节记录下来,成就一部马勒编年史,然而最终却被马勒的烟雾弹、审慎的变幻莫测、善于掩盖痕迹的古怪给骗了个够。

某些人认为马勒的鸵鸟战术令人生厌。在我看来,它们是马勒的秘密武器。马勒的"拒绝被定义"令他可以应对周遭不断变

Why Mahler?

化的环境。在 2011 年聆听勃拉姆斯的作品与在 1891 年并没有什么区别,在任何时候勃拉姆斯听来都是一位火力全开的伟大的作曲家。相比之下,马勒听起来每天都是不一样的,在每个人的心中也是不一样的。身处经济改革最后岁月的戈尔巴乔夫(Mikhail Gorbachev)与经历了"9·11"之后的美国所听到的马勒不可能是相同的。同样的投入,不同的思绪。马勒随着时代变换模样,过去、现在、未来。令人欢欣鼓舞的是,百年纪念临近尾声之际,又一轮"马勒计划"将在洛杉矶、加拉加斯上演,领军者正是新生代中最激动人心的诠释者古斯塔夫·杜达梅尔(Gustvo Dudamel)。

在当代,或许每个艺术家都能爆红 15 分钟,谁又敢预言一位艺术家的盛期能维持多久?即便西方文明终有一天会被各种外来文化所冲击、淹没,仅留下位于金字塔尖的幸存者,我猜想在这些出色的文化遗存中将永远会有一个位子留给马勒,一个带有普世价值的、不可取代的迷人瞬间。有这么一位小男孩,因为害怕面对家中的暴力而逃进隐秘的森林,他躲了起来,一整天独坐在木桩上,终于找到了聆听世界的新方式。在这种聆听经验中,他想象音乐应当像世界一样包容一切。后来,27 岁的年轻人把自己从松树顶听到的音符 A 雕刻进第一交响曲开篇,于是有了开场弦乐声部的空弦和声。马勒的故事就此展开,与所有的好故事一样:未完待续。

诺曼·莱布雷希特
2011 年 3 月

Why Mahler?

引言：苦寻马勒

我对古斯塔夫·马勒的探究之旅始于1974年伦敦的马里波恩市政大厅（Marylebone Town Hall）。那里曾是披头士举行婚礼的地方，狗仔队每天早上在附近蹲点游荡，盼着能捡到些什么，好填饱一天的肚子。毗邻市政大厅的公共图书馆则代表了维多利亚时代公共秩序与启蒙教化的价值典范。图书馆馆藏包罗万象，所涉领域从无聊琐碎的言情故事到核科学研究，甚至鼓励读者推荐新书供工作人员添购。当时，我就住在图书馆附近一间潮湿不堪的地下室，一头扎进电视新闻的工作中，过着离群索居的生活，全部闲暇不是用来阅读就是弹钢琴。我的音乐品味正在悄然改变，同代人所熟稔的古典音乐中的对抗性正逐渐为复杂性所取代，人们不断挑战边界，沉迷于更繁复更抽象的声响世界。我坐在皇家节日音乐厅合唱演员专用的无靠背的长凳上，双眼紧盯着面前形形色色的指挥，试图能在观望中了解手势如何塑造声音。这件事比摇滚还要微妙，摇滚乐的节奏与力度包含极少的变化，而管弦乐作品则为走进感知与理念的世界打开了一扇门——要是我能看透这一切是如何实现的该有多好。

手中的音乐会曲目介绍对苦苦挣扎的自学者来说并没有太多用处,尽是些关于主调、属调的讨论,而报纸评论每天早上都在例行公事地歌功颂德,俨然这是伟大作曲家的圣殿,他们理所应当被奉若神明。那个年代,还只是孩子的我拒绝任何墨守成规的等级制度。为了寻找对自我有意义的音乐,我将马里波恩图书馆的音乐专区翻了个遍,从最顶层到最底层的书架,从 A 到 Z,从阿尔坎(Alkan)到策尔特(Zelter),在其中追逐、了解人与人之间的密切关联。品味查尔斯·伯尼(Charles Burney)纪念亨德尔时高屋建瓴的评述,司汤达所著的《罗西尼的生活》(*Life of Rossini*),还有柏辽兹(Hector Berlioz)妙不可言、酸味十足的日记。威廉姆·里德(William Reed)的《我所认识的埃尔加》(*Elgar as I Knew Him*)、玛格丽特·朗(Marguerite Long)笔下的拉威尔,以及阿加莎·法赛特(Agatha Fassett)对流亡时期的巴托克的观察都为理解作曲家笔下强烈动人的音乐增添了真切的、有血有肉的维度。

阅读以每周借阅六本书的速度不断升温,直到有两本书引发了我的兴趣。一本是阿尔玛·马勒(Alma Mahler)的回忆录,书中描述了身为作曲家之妻的婚姻生活。文字读来如此鲜活、尖刻,具攻击性的占有欲。我简直着了迷,迫切地想要了解他究竟是怎样的一个人才能生发出如此浓烈炽热的矛盾情绪。阿尔玛的回忆录出版于 1940 年,当时马勒的音乐普遍遭禁,境遇凄凉。阿尔玛的语调中透露出绝望,她如此恐惧,害怕自己与丈夫的生活不过是一场虚度，毫无意义。而在马勒的书信中则是另一番姿态，他的声音永远那么果决、自信。为了得到更多的相关资料，我在图书馆书架上反复翻找，但并无什么有价值的读本，直到几个星期后一本新书送到——由出版商维克托·高兰兹（Victor Gollancz）发行的马勒传记系列第一卷，作者是法国男爵格兰奇（Henry-Louis de La Grange）。厚达 980 页的传记巨细靡遗，看起来笔者似乎很清楚马勒生前每一分钟都是怎么度过的。第一卷（整个系列共包含四卷）中充满私密有趣的细节，常令我在值夜班做 BBC《新闻之夜》栏目时爱不释手、惊叫连连，当时一个节目主持人见状忍不住问我是不是哪里又开战了。

关于马勒生活的描述，最令我震动的是身为局外人所能产生的感同身受，甚至可以说我熟悉他所经历的一切。在巴赫、莫扎特及贝多芬身上，我几乎找不到他们与我有什么关联：他们的爱情太过于高深莫测，他们的职业道路呆滞无趣，他们的疾病都是些老套的、只有中世纪才有的东西，而一旦没了贵族的庇护，他们还有前程可言吗？马勒则是一个自我成就、自我塑造的人，野心驱动着他不断向前。我能明白他一直在努力解决的问题，包括：种族主义、工作环境的混乱无序、社会冲突、人际关系的破裂、疏离与异化、抑郁，以及医疗科技的局限。"我的时代终将到来！"他信誓旦旦，相信自己的作品终会有一天找到惺惺相惜的听众，哪怕只有一个。我想这还意味着马勒活在自己所处的时代之外。如此一位先于时代，走在未来的人，我想最好用现在进行时来描述，如同他活在我的时代。

我意识到，如果想研究马勒，就必须涉及他人生"奥德赛之旅"

为什么是马勒？

的每一个阶段，从不知名的小岛到世界闻名的维也纳、纽约，甚至还必须包括他行为举止的每一个面向，从他如何做爱到如何打领结。[阿诺德·勋伯格（Arnold Schoenberg）曾说，如果想了解马勒的音乐，观察他如何穿衣打扮要比听任何音乐学院的讲座有收获得多。] 1983年我初到维也纳，为《星期日泰晤士报》撰写专题。在金色大厅（Großer Musikverein Ssaal）听了场马勒第二交响曲的排练，之后我在严寒的冬夜沿着维也纳城的环形大道绕了两圈。我说服屋主让我进入马勒曾经居住过的公寓（里面的浴缸依旧是马勒曾使用过的那个），在歌剧院大厅抚摸了罗丹为马勒所作的塑像，在格林津他的墓碑前摆上一颗鹅卵石。在好心的旅游版编辑的帮助下，我先后造访了马勒的出生地，其职业生涯早期所待过的小镇，还有他用以创作交响曲的夏日小屋。虽然头晕目眩，但我还是爬上了曾激发马勒第三交响曲灵感的山顶。在赫尔辛基，在那个十字路口，我重新体味了一次马勒与西贝柳斯（Jean Sibelius）的相遇。在布拉格的捷克爱乐乐团，我认真地研读了马勒交响乐谱手稿，马勒在上面用红色、蓝色铅笔标注了各种记号。再到纽约庞特·摩根图书馆（Pierpoint Morgan Library），坐在安静得针掉在地上都能听见的阅览室，我端详着面前一字排开的第二、第五及第九交响曲手稿，仔细辨认其中修改的痕迹。

就这么一路走着，我收获了不少与马勒相关的美妙风景。在阿姆斯特丹某破旧的小书店里，我发现了一本罕见的出版物，一系列出自舞台设计师罗勒（Alfred Roller）之手的马勒画像。在慕尼黑火车终点站的收藏品商店里，我找到了一张马勒站在指挥台上的照片，这张照片在任何资料上都未曾有过记载。再后来，于

Why Mahler?

某个酒会与他人闲谈时，无意中发现了马勒未曾公开发表的信件。到了1987年，我发现自己手上竟有如此多关于马勒的资料，是时候规整一番了，于是有了《记忆中的马勒》(*Mahler Remembered*)的出版，从他者的角度出发，通过周围人的双眼勾画出一幅马勒肖像。就在书出版的当月，我搬进了伦敦位于圣约翰伍德的公寓楼，住在我楼上的老妇人称自己曾参加过马勒的婚礼，甚至拿出婚礼邀请函做证。就这样，似乎我走到哪里马勒就纠缠到哪里，恰如我对他的紧追不舍。

随着这些年的不断积累，我想写的不再是音乐传记——当然，关于马勒传记已有一些出版物——我更想在书中试图解决以下问题：为什么马勒会再度受到关注，为什么马勒在今天会变得如此重要。从几乎被遗忘到取代贝多芬成为我们时代最受欢迎、最有影响力的交响乐作曲家。

为什么是马勒？他的音乐如何影响我们？为什么会影响我们？我们听到的是不是他想要我们听到的，亦或者一切都只是诠释所带来的假想臆断？为什么马勒令我们哭泣？

谁是马勒？他截取自己的生活作为音乐创作的模板，他揭露黑暗私密的精神创伤，将它们摆在公众面前一一分析，只为缓解身为人的苦难。他所呈现出的外表不但暴烈，而且变幻莫测。马勒说自己是"三重的流浪者"，同时拥有三层纠结的身份：犹太人出身，说德语，又无以逃脱被整个世界拒绝的命运。"异化的疏离感"在文化多元的21世纪非常普遍，也是解释马勒当代意义的关键线索。如今这个时代，一位来自夏威夷岛，一半非裔、一半穆斯林血统的孤儿都能一跃成为美利坚合众国总统，古斯塔夫·马

Why Mahler?

勒能在我们的时代安身立命也就没什么奇怪的了。

不过问题来了,我们听的究竟是谁的马勒?马勒让指挥们依照他们认为合适的方式来演奏音乐,只要符合所在音乐厅的声音效果,符合当时的氛围情绪,没有什么不可以的。从没有哪个作曲家做出过这样的承诺,也找不到比这更宽容、更灵活的音乐了。若换作理查·施特劳斯(Richard Strauss)的《家庭交响曲》(Symphonia Domestica)或者西贝柳斯的第三交响曲,恐怕不管由谁诠释听起来都差不多;然而马勒的交响曲则不同,同样的作品在诠释者手中有时速率的快慢可相差10分钟,传递出的音乐情绪更是如黑夜与白昼般大相径庭。马勒对于音乐的说明指示表意模糊,常引发不止一种理解,如何处理作品完全由指挥本人决定。这种流动性带有鲜明的后现代主义特性,令任何一场马勒都可以焕发空前绝后的新生命,成就某种意义上的世界首演。这同样激励了研究马勒生活及作品的人们探索文本以外的信息,不但要在马勒的血统脉络的梳理中追溯意义,还要重新审视这些交响曲是如何影响我们及马勒同代的作曲家们的。对于现代读者而言,马勒的意义永远不仅止于表面所呈现的样子。

在伟大作曲家的圣殿中,人们应当把马勒置于何地?可以肯定的是,他不属于那些巍然耸立的、已作古的巨石标本。他属于今天,在一个瞬息万变甚至是危机四伏的世界里,他是一位能与音乐家及听众感受互动的创作者(可参阅"常见的疑问"开头段落)。追寻马勒的旅程几乎占据了我大半生,而他始终是那位温暖又富有同情心的朋友。他从不说教、不乱开药方,不幸灾乐祸也不瞎抱怨,他穷尽一生都在通过音乐与我们诉说,这样一位同甘共苦的伙伴,能与我们感同身受的人类的一员:同样的笑,同样的泪,同样试图明白人生的意义。就在此时此刻马勒还活着。借由这本书,我想知道他为什么这么做,又是如何成就这一切的。

诺曼·莱布雷希特
圣约翰伍德,伦敦
2010年3月

第一部分

为什么是马勒?

1

常见的疑问

马勒可以改变你的生活吗？

1991年8月，正在克里米亚（Crimea）度假的米哈伊尔·戈尔巴乔夫在寓所接见了军方代表，由于试图抵抗苏联极权专制重返舞台，军部当场对其实施软禁。之后的三日，一切对外联系被中断，戈尔巴乔夫处于隔离状态。他的妻子赖莎·戈尔巴乔娃（Raisa）突发高血压，身心几乎崩溃。此时在莫斯科，抗议的人群涌入大街，俄罗斯共和国总统叶利钦（Boris Yeltsin）在国会外部署了守夜的武装警戒。通过电视直播，全世界都在密切关注局势的进一步发展。政变被粉碎后，戈尔巴乔夫重新回到办公室，同年底被酗酒又贪婪的叶利钦罢黜。

12月，身为总统最后几天的某个夜晚，戈尔巴乔夫带他太太去听了由阿巴多指挥的马勒第五交响曲。在此之前，他们对马勒毫无概念。当晚的音乐极大地震动了他们。"我有种感觉，"戈尔巴乔夫写道，"不知何故，似乎马勒的音乐与我们的处境相连，他所传达出的'重建精神'与当时的俄罗斯经济改革运动这一背景完全吻合,充满热情又百般挣扎。"赖莎称:"这音乐让我震惊,听完后整个人心灰意冷,仿佛生命不再有出口。"阿巴多安慰她,称这绝非马勒的本意,但赖莎依然久久不能平复心绪。作品中非常个人化的感受令手握世界第二大权柄的夫妇坐立难安。后来,戈尔巴乔夫在他自己的回忆录中写道:"生活中,我们总会面临冲突与矛盾,但要是少了它们,生命也就不成立了。马勒精准地捕捉到了身为人的、左右为难的境况。"[1]

  冲突与矛盾——对于一位世界政治领袖而言这算是相当不错的音乐分析了——的确是马勒艺术的精髓,不过仍然无法解释,这位坚毅的政治家在面对日益严峻的政治对抗时,为何仍能立刻感受到马勒作品所带来的冲击。音乐里某些东西刺穿了戈尔巴乔夫面对公众时所披挂的盔甲,直击个体的无意识层面。有些改变发生了,我想我知道是什么。很多人与戈尔巴乔夫一样,他们没有意识到自己终其一生都在聆听马勒。历经数十年的冷战、热战、贪污、低能荒谬的行政效率,苏联的艺术已具有了一系列人人不得越界的标准化模板,任何违背既定方针路线的诗人、作家都会被放逐。事实上,苏联的音乐就是人们生活的背景乐:永远的官方、情绪激昂。

  然而,音乐家总有办法扭曲官方路线。德米特里·肖斯塔科维奇(Dmitri Shostakovich)用15部交响曲、15首弦乐四重奏描绘了他那个时代的生活,听众完全可以理解他的表达方式,而人民委员会却完全找不到起诉他的理由。施尼特凯(Alfred Schnittke)

---

[1] 戈尔巴乔夫:《我的最后时光》,《时代》杂志,1992年5月。(Mikhail S. Gorbachev, "My Final Hours", *Time* magazine, May 1992.)

用音乐记述了苏联解体的开始,但也没有因此被发配到盐矿做苦力。这两位都借鉴了马勒的表现手法——在乐谱中使用"反讽"。

依据塞缪尔·约翰逊[1]的定义,"反讽"是一种"字面与内在表意相对立的修辞手法",即表面上似乎在说一件事,但其实表达了另一个意思。在马勒出现之前,音乐只是对简单情感的汇编,满足于直接、明了的情绪抒发:快乐、悲伤、爱、恨、激昂、阴郁、美、丑,诸如此类的初级划分。马勒则在第一交响曲中尝试让两种互相悖反的意义平行并列:孩童的葬礼突然被放肆的狂欢曲打断,原本悲伤的哀悼急转入精神错乱的癫狂,音乐失去了应有的悲剧气氛,变得荒谬怪诞。运用同样的二元对立,作曲家可以抵制嘲弄政权,在钳制中找到些自由的出口。表面看来,肖斯塔科维奇是一个唯唯诺诺的胆小鬼,然而在音乐创作中他简直胆大妄为,大量运用马勒式的反讽(极尽隐藏、编谜题之能事)。以第十一交响曲为代表,肖斯塔科维奇在激昂的"颂歌"中穿插进马勒的《复活》交响曲片段,辱骂意味十足。到了下一代,施尼特凯则从马勒第一交响曲的一系列复杂信息中取材,衍生并发展出"复风格"[2]。借由苏联音乐家的巧思,马勒成为一股颠覆性的

---

[1] 塞缪尔·约翰逊(Samuel Johnson,1709-1784),18世纪英国著名诗人、散文家及文学评论家。——译者注
[2] 1971年,阿尔弗雷德·施尼特凯(1934—1998)在《现代音乐中的复风格倾向》一文中首次提出了"复风格"(Polystylism)的概念:"近10年来,可以觉察到音乐中复风格的倾向正在广泛传播……在现代音乐里,各种各样的复风格手段数量很大,但还未得以分类,被各个学派、潮流的现代作曲家有意识地加以运用的'异己'风格因素,也多得无法计算。"对于"复风格"的具体概念,无论是施尼特凯自己还是《新格罗夫辞典》,都没有给出一个明确的定义。维基百科全书对"复风格"的定义是:"在文学、美术、电影,特别是音乐作品中运用多种风格或技法,具有后现代特征……第一篇论述这个概念的重要文章是施尼特凯的《现代音乐中的复风格倾向》。"简言之,"复风格"音乐就是在一部作品内部拼贴并置多种音乐风格,它集中体现了20世纪多元音乐风格并存的时代特征。——译者注

暗流。这其中的敏感性自不必说，苏联的国立乐团尽可能在音乐会曲目中回避马勒的作品，然而马勒精神如伏特加早已渗透俄罗斯民族的血液。在戈尔巴乔夫的耳朵里，第五交响曲与日常音乐并无什么差别，只是有种不祥弥漫开来。

当俄罗斯人把马勒视作接纳不同政见的自由容器时，苏联的"冷战"对手——美国则试图将马勒植入普罗大众的文化意识，他的作品不但常被用作国殇时的哀乐，同时也进入了大众流行乐的领域。就在约翰·肯尼迪遇刺案事发后一周，伦纳德·伯恩斯坦指挥了马勒的第二交响曲以示哀悼；其胞弟罗伯特·肯尼迪的葬礼上则演奏了第五交响曲的小柔板（Adagietto）。2011年"9·11"恐怖袭击后，大量美国乐团及广播电台轮番演奏、播放马勒的作品。某美国作曲家称："马勒的歌曲、交响曲预言般的哀悼了那场世纪之灾的罹难者。"[1]马勒的第二、第五及第九交响曲与同样马勒风十足的塞缪尔·巴伯（Samuel Barber）的《柔板》一起，成为美国哀悼音乐的首选之作。

与此同时，马勒的音乐还为大众娱乐提供了源源不断的动力。好莱坞的作曲大师们如埃里希·科恩戈尔德（Erich Korngold）、马克斯·施坦纳（Max Steiner）、弗朗茨·沃克斯曼（Franz Waxman）、阿尔弗雷德·纽曼（Alfred Newman）皆在马勒身上找到声响共鸣，它们尤适用于史诗类电影。在弗林（Errol Flynn）出演的侠盗系列电影中，科恩戈尔德的配乐厥功至伟，约翰·威廉姆斯（John Williams）为《星球大战》（Star Wars）所作的配乐更是风靡全球，而马勒便是这些成功背后的关键人物。就连哈

---

[1] 大卫·希夫：《国家》，2009年7月13日。（David Schiff, *The Nation*, 13 July 2009.）

利·波特骑上飞天扫帚直冲入云霄的瞬间,身后响起的亦是马勒的《复活》交响曲(即第二交响曲)。在美国电影学院(American Film Institute)公布的 25 部最伟大的电影音乐的名单中,也有超过一半的配乐作曲家深受马勒的影响。[1]人们甚至可以在摇滚乐中找到马勒的身影,比如死之华乐队(Grateful Dead)、平克·弗洛伊德(Pink Floyd)、克里姆森国王(King Crimson)、蓝色尼罗河(Blue Nile)以及约翰·佐恩(John Zorn)。马勒的触角深入文化的各个领域,超越一切意识形态的藩篱。

我们很难解释这种不可思议的普遍性。马勒作品中过于放纵泛滥的情感常为人诟病,但丝毫不影响他一边满足喜好阴暗风格的日本听众,一边征服热情奔放的地中海地区。其音乐具有强大的衍生力,并被广泛模仿。说起来,勋伯格与斯特拉文斯基(Stravinsky)的曲风更大胆,而施特劳斯与普契尼(Puccini)的旋律性更强,为何全世界最终都选择拥抱马勒?马勒的交响曲既不简短也不简单。他总是喜欢探索极致,比如阴暗的极致(第六)、乐队编制的极致(第八)、静谧的极致(第九)。总之马勒有一根反骨,他在音乐意义传达这件事上从不依常理出牌,通常很难捕捉,有时甚至彼此矛盾。伯恩斯坦曾说:"不论你在马勒的音乐中听出哪一种质感,嗅到哪一种意义并试图去定义的时候,请记住它们的对立面同样成立、同时存在。"[2]以第五交响曲的"小柔板"为例,它是用在葬礼上的挽歌,却依照情书的方式写就——马勒

---

[1] 默文·库克:《电影音乐的历史》(剑桥,2008 年),457 页。[Mervyn Cooke, *A History of Film Music* (Cambridge:Cambridge University Press,2008).]
[2]《高保真》杂志,1967 年 9 月刊。(*High Fidelity* magazine, September 1967.)

的音乐写作总是同时意表对立的两极。

悖论如山般层层堆叠。他在纸上暧昧地勾画着私密的、鬼鬼祟祟的，甚至是令人感到羞耻的情感的同时，起用百人演奏的大乐队编制，将一切诡谲阴暗赤裸裸地摆在成千上万名听众面前。音乐形式与所传递信息本身巨大的反差成为马勒创作中固有的特质，沿着这条线索，我们或许可以找到马勒致命吸引力背后的秘密。社会大众追逐昙花一现的浮华与潮流，作为个体的人终被吞噬。马勒借由大乐队的呐喊解放被束缚的个体无意识，最终扭转了个体消亡的命运。于是，即便与3000人一起坐在音乐厅里聆听马勒，你依然会是孤独的，感受只与自我相关。

马勒是否创造了现代世界？

众所周知，19世纪最后5年到20世纪前10年间，世界发生了天翻地覆的变化。1901年，进入蓝色时期的毕加索将艺术的魂魄从具体可感的人物肖像画中抽离，赋予其抽象化的形式外观，所要传达的创作意图被隐晦地埋在抽象而非具象的画面中，当时这种手法并未引起太多人的关注。詹姆斯·乔伊斯在小说《一个青年艺术家的画像》的写作中开始偏离线性叙述，逐步转变为《尤利西斯》的漫游式内心独白。爱因斯坦每日早晨对着墙上牛顿的画像道歉，由于自己在宇宙方程式上增加了第五次元——时间，彻底颠覆了前辈大师的宇宙运行法则。1899年，弗洛伊德（Sigmund Freud）借由《梦的解析》一书探讨了心灵的无意识领域，更进一步挖掘精神官能层面的性的起源，以及被他本人称作"精神分析"的谈话疗法。

在这些重大领域的突破面前,马勒的贡献看似相对保守,甚至不那么重要。马勒创作的大框架结构可以上溯至海顿时期,受众是相对主流、骄傲的中产阶级。和同时代的人相比,他算不上是拓荒者。然而,马勒的每一次革新都会引发大众的共鸣,甚至预言下一个时代的来临。马勒丢弃了贝多芬、勃拉姆斯与布鲁克纳等老一辈人惯用的田园风格画布[施特劳斯在《阿尔卑斯交响曲》(An Alpine Symphony)便延续了传统的叙述方式],在音乐写作中融入多重隐晦的含义,大多可归入人类潜意识的表达。毕加索具突破性的画作——《坎魏勒肖像》(Portrait of Kahnweiler, 1910)中破碎、充满棱角的脸仿佛是马勒音乐的镜像,两者传达出同样的精神——多重视角带来的多重含义。

马勒与卡夫卡(Franz Kafka)一样,将个体经历、自我分析及社会批判与大胆、骇人的世俗手法相结合。他也和乔伊斯一样,用凌乱的方式描述世界。马勒的语汇不如勋伯格或阿波利奈尔(Apollinaire)来得节制、新颖,有魔幻色彩。相反,它们都是些日常用语,通过回忆倒叙、时间翻转或快进、罕见俚语的插入、和谐音程的错位,以及各种禁忌思想的加入令一切听来仿佛是全新的语言。"为此,哦,我亲爱的人啊,这才是真实的克里斯汀:从肉到灵,从血液到每一道伤痕。音乐啊,请慢一点。闭上你们的眼睛,先生们。等一会儿。这些白血球有点麻烦,请保持肃静。"[1]这段描述究竟属于乔伊斯还是马勒?你决定吧。

---

[1] 英文原文:For this, o dearly beloved, is the genuine Christine, body and soul and blood and ouns. Slow music, please. Shut your eyes, gents. One moment. A little trouble about those white corpuscles. Silence all。——译者注

1905年，爱因斯坦先后发表了五篇带来重大变革的论文，均围绕狭义相对论及相应数学方程式展开，即 $E=mc^2$，并借此发现足以毁灭整个世界的原子能量。马勒与爱因斯坦拥有一个共同的朋友，来自德国汉堡的物理学家伯林纳（Arnold Berliner）。他从伯林纳口中听闻爱因斯坦的理论，并与布鲁诺·瓦尔特（Bruno Walter）兴致勃勃地讨论起"原子能"[1]概念。1907年，当读到一篇题为《物质、以太与电力》(Matter, Ether and Electricity) 的文章时，马勒更是兴奋不已。他清楚地意识到"自然的法则将因此发生改变，比如，权威的万有引力定律可能在某些情况下站不住脚；即便是现在，亥姆霍茨（Helmholtz）也不能假定重力规则在无穷小的距离内适用，不是吗？"[2]。马勒不光敏锐地意识到爱因斯坦理论的重要性，还随之调整了自己对宇宙的认知参数。

　　爱因斯坦算得上一位热情的小提琴演奏者，他将科学定义为"我们所看到的、所经历的一切，只是通过逻辑的语言进行描绘表达出来"，而艺术则是"一种形式，其中的思想联结难以被有意识的心灵所察觉"[3]。马勒深谙差异化的重要性，甚至刻意不去挑明两者间的联系，以此来实现包容多方矛盾、多种可能的稳定。在第三与第七交响曲中，马勒暗示了未来的生态灾难；在第六交响

---

[1] 布鲁诺·瓦尔特：《主题与变奏》（英译本，伦敦，1947年），93页。[Bruno Walter, *Theme and Variations*, transl.James A.Galston（London:Hamish Hamilton, 1947）.]

[2] 马特内尔、威尔金与凯泽（编著）：《马勒书信选集》（英译本，伦敦，1979年），300页。[*Gustav Mahler, Selected Letters*, ed.Knud Martner,Eithne Wilkins and Ernst Kaiser,transl.Bill Hopkins（London:Faber and Faber,1979）.]

[3]《爱因斯坦：人性的一面》（普林斯顿，1989年），37页。[Helen Dukas and Banesh Hoffmann（eds）, *Albert Einstein:The Human Side:New Glimpses from his Archives*（Princeton: Princeton University Press,1989）.]

曲中预言了一场世界大战迫在眉睫。与爱因斯坦一样，马勒探求的是规则以外的可能性。除却最早期的创作，为了重组人们对于音乐时间的感知，马勒总是避开固定节拍等既有法则。爱因斯坦发现"时间"在较高引力场的作用下会走得更缓慢些，而相对运动或静止物体对于时间的感知也各不相同。马勒则清楚地知道，时间作为一种描述，会随着不同时刻的情绪发生变化。

若说起马勒最熟知或心意相通的当代推手，当属弗洛伊德无疑。弗洛伊德比马勒年长四岁，同样是捷克犹太人，皆出身于乡下，两人的作品都基于早年生活的经验或不幸。若没有童年在父母卧室中小便的经验，身为母亲最爱的孩子目睹了父亲因为种族出身而遭受羞辱，弗洛伊德怕是不可能阐释出"俄狄浦斯理论"。少年马勒则眼看着五位死去的兄弟被从酒馆中抬出，小小的人儿躺在棺木中，伴着酒馆里从未曾停歇的歌声与喧嚣，于是有了第一交响曲中诡异古怪的《亡儿悼歌》(Kindertoten lieder)——一首欢呼雀跃、醉醺醺的吉格舞曲。

马勒与弗洛伊德都选择跳脱出来，从外部审视自我存活的世界。对弗洛伊德而言，个体经验是精神分析学的第一手资料；对马勒而言，个体经验则能在音乐创作的同时实现评论，既沉浸其中又能抽离其外，仿佛一本写满注释的圣经。这两位拥有着同样源自犹太血脉的智识心灵，能将多个离散的思绪交织在一个论述中。弗洛伊德的"自由联想"源自犹太教法典——《塔木德》(Talmud)[1]，来自各地且流传数世纪的犹太先知们的教诲同奉于眼

---

[1]《塔木德》记载了犹太人的生活习惯，是以色列的口传律法典籍，注释、讲解犹太教律法的著作，包括《密西拿》(Mishnah)和《革马拉》(Gemara)及附件，为犹太教仅次于《圣经》的主要经典。其表达本身歧义纷呈，众语喧哗，但又不是任意妄为。——译者注

前,拒绝直接的、单一的、一以贯之的逻辑论述。这与马勒在音乐中肆意穿插号角与民歌的做法毫无二致。

二人将自身固有的犹太背景视作剑与盾牌。"因为我是一个犹太人,所以能将自我从各类狭隘的偏见中解放出来,他人智识上的局限在我身上起不了作用,"弗洛伊德说,"并且,身为犹太人,我永远准备着反对他人的意见,哪怕与'紧密团结的大多数'的所谓共识分道扬镳,我依然可以顾我地前行。"[1] 马勒曾说,身为犹太人意味着生来就矮人一截,手臂比别人短,游泳时你要加倍努力才行。既是"三度失去家园的无根流浪者",又何须在意既定规则?这两位同时嗅到了自我所肩负的改变世界的使命感,不但承担起"修复世界"(Tikkun Olam)[2]的责任,甚至进一步协助完成上帝的创世工作。

1907年,马勒对西贝柳斯说:"每首交响作品就像一个世界,必须包含一切。"[3] 这句话传递出马勒对音乐功能的理解与要求,对他而言,音乐理应是全宇宙的反馈,同时承担着修复世界的责任。西贝柳斯当时搬出所谓"文本纯化理论"给予反击,实属心胸狭隘。后来,这位爱尔兰音乐巨匠默默无闻地度过人生最后三分之一的时光,而马勒则是拼了命地写作,直到生命的最后一个夏天,恐怕如此截然相反的人生轨迹并不是偶然。

---

[1] 盖伊:《一个不信神的犹太人》(纽黑文与伦敦,1987年),137页。[Peter Gay, *A Godless Jew* (New Haven and London:Yale University Press,1987).]
[2] Tikkun Olam,希伯来文,其含义"修复世界"在希伯来文化中是全人类共享的责任。——译者注
[3] 埃克曼、西贝柳斯:《一位艺术家的生活与个性》(赫尔辛福斯,1935年),190—191页。[Karl Ekman, Jean Sibelius: *The Life and Personality of an Artist*, transl. Edward Birse (Helsingfors: Holger Schildts Forlag, 1935).]

在马勒眼中，音乐不是娱乐，不为取悦他者而存在。通过参与政治与社会公共领域的活动，音乐具备"撼动全世界"[1]的潜能。马勒在第一交响曲中攻击了社会对早夭儿童的冷漠，在第二交响曲中否定了宗教教义关于来世的诫命，第三交响曲意图唤起生态环保意识，第四交响曲则宣扬种族平等。从未有作曲家做过如此尝试。一位学生称马勒是"音乐界的救世主"[2]。（对此施特劳斯嗤之以鼻，"我还不知道自己为何该被拯救呢"[3]。）马勒从不肯清晰地阐明观点，他暗示道："音乐中最精妙的部分永远不可能在音符中找到。"音乐背后的意义等待着演奏者与聆听者的诠释与传递。当然，先前关于马勒与爱因斯坦内在关联的一些个人观点还有待探讨。

毋庸置疑的是，马勒在当代被视作精神启示的范本。热情的马勒迷们组成了互联网聊天网站"马勒名单"（Mahler List），某位拥趸称马勒的音乐道路经历了"明显的蜕变时刻"[4]，并将此蜕变称作属于马勒的"另一条通往大马士革之路"[5][6]。2001年"9·11"事件后，一位教师在网上发表评论道："唯有音乐，尤

---

[1] 纳塔莉·鲍尔-莱赫纳：《回忆古斯塔夫·马勒》(剑桥，1980年，38页。[Natalie Bauer-Lechner,*Recollections of Gustav Mahler*, transl.Dika Newlin,cd. and annotated Peter Franklin (Cambridge: Cambridge University Press,1980).]
[2] 莱布雷希特：《记忆中的马勒》（伦敦，1987年，174—176页。[Oskar Fried,in Norman Lebrecht, *Mahler Remembered* (London:Faber and Faber,1987).]
[3] 同上书，50页。
[4] "马勒名单"，网址如下：http://listserv.uh.edu/cgi-bin/wa?A2=ind9612&L=MAHLER-LIST&D=o&I=-3&P=17132。
[5] 在《圣经·新约》中，使徒保罗曾描述自己在"通往大马士革"的路上看见基督在光芒中对他显现。——译者注
[6] 参见"马勒名单"，网址如下：http://listserv.uh.edu/cgi-bin/wa?A2=ind9612&L=MAHLER-LIST&D=o&I=-3&P=16758。

以马勒的音乐为代表,能将人们在如此沉痛中彼此联结,承受无法承受的事。"[1]某乐团乐手在演奏马勒之后,感到了"身为人类的自豪"[2]。在电视纪录片《一位旅行者的旅程》(*A Way Farer's Journey*)中,儿科肿瘤学专家奥莱利医师(Dr. Richard J. O'Reilly)称马勒对相关疾病"具有治愈能力"。在科罗拉多州博尔德郡(Boulder)举办的马勒音乐节中,一位耶稣会的牧师彭宁顿(John Pennington)谈及为临终病患演奏马勒时的场景:"音乐传递出极致的乐观对于病患及看护者而言都是十分珍贵的精神。"[3]

大量不负责任的评论总是津津乐道于所谓莫扎特效应,宣称听莫扎特《第13号小夜曲》(*Eine Kleine Nachtmusik*)的孕妇能生出聪明宝宝。相比之下,马勒音乐远算不上解决全人类困境的灵丹妙药,它更多的是悄悄渗透进我们的集体无意识,仿佛休眠一般,在人们需要时如神启般显现。它不仅触碰人们未知的领域,更释放压抑的情感。神经学家奥利弗·萨克斯(Oliver Sacks)已然感受到马勒音乐的影响力,但对这位音乐家却摆出一副冰冷的姿态,因为他曾被马勒某段"该死的、总让人引发幻觉的旋律"搅得睡不安稳,噩梦连连。"是不是你曾抛弃某位年轻病人,或者销毁了自己的文学作品,所以才会失眠的?"他的同事问道。

"都有可能吧,"萨克斯回答,"我刚从儿科辞职了,并且烧毁

---

[1]参见"马勒名单":http://listserv.uh.edu/cgi-bin/wa?A2=indo109b&L=mahler-list&T=o&P=16211。
[2]阿尔德曼,伦敦交响乐团第二小提琴首席,于BBC广播第三古典频道莱布雷希特节目上的描述。(2004年6月27日。David Alderman, leader of the London Symphony Orchestra second violins, on Lebrecht.live, BBC Radio 3, 27 June 2004.)
[3]见《纽约时报》(2002年1月17日)刊文。("91 Years After Dying, Mahler Hits His Stride", *New York Times*, 17 January 2002.)

了一本刚完成的散文集。"

于是，这位同事自信且精准地为萨克斯做诊断道："你脑子里正在播放的是马勒的《亡儿悼歌》，马勒为早夭的孩子所写的歌。"[1]

马勒的音乐拥有特殊魔力，它早已钻进你心里，而你却浑然不觉。它让国家元首心神不宁、专业人士备受困扰，它释放压抑的情感，进入人们的梦境并实现个体的自我满足与自我和解。"这并非真正意义上的治疗方案，"芝加哥哲学家努斯鲍姆（Martha Craven Nussbaum）在论文中称，"马勒只是通过音乐表达观点，认为一个人总有办法克服原始的羞耻感，不带怨恨与嫉妒地挺身而出。"[2] 与弗洛伊德一样，马勒总对我们说：勇敢地做自己，这没什么不好的，甚至是可敬的行为。他的音乐代表着高压锅社会里的个性之声，试图在强调集体服从的世界中重新肯定个体价值。这正是一个人从艺术中所能得到的至高慰藉：让我们与自我和平相处，亦是马勒对于当代世界的贡献。

马勒滑雪吗？

马勒把生活视作艺术创作的源泉，他深知自己所做的一切都意义重大。"你想知道我都在做些什么吗，"马勒在 18 岁时如此诘

---

[1] 奥利弗·萨克斯：《恋音乐：音乐与脑的故事》（伦敦，2007 年），280 页。[Oliver Sacks, *Musicophilia*（London:Picador, 2007）.]

[2] 努斯鲍姆：《动荡的思想：情感的智慧》（剑桥，2001 年），642—644 页。[Martha C.Nussbaum, *Upheavals of Thought: The Intelligence of Emotions*（Cambridge: Cambridge University Press,2001）.]

问道,"我吃吃喝喝,我睡了又醒了,哭过笑过,我征服过山峰,站在山顶聆听上帝的呼吸;我曾踏过荒野,牛铃的叮当声引我入梦。但无论如何,我无法逃脱命运。"[1]

马勒要求妹妹们保留他的信件,鼓励友人记下他所说过的话。为马勒神魂颠倒的中提琴手纳塔莉(Natalie Bauer-Lechner)如此记录道:"身为天才的能量总在他日常生活中自然地散发出来。"[2] 马勒的妻子阿尔玛则写下情感炽热的日记,当然还有些并不真实的回忆录。合作多年的舞台设计罗勒对马勒的描述则更赤裸、更直接:

> 他身上最迷人的地方是背部的肌肉线条,简直美极了。只要看到他模特般的古铜色肌肤,我总会想起处于巅峰状态的赛马。他的手是真正的劳动者的手,粗短、宽厚,未经修整的指尖仿佛直接被削掉一样。[3]

某瑞士"马勒迷"与他的斯洛伐克情人勤恳地记着日记。这两位总是拿着笔在马勒周围徘徊,但凡每一个关乎大师的细节都不会遗漏。[4] 在维也纳,马勒的出现引发了咖啡馆的骚动:

---

[1]《马勒书信选集》,55 页。
[2] 纳塔莉·鲍尔-莱赫纳:《回忆古斯塔夫·马勒》,186 页。
[3] 莱布雷希特:《记忆中的马勒》,155 页。
[4] 此处指为马勒作传的两位作家保罗·斯特凡与施佩希特。[Paul Stefan, *Gustav Mahler: Eine Studie über Persönlichkeit und Werk* (Munich:Piper & Co,1910;US edition, Schirmer,1912) ;Richard Specht,*Gustav Mahler* (Stuttgart and Berlin: DVA,1913;18th impression, 1925).]

有人大叫:"他在那儿!"所有人站起身冲向窗户,挤在那儿往外瞧。窗户的另一边,马勒与妻子正走在沃夫施大街上。他右手拿着帽子,前前后后地甩着,左脚如安抚般地轻轻地踩着。他脸上带着笑,时而肆无忌惮的表情,时而又露出孩子般的纯真……所有人盯着这位光头的小男人,就那么一刹那的工夫,所有人大梦初醒般面面相觑,略带尴尬地笑起来,竟被这么个"笨拙的"家伙吸引。[1]

马勒如此吸引眼球,除了瓦格纳,再无哪位作曲家可以留下这么多"第一手目击资料":他滑稽的走路姿势、说话的音调(放松时是男中音,激动时是男高音),据称他的德语发音十分标准,不加重音且能准确地发出喉音"r"。我们都知道他光脚时身高160厘米,喜欢在夏夜里来上一杯啤酒。关乎马勒生命的一切几乎全被记录了下来。与弗洛伊德一样,马勒总是从细微的观察中生发出关乎人性的宏观理论,因此有关于他的一切都值得认真推敲。博斯韦尔(James Boswell)在《约翰逊传》(Life of Johnson)中引用12世纪犹太学者基姆希(David Kimhi)对诗句"他的叶子也不干枯"(诗篇:第一章第三节)的解释,表达了当面对一位伟大的人时,"即使他随性的谈话也该被重视"[2]的观点。马勒生活的点点滴滴对研究者而言极其重要,当琐碎的日常变为艺术作品时,任何细小都不能被忽视。即便这些轶事对音乐本身影响不

---

[1] 莱布雷希特:《记忆中的马勒》,264—265 页。
[2]《约翰逊传》第二版发行时的宣传语,伦敦,1793 年。(Advertisement to the Second Edition, London.)

大，人们总是不断地提醒我：事关一位有个性的、万众瞩目的公众人物，怎么深入都不为过！

马勒割过包皮吗？某个"欢庆圣法节"(Rejoicing the Law)[1]，我正站在伦敦的某犹太会堂（Golder Green Beth Hamedrash）的过道上，一位身着条纹羊毛祷告披风的粗壮男子严肃地向我提出这个问题。据称，其曾祖父的出生地距离马勒的出生地就一天的车程，算是老乡了。由于曾祖父所在的村庄信奉改革派犹太教（Reform Judaism），因此并未施行割礼，显然这令他的后辈很是苦恼。在马勒的相关问题上，他无法接受我在一本著作中的间接推测。于是后来我又找了很多证据来验证自己的理论。诸如此类的调查让我和我朋友开心极了，大家铆着一股劲儿看谁找到的细节更有说服力，真可谓充满趣味的竞赛。

第九交响曲到底在讲什么？利物浦一个凄冷的夜晚，参加完沉闷的赞助商晚宴，指挥家佩塞克（Libor Pesek）与我在街上跌跌撞撞，想找个地方再喝上一轮。钻进一家地下酒吧，才要进门，一位特大号的保镖把我俩拦住，他似乎单手就能把停在港口的所有船只掀个底朝天。"音乐会，精彩透了！大师啊！"他冲着我们嚷嚷，佩塞克的手指在他面前好比火柴棍，差点被捏得粉碎，"不过这个第九交响曲到底在讲什么？"于是我们仔细地对他解释了一番。拜马勒所赐，我们不得不结识这么一位粗人，显然他有自己看待马勒的方式，这件事本身很有意味。

我和马勒有关吗？每次关于马勒的讲座结束后，最常被问到

---

[1] 欢庆圣法节，犹太教在10月中下旬的一个节日，以阅读《摩西五经》（Torah）经文为主轴。——译者注

的大概就是这个问题。马勒（Mahler）、赫尔曼（Hermann）与邦迪（Bondy 或作 Bondi）是捷克犹太人中最常见的姓氏，即使在非犹太族群中也不少见。在众多名人中，宣称与马勒有血缘关系的有康涅狄格州的指挥弗里茨·马勒（Fritz Mahler，1901—1973）、偏振光立体摄像技术的发明者约瑟夫·马勒（Joseph Mahler，1900—1981）、乌克兰籍以色列裔作曲家艾维当，又名"马勒-卡尔克施泰因"（Menachem Avidom，Mahler-Kalkstein，1925—1995），以及美国节奏蓝调歌手碧昂斯（Beyonce Knowles），据说碧昂斯是隔了四代的第八位表亲。你永远不知道谁会在某时、某地跳出来宣称自己是马勒的亲戚，最令人困惑的是你不知道这种关系有什么了不起，为什么继承了马勒的血统就如此重要？我侄子摩西的岳父母加德（Gad）与维维（Vivi）住在特拉维夫市（Tel Aviv）。加德来自捷克乌兹提纳拉班市（Usti nad Labem）的一个小镇奥西希（Aussig）。他外婆索菲（Sofie，1850—1923）的父亲是住在利普尼采（Lipnice）的约瑟夫·马勒（Joseph Mahler，1830—1880），即马勒的叔叔。难道这样的关系能让我的侄子变成马勒吗？我们还是就此打住罢。

当然，还有其他一些常见问题。比如马勒抽烟吗？他是同性恋吗？他喜欢爵士吗？他佩戴多少度的眼镜？最喜欢的甜品是什么？他说英语吗？床上功夫好不好？"马勒滑雪吗？"更是成为1991年发表的某短篇小说的标题，小说开篇的意大利托布拉赫（Toblach）[1]，正是马勒创作最后几部交响曲的地方。对于狂热的

---

[1] 朱迪·格哈甘：《马勒滑雪吗？》（纽约，1991 年）。[Judy Gahagan, *Did Gustav Mahler Ski?* (New York:New Directions, 1991).]

马勒追随者来说,这样的问题也算合情合理。那么,马勒到底滑不滑雪?

答案是否定的:马勒登山是在 6 月,显然这个时候已经没有积雪。马勒到托布拉赫后的第一件事就是买雨伞,确保不论怎样的天气自己都可以走着去邮局取信,或者在大饭店点上一杯咖啡。到了夜晚,他"习惯清冷些的温度,才能睡得安稳"[1]。根据阿尔玛的观察,每每早餐过后,马勒坐在土厕所边望着远处群山时总是才思泉涌。马勒最痴迷的仰慕者之一——作曲家阿尔班·贝尔格(Alban Berg)便留着一段马勒在托布拉赫的厕纸,姑且当它没被用过吧,那上面有马勒第九交响曲主题的手稿。不过说真的,我们真的需要知道得这么仔细吗?

他是一个好人吗?如果将这个问题摆在马勒自己面前,他会答道:"所有伟大的人都有良善之处。"[2]勋伯格宣称这是"一位殉道者,一个圣徒"[3];而乐队乐手看到的是威胁与恶毒的危险分子。有位传记作者称:"人们刚描述完马勒,他立马变成另外一副面孔。"[4]布鲁诺·瓦尔特关于马勒的第一印象是"天才与魔鬼的混合体"[5]。寻找真实的马勒是一场矛盾丛生的探险,犹如繁复耗神的拼图游戏,摆在面前等待被还原的小画块不光暧昧,而且数量庞大。

---

[1] 莱布雷希特:《记忆中的马勒》,152、157 页。
[2] 同上书,317 页。
[3] 同上书,169 页。
[4] 纳塔莉·鲍尔-莱赫纳:《回忆古斯塔夫·马勒》,19—21 页。
[5] 瓦尔特:《古斯塔夫·马勒》,4 页。

马勒疯了吗？

坐在图灵（Alan Turing）出生的伦敦寓所，我等着会见躁狂抑郁症（或者委婉点说是躁郁症）的权威。电脑天才图灵的恩尼格玛密码机（Enigma machine）破解了希特勒军队的密码系统，却在1954年因为一个沾上氰化物的苹果命丧黄泉，这本身充满了隐喻与戏谑的仪式感。图灵到底疯没疯？事实证明没有。身为同性恋的图灵一直遭受特务的追捕，关于未来，他看不到任何希望。为了不让年迈的母亲因为自己的自杀而背上污点罪名，图灵精心策划了一场死亡，独自走向孤独的终结。图灵1912年出生时待过的妇产医院如今已是伦敦市小威尼斯区域（Little Venice）一家安静的旅馆。

坐在大堂，凯·雷德菲尔德·贾米森（Kay Redfield Jamison）迫不及待地想要探讨一下关于马勒的癫狂。凯是一位健谈的女士，外表俊美，齐肩的金发，全身散发出加州人特有的气息。凯自己就是躁郁症患者，一直致力于研究创作力与躁狂抑郁状态之间的关联。她发现作曲家是高发病人群。舒曼（Robert Schumann）与沃尔夫均死于精神病院。柏辽兹与韦伯恩（Anton von Webern）的精神状况一直非常不稳定，而贝里尼（Bellini）与多尼采蒂的情况则时好时坏，还有亨德尔（George Frideric Handel），上一秒钟他还和蔼可亲，下一秒钟就会气到中风。"如果亨德尔来看病，"凯问她的学生说，"你会给他开锂盐吗？"如果他们回答是肯定的，凯就会追问："冒着失去《弥赛亚》（*Messiah*）这首名作的风险吗？"

我们分别进行过两次对话，一次在伦敦，一次在华盛顿，她就亨德尔的案例做了深入的阐述，我开始被她的观点所说服。如伯尼所述："亨德尔的外表看起来有点沉重，带着酸楚的苦相，不过当他微笑时，他便是冲破乌云的太阳。"[1]相似的情感波动同样发生在马勒身上："如果他正与某人兴致勃勃地高谈阔论，他会抓着对方的手或衣领，强迫他人一直站在原地。同时，马勒自己会变得越来越兴奋，像一头野猪一样狂跺地板。"[2]马勒会突然惊悸发作，"几乎喘不上气来"[3]，整个人迷失在自我中。有一回，他拿手中的香烟搅拌咖啡，想象着自己正喝下满满一口烟，然后就这样把一嘴黑咖啡喷在女服务员脸上。[4]他的妻子对他的癫狂非常害怕："古斯塔夫是个疯子，不过，我恐怕，他会这么一直疯下去。"[5]回到那个问题，马勒真的疯了吗？

凯的证据是马勒18岁时写给同学约瑟夫·施坦纳（Joseph Steiner）的一封信，当时步入成人世界的马勒正与约瑟夫协力创作一部歌剧。信并不长，马勒称自己是一个"与众不同的人，……既带着最炽热快乐的活力，又对死亡有着强烈的渴求，矛盾的两

---

[1] 查尔斯·伯尼：《威斯敏斯特教堂与万神殿的音乐表演》（1784年）、《纪念亨德尔》（1785年）。Charles Burney, *An Accout of the Musical Performances in Westminster Abbey and the Pantheon*, 1784, in *Commemoration of Handel*（1785）, n.p.
[2] 纳塔莉·鲍尔-莱赫纳：《回忆古斯塔夫·马勒》，82页。
[3] 阿尔玛·马勒：《马勒：回忆与书信》（英译本，伦敦，1946年）；第三版（伦敦，1973年），116页。[Alma Mahler, *Gustav Mahler: Memories and Letters*, transl. Basil Creighton（London: W.Clowes and Son, 1946）; third revised edition, ed. Donald Mitchell and Knud Martner（London: J.Murray, 1973）.]
[4] 纳塔莉·鲍尔-莱赫纳：《回忆古斯塔夫·马勒》，81页。
[5] 格兰奇：《马勒：短暂的新生命（1907—1911）》（牛津，2008年），931页。[Henry-Louis de La Grange, *Gustav Mahler: A New Life Cut Short（1907–1911）*（Oxford: Oxford University Press, 2008）.]

极交替主宰着我的内心,常常每个小时就变换一次。我自己很清楚:不能再这样下去了"。信中传递出明白无误的自杀倾向。

现代的虚伪与谎言犹如暴君,驱逐着我,将我逼到自我羞辱的境地,艺术与生活中解不开的网在内心纠缠肆虐,原本神圣的一切——艺术、爱与宗教令人作呕,除了自我放逐还有什么出路呢?这平淡的生活犹如沼泽,我歇斯底里地怒吼,用尽气力想要挣脱将自己与平庸作呕的人生捆绑在一起的链条,将绝望的力量寄予悲伤,悲伤是我仅有的、最后的安慰。忽然,就在一瞬间,阳光将我包裹入怀,内心的冰冷就此消融;我再一次看见蓝的天,随风摇曳的花,我对世间嘲弄的笑被爱的眼泪轻轻抹去。我知道无论如何都必须爱这个世界,爱它的欺骗与浮华,亦爱它永恒的讪笑。[1]

信中的情绪转变是如此突然,你不得不读上两遍才能理解。上一句马勒还沉浸在放弃自我的消极中,下一秒太阳便已光芒万丈,世界变得如此明亮美好。这到底是怎么回事?到底当时马勒的生活发生了什么转变? 1879 年 6 月的第三个礼拜,马勒在布达佩斯乡下普兹塔·巴塔(Puszta Batta)的农场谋得一份暑期工作,为农场主莫里茨·鲍姆加滕(Moritz Baumgarten)的三个儿子教授音乐。马勒在那里的生活百无聊赖、孤独,鲍姆加滕不愿预支

---

[1]《古斯塔夫·马勒简述(1870—1911)》(维也纳,1924 年),5—9 页。[*Gustav Mahler, Brief, 1870–1911* (Vienna: Paul Zsolnay, 1924).]

薪水，马勒便也没钱进城游玩。总之，一切令他十分沮丧。他对另一位朋友说自己内心"灌满了恐怖的渴念，哪怕多一秒钟都不能再忍受下去"[1]，不过这些话语无非表达了他不再想继续这份工作而已。他提到的"自我羞辱"或许是指与农场姑娘的某段性事，而"虚伪"则是意指自己与农场主相冲突的价值观。马勒不知该如何与自己相处才能度过这漫漫长日，一个个酷热难耐的夜晚。于是他对一位旧人倾吐内心的罪恶与歉疚感，不过他与这位友人亦渐行渐远。[2]

隔天，他给施坦纳的信显示了"较为温和的情绪"，又过了一天，他的信竟"欢呼雀跃"起来。清晨6点，马勒兴致勃勃地与牧羊人法尔卡斯（Farkas）外出，法尔卡斯吹奏起"肖恩管"（Shawm），一种双簧管乐器。"他脚边开出的花儿闪烁着梦幻的光芒，好比他黑色的眸子。他棕色的头发在黝黑的脸颊边左右摇摆。啊，施坦纳！此时的你正在床上熟睡，而我已看到草尖上的露珠！"[3]前几日宣称要自杀的家伙正如此发出赞叹。那天，鲍姆加滕一家去海边度假，留下他一人，"自由得像只雀鸟"。马勒甚至考虑再到这里过一次夏天。

然而，这并非放浪之徒的癫狂发作，而是一位年轻的艺术家正在寻求自己的风格。马勒所谓"生活的欢乐与对死的渴望"借用了霍夫曼（E.T.A. Hoffman）在《卡洛式的幻想故事》（*Fantasies in the Manner of Callot*）中的表述，霍夫曼是当时最受欢迎的讲故事

---

[1]《马勒书信选集》，57页。
[2] 同上书，456页。
[3] 同上书，56—57页。

高手，他的作品给马勒留下了持久的印象与深刻的影响。为霍夫曼的"幻想故事"作序的是一位叫让·保罗·李希特（Jean Paul Richter）的浪漫派作家。马勒第一交响曲的命名正是来自于李希特的小说《巨人》（Titan）；作品第三乐章则被称作"卡洛式[1]的葬礼进行曲"（a funeral march in the manner of Callot）。"草地上的花儿向我诉说"的主题出现于第三交响曲，而"吹肖恩管的牧羊人"则出现在第八交响曲的连接过渡部分。[2]这远非一段表达死亡意愿的自杀宣言，信中包含了一位新生作曲家创作过程中的分娩阵痛，少年马勒向成年马勒的蜕变。历史上，艺术家的化茧成蝶从未如此生动形象地展现在人们面前。

这封信不光是档案素材这么简单，某种程度上它还是作曲家日后创作风格的解读。"将绝望的力量寄予悲伤，"马勒写道，"悲伤是我仅有的、最后的安慰。"这真是非凡的启示录！大多数人逃避悲伤；马勒却拥抱悲伤。悲伤是他的休憩地，是当他在世界中迷失时称作"家"的地方。苦痛是富有创造力的甜蜜负担，他从不逃避痛苦，甚至祈求它的到来。生活中，每当感到筋疲力尽、灵感枯竭的时候，马勒便让自我沉浸在孤独的绝望中，正如信中所说，突然间屏障被打破，灵感潮水般汹涌，于是一部新的交响作品诞生了。上一刻还眉头紧锁的作曲家，"一瞬间，阳光将我包裹入怀，内心的冰冷就此消融"。自残的恐怖成了自我疗伤的良药，他发现艺术创作是改善自己生活的好方法。

---

[1] 雅克·卡洛（Jacques Callot，1592—1635），法国铜版画家。马勒第一交响曲第三乐章的灵感取自卡洛的画作《猎人的葬礼》。——译者注
[2]《古斯塔夫·马勒简述（1870—1911）》（维也纳，1924 年），5-9 页。

此后，哪怕面对亲友离世或是最恶毒的背叛，马勒都再没有闪现过自杀的念头。他从逆境中汲取力量。面对绝症，他拒绝向命运妥协，而是抗争到最后一口气。如果悲痛可以被治愈，死亡便可以被打败。马勒对生活的态度在医学层面上可以说是相当理智的。他用笔写下最个人化的悲痛与忧伤，记下婴孩的死亡，心碎的苦楚与极具创造力的坚韧，于是《大地之歌》(Das Lied von der Erde)在黑暗中诞生了，它描绘了全人类共有的、心灵相通的本质。无论境遇如何糟糕，马勒始终心怀热爱，正如在"疯狂的信中"所写，他必须热爱。

为什么是马勒？

为什么是现在？最后，有两个问题是不能绕过的。为什么一位曾被遗弃的作曲家能取代贝多芬成为20世纪的音乐点击热门，为什么他等了这么久才迎来自己的时代？坊间普遍流行两种说法：有人称早几年马勒的影响被压制了，有人称这是某种"一夜之间"的复活。这些误解亟待勘正。

除却纳粹统治时期，马勒的音乐从未真正意义上的沉默过。从1911年马勒逝世到第二次世界大战爆发，他的作品在全球范围内共演出了2200次（其中德国900次，荷兰400次，奥地利300次[1]），是20世纪仅次于西贝柳斯与施特劳斯演出频率最高的作曲家。然而，他也引发了同等浓烈的敌对情绪。在美国，托斯卡

---

[1] 格兰奇：《马勒：短暂的新生命（1907—1911）》（牛津，2008年），1660—1662页。

尼尼（Arturo Toscanini）与达姆罗施（Walter Damrosch）视马勒的交响曲为令人作呕、乏味的讨厌鬼。《时代》杂志发表了标题为《蛀虫马勒》的文章，警告读者说，"其音乐中沉思的忧郁将令一个又一个听众情绪低迷"[1]。在英国，人们表示马勒总是"辛苦地东拼西凑，缺乏至关重要的灵感火花"[2]。

见过少年马勒的哲学家维特根斯坦如此写道："如果说马勒的音乐真的一钱不值，我想情况也的确如此，那么问题将是他应当如何运用自己的才能？毕竟，能创作出如此多烂音乐的才华实在百年难遇。"[3] 不那么教条主义的人或许会问，如果马勒的音乐真的这么烂，为何能引发如此激烈的反应与评价。糟糕的艺术根本不需要花费精力与智力去诋毁、反对。这些年来，即便鲜有人问津，他始终是人们皮肤底下的一道痕。

马勒的复兴经历了三个阶段。首先是 1959 到 1960 年间 BBC 主持的百年纪念，之后纽约爱乐乐团将这股"有待检验的风潮"[4] 从 1961 年延续到 1965 年。再后来，伯恩斯坦推出一系列灌录的唱片；意大利电影导演维斯康蒂在 1971 年的电影《魂断威尼斯》中选用了第五交响曲的小柔板作为背景音乐；马勒风仍在延续。到 20 世纪 80 年代，技术发展大幅度提升了激光唱片的音质，大规模的高保真马勒作品得以在市面上流行。至 1995 年，市场上已

---

[1] 见《时代》杂志，1938 年 2 月 7 日。
[2] 巴哈拉赫：《音乐伴侣》（伦敦，1934 年），237、456 页。[A.L.Bacharach, *The Musical Companion* (London:Cassell, 1934).]
[3] 维特根斯坦：《文化与价值》（牛津，1948 年），67 页。[Ludwig Wittgenstein, *Culture and Value* (Oxford:Blackwell,1948).]
[4] 史蒂芬·沃尔什，《观察者报》。(Stephen Walsh, *Observer*, newspaper cutting, n.d.)

经有1168张马勒的专辑；15年之后更是翻了两倍之多。

  第三波马勒复兴则仰仗互联网时代的到来，任何知名的事物均可以被无限复制重复。1990年到2010年间，至少有超过二十部电影使用马勒的作品作为配乐，点击率最高的是小柔板，其他包括伍迪·艾伦（Woody Allen）《贤伉俪》（Husbands and Wives, 1992）中的第九交响曲，贾木许（Jim Jarmusch）《咖啡与香烟》（Coffee and Cigarettes, 2004）中的《我被世界所遗忘》（I Am Lost To the World），而《亡儿悼歌》则出现在阿方索·卡隆（Alfonso Cuaron）令人不安的电影《人类之子》（Children of Men, 2006）中。[1]另外，围绕殡仪馆家庭成员故事展开的热门美剧《六尺以下》（Six Feet Under）中选用了《大地之歌》第一乐章的《饮酒歌》作为配乐。坊间甚至买得到印有"我被'马勒'了"（I've been Mahlered）的T恤。报纸再也不需要为"马勒"做名词解释。各种迹象表明，他的时代已经到来。

  2007年10月的一个早晨，加拿大多伦多上班族们在皇后街大桥以及湖滨大道东沿岸发现一尺多高的"马勒"涂鸦墙。"究竟这个躲在我们中间的'马勒'是谁？"一位网络记者问道。无人解答亦无人现身。[2]马勒的名字仍在那儿，在人行道旁。为什么是马勒？为什么他的名字突然流行起来？是着迷他的音乐还是他本人？又或者说世纪之交大熔炉式的维也纳所散发的信心与脆弱，正如我们今天所经历的那样，交织在一起的矛盾挑动到了你

---

[1]史蒂芬·沃尔什，《观察者报》。(Stephen Walsh, *Observer*, newspaper cutting, n.d.)
[2]亚历山大·萨穆尔，网站记者。(Alexandra Samur, in *The Torontoist*.)

Why Mahler?

我的神经?那可是一个拥有弗洛伊德、马勒、马赫(Mach)、维特根斯坦、施尼茨勒(Schnitzler)、赫茨尔(Theodor Herzl)、托洛茨基(Trotsky)以及正准备朝世界发起冲击的青年希特勒的维也纳。个人主义与集体主义、自我主义与理想主义、情欲美学与苦行禁欲、崇高的与卑贱的,一切都在这里交汇交锋,而马勒正是旋涡的中心。对某些人来说,他是英雄,而其他人将他视作病态的神经质。了解马勒及他的音乐将是我们理解文明进程以及人与人之间关系本质的重要功课。

他的音乐既高雅又平庸,既有原创性又有衍生性,既有令人惊叹的灵光也有迂腐的陈词滥调,总之,马勒拒绝教科书式的文本解析。听马勒的音乐是一场开放式的心理游戏,反讽的语汇考验着每一个人的智识;这又是一场发现之旅,意味着自我揭示、寻找慰藉与重生。不论何时,我们都需要马勒的医治。每一首交响曲都是挖掘自我内在真相的强大动力,认识马勒终将为了认识我们自己。

第二部分

马勒是谁？

——生平与时代

· 2 ·

生在无名之地
（1860—1875）

一个地方、一个名字、一个信仰

  这里的炎夏总是满眼金黄油绿。静待收割的稻谷，山间郁郁葱葱，森林阴暗浓密犹如勇士们的胡子。林间的空地与被废弃的古堡间镶嵌着蓝色的湖，对于孤独的男孩，一切具有如此神奇的魔力。头顶的松枝上时不时传来鸟鸣，穿插着风声与牛铃声，远方飘来大马车的号角与小酒馆的乐队演奏，声响相互交织。这是孕育马勒生命的土地，风光就这么融入他的音乐中。每当夏日来临，马勒坐在林间冥想构思，眼前浮现的大概也是这样的光景。当我第一次拜访这里时，一切还是原来的老样子；等到再来时，竟没了踪影。

  在下笔谱曲前，马勒总要回想自己儿时的画面与声音。他的第一栋作曲小屋依湖畔而建，第二栋躲进森林，第三栋则安置在山上的牧场。"不用费神往上看，"他对那位赞叹周围旖旎风光的拜访者说,"这里的一切已经被我写进音乐里了。"[1]他依附着大山与回忆寻找激发音乐的灵感。有一回,他在森林里漫步,远处的市集传来声响,射击游戏的爆裂声、木偶戏、军乐队,还有合唱。"你听到了吗?"他兴奋地大叫起来。

> 那是复调音乐,我的灵感之源!即便我还是伊格劳(Iglau)森林里未经世事的少年,莫名地,这些声响总是打动我、影响我。不管过了多久,它们始终存在着,就像小酒馆里花天酒地的喧哗——一千只鸟儿在歌唱,暴风雨的呼啸,海浪拍击着岩石,火苗吱吱作响的爆裂。声音从四面八方传来,音乐的主题就藏在其中。虽然彼此在节奏与旋律方面各不相同,经由艺术家的手,一切将变得井然有序,它们成为和谐的整体。[2]

马勒借此想让人们明白他从哪儿来,以及他被塑造的过程。

然而,这片土地无名无姓。它既不属于波西米亚,也不属于莫拉维亚,不过是帝国内由伊格劳河(River Iglawa)分割出来的一块边界之地。哈布斯堡王朝的疆土覆盖了大半个欧洲,从亚得里亚海(Adriatic Sea)克罗地亚南部的斯普利特市(Split),到乌克兰的切尔诺维茨(Czernowitz)。伊格劳(现更名为伊赫拉瓦)

---

[1] 布鲁诺·瓦尔特:《古斯塔夫·马勒》(英译本,伦敦,1937 年),25 页。[Bruno Walter, *Gustav Mahler*, transl. James A. Galston (London: Kegan, Paul, Trench, Trubnerand Co.Ltd., 1937).]

[2] 纳塔莉·鲍尔-莱赫纳:《回忆古斯塔夫·马勒》(莱比锡与维也纳,1923 年),147 页。

在当时是配备驻军的交通要镇,守卫从布拉格到布尔诺的道路,甚至捍卫着更远的帝国首都维也纳。在历史上,伊格劳(当时约有13000居民[1])属德语区,外围则全是讲斯拉夫语的捷克原住民。直到1945年5月,为了向实施六年暴政专制的纳粹政府复仇,捷克人以残酷的方式驱逐德语人口,结束了双方多年来的和平共处。

除却捷克人与德国人,还有第三个族群——犹太人,他们在捷克人与德国人的夹缝中生存,受着双重的压迫。犹太人在伊格劳已有几个世纪,但仍被视作"外国人"。若想要进入伊格劳城区,他们必须向警察提交访客登记证明,支付15克罗采[2]的罚金,并依照规定天黑前必须离开。[3]不论是做买卖、搬家或出行都受到严格限制。他们从不知"长久"为何物。"我三次失去家园(Heimat),"马勒说,"奥地利看我是波西米亚人,德国看我是奥地利人,而对于全世界而言,我是犹太人。永远是闯入者,从不受欢迎。"[4] Heimat 在德文里是"故土家园"的意思,意味着根,与生俱来的赐予,他人夺不走的名分。身为犹太人,马勒不知何处可称作"家"。

在这块土地上,马勒家族存在已久。第一个取名马勒的人并

---

[1] 约翰·默里:《德国南部旅游手册》(伦敦,1858年),471页。在另一份档案中记载,1860年该地区约有1.7万人口。[Cf.John Murray,*Hand Book for Travellers in Southern Germany*(London:John Murray,1858);*Počátek Cesty, Gustav Mahler a Jihlava*, written by Vlastimil Sverak, Renata Piskova, Helena Nebdalova,Petr Dvorák (Jihlava:statni okresni archiv, 2000),p.17. Gives17000 in1860.]

[2] 克罗采(Kreutzer):旧时德国和奥地利使用的十字硬币。——译者注

[3] 见《犹太百科全书》关于"伊格劳"入境规定(纽约,1901—1905年)。[Entry "Iglau", *Jewish Encyclopedia* (New York:Funk and Wagnalls, 1901—1905)]

[4] 阿尔玛·马勒:《马勒:回忆与书信》,109页。

非自愿，1787年，为了行政管理方便，哈布斯堡王朝皇帝约瑟夫二世（Joseph II）要求当地的犹太人取用德国姓氏。有些犹太人通过贿赂官员得到了较好的姓氏，如勋伯格（Schoenberg，优美的高山）、弗里德（Fried，和平）或者弗洛伊德（Freud，快乐）。还有一些人可没那么走运，被贴上带有轻蔑口吻的标签：克莱因（Klein，短小的）、克劳斯（Kraus，皱巴巴的）或者布劳科普夫（Blaukopf，蓝色脑袋）。很多人依照从事的职业命名：施耐德（Schneider，裁缝）、施尼茨勒（Schnitzler，伐木工）、莱勒（Lehrer，教师）。于是乎，雅各的儿子亚伯拉罕在洪波莱茨（Humpolec）附近的克美娜村（Chmelna）登记时，所用的名字是亚伯拉罕·雅各·马勒；他是一位贩卖香料的商人，同时也是犹太会堂唱诗班的歌者以及被称作"索海特"[1]的犹太屠夫。"马勒"是梅勒尔（Maler，艺术家）或穆勒（Muller，磨坊主）的变体，但这都与亚伯拉罕所从事的生计无关。看上去似乎是负责登记的人的拼写错误，原本他选的姓氏是莫勒（Mohler），即希伯来语"Mohel"在当地意第绪语中的变体，意指为男婴施行割礼的人。由于"索海特"刀法娴熟，也常常在犹太社区内身兼割包皮的工作。

雅各之子亚伯拉罕，成了第一任马勒，生有七个儿子；大儿子伯纳德（Bernard）又生了六个孩子。根据当时的歧视法规，每户犹太家庭只有一个孩子有权登记结婚。于是，伯纳德的儿子西蒙（Simon，生于1793年）与玛丽亚（Maria）并未正式结婚。玛

---

[1] 索海特（Schochet）：屠宰师，犹太教中受过专门的屠宰动物训练，并获得符合犹太屠宰法"司赫特"许可证的人。此人必须是虔诚的高品德的值得托信的犹太人，经考核宗教知识后在犹太教会的监管下才能行屠宰之事。——译者注

丽亚是住在利不尼扎（Lipnitz）的犹太屠宰师亚伯拉罕·邦迪（Abraham Bondy）之女，他的八个儿子都被当地教区列为私生子。西蒙与玛丽亚的父亲在卡利希特村（亦作Kaliste，在捷克语中指"泥泞的池塘"）共同拥有一间酿酒厂。1855年，酒厂由西蒙的大儿子伯恩哈德（Bernhard，生于1827年）接手。

马勒家族第四代的伯恩哈德是一个冲劲十足的人。他驾着马车一个村一个村地兜售自己的白兰地酒，膝头总是放着一本书——法语文法、科学或历史之类的书籍。于是，商贩们都叫他"马车上的学者"。他为有钱人家的孩子做私人家教，1857年，伯恩哈德与来自莱德奇（Ledec）的玛丽·赫曼（Mary Hermann）结婚。玛丽跛脚、身体孱弱，不过带来的嫁妆却很丰厚。一个好吹牛的、多疑的30岁男人搭配娇羞虔诚、年方20的姑娘，据他们的儿子回忆："母亲并不爱他，几乎不了解他。他们之间水火不容，他固执倔强，而她非常温柔。"[1] 夫妇俩在卡利希特村拥有一家小酒馆。1858年3月，儿子伊西多尔（Isidor）出生，死于一场意外。第二个儿子出生于1860年7月7日，某个周六，那正是古斯塔夫·马勒。

这一天是犹太历坦木兹月（Tammuz）的第17日，犹太人第四个斋戒月的第一天，为期三周的斋戒是为了悼念公元前586及公元70年耶路撒冷城的毁灭。斋戒是对过往历史的警示，借由仪式提醒族人不要忘却"失家之痛，流亡之殇"。马勒在这一天出生似乎暗含了某种象征。

1860年7月14日，也就是一个星期后，在亚伯拉罕神父的

---

[1] 纳塔莉·鲍尔-莱赫纳：《回忆古斯塔夫·马勒》，69页。

主持下，马勒于莱德奇附近的克拉洛维采（Dolni Kralovice）接受割礼。负责执行的莫赫尔（Mohel）是来自莱德奇的大卫·克劳斯（David Kraus），仪式过程中负责抱着小马勒的是伊格纳兹·魏纳（Ignatz Weiner）与安东·克恩（Anton Kern）[1]两位神父；魏纳是马勒母亲最喜爱的舅舅。[2]

对犹太人而言，男人实施割礼无异于宗教意义上的宣誓与效忠，既是与传统祖先相连接的文化行为，也是一种社会义务。整个手术过程快速有效，执行者用手术刀从阴茎的顶端将包皮分离出来，之后端着酒念出祝福，孩子的希伯来名字会在此时宣布。"古斯塔夫"（Gustav）来自中世纪德语，甚至可以上溯至更早时期的瑞典语，意思是"为上帝工作的人"。

西格蒙德·弗洛伊德在割礼上被赐名"肖洛莫"（Shlomo），卡夫卡得到的名字是"安谢尔"（Anshel），西奥多·赫茨尔（Herzl，1860—1904）[3]则被称作"本雅明·泽埃夫"（Benjamin Ze'ev）。谈到古斯塔夫·马勒，这个犹太名字似乎并没有多少光辉历史可循，既然说到这里，我们就试着梳理一下其中的渊源。圣经中以"G"开头的名字很少见，比如有 Gad（加德）、Gershom（格尔肖姆）、Gedalia（葛达利亚）、Gideon（吉迪恩）、Gavriel（加夫里埃勒）。

---

[1] 切斯蒂：《古斯塔夫·马勒，来自伊赫拉瓦》，17 页。（Počátek Cesty, Gustav Mahler a Jihlava.）
[2] 见《马勒书信选集》，377 页。
[3] 西奥多·赫茨尔：奥匈帝国的一名犹太裔记者和现代政治的锡安主义创建人，"犹太复国主义"之父，也是现代以色列的国父。西奥多·赫茨尔出生于布达佩斯，童年时候移居维也纳。学习过法律并取得了奥地利的法律执照，但后来主要从事新闻和文学职业，担任维也纳《新自由日报》主编。早年主要是为报纸写杂文花絮，后来又兼写作戏剧。——译者注

在意第绪语中，Getzel 是从 Gottfried 或 Gustav 缩写而来。所以是不是可以说他的全名应该被叫作 Getzel？似乎不太可能，因为马勒家族中的其他人都有恰当正派的名字，不可能仅他一人采用缩写。与 Gustav 具有更天然关联的希伯来语名字恐怕是这两个——Yaakov（雅科夫）或写作 Jacob（雅各）。Yaakov 与 Gustav 的结尾字母相同，在当地方言中，G 可以弱读为 Y(Yustov)。而 Jacob(雅各)又是马勒家谱父系先祖亚伯拉罕的姓氏。所以是不是可以依此推测 Gustav 也就是 Yaakov 呢？Gustav 的意思是"为上帝工作的人"，这种称谓透着一股令人生畏的冰冷。这个名字仿佛是一堵安全的屏障将马勒的一生与世俗相隔，他拒绝一切过于私密的人间情感。除了他的妻子，没人用"古斯塔夫"以外的名字称呼他，连一个简称或昵称都没有。

依《圣经》所言，雅科夫是伊萨克（Isaac）狡猾的儿子，为了眼前的一点私利出卖自己的父亲，在人格方面是与雅各截然相反的角色。雅各是马勒心中的英雄，是"创造力的极致象征"[1]，每当排练乐手不能明白他的指挥意图时，他便搬出这句话。有一次排练《复活》交响曲，维也纳合唱团的表现稀里糊涂、令人困惑，马勒要求所有人都安静下来，并开始召唤"另一个自我"：这段是雅各与大天使的角斗，雅各大喊："你不给我祝福，我就不容你走！"[2]《圣经》里的雅各与《复活》的叙述文本压根儿找不出关联，歌手当然也不可能因此有多少醍醐灌顶之感。不过对马勒而言，雅各是一个不屈

---

[1] 纳塔莉·鲍尔-莱赫纳：《回忆古斯塔夫·马勒》，60 页。
[2] 莱布雷希特：《记忆中的马勒》，224 页。

不挠的斗士，一个为争得合理权利敢与天使抗争的人。"上帝不愿赐福与我，"他嘟囔着，"我不得不在可怕的角斗中，从他手中夺取我应得的，完成自己的作品。"[1] 与雅各一样，马勒相信自己正是那个与上帝斗争并最终赢得祝福的孩子。穿上羊皮的雅各向世界宣告自己与生俱来的权利，古斯塔夫则"更换自己的外套"，改信基督教以获得在维也纳的权势。[2] 他所做的一切，哪怕是出卖与背叛，都是为了得到上帝的祝福。临死之际，马勒在自己最后一首交响曲谱上潦草地写下："噢，上帝，上帝，你为什么遗弃了我？"与雅各一样，古斯塔夫绝不会放手，除非得到应许的祝福。

马勒出生三个月后，全家人搬进城区。当时的皇帝弗朗茨·约瑟夫倾向于实施较为宽松的种族政策，允许犹太人居住在伊格劳。1860年10月22日，伯恩哈德·马勒在镇上位于城市广场下端的培罗尼兹街（Pirnitzergasse）租了一间房子，在一楼开了个酒馆，与弟弟大卫（David）一起合作经营，生意非常红火。当地到处都是无所事事的驻扎士兵，各色人等都喜欢聚集在酒馆里买醉。每到夜幕降临，身着制服的军官便与短裙姑娘们跳舞，起伏的裙摆转着圈儿，转进附近不知名的黑暗荒野中。总之，一个色欲交流的好去处。伯恩哈德顺势将隔壁的房子租下，兼作酿酒厂及面包店的营生。由于漏交营业许可牌照费，酒吧又有召妓、漏税的问题，男主人时不时与警察人员发生冲突，因此也惹上不少麻烦。伯恩哈德是一个咋呼、忙碌的男人，喜欢钻空子走捷径，揩自家

---

[1] 纳塔莉·鲍尔-莱赫纳：《回忆古斯塔夫·马勒》，60页。
[2] 莱布雷希特：《记忆中的马勒》，92页。

店里女服务生的油。在家中,他是一副为人师表的尊荣,甚至在玻璃餐具柜里都摆放着全套古典及现代文学名著。[1]正当伯恩哈德忙于为事业与声名打拼时,玛丽则因为长时间的头疼与心脏功能衰弱而备受折磨。[2]家里狭小局促,只有两间卧室。玛丽每隔一到两年就生一个孩子,共生了14个,其中八个不到两岁就过世了。每当小小的棺木从后门被运送出去,前门仍旧传来酒馆的喧嚣、欢快的音乐与放肆的大笑,它们从未停止过。

撇开生计不说,全家人移民至伊格劳还出于宗教上的考虑。卡利希特村零散的人家中仅有三户是犹太人,这在数量上不够祈祷的法定人数。而伊格劳有犹太人最看重的犹太会堂与墓地。到1869年,伊格劳的犹太人数量已达到1090人,占据当地总人口的5.4%,"反犹骚乱与暴动"等事件频发。[3]

由于与犹太会堂的合唱指挥有些交情,伯恩哈德被选为犹太教育委员会主席。玛丽依照犹太教教规,每周五在家中点上蜡烛,做一桌犹太传统菜肴。然而,此时的犹太教正在经历变化。来自东方的哈西德主义(Hasidism)鼓吹"幸福典雅的狂喜"(happy-clappy ecstasies),为严肃的信仰注入了一些轻快;在北方,摩西·门德尔松(Moses Mendelssohn)则催生出犹太教与基督教的伦理对话。改革派犹太牧师对旧规则的实施更为宽松,在犹太会堂或一日庆典中允许男女混坐;有些牧师甚至允许教徒吃猪肉。当然也

---

[1] 布劳科普夫[编]:《马勒档案》(纽约,1976年),148页。[Kurt Blaukopf (ed.), *Mahler: A Documentary Study* (New York:Oxford University Press,1976).]
[2] 阿尔玛·马勒:《马勒:回忆与书信》,5页。
[3] 切斯蒂:《古斯塔夫·马勒,来自伊赫拉瓦》,17页。

有反对派,比如来自莫拉维亚、受过大学教育的德国犹太牧师拉斐尔·希尔施(Samson Raphael Hirsch)宣扬《摩西五经》律法与科学的共存。小小的伊格劳随即成为一切教义争端交锋的主战场。当时在伊格劳担当精神领袖的是犹太牧师翁格尔(Jacob Joachim Unger),毕业于柏林大学哲学系,有博士学位。

成长过程中,马勒主要接受正统犹太教洗礼,但不狂热,同时也受到其他潮流的影响。他常在犹太乐队(Klezmer Bands)的表演中听到哈西德派的旋律(Hasidic melody),只要其中某个乐手点点头,他们的音乐随即从低吟转为癫狂,之后又能立刻转变回来。犹太之歌无须遵守任何规范,完全不同于伊格劳城镇广场每日列队行进的军乐队。军队的戒律与欢快的犹太个人主义形成强烈的冲突,在男孩的心中留下深刻的印记。

家里人都操着一种被称作意第绪语的方言,该语言的构成很复杂,杂糅着德语、希伯来文、阿拉姆语(Aramaic)以及文法完全独立的斯拉夫语词汇,是马勒最先接触的语言。意第绪语乃犹太人的"母语"(mameloshn),借由此语言系统,犹太人可以相互间用"密语"交谈。双重否定的用法是为了混淆外族人对真正意图的理解,彬彬有礼的言语中暗藏玄机,唯有非常仔细观察说话者的语调与手势,才有可能确定对方究竟是在称赞还是侮辱。成年后的马勒时常用意第绪语的方式思考与表达。"难道我是一只野兽吗?"[1]有一次他冲着伸长脖子追星的名流们大吼,"野兽"(vilde khaye)是典型的意第绪语说法,既传递了猛兽的危险气息又有顽皮男孩

---

[1] 纳塔莉·鲍尔-莱赫纳:《回忆古斯塔夫·马勒》,28页。

之意，一个词汇就结合了恐惧与亲昵的双重暧昧。当妹妹让他久等时，马勒会冲着她们嚷嚷："这么多手指，就没有一根可以动起来吗？"[1] 面对自己的娇妻，马勒也好为人师，他曾试图教她一个词——"schlemiel"（她理解为"傻瓜"，而马勒其实想表达的意思是"笨拙"）。另外，马勒常用的"unserer"一词在意第绪语中意指"犹太同胞、犹太伙伴"，马勒则用这个词来表示和他艺术理念相通的人。[2] 至关重要的是，意第绪语令马勒的音乐得以保持同时存在的双重对照性，他所做的一切创新都源自种族文化内涵。

犹太会堂中曾发生过一件事，也是马勒童年中被记录下来的第一个事件。那是一个安息日早晨，教会歌唱团正在齐声颂唱，忽然，一个三岁大的男孩"从母亲的臂弯中挣脱"，口中大叫着"都给我安静！太难听了"，随后径自唱起"他最喜爱的歌曲［Eits a binkel Kasi（Hrasi）］"[3]。这是一首捷克小商贩常哼的小调，描述商人旅途中背包摇晃的短歌，带有波尔卡舞曲的节奏，内容粗俗下流，完全不适合此等神圣庄严的场所。马勒事后认为，这个事件代表了自己无法忍受难听音乐的性格。在他的表述中，故事通常会带有一些神话的色彩，这为后来的传记研究者，包括我在内留下大量素材，只可惜这其中总有许多误导之嫌。似乎，马勒一直在与我们玩一场没有结果的游戏。

---

[1] 麦克拉奇：《马勒家书》（牛津，2006年），25页。[McClatchie, *The Mahler Family Letters* (Oxford: Oxford University Press, 2006).]

[2] 祖卡坎德尔：《我的生活与历史》（伦敦，1938年），38—43页。[Bertha [Szeps]-Zuckerkandl, *My Life and History* (London: Cassell, 1938).]

[3] 莱布雷希特：《记忆中的马勒》，11—12页。

葬礼进行曲

有一回,小马勒在位于莱德奇的外祖父母家闹失踪,后来人们在阁楼里找到他,他正踮着脚尖,手指敲击着一架废弃的旧钢琴。外祖父赫尔曼问马勒是不是想要一架属于自己的钢琴,很快,一辆牛车就把钢琴载到了伊格劳。四岁的马勒开始学习演奏,六岁时写了一首"采用葬礼进行曲作为序曲的波尔卡"(Polka with an introductory funeral march)。母亲许诺,如果他的乐谱手稿干干净净,没有污点,就给他奖赏。

若是马勒发现母亲躲在门后偷听自己的演奏,他就会立刻停下来,随即又会自己懊悔起来,咒骂自己为什么要剥夺母亲的快乐。每当她因头痛而受苦,他就会立在她的椅子背后祈求上帝让母亲能好过些。研究表明,那些有照顾、关心父母心理倾向的孩子都有特定的行为模式,医学术语称为"病态养育"(Pathological nurturance)。在马勒身上表现为保护残疾的、养育过多孩子过于劳苦的母亲,以抵抗粗暴、骇人且难以掌控的父亲。伯恩哈德总是辱骂虐待自己的妻子,与家中的女佣随意调笑。这真是令人坐立难安的婚姻,有一次马勒在惊恐中夺门而出,在街上偶遇一位手风琴师演奏讲述鼠疫的古老歌谣——《噢,可怜的奥古斯丁》(Ach, du lieber Augustin)。弗洛伊德对这段经历非常感兴趣,他告诉马勒,这或许解释了为什么他的音乐总是能将最激烈的情感与最平庸的陈词滥调相并置的原因。弗洛伊德所没有看到的是,正是父母双亲的性格冲突触发了马勒思维方式的形成,他顺理成章地将两种截然对立的元素融入一种表述语汇中。

伯恩哈德要求儿子为他写首曲子,至少和给玛丽的曲子一样好,于是马勒引用了莱辛(Gotthold Ephraim Lessing)的诗,讲一群不喝酒却总是追着姑娘跑的土耳其人。这算不算是马勒创作的第一声嘲讽?但他毕竟还太过年轻,断断不敢如此放肆,不敢拿音乐讥讽好色却滴酒不沾的父亲。伯恩哈德自然很高兴,于是将自己藏书箱的钥匙交给马勒以示奖赏。如此,马勒养成了阅读的习惯。一次他弄伤了自己的手指,号叫了"好几个钟头"。后来有人给了他一本《堂吉诃德》(*Don Quixote*),不一会儿,他便狂笑起来,沉浸在书中完全不记得痛这件事了。[1]

为了摆脱家中痛苦的气氛,马勒整个夏天都躲在森林里,直到"一阵恐怖惊惧突然袭来"[2]。他会毫无缘由地流泪,让自己迷失在音乐中。放学回家的路上,马勒被街头乐队表演所吸引,完全忘了自己要上厕所的事儿,竟还尿了裤子。[3] 比他小一岁的弟弟恩斯特(Ernst)是忠诚的小跟班,帮马勒擦鞋、承担家务琐事。作为交换,马勒允许他弹钢琴。孱弱的婴孩们一个接着一个猝死,1863年,玛丽诞下一名健康的女婴,取名莱奥波尔迪娜(Leopoldine,小名Poldi),之后又有路易斯(Louis,小名Alois,生于1867年)与贾斯汀(Justine,小名Justi,生于1868年)。小贾斯汀曾开玩笑地拿蜡烛把床围绕起来,假装自己已经死去。恩斯特曾感染严重的风湿热,始终没能完全康复。总之,死亡的阴影笼罩着整个家庭。

---

[1] 纳塔莉·鲍尔-莱赫纳:《回忆古斯塔夫·马勒》,85页。
[2] 同上书,152页。
[3] 莱布雷希特:《记忆中的马勒》,9—10页。

邻居费舍尔（Heintich Fischer）是镇上的合唱指挥，他安排马勒进自己的教堂唱诗班演唱。学校里负责教授马勒宗教课程（犹太教）的翁格尔牧师对其学习成果评价极高。然而，马勒在其他课程上的表现则只能说"差强人意"。下课后，他总是跟费舍尔的儿子特奥多尔（Theodore）去游泳，听特奥多尔家的保姆讲传说故事。其中有一个故事叫《悲叹之歌》（*Das Klagende Lied*），令马勒印象深刻。

1869年12月20日，官员向村民们公示称他们在广场捡到一个皮夹子，内有三个金币、64.5克罗采，是"男学生马勒"在"佩罗尼兹巷角落的雪堆里，靠近下水道沟渠盖的地方"捡到的。这可是一笔大数目，相当于砌砖匠两周的薪水。[1] 我脑中浮现出如此画面：孤僻的马勒独自一人在家外的水沟边，扒开雪堆发现钱包，他完全没有想过要奖赏便交给了警察，这真是大公无私的放弃。

隔年，1870年10月13日，这个男孩再次引起公众的注意，这一回与音乐有关。他在伊格劳剧院举办了一场钢琴独奏音乐会：

> 犹太商人家的孩子，现年九岁的男孩马勒在众多观众面前举办了首次钢琴独奏音乐会。这位未来大师的演出非常成功，若是乐器本身的质量能赶上他优秀的演奏技巧就更好了。[2]

---

[1] 见里赫茨基教授的文章，刊发于1991年12月5日。（Document from Professor Jiří Rychetsky, published Hlas'91.）
[2] 格兰奇：《马勒（卷一）》（伦敦，1974年），23页。[Henry-Louis de La Grange, *Mahler:Vol.1* (London:Victor Gollancz, 1974).]

伯恩哈德为此欢欣鼓舞，决定带马勒去布拉格的高级中学进修，并寄宿在犹太皮革商格林费尔德（Grünfeld）家中。他们家的儿子恰好也都从事音乐行当——阿尔弗雷德（Alfred）是钢琴家，海因里希（Heinrich）是大提琴家，分别比马勒年长八岁和五岁。传言马勒偷了俩人的鞋子和衣服，这似乎不太可能，由于年龄上的差距，马勒反而是备受欺侮的那个。有一回他走进房间，正好撞见阿尔弗雷德或是海因里希与一位女佣在地上翻滚，不怀好意。眼前的场景令马勒觉得"震惊与恶心"，他冲过去想帮女孩，却"被他们二人大声地呵斥羞辱"[1]。关于性爱的首个启蒙竟如此残暴，以至于马勒终身都对性爱冷淡。不过，这些都是真实的吗？在海因里希的回忆录中并没找到这样的场景[2]，也没有丝毫关于他们恩怨的记载，看来并没有什么嫌隙。马勒曾聘用格林费尔德家的第三个儿子西格蒙德（Siegmund）担当维也纳国家歌剧院的声乐指导；阿尔弗雷德还参加了马勒的葬礼。[3] 说不定这又是马勒在编造假线索，好让自己在腐化的人生中留下一个纯真的老实人形象。

1872 年 2 月，伯恩哈德到布拉格发现儿子的成绩在学校垫底，吓得脸色青灰。他带儿子去餐厅吃饭，随后把他带回家住了三年多。不在家的几个月令马勒与家人变得疏远，他的家书从不曾表露任何内心生活，只是轻描淡写地报告他如何睡觉，吃了什么和日常排泄是否正常："在火车车厢里我肠胃很不舒服，后来在餐车

---

[1] 阿尔玛·马勒：《马勒：回忆与书信》，7 页。
[2] 格林费尔德：《大调与小调》（莱比锡，1923 年），19 页。[Grünfeld, *In Dur und Moll* (Leipzig: Grethlein, 1923).]
[3] 资讯来源：马特内尔（Knud Martner），2009 年 1 月 30 日电子邮件。

吃了块牛排，一点色拉，抵达后，我不得不躺下，身上起了严重的皮疹，头疼得厉害。"[1]马勒患有"痔疮"[2]，还有偏头痛、"心绞痛"[3]、"胃黏膜炎"等一系列毛病。即便是在感觉"最良好"的时候，他也不忘加上这么一句——"这真是难得"[4]。作家普鲁斯特（Marcel Proust）在给母亲的信中也提过相类似的疑心病，且颇为沉溺其中，这似乎是他们生活、创作中十分有效的沟通方式。

马勒的犹太成年礼日趋临近。依照惯例，马勒需要在1873年7月12日星期六这天举行仪式，背诵犹太律法《摩西五经》中巴勒《民数记》第22章第2节至第25章第9节（Balak, 22:2-25:9）的段落。成年礼之前三个月，"年轻的大师马勒"参加了在犹太会堂举行的女大公吉塞拉（Archduchess Gisela）婚礼的庆典活动；成年礼前三周，玛丽诞下了一名男孩，取名奥托（Otto）。我们手上并没有关于马勒成年礼的记载，不过作为教育部主席的儿子不大可能不遵循这么重要的宗教仪式。离开伊格劳后，马勒一直保持着对犹太民族传统的尊敬，对犹太会堂情有独钟。几年后，荣任维也纳国家歌剧院总监的马勒遇到歌手达维德松（Max Davidsohn），此人曾经在犹太会堂担当领唱。马勒特意把达维德松带到酒店，要求他演唱希伯来文颂祷。达维德松唱了一段赎罪日礼拜仪式中的诗歌《当我们年老力尽时，请不要遗弃我们》(*Do not Forsake Us in Old Age, When Strength Gives out*)。"啊，

---

[1]麦克拉奇：《马勒家书》，74页。
[2]同上书，27、263页。
[3]纳塔莉·鲍尔-莱赫纳：《回忆古斯塔夫·马勒》，94页。
[4]麦克拉奇：《马勒家书》，301页。

正是这个，"马勒听后轻轻地说，"这就是宗教，我从小就听我们教堂里上了年纪的领唱者唱同样的歌。"[1] 他坐在钢琴边，在原曲上弹出即兴旋律，沉浸在渴盼（Sehnsucht）[2] 之中的马勒对于所丢失的不禁怅然。马勒的成年礼之所以没有留下任何历史记录，恐怕是由于当时家里发生了变故。

小恩斯特的状况很糟糕，风湿热促发充血性心力衰竭，如今他只能静静等死。一连好几个月，马勒守在恩斯特的床边，给他讲各种故事：[3]

> 我为他编了许多阴森恐怖的童话：长相骇人的巨人、怪兽，有两个头、四只手臂，全都做着些骇人听闻的事。时间长了，当这些怪物不够看的时候，我就会让它们长出更多手臂，十个、二十个、一百个脑袋，等到它们不再能满足我发热、神游的想象时，它们已经有千万个脑袋了。最后，故事里只剩下一个普通人。[4]

恩斯特是马勒钟爱的伙伴，他自信的来源，给他带来安全感的保护毯。1875 年 4 月 13 日，恩斯特去世。马勒经历了前所未有的哀痛，之后又突然像没事一样。

---

[1] 格兰奇：《马勒（卷二），维也纳：充满挑战的岁月（1897—1904）》（牛津，1995 年），173 页。[La Grange, *Mahler:Vol.2,Vienna:The Years of Challenge（1897–1904）* (Oxford:Oxford University Press, 1995).]

[2] Sehnsucht，德语，中文可译为"渴望"。它恰恰描述了我们生活的大部分瞬间：悲伤得想哭，狂喜得落泪，难以准确表达的情绪。——译者注

[3] 阿尔玛·马勒：《马勒：回忆与书信》，7 页。

[4] 纳塔莉·鲍尔 - 莱赫纳：《回忆古斯塔夫·马勒》，164–165 页。

同年夏天马勒在农场找到一份工作,为农场的经理施瓦茨(Gustav Schwarz)抄写乐谱。到了晚上,马勒与另一位雇员的儿子施坦纳一起创作歌剧。歌剧《斯瓦比亚公爵恩斯特》(*Enst, Duke of Swabia*),改编自路德维希·乌兰德(Ludwig Uhland)的一出戏剧,讲述了公爵恩斯特对朋友维尔纳(Werner)的爱。显然,马勒借此抒发的是对自己兄弟的情感与思念。施瓦茨听了歌剧里的男生咏叹调唱段,立即决定将马勒引荐给维也纳音乐学院的爱泼斯坦教授(Pro. Julius Epstein)。伯恩哈德断然拒绝了,理由是担心马勒会"被维也纳的坏朋友们腐化"[1]。施瓦茨苦口婆心地劝说他放手,让孩子去维也纳发展。维也纳的爱泼斯坦教授说:"马勒先生,您的儿子是天生的音乐家。"伯恩哈德表示想让自己的孩子学习商科,接手经营家里的酿酒厂。"这个年轻人的才能如烈酒般浓烈,"爱泼斯坦略带调笑的口吻,"但绝不可能是做烈酒生意的料。"1875年9月10日,马勒正式成为帝国最重要音乐学院的全日制学生。

15岁离家是一种标志,即我们常说的人生中起决定性作用的拐点。我16岁那年离家到另一个国度求学,面对的也是完全陌生的语言。一个年轻人形单影只,他聪明,向来能吸引怀抱各种野心的成年人,他关注的对象总是很多,也超出了他能应付的范围。不过,在年轻的时候远离家乡不可能是一件坏事。其他人会愿意为你创造一些机会,而你可以自行选择。与马勒一样,当时的我完全不会想家,也不后悔把曾经的悲伤与信仰抛在脑后。离家意

---

[1] 格兰奇:《马勒(卷一)》,28页。

味着创造力的释放，意味着将悲伤转化为艺术。当时的马勒还不是一个作曲家，不过显然，他已经踏上了命中注定的道路。

之后的100年，伊格劳犹如冰河世纪冻结留下的翼手龙化石般进入了漫长的沉睡期。20世纪80年代中期，当我第一次踏上这块土地，眼前的光景似乎与马勒当年离家时并没有什么不同。镇上的老广场可以上溯至仁君温瑟拉时代（Good King Wenceslas），除了广场远处一家灰色混凝土盖起来的商店，市政厅周围多了些红色的标语横幅，一切与从前一模一样。马勒老家所在的培罗尼兹街已变更为马力诺思科霍（Malinovskeho），宅子里的拱形楼梯看起来阴森恐怖，内部装潢也已腐朽。阳台朝中庭倾倒，栏杆扶手以可怕的角度倾斜。空气中弥漫着一股混合着水煮白菜与刚刚流出的污水的味道。外墙上挂着一块青铜牌匾，但在镇上的官方导览中，无论是捷克语、德语、法语、英语还是俄语都看不到有关马勒的介绍。作为一名外国记者，我受到当地政府官员的严密监视。粉饰的扭捏作态与令人窒息的官僚气息笼罩着破败的小镇。

我事先安排了参观地方档案馆的行程。由于某些所谓从未被修改的上级命令，在市政厅的地下室堆放了当地学校过去150多年来所有的注册资料和考卷。我毫不费力地找到当时马勒同班同学的名字，犹太牧师翁格尔的签名出现在马勒某宗教学科报告论文的末尾。我询问是否可以拍照。负责人用德语小声地说：在上帝的工人乐园（Workers' Paradise），影印是不被允许的。我只能快速地摘录几行，其中有一篇论述关于"东方思维对于德国文学的影响"的作业看来很了不起，却得到老师的差评。[1]这很好地解释了为什么少年马勒渴望离开这让人麻木无聊的地方，试图逃向遥远的东方世界，就在那一刻，马勒于我变得亲切起来。

之后，我又到了卡利什捷（Kaliste），即从前的卡利希特。马勒出生的地方被闪电击毁，如今在原地重修了新的建筑。"多么可怜巴巴的小屋啊，"马勒曾描述道，"所有窗户都没有玻璃。屋前有一个小池塘，邻近的村子也只有零散的几个小屋而已。"[2]这栋小屋一度是个小酒馆。

不过，在过了四分之一世纪后，情况发生了改变。共产主义效应让这个无名之地看到了机遇。1998年9月，卡利什捷开设了马勒出生地博物馆，一栋具有官方外表的大楼，配备标准的安全指示牌及灭火器。我应主办方的要求写了一段文字，这段文字将被埋在博物馆地下的"时空胶囊"内。我写了些关于"马勒是属于当代的人"之类的话，可见将他埋葬在如此僵死、与现代性完全隔绝的地方是多么令人懊恼的事。

伊赫拉瓦后来也重新翻修了马勒的老家，如今位于兹诺耶姆斯卡街（Znojemska）256/4号。原本存放于市政厅地下的档案被挪走，广场上新建了一个醒目的、拥有37间套房、配备卫星电视的"古斯塔夫·马勒酒店"（Hotel Gustav Mahler）。广场另一头是始终微笑的麦当劳，每天为119个国家4700万顾客配送同一标

---

[1] 切斯蒂：《古斯塔夫·马勒，来自伊赫拉瓦》，125页。
[2] 纳塔莉·鲍尔-莱赫纳：《回忆古斯塔夫·马勒》，52页。

准的餐食。[1]可以说,马勒的家乡现在完全被世界同化了。

为了追寻马勒,我走出小城,走进森林。作曲家大卫·马修斯(David Matthews)曾说他可以在马勒第一交响曲的开头听到"风儿吹着口哨穿过树林的声音……不可思议地像极了弦乐上发出的六个八度A"[2]。那是个无风的日子,我坐在矮树桩上,想象自己与深色眼睛的、叫马勒的少年一般,独自沉思。忽然,我想起一个故事。

骑脚踏车的男孩

1937年7月,某个早晨,一个男孩听到洪波莱茨消防所的警报铃响了,他骑着脚踏车一路尾随消防车到卡利什捷着火的酒店,即马勒出生的小屋。"你要记住,"他的母亲说,"一位著名的音乐家曾在这里出生。"20个月后,1939年3月16日,这名男孩看见伊赫拉瓦上空闪烁着火光。那段期间,德国纳粹每占领一个地方就会焚烧当地的犹太会堂,当时的地方长官阿图尔·赛斯—英夸特(Guileiter Arthur Seyss-Inquart)来自邻近的斯坦纳恩区(Stannern,或作 Stonarov),以此炫耀自己的权力。4月28日,赛斯—英夸特执行了一项计划,城中1200名犹太人遭到驱逐。"你要记住,"男孩的母亲又说,"那位著名的音乐家曾在这座教堂里

---

[1] www.mcdonalds.com.
[2] 菲利普·里德 [编]:《布里顿与马勒:唐纳德·米切尔70周岁纪念文集》(伍德布里奇,1995年),91页。[Philip Reed(ed.),*Britten and Mahler:Essays in Honour of Donald Mitchell on His 70th Birthday* (Woodbridge:The Boydell Press,1995).]

唱歌。"

男孩记住了母亲的话。历经长达半个世纪的迫害,里赫茨基(Jiri Rychetsky)从未忘记过马勒。他先是洪波莱茨当地的老师,后成为校长,生活在高压政策的恐怖中,多年来不能说出自己内心的真实想法。有一次,我与他在斯巴达式的寓所家中闲聊,坐在餐桌边,他说:"即便在这里,在自己家中,我与妻子都不能互相说些什么,担心会被孩子们听了去散播到校园里,那我们全家都会陷入麻烦。所以我们只能谈马勒,以及我所举办的马勒展览。"

马勒的命运在当时的捷克起起落落。第一任文化部长内耶德利(Zdenek Nejedly)曾是一位音乐评论家、马勒传记的作者,自然十分推崇马勒。不过他的继任者则支持讲捷克语的作曲家。1960年7月,里赫茨基在卡利什捷酒店安置了一块纪念牌匾:"这是我为马勒做的第一件事。"[1]之后,里赫茨基计划在洪波莱茨设立永久的马勒展馆。他带我遍访洪波莱茨区域被焚毁的教堂遗迹。在莱德奇,我还见识到马勒第一次弹琴的阁楼;在洪波莱茨已废弃不用的犹太人墓地,我看到卡夫卡的舅舅恰好葬在马勒祖父母边上,多年来,里赫茨基尽力保持它们的整洁。

马勒在这位校长心中意义非凡,在一个道德真空的地带,马勒令里赫茨基感受到坚守健全的人格、仁慈的人文关怀的意义。学生们告诉我,里赫茨基曾说马勒是黑暗中的一道光(lux in

---

[1] 见《马勒调查》(1990年3月23日)。(*News About Mahler Research*, 23 March 1990.)

tenebrae），是死寂的国家社会主义的一道出口。马勒在他们心中等同于"自由"一词，代表了对别处生活的想象。在这个无名之地，马勒具有比任何地方更重大的意义。

3

城市之梦
(1875—1887)

魔环

1875年9月马勒抵达维也纳时,这还是一个建设中的城市,到处是脚手架,热火朝天的场景已然持续了15年。依照当时的君王弗朗茨·约瑟夫一世的指示,老城区的外围将规划一系列文化建筑及公用绿化设施,犹如一枚指环将老城包围。期间落成的标志性建筑包括——国家歌剧院(1869年)、维也纳音乐协会音乐厅(1870年)[1]、大学(1873年)、工艺美术学校(1877年)。此外,在这些公共建筑之间也矗立了许多富丽堂皇的私宅,他们的主人多为宫廷贵族或富有的犹太新贵。其中的大家族有埃弗吕西(Ephrussis)、爱泼斯坦、贡珀茨(Gomperzes)、托代斯科

---

[1] 维也纳音乐协会音乐厅,Musikverein concert hall,即乐迷们熟知的金色大厅。——译者注

(Todescos)、古特曼(Gutmanns)、罗斯柴尔德(Rothschilds),以及维特根斯坦,他们代表着新兴的经济势力。城市东南西北四个角设有火车站,外来移民从这里进入帝国的大门。维也纳的居住人口如今已是过去的三倍之多,从 1851 年的 43.1 万人极速增长为 1890 年的 136 万人。[1]每五个人中就有一个捷克人。犹太人构成则从 1867 年的 6000 人上升为 1900 年的 14.7 万人,占全维也纳人口的百分之九[2],他们主要聚居在破败不堪的莱奥波尔德施塔特(Leopoldstadt)第二区,人们习惯称那儿为马扎塞尔(Mazzeinsel)或马扎岛(Matza Island)。

外来移民的涌入正在改变维也纳,原本沉闷、死气沉沉的地方(像渥太华、堪培拉)变身为生机勃勃的、有创造力的都市(像巴黎、米兰)。然而,维也纳依然被视作骄奢淫逸的代言人,城里人每天慵懒地晒晒日头,过的是凌乱、马虎的生活。维也纳拥有神赐的仁君,在弗朗茨·约瑟夫一世与其堂兄弟共同执政下,历史在这里随处可见,空气中流淌着香甜的味道——咖啡、蛋糕、小牛排、炸猪排,还有性解放。眼前的一切令马勒感到既害怕又期待。与众多离家的青少年一样,他渴望尝试新鲜事物,但手头总是拮据。马勒与别人分租一间房子,平时通过教钢琴支付房租。在音乐学院,他修习爱泼斯坦的钢琴课,富克斯(Robert Fuchs)的和声课,克伦(Franz Krenn)的作曲课。这几位老师各有所长,爱泼斯坦乃舒伯特专家,富克斯善于模仿勃拉姆斯,而克伦则专

---

[1] 资料来源:Statistiches Amt der Stadt Wien,40 页。
[2] 乔治·伯克利:《犹太人在维也纳》(剑桥,1988 年),35 页。[George C. Berkeley, *Vienna and its Jews* (Cambridge, Massachusetts: Abt Books, 1988).]

攻弥撒作曲。这三个人都为反动分子，与他们在一起，马勒感觉到安全。不久，革命爆发，一切都改变了。

1875年11月1日，瓦格纳抵达维也纳，准备在宫廷歌剧院（Court Opera）上演《唐豪瑟》（Tannhauser）与《罗恩格林》（Lohengrin）。尽管这都是些无伤大雅的早期作品，瓦格纳的名字依然引发了音乐学院教研办公室的惊恐与骚动，程度不亚于日后披头士在学生中间的影响力。瓦格纳用世界上最庞大的乐队，持续时间最长的超强音制造着世界上最骇人的噪音，犹如奋力朝地底凿煤的工人欲刺穿你的耳朵（曾经有一幅讽刺漫画的确是这么画的）。他所传递出的感官声色极富有挑逗意味。在《特里斯坦与伊索尔德》（Tristan und Isolde）中，瓦格纳将一个和弦不断演变延展为长达五个小时的高潮铺陈，可以想象被悬挂在空中又迟迟不来的紧绷感让人抓狂到何种地步。他令人兴奋、不安，具有煽动性。瓦格纳从来就不是个循规蹈矩的人，参加过1848年革命的街垒战斗，让自己助理的太太怀孕，凡此种种。在音乐中，他描写兄妹之间的性关系，攻击犹太民族是"人类纯净人性及所有高贵情谊的敌人……我们德国人尤其受到他们的威胁"[1]。不论到哪里，瓦格纳都要对里面的人划界限、做区分：年老的与年轻的、谨慎的与好奇的、种族主义与自由主义等等。维也纳最具影响力的乐评人汉斯利克（Eduard Hanslick）谴责瓦格纳的音乐是彻头彻尾的危险！

---

[1] 约阿希姆·科勒：《瓦格纳：最后的提坦》（英译本，纽黑文与伦敦，2004年），480页。[Joachim Köhler, Richard Wagner:The Last of the Titans, transl. Stewart Spencer (New Haven and London: Yale University Press, 2004).]

瓦格纳与维也纳方面达成交易，他可以亲自到维也纳监督两部歌剧的排演，但必须挑选维也纳的歌手参演即将到来的拜罗伊特音乐节。当然，至于是哪位歌手，瓦格纳尽可以依照自己的标准和喜好选择。瓦格纳的登场令整个维也纳疯狂。马勒的同班同学沃尔夫嚷嚷着："你可猜不到我刚和谁在一起！！！是大师！和理查德·瓦格纳在一起……他对我说，'我亲爱的朋友，我愿你的职业生涯顺遂好运。'"[1]当时的马勒买不起音乐会门票，错过了演出，背地里悄悄地钻研起瓦格纳的"整体艺术"（Gesamtkunstwerk，或叫全艺术作品）概念，即包括戏剧、音乐、诗歌、舞台艺术等的综合艺术形式，一种令人着迷的创造典范。瓦格纳式的救赎赋予指挥全新的主导权，他们不再需要被脾气糟糕、顽固不化的歌手左右，指挥将是音乐诠释中唯一的把控者。尚在校园里的马勒正是遵循瓦格纳提出的标准来完成自己身为指挥的使命的，只要有机会表演，他都努力让作品听起来有"马勒自己的风格"。"每当我情绪低落时，我只要想起瓦格纳，很快情绪又会好起来，"他说，"多么不可思议啊，他所散发的光芒能穿透整个世界！"[2]

当时马勒还加入同乡阿德勒（Guido Adler）创办的瓦格纳学术委员会，听了几次布鲁克纳（Anton Bruckner）的讲座。这位布鲁克纳被汉斯利克称作"交响乐中的瓦格纳"，如僧侣般深居简出的单身汉，举止笨拙，常把场面搞得一团糟。他总是在写长达数小时的大编制作品，从未真正获得过演出机会。每逢周日，他

---

[1] 沃尔夫, *Eine Persönlichkeit in Briefe, Familienbriefe,* 10—14 页。
[2] 纳塔莉·鲍尔-莱赫纳：《回忆古斯塔夫·马勒》。

固定在皇室礼拜堂演奏管风琴。承蒙恩典，布鲁克纳终于得到机会，由维也纳爱乐首演他的第三交响曲。1877 年 12 月 16 日，首演音乐会惨不忍睹。指挥布鲁克纳迷糊含混的节拍激怒了乐手，他们故意拉错音、扮鬼脸嘲笑他。期间观众不断离场，当全曲演完，整个音乐厅只剩下 25 人。马勒和他的朋友克尔齐扎诺夫斯基（Rudolf Krzyzanowski）激动地捧着钢琴总谱，听到最后。除了瓦格纳式的洪亮声响，马勒注意到布鲁克纳在作品中使用圆号吹奏出葬礼旋律，并衬以欢快的弦乐声部，将两种相反情绪写进一个乐段的手法很吸引马勒并为其提供了可行的范本。

两位热心的学生为布鲁克纳改编的缩简版乐谱得到了出版社的青睐，出于感激，布鲁克纳将自己的原版音乐手稿赠予马勒，并带他去吃午餐：夹着干酪的面包卷配一杯啤酒。马勒把布鲁克纳视为"学习上的父亲"[1]，即便布鲁克纳多次对他的犹太身份表现出轻蔑，他也并不在意。马勒深知，拥有一位良师总是需要付出代价的。

对犹太人的负面看法当时在维也纳很普遍，只是如今言辞变得愈发下流恶劣。犹太人在 1873 年的股市崩盘中被指恶意操控，成了万人责骂的替罪羊。1879 年，政府开始限制大学中犹太教职员工的数量。瓦格纳在论文《未来的艺术》(The Art-Work of the Future) 中针对犹太人提出："犹太现代主义"的内涵"十分悲惨，亦十分危险"[2]。借此，他进一步妖魔化犹太文化是不可以接纳的

---

[1] 圭多·阿德勒：《古斯塔夫·马勒：学习、个性与工作》，27 页。（Guido Adler, quoted in Stefan, *Gustav Mahler: Eine Studie über Persönlichkeit und Werk.*）
[2] 布里吉特·哈曼：《希特勒的维也纳，一位独裁者的追求》（英译本，纽约，1999 年），78 页。[Brigitte Hamann, *Hitler's Vienna, A Dictator's Apprenticeship*, transl. Thomas Thornton（New York: Oxford University Press, 1999）.]

罪恶。某学生社团宣称：

> 每一个犹太母亲生下的孩子，每一个血管里流着犹太血脉的人，从他降临世上的第一天起便无尊严可言，不懂世上有教养的情感为何物。他不能分辨什么是肮脏，什么是纯净。这是一个次等的人种。与一个犹太人交好是可耻的；应当避免任何与犹太人的关联。你完全不可能侮辱一个犹太人，因为你想不出真正侮辱他们的词汇。[1]

当时，"反犹主义"（Anti-Semitism）这个词尚未出现。创造出这个讲法的人叫威廉·马尔（Wilhelm Marr），一位娶了三任犹太夫人之后对该民族深恶痛绝的煽动者。1881年1月，这个词首次出现在报纸上，自此取代了"Judenhass"（意指仇视犹太人）等其他反犹主义的语汇。当地的一位政治家卡尔·鲁伊格（Karl Lueger）顺应潮流谴责犹太人掌控了当时的大众媒体，宣称："要是没有这些犹太人报纸的话，也不会有反犹主义的问题了。"鲁伊格喊出："让我来决定谁是犹太人！"[2]显然这是一种经典的模棱两可理论，连希特勒都要爱上他、倾慕他。马勒所在的维也纳环形地区弥漫着可怕的种族灭绝倾向，大有风雨欲来之势。

感觉到威胁的马勒，做了大多数犹太人都会做出的选择：蜷

---

[1] 阿瑟·施尼茨勒：《我的维也纳青春岁月》（英译本，伦敦，1971年），128页。[Arthur Schnitzler, *My Youth in Vienna*, transl. Catherine Hutter（London: Weidenfeld and Nicolson, 1971）.]

[2] 德语原文：Wer Jude ist bestimme Ich。

缩在亲密的犹太伙伴周围，尽量不抛头露面，保持低调。当然，他也不需要别人的关注，暗自希望情况能变好。年长些的学生深知马勒的音乐才华，会时不时地去看望他。克尔齐扎诺夫斯基与他的兄弟海因里希（Heinrich）照看马勒的日常饮食；克里斯佩尔（Anton Krisper）喜欢与马勒交换学习心得；一位叫洛尔（Friedrich Lohr）的考古学者带马勒参加各种有趣话题的讲座；瓦格纳迷阿德勒帮马勒找工作；法律系学生埃米尔·弗罗因德（Emil Freund）则给马勒一些有价值的理财建议。其间，有一位书商的女儿，长相平平的纳塔莉对马勒暗生情愫，关注着他的一举一动。她看见马勒大冬天不穿大衣一边在街上奔走，一边改着手里的奏鸣曲，完全没在意边走边掉的乐谱在身后散了一地。于是纳塔莉心里默默想着：得有人好好照看他才是。

第一学年结束，马勒创作了一首漂亮的沙龙风格作品《A小调钢琴四重奏》，赢得音乐学院作曲奖。这是马勒现存最早的作品，不过作曲家本人坚称毫无原创性可言。作品的手稿如今收藏在纽约的摩根图书馆，上面还有当时布鲁克纳新的出版东家拉提格（Theodor Rattig）的印章，可见马勒的作品最终并没有被采用。18岁的马勒由于错过高中毕业考试，不得不重新回到伊格劳修完剩下的学业，之后申请注册了维也纳大学。大学期间，他修了德国古代文学、语言学、艺术史、哲学及希腊艺术等课程。无聊时，他便"躲进维也纳森林消磨时光"[1]，埋于书堆，废寝忘食地读着歌德、尼采、让·保尔（Jean Paul）、叔本华、黑贝尔（Hebbel）、

---

[1]见《马勒书信选集》，200页。

霍夫曼、荷尔德林、德梅尔（Dehmel）、狄更斯、陀思妥耶夫斯基。马勒说："我贪婪地渴望读更多、更多（Bucher fresse ich immer mehr und mehr）。"[1]诗歌令马勒着迷，有一度他甚至想放弃音乐。[2]他曾有过一本波斯神秘主义诗人鲁米（Jalal ad-Din Rumi）的诗集，是德国著名诗人、学者吕克特（Friedbert Ruckert）的译本。吕克特是中世纪文学专家，曾翻译过《古兰经》，他于1883年到1884年冬天为早夭的两个儿子所创作的诗歌，便是给予马勒大量乐思灵感的《亡儿悼歌》。

那年夏天，马勒恋爱了。先是与埃米尔（Emil）的表妹玛丽（Marie Freund）坠入爱河，几个礼拜后又移情伊格劳镇上电报局长官的千金约瑟菲娜（Josefine Poisl）。"除了你，还有一个全新的名字刻在了我的心上，"一天，马勒告诉克里斯佩尔说，"虽说她只有轻柔，时而让我脸红心跳，不过她对我的影响绝不输你。"[3]同一年冬天，马勒加入瓦格纳俱乐部，聚会的大本营是一家素食地窖餐厅。领头的是一群了不起的人物，有社会民主党的创始人阿德勒医生（Dr. Victor Adler）与他的医生同事施皮格勒（Albert Spiegler）、考古学家洛尔以及评论家波尔（Hermann Bahr）。马勒蓄起了大胡子并开始尝试吃素。据阿德勒的太太艾玛（Emma Adler）回忆："由于过度劳累且长期营养不良，马勒精神从未有过地紧张、焦躁。他在街上大声地自言自语，用双臂在空中夸张

---

[1] 布劳科普夫（Herta Blaukopf）[著]，弗里德贝特、沃尔夫冈（Friedbert Aspertsberger, Erich Wolfgang Partsch）[编]：*Mahler-Gespräche*（Innsbruck: Studien Verlag, 2002），pp.96-116页。
[2] 施佩希特：《古斯塔夫·马勒》，17页。
[3] 见《马勒书信选集》，58页。

地比画动作。"[1]

  俱乐部中与马勒最为要好的是操着加利西亚语的犹太人利皮纳（Siegfried Lipiner），1876年他所创作的戏剧《解放了的普罗米修斯》（*Prometheus Unbound*）曾赢得瓦格纳的赏识。后由于为尼采辩护，利皮纳被赶出拜罗伊特，他这个人以及他的写作一直受到马勒的好评，甚至有阿谀奉承之嫌。马勒有一回对利皮纳说："有时候，连我自己都感到惊讶，我的音乐与你的竟如此紧密相连，心意相通。真令人欣喜。"[2]不过，恐怕一切都是马勒的错看与谬赞。利皮纳不过是一个庸才，在国会图书馆当图书管理员。为何马勒一再认定利皮纳的"观点非凡"的确令人费解，不过可以肯定的是，二人在情感上保持着某种紧密共生的关系。[3]利皮纳后来先后娶了马勒的两位女性朋友，并与马勒的情妇玩外遇。当然利皮纳并非抢夺马勒身边女人的唯一一人。这些经常互相交换女友的俱乐部成员们彼此真的是朋友吗？又或者是一个同性恋社交圈？曾有性学研究者指出亨德尔、舒伯特和肖邦皆为同性恋，如果有证据证明马勒的同性恋倾向，人们一定会迫不及待地拉他"出柜"。然而，没有任何证据表明马勒与其他男子有亲密的肉体关系，最多不过是些柏拉图式的情感，被人们肆意渲染。20岁的马勒已经学会如何交朋友，如何影响他人，羽翼渐丰的他势必要挣脱这禁锢的"维也纳之环"。更开阔的路，更广阔的世界就在眼前。

---

[1] 艾玛·阿德勒：《马勒研究档案》，156页。
[2] 见《马勒书信选集》，243页。
[3] 爱德华·蒂姆[编]：《弗洛伊德与小女人：威托斯回忆录》（纽黑文与伦敦，1995年）。[Edward Timms(ed.), *Freud and the Child Woman, The Memoirs of Fritz Wittels*(New Haven and London:Yale University Press,1995), p.329.]

青年旅人的歌

很遗憾,约瑟菲娜的父母不同意女儿与穷学生马勒交往。年轻人郁郁寡欢,写了三首歌曲抒发内心升腾起的绝望。"我从自我痛苦的灵魂深处朝你呐喊!……别了,我的救赎!我的光……"[1] 歌曲的名字取得无伤大雅,分别为《春日》(*In Springtime*)、《冬之歌》(*Winter Song*)、《绿野的五月之舞》(*May Dance on the Green*),但歌词却透露出作曲家本人的凄凉绝望:"我虽不盲,却不再看见;我不拥有黑暗,也看不见光明。"他邀请姑娘一同分享自己无止境的悲伤:"我们的快乐结束了,永远地消逝了。"最后一个词用了德文中的"ewig",是马勒人生中至关重要的一个词,是一切马勒艺术创作的原型。一位信奉弗洛伊德学说的精神分析学家坚称,失去约瑟菲娜令马勒真正走上了作曲家的道路:

> 这种情况很具有典型性。青少年时期第一次重大的恋爱挫折会在个体心理打下不可磨灭的痕迹:这种痛苦常常徘徊在可回忆的意识当中,比深埋在潜意识里的恋母情结式悲剧更令人不堪。有时病症会引发自杀,总之这些经历带给当事人的是强烈、绝望的情感。[2]

---

[1] 格兰奇:《马勒(卷一)》,65—66页。
[2] 伊曼纽尔·加西亚的邮件(2009年5月5日)。(Emanuel E. Garcia, email to NL, 5 May 2009.)

同年年底，约瑟菲娜终究嫁给了伊格劳当地大学的校长。马勒因此写了一首《悲叹之歌》："第一次，我在创作中找到自己，身为'马勒'的我。"[1]整首歌的内容很像是格林童话，主角是一位皇后，她宣称第一个带来红花的人将会成为自己的丈夫。有一对兄弟出发寻找，心地善良的哥哥找到了红花，却被邪恶的弟弟杀害，夺走了花。一位游吟诗人用无辜者的骸骨制成笛子，在皇后的婚礼上哀怨地吹奏着。对马勒而言，情感便是这样一对兄弟，总有一方需要死去：不是他自己，便是弟弟恩斯特。

《悲叹之歌》并非严格意义上的康塔塔，更像是一组舞台拼贴画（a tableau vivant），类似晚餐后听的玩乐之作，上不得台面。此时的马勒一直在摸索适合自己的创作方向。同班同学沃尔夫提议根据德国童话《山妖》（*Rubezahl*）写一部歌剧，并未得到马勒的采纳。从大学退学的马勒经由出版商拉提格牵线搭桥认识了经纪人洛维（Gustav Lowy），他为马勒安排了一个夏季的短期工作——在离出生地布鲁克纳不远的温泉疗养地哈尔剧场（Hall）担任指挥。哈尔拥有木结构剧场，还有一个著名的中世纪市集广场，集所有媚俗之能事：餐馆的男士小便池一律标上"啤酒""红酒"及"果酒"。乐队大约有15名乐手，中场休息时，马勒还需帮女高音带孩子，推着婴儿车绕公园散步。如今，《悲叹之歌》已进入收尾工作，马勒却遭遇从未有过的横膈膜剧痛，他称仿佛有另一个马勒要从肉体里挣脱而出。

---

[1] 布劳科普夫：《马勒研究档案》，162页。

1881年9月，洛维把他带到斯洛文尼亚的首都卢布尔雅那（Ljubljana），该地区的外来移民中有大量德语族群新贵。卢布尔雅那有一栋建于1765年的巴洛克剧院，以及一个18人的乐团。短短的七个月里，马勒指挥了韦伯、威尔第、多尼采蒂、罗西尼、古诺和莫扎特的作品，另有15部轻歌剧。他在克里斯佩尔家借住，位于市政厅对面的公寓，底层是一家书店。排练的时候，马勒要求全神贯注，某女高音对他的拘谨严肃十分恼火，径直跳上马勒的钢琴盖，用手拍打裸露的大腿以示嘲弄。

　　然而，马勒还有别的心思，他一心等待着关于贝多芬大奖的揭晓。比赛的评审团主席是作曲家勃拉姆斯，其他评委包括作曲家戈德马克（Karl Goldmark）、指挥里希特（Hans Richter）、马勒的老师克伦以及首席小提琴手约瑟夫·赫尔梅斯伯格（Josef Hellmesberger）。有这么老套的评审团，比赛结果自然不言而喻。冠军颁给了罗伯特·富克斯教授的《降b小调钢琴协奏曲》，带有明媚华丽的勃拉姆斯风格。《悲叹之歌》甚至连评审推荐的机会都没捞着。马勒把作品转寄给李斯特（Franz Liszt），期望能得到赏识，然而这位传奇大师根本谈不上喜欢。马勒被所谓的希望拒之门外，"看来是要永远困在这地狱般的剧院中了"[1]。1882年圣诞，一事无成的马勒回到伊格劳家中与家人团圆，然而母亲对他的事业毫无进展有所抱怨。就在这当口，洛维的橄榄枝再一次拯救了他。位于莫拉维亚地区的驻军小镇奥尔米茨（Olmutz，或作Olomouc）的剧院指挥与经理发生冲突愤然离开，需要马勒接

---

[1] 纳塔莉·鲍尔-莱赫纳：《回忆古斯塔夫·马勒》，104页。

手救场。马勒在四天内排演了两部迈尔比（Meyerbeer）史诗巨作——《新教徒》（*Les Huguenotes*）及《恶魔罗伯特》（*Robert le Diable*）。高强度、高密度的排练安排令歌手们嗓子沙哑，而马勒所谓的"精确主义"让乐手们哗然，议论纷纷。"准确，"马勒强调道，"是艺术表演的灵魂。"据当时的男中音蒙海特（Jacques Manheit）回忆："有趣的是，竟没有人敢反驳他。"[1] 此时的马勒开始展露出对音乐的洁癖，要求绝对忠于文本，他的"精准"已到了走火入魔的地步。

"我为我的这些大师们感到难过，"总是挨饿的马勒抒发着心中的怨愤，孤独、心力交瘁，"这里的餐厅只提供肉类餐食，我只能饿着。回到寓所，两架钢琴的噪音令我心神不宁。我没有任何书可以读。"[2] 有一回，蒙海特撞见马勒闷闷不乐地吃着早餐，马勒告诉他自己的父亲得了重病。蒙海特接着回忆道：

> 隔天早晨，前往剧院的路上，我看见一名男子如发狂般在路上奔跑，一边大声哭泣。虽看不分明，我还是认出了那是马勒。回想起前一日他告诉我的事，我紧张地问道："上帝啊，是您的父亲出了什么事吗？""比这更糟、更糟，糟糕一万倍，"马勒怒吼着，"大师死了。没有比这更糟、更令人痛心！"1883年2月13日，那天，瓦格纳离开了我们。[3]

---

[1] 莱布雷希特：《记忆中的马勒》，30页。
[2]《马勒书信选集》，68—69页。
[3] 莱布雷希特：《记忆中的马勒》，31页。

捷克的奥尔米茨连接着德累斯顿与维也纳，四个月后马勒取道奥尔米茨，在德国边境的卡塞尔（Kassel）谋得一份工作。卡塞尔常住人口大约有十万，拥有一个50人的乐团。剧院运营遵循军事化管理，老板吉尔萨（Baron Adolph von undzu Gilsa）是一位名副其实的军人英雄，曾在1870年普法战争中获得十字勋章。马勒原本习惯在排演时踏脚或逗笑合唱歌手的行为都遭到禁止，理由是：皇家普鲁士剧院不是轻浮之地，笑与喧哗皆是违禁品。

马勒在这里遇到很多麻烦。坐在前排的赞助人老古董们抱怨马勒的紧张兮兮令听众分神，而首席指挥特莱博（Wilhelm Trieber）则心存嫉妒。马勒过得并不开心但又不能离开，至少还没到时候。当时，他爱上了一个叫乔安娜（Johanna Richter）的女歌手。看上去，她似乎也对马勒有意，但马勒总焦虑于"某些不可避免的恐惧"，这段恋情于新年除夕那天以泪水收场。

> 钟声敲响，她的眼泪泉涌而出。心里难受，却不能将那些泪水拭去。她走到隔壁房间，站在窗边，沉默不语。回来的时候，她的脸上依然有泪痕。一股无名的悲伤在我们之间升腾，像是一墙永隔，永远地[ewig]。我能做的只有握她的手，离开。当我走出门时，钟声依然响着，赞美诗的歌声从高塔传来。啊，亲爱的吕尔，世界的大导演仿佛早为我安排下这完美的一幕。整晚，我都在梦中哭泣。[1]

---

[1]《马勒书信选集》，33—34页。

如今重读这些文字,仿佛当时的马勒已跳脱出来,从旁观者的角度审视一切,祈求通过艺术拯救个体的伤痛。马勒写了六首歌曲,全部题献给乔安娜,其中四首构成《旅行者之歌》(*Lieder eines fahrenden Gesellen*)。在第一首歌中,他描述了一位男孩面对自己的挚爱即将嫁人的心情。那个早晨,男孩在林中散步,一切变得阴郁悲苦,他起了拿刀自尽的念头。这时,他看见一双蓝色的眼睛,指引他回到家中。作品中的歌词幼稚,甚至可以说是老套,然而音乐却非常新颖,仿佛一个声音在说:不愿循规蹈矩。马勒旋律鲁莽直接,时而飙升时而俯冲,倾吐着面对赤裸裸的苦痛时人性的高贵与尊严,面对孤独、贫穷与死亡,他迎头痛击。与弗洛伊德一样,马勒利用个人经验来感知世界。他开始定义自己、描述自己的使命。

尚未准备好面对失败,也不愿这些作品被世人拒绝的马勒毅然将写好的歌曲锁在抽屉里,心里却始终惦记着。《旅行者之歌》的第二首《清晨,我穿过田野》(*Gesellen song,Ging heut Morgen*)后来成为第一交响曲的开头;第四首《蓝色的眼眸》(*Zwei blaue Augen*)则出现在第一交响曲的第三乐章。马勒将素材与自我经验凝结为非同凡响的个体宣言。同时期,马勒还为题为《萨金根的喇叭手》(*The Trumpeter of Sakkingen*)的音乐表演史诗作品写作配乐,该作品好评如潮。马勒遂将乐评寄送到布拉格、莱比锡及汉堡,希望能为自己赢得更好的工作。就在马勒等候回音的当口,冯·彪罗(Hans von Bulow)带着迈宁根室内乐团(Meiningen ensemble)来到卡塞尔。有些不上台面的八卦众人皆知,彪罗协助排演《特里斯坦与伊索尔德》时,瓦格纳正在勾引他的妻子西格玛。彪罗的指挥风格强烈、表意清晰,令马勒着迷。"我请求您,"马勒去信道,"请带我走,无论走什么样的道路我都心甘情愿。请让我追随您,成为您的学生,哪怕需要拿自己的血交学费也愿意。"[1]可惜,这封诚恳的表白表错了对象。深受瓦格纳背叛一事打击的彪罗对于此等"身在曹营心在汉"的做法很敏感,也很反感。他将信转呈剧院的首席指挥特莱博,特莱博借机向上级请示要求解雇马勒。

吉尔萨致信柏林方面请求辞退马勒(在普鲁士,人们做任何事都照着规矩来)。马勒对此毫无悔悟,反而违背合约接了剧院以外的工作,同意在卡塞尔著名的夏季音乐节上指挥门德尔松的清唱剧《圣保罗》(St Paul)。吉尔萨示意马勒应当"高风亮节",将夏季音乐节期间的指挥一职让给特莱博。马勒断然拒绝,于是特莱博把剧院乐团从音乐节撤出,欲给马勒的演出开天窗。马勒却没有因此屈服,他甚至借来第83步兵团乐队,并从各地征调乐手。来自维也纳的专业歌手帕皮尔(Rosa Papier)在日记中描述当日演出的场景并记下马勒的名字,富有的合唱团歌手们纷纷给马勒送上礼物,其中有一块金表来得及时,先前马勒由于付不起房租无奈拿手表抵押还债,如今终于又有一只表可用了。之后,他接下了第一份找上门的工作,从1886年开始在莱比锡名指挥尼基什(Arthur Nikisch)门下担当副手。不过,在那之前,马勒又在布拉格的德国剧院谋得指挥的职务,匆匆赶到布拉格的当日突发咽喉感染,身体极为不适的马勒硬撑着投入歌剧《罗恩格林》的排练。

---

[1] 格兰奇:《马勒(卷一)》,113页。

马勒 25 岁了,他一分钟都浪费不起。

任逍遥的狂热分子

马勒生命里的每一份工作、每一次演出都展现了他的完美主义。"这位新指挥把每一分能量都投注于工作中,只是在指挥台上的身体摆动幅度似乎有点过于夸张了。"精明谨慎的布拉格剧院经理诺伊曼(Angelo Neumann)如是说。[1]马勒的首场胜利来自于《唐乔凡尼》,他用较小编制的乐队演绎出真实、有说服力的莫扎特风格,演出获得空前的成功。

不论在剧院外或剧院内,马勒都是一个掌控力极强的人。在住所,他会因为屋主孩子的吵闹大发雷霆,并加以严厉斥责。他与歌手贝蒂(Betty Frank)展开了一段罗曼史,此人曾于1886年4月参演马勒的三首歌曲。然而,当有关二人的绯闻八卦传到伊格劳时,马勒立刻与她断绝来往。马勒始终处于高度紧绷的状态,身边的朋友怀疑他已精神失常,担心哪一天马勒会和同班同学罗特、沃尔夫、克里斯佩尔一样被送进疗养院。每当看见马勒在街头横冲直撞,一会撞上行人,一会撞上车辆,人们总要为他捏一把冷汗。可马勒不能停下脚步;他感到死亡已在门口徘徊——父亲的肾脏严重衰竭,刚过 40 的母亲几乎无法行走。马勒的身体状况并不好,喉咙常常出现问题并伴有偏头痛、电光性眼炎等症状,有时他感觉自己的脑袋下一秒就会爆炸。眼睛犯病的时候,

---

[1]莱布雷希特:《记忆中的马勒》,38 页。

马勒就逼迫自己用几乎半失明的双眼看谱，确保音乐开始时头脑是清醒的。他开始改变饮食习惯，并做一些强度较大的运动。如今身体是强壮了，但内心却总是煎熬。马勒想起亲爱的恩斯特，他反复问自己：何以自己活着，弟弟却要躺在冰冷的墓穴里。他不得不令每一天、每一小时、每一分钟都过得有意义，为了证明自我存活的价值。

一年后，马勒从布拉格转战莱比锡。这座文化名城的声名如雷贯耳，巴赫曾在这里担任管风琴师，门德尔松创立了一个管弦乐团，就连伟大的瓦格纳也诞生在这里。马勒就这么一脚踏进莱比锡的乐团，然而这里随随便便的作风令他不适。乐团方面对马勒的行为处事也颇有意见，给市文化部门写了一封投诉信道："在排演过程中，根本没有任何一位歌手（或乐手）能令马勒满意，……况且他的大部分要求都不合理，根本不可能实现。"[1] 老指挥尼基什是个慵懒有魅力的匈牙利人，比马勒年长五岁，全世界都知道他善用自己闪烁的眼睛给乐队"催眠"，被乐手们叫作"魔术师"（Der Magier）。乐季开初，尼基什生病告假，马勒得以上演职业生涯的首个《指环》系列，在短短的一个月内指挥了17场演出。马勒在乐团中首次使用瓦格纳低音号，并将乐池放低确保声响的离散频率与拜罗伊特一致，以重现拜罗伊特现场的音效。听众可以立刻分辨两位指挥的巨大差异：

> 马勒是激情的化身，永远紧张、坐立不安；尼基什则拥

---

[1] 布劳科普夫：《马勒研究档案》，177页。

有冷静、慎重、清醒的思维特质。马勒的指挥风格豪放，犹如粗犷的线条带着原始的力量；尼基什追求细节的打磨，反复推敲微妙与细腻的差异；马勒具有独创性，不受拘束，甚至有些怪诞；尼基什永远那么高贵、平稳、优雅……他连拨弄头发的动作都会配合音乐的节奏，小心翼翼且迷人，眼睛永远闪耀着忧郁、梦幻的光芒。[1]

剧院总监史泰格曼（Max Staegemann）也把两人的地盘划分得非常清楚。他邀请马勒到家做客，把他介绍给大名鼎鼎的作曲家韦伯的孙子卡尔·韦伯上校（Karl von Weber），当初是瓦格纳将韦伯的骨灰从伦敦带回家乡安葬的。韦伯是浪漫主义歌剧之父，一位献身国家艺术的殉道者。马勒熟知《魔弹射手》（*Der Freischütz*），韦伯上校又兴致勃勃地给他展示了祖父未完成的遗作《三个品脱》（*Die drei Pinto*）。在上校及其聪慧的夫人玛丽恩（Marion）的撺掇下，马勒决定尝试着一起完成这部略显笨拙滑稽的喜歌剧。故事讲述一位西班牙人的身份被盗用，两个盗用的家伙竟借机追求他的女友。在马勒的笔下，"你一定会惊讶这部作品韦伯的分量微乎其微，韦伯支撑的不过是几句优美的主题，而关于乐器编配方面更是无踪迹可循"[2]。马勒把其中完成的片段弹给当时在莱比锡指挥《F小调交响曲》的理查·施特劳斯听，施特劳

---

[1] 迪欧希：《古斯塔夫·马勒与匈牙利》（布达佩斯，1991年），149—150页。[Bela Diosy, in Zoltan Roman, *Gustav Mahler and Hungary* (Budapest: Akademiai Kiado, 1991).]

[2] 纳塔莉·鲍尔-莱赫纳：《回忆古斯塔夫·马勒》，167—170页。

斯称这是一首"杰作",并视马勒为"相当有头脑的音乐家"。两位年轻的作曲家之间一段惺惺相惜的友谊就此展开,在之后的日子里,他们将成为彼此坚定的同盟者。

马勒每天都会到韦伯家做客,直到歌剧《三个品脱》完成,他也与端庄、犹太裔、三个孩子的母亲玛丽恩坠入爱河。"我在莱比锡遇见了一位美人,"马勒对好友吕尔说,"她是一个能诱惑人干蠢事的小魔女。"[1]接下来发生了什么,我们不甚了解。依据马勒的说法是他独自一人攥着车票待站在火车站台上等待玛丽恩,说好的私奔终未实现。一位当时在莱比锡读书的英国作曲家史密斯(Ethel Smyth)听说的故事版本是:韦伯上校因为这件事发了疯,登上那班列车并拿机枪扫射车厢。总之,玛丽恩并未选择跟马勒走。

与玛丽恩的恋情令马勒大为震动,痛失爱人的炙热反而激发起源源不断的灵感。他说:"玛丽恩给我的生活注入全新的意义。"[2]马勒梦见自己躺在棺椁里,被花圈环绕着,玛丽恩翩然而至,取走了那些花。从玛丽恩孩子的一本民间故事书中,马勒读到了《少年魔角》[Des Knaben Wunder horn(The Boy's Magic Horn)],于是催生了他的第一部交响曲:

> 当我完成第一乐章时,已接近午夜,我跑到韦伯家,把它弹给韦伯夫妇俩听。他们帮我在钢琴上添加高音声部和低音声部,以丰满音乐开头的和弦 A。我们三人如此兴致勃勃、

---

[1]《马勒书信选集》,101 页。
[2]纳塔莉·鲍尔-莱赫纳:《回忆古斯塔夫·马勒》,150 页。

如此快乐：这样美好的时光在我人生中不曾再出现过。[1]

马勒总是带着"一半期待、一半忧愁"，他对朋友说："我没办法克制，我不得不创作。[2]我身边的一切都将孕育成创造。"[3]

1888年1月，马勒进行了《三个品脱》的世界首演，赢得观众长时间的掌声。整个中场休息期间，萨克森选帝侯以一种"最友好的方式与马勒亲切交谈"[4]。歌剧先后在汉堡、慕尼黑、德累斯顿、卡塞尔、布拉格和维也纳上演。马勒从出版商手里拿到一张一万马克的支票，他对父母说如今作品"不再担心找不到地方演，因为我现在已经是个'名人'了"[5]。然而柴科夫斯基给作品做出的评论是"愚蠢"，《三个品脱》的热度并未支撑太久，马勒的声名也相应地打了折扣。不久，永不知安分为何物的马勒又与剧院的舞台经理之间爆发战争，于是向史泰格曼请辞。

马勒再一次失业，不过这回带着点玩乐的心态。圭多·阿德勒向马勒引荐了布达佩斯的权力掮客——李斯特音乐学院的弦乐系系主任波佩尔（David Popper）。波佩尔带马勒会见了负责剧院的政府专员拜尼茨基（Baron Franz von Beniczky）。早先，拜尼茨基属意莫特尔（Felix Mottl）担任匈牙利皇家歌剧院的首席指挥，当得知莫特尔拒绝学习匈牙利语时，他决定任命马勒为剧院艺术总监。自此，马勒登上了哈布斯堡王朝第二重要的大舞台。

---

[1] 纳塔莉·鲍尔-莱赫纳：《回忆古斯塔夫·马勒》，150页。
[2] 莱布雷希特：《记忆中的马勒》，43—44页。
[3] 《马勒书信选集》，101页。
[4] 麦克拉奇：《马勒家书》，51页。
[5] 同上书，54页。

如世界般壮阔的交响曲
（1887—1891）

紫罗兰与栗子

这是一个让外人琢磨不透的地方，语言的特殊性铸成天然屏障令布达佩斯与他者总有隔阂，宛若孤城。大约五十万的人口分居多瑙河两岸，所有一切都是匈牙利式的，种族的优越感毋庸置疑。就拿最基本也最有说服力的语言来说，匈牙利语与其他任何语言都毫无关联，除了一丁点儿与芬兰语相似的蛛丝马迹。学习匈牙利语是不折不扣的挑战。这个民族的语言细腻精致且实用，光是想要侮辱人就有 27 种不同的说法，在毫无征兆的情况下，意思可以发生转变。布达佩斯时而浪漫，时而忧郁。人说，佩斯（Pest）散发着春日里紫罗兰的芬芳，而布达（Budapest）"与秋日就像一对亲兄弟"。数据表明，这里的自杀率全世界最高，每年每 10 万人中就有 32 人自杀。当地甚至有一首自杀歌，《忧郁星期天》（Gloomy Sunday）：

> 天使不愿将你归还,
> 那么如果我去找你,他们是否会发怒?

犹太人占这里总人口的五分之一[维也纳市长戏称布达佩斯为犹太佩斯(Judapest)];其余大部分则是狂热的民族主义者。然而这种割裂、分离主义的倾向成就了布达佩斯具侵略性的世界大都会形象,意在与维也纳一争高低。1869年维也纳新建了一座剧院,布达佩斯随即在1884年迎头赶上。当维也纳歌剧院成为皇室机构之一时,布达佩斯立刻坚持他们的歌剧院也是"君王恺撒赠予的礼物"。布达佩斯歌剧院历任总监需要面对的首个挑战便是如何成为一名马札尔人。1888年10月,马勒向布达佩斯出发:

> 我已经花了三个月试图了解布达佩斯,希望能尽快融入其中,结果发现了很多令人惊讶的事实。最匪夷所思的是匈牙利拥有比欧洲其他任何国家都更为出色的声乐歌手,好声音一大把,却从不曾考虑组建属于自己的国家歌剧院……另外,歌剧表演过程中混乱的语言问题竟从未引发人们的关注。[1]

马勒承诺不使用外籍歌手,组建一支"真正的匈牙利国家表演团体",并与李斯特音乐学院的米哈洛维奇(Odon von Mihalovics)展开密切合作,意在扶持本地人才。圣诞节前夕,

---

[1] 罗曼:《古斯塔夫·马勒与匈牙利》,26—27页。

两部选自瓦格纳《指环》系列的匈牙利语版歌剧将与市民见面。马勒相继推动的几件事将民族语境与艺术追求巧妙地结合在一起,倒是按住了布达佩斯的脉搏。除了抗议马勒的工资过高、不稳妥的10年合同、马勒本人过于年轻毫无运作剧院的经验等等,民族主义者的反对声日趋式微。幸好,之前五年的学徒生涯让马勒成长不少。第一次排练,马勒会亲自握着每一位歌手的手,领他们到指定的位子,通过这种方式与歌手建立自然、直接的联系。面对乐团,马勒则学会了恩威并施的政策,边赞美边劝诫。总之,马勒一刻不停地工作着,把自己忙到几近苍白无血的境界。

很快,圣诞节过去了,承诺中的《指环》却没有出现,舆论界开始窃窃私语。1889年1月26日,马勒走进乐池,场灯暗了下来。当《莱茵的黄金》(Rheingold)开场强劲的降E大调旋律从乐池升腾而出,一阵轻烟从提词机飘出,接着火舌蹿起。马勒不为所动继续指挥,冷静的表现压制住了场内的骚乱。消防队员赶到时,他宣布休息半个小时。之后,降E大调的旋律再次响起。瓦格纳的音乐第一次在布达佩斯上空舒展,观众终于亲历众神的传奇与贪恋。第二天早晨,乐评人称布达佩斯的瓦格纳已超越了拜罗伊特的成就。"黄金从莱茵河底闪耀出的光芒实在令人感动。"某评论写道。[1]第二幕《女武神》(Die Walküre)演出期间,观众席中有人大喊"马勒万岁!"。马勒的老板拜尼茨基在匈牙利最大的报纸《佩斯劳埃德报》(Pester

---

[1] 罗曼:《古斯塔夫·马勒与匈牙利》,55页。

Lloyd）[1] 刊登了一封公开的贺信：

> 尊敬的总监先生：
> ……在如此短的时间内创造出如此体量庞大的作品，不论是音乐还是布景都堪称完美，对于任何剧院而言这都是卓越的成就，……您更是证明了匈牙利人无须依靠外人也能打造世界一流水平的当代艺术作品。这令每一位爱国者欢欣鼓舞。[2]

然而喜悦并未持续很久，剧院被勒令关闭。1889年1月30日，皇帝弗朗茨·约瑟夫（Franz Josef）的皇储鲁道夫王子在维也纳西南方梅耶林（Mayerling）的狩猎小屋举枪自尽，一起殉情的还有他年仅18岁的情人。基于对该事件可能引发社会动荡的担忧，官方宣布举国哀悼。鲁道夫王子因为支持匈牙利（即马札尔）的独立权益在匈牙利颇受欢迎。对于布达佩斯的人民而言，梅耶林事件象征着希望的死亡，街道上的一切都盖上了哀悼的黑布。加之老家传来坏消息，父亲的健康状态进一步恶化，马勒深感挫败低落。他往家中寄去了两篮葡萄与一箱酸橙，并嘱咐妹妹贾斯汀"若是有需要，我会立刻赶过来"。2月18日，马勒收到电报，伯恩哈德逝世，享年52岁，从此养家的重担落在了马勒的肩上。

---

[1] 匈牙利当地的德文报纸。——译者注
[2] 援引自罗曼《古斯塔夫·马勒与匈牙利》，57页；布劳科普夫：《马勒档案研究》，184页。

三重打击

至于马勒对父亲离世做何反应没有任何文字记载。伯恩哈德葬于伊格劳的犹太公墓。照犹太习俗,寡妇与孩子们需要去借一件翻领上开口的长袍来穿。在敞开的坟墓前,由长子背诵祈祷文《卡迪什》,表达对上帝之圣名的认可,代表接受天意的安排。究竟马勒有没有在墓前朗诵经文?虽已抛弃犹太教信仰,马勒不太可能在这个时候伤母亲的心,亦不可能冒犯主持葬礼的翁格尔牧师。至于伯恩哈德本人一定也希望能听到儿子的颂唱,否则他的灵魂无处安息。恐怕这是马勒最后一次以犹太人的身份执行宗教仪式。

根据犹太教正统仪式,全家人需坐在矮凳上哀悼一周,并接受亲友的吊唁。马勒在伊格劳整整待了一星期,有许多事需要他去操办。马勒的五个兄弟姐妹只有莱奥波尔迪娜算是安顿下来,她嫁给一位维也纳商人奎特纳(Ludwig Quittner)。马勒非常讨厌这位妹夫,根本不屑提到他的名字。[1] 21岁的阿洛伊斯即将入伍从军;妹妹贾斯汀20岁,开始取代母亲负责家里大小事宜。15岁的奥托与14岁的爱玛对马勒而言则是完全的陌生人。

马勒决定将奥托送到维也纳学钢琴,安排他住在姐姐莱奥波尔迪娜家里以便有个照应。贾斯汀则负责在家中照看爱玛与母亲。"我必须避免一切无谓的开销,"马勒在信中叮嘱贾斯汀道,"不过

---

[1] 麦克拉奇:《马勒家书》,87页。

要是亲爱的母亲有任何需要就尽量满足她。只要是她的愿望,我都乐意去完成。"[1]至于丧父的哀伤,马勒只字未提。恩斯特的死令他痛不欲生,瓦格纳的离去令他在奥尔米茨街头奔走哭泣,而父亲的葬礼在马勒眼中不过是例行公事。信件中对丧父感性表白的缺失犹如刺骨的冰,让人不寒而栗。如今,死亡已不能再引发马勒内心的感伤,他心无旁骛地踏上使命之路。

国会上,一位在布达佩斯的罗马天主教牧师科姆洛希(Ferenc Komlossy)厉声呵斥马勒已经把歌剧院变成"犹太歌剧院"。然而这并不能阻止马勒,愈挫愈勇的年轻人此时正在暑期休假,三个月来他马不停蹄地辗转于布拉格、萨尔茨堡及拜罗伊特甄选歌手,又抽空到慕尼黑动了个小手术,医治多年来困扰他的血痔核。术后,马勒在温泉度假地玛里恩巴德(Marienbad)调养。听闻母亲身体状况欠佳又回了一趟伊格劳。妹妹贾斯汀因生活的繁重而消瘦,饱受腹泻之苦。马勒一刻都不得停,必须赶回剧院工作。途经维也纳,马勒看望了病中的莱奥波尔迪娜,当时她头疼得很厉害,马勒却不以为然,认为她只是太过于紧张,并给母亲去信称,"莱奥波尔迪娜没什么事,一切都会好起来"[2]。

新乐季演出开场前,马勒以一口堪称地道的匈牙利语做了简短介绍。一周以后,马勒在指挥阿莱维(Halevy)的歌剧《犹太女》(*La Juive*)时收到母亲病情恶化的电报。他赶回伊格劳,确定母亲没事,再把心力交瘁的贾斯汀带到维也纳看病;第二天早上回

---

[1]麦克拉奇:《马勒家书》,65页。
[2]同上书,70页。

到工作岗位,晚上照常演出。就在那个周末,育有两子的年轻母亲、马勒的妹妹莱奥波尔迪娜逝世,年仅26岁。两周以后,10月11日,母亲玛丽也撒手人寰。"我走不开",马勒说。[1]那个曾经站在母亲座椅背后,祈求上帝让母亲的头疼好过些的男孩;那个守护母亲、不让她受父亲伤害,将自己人生第一首歌献给母亲的儿子最终却选择不参加她的葬礼,没有丝毫犹豫。与众多成功人士一样,在马勒的心中工作永远是第一位的,私人生活只能选择退让。当时,他根本没有时间给母亲下葬,心里全是自己即将首演的第一交响曲。

不一样的葬礼

马勒称自己的作品是"交响诗",并对《佩斯劳埃德报》说,如果需要为交响诗加一个标题,可以叫作"生命"(Life)。因为内容描述了生命是如何"在我们年少的路上播撒奇迹",却又在"秋日第一口清冷的呼吸中将所赐予的一切无情收回"。[2]这首曲子还埋了一段故事,马勒援引画家施温德(Moritz von Schwind)的画作《猎人的葬礼》(*The Huntsman's Funeral*),画面中一群动物护送死去的捕杀者朝坟墓走去,它们脸上带着幸灾乐祸的笑。将此与马勒不参加母亲葬礼的行为相对照,某种古怪的隐喻不言而喻。

---

[1] 见《马勒书信选集》,121页。
[2] 格兰奇:《马勒(卷一)》,203页。

音乐会的节目单上如此描述这部作品：

交响诗包含两部分：
（由作曲家本人指挥的作品首演）
第一部分：1. 序曲及舒适的快板 2. 行板 3. 谐谑曲
第二部分：4. 葬礼进行曲紧接段落 5. 非常热情的。[1]

1889年11月20日晚7点半，首演音乐会在市政厅举行，马勒选择了凯鲁比尼（Cherubini）的序曲作为暖场节目。等观众掌声止息，弦乐声部奏出了七个八度持续音A，空灵且鲜明的标志音。整个世界屏息凝神，见证古斯塔夫·马勒的第一次发声。

起初，一切进行得很顺利，每隔三个段落观众便报以热烈的掌声。半个小时过去了，马勒自我感觉良好。然而第二部分才开始，气氛立刻变得不同。第二部分开头是一首童谣《雅各兄弟》（称之为"Bruder Martin"或"Frère Jacques"），旋律缓缓而行，加了弱音器的低音大提琴奏出小调，"一声阴森森的哀怨"[2]，双簧管吹出愠怒的冷笑。紧接着是一首颇为突兀的舞曲，快速、怪诞。听众开始感到不自在。"我们不知道该认真看待这段葬礼进行曲，还是该把它视为一场戏仿恶搞"，乐评人阿布拉尼（Kornel Abranyi）指出："铙钹大响，单簧管与小提琴发出刺耳的尖叫，鼓声隆隆，

---

[1] 原文：Symphonic Poem in two parts：
（Manuscript: first performance under the direction of the composer）
Part I: 1 Introduction and Allegro commodo, 2 Andante, 3 Scherzo,
Part II: 4 Funeral march; attacca; 5 Molto appassionato.——译者注
[2] 库克：《电影音乐的历史》，35页。

长号咆哮;总之,所有乐器都着了魔一般,犹如疯狂的巫婆在跳舞。"[1]

听众如坐针毡,不知道究竟该笑还是该哭。马勒的朋友吕尔回忆道:"作品从紧接段(attacca)一路冲向尾声,声音大得骇人,坐在我边上的优雅妇人吓得手上的东西掉落一地。"作品结束,现场掌声稀稀拉拉,还混杂了一些嘘声。马勒冲回后台,一刻不停地逃离剧院,甚至没有回来听音乐会的下半场。"朋友们都害怕地躲着我,"事后马勒回忆道,"没有人敢跟我谈论作品或是那天的表演,仿佛我是可怕的麻风病人或者亡命之徒。"[2]

较为温和的评论则写道:"交响乐的作者是一位有才华的、大胆又桀骜不驯的年轻人,不过他理应学会对洪水般的旋律主题有所规整。"另有评论称:"第二部分完全是一位天才的严重过失,离经叛道到失控的地步。"此外,某德语报纸则奉劝马勒还是做自己最擅长的事为妙:

> 所有伟大的指挥家——像里希特、彪罗、莫特尔、利瓦伊(Levi)等,要么是认清了自己,要么是已证明自己不是作曲的料且及时调整了方向,他们的声名因此没有受到损害。这情况在马勒身上也是一样的。我们还是很希望看见他站在指挥台上,只要他别演奏自己的作品就好。

---

[1] 布劳科普夫:《马勒档案研究》,66页。
[2] 纳塔莉·鲍尔-莱赫纳:《回忆古斯塔夫·马勒》,152页。

虽然难免自怨自艾，但马勒知道自己的作品确实需要修改。他对李斯特音乐学院的米哈洛维奇说："你是唯一没有避开我的人。"在接下来的10年，马勒前前后后将作品修改过五个版本，并增加了标题——"巨人"（*Titan*），加以注解称：交响作品描述了"一个强大的英雄人物，他的生活与痛苦，面对命运他的挣扎与失败；真实的、更高级别的救赎将在第二交响曲中延续"。第二交响曲开篇的葬礼则代表"我的D大调英雄业已死去"。[1]照此架构，第一交响曲是关于英雄生涯的叙事篇。

两部交响曲，两个葬礼，马勒借此发问："你为什么而活？你为什么要承受这一切伤痛？难道所有的一切都只不过是巨大的、可怕的玩笑？虽然我们无时无刻不朝着死亡迈进，只要我们还活着，我们就必须面对这些问题。"[2]正是对死亡的模仿令听者坐立难安，这与他们花钱买娱乐的经验有着天壤之别。

在最终定稿的作品中，马勒放置了一段行板［取名为《花之乐章》（*Blumine*）］，并撤回先前关于音乐创作的解释说明，他大叫着："在一切音乐中，死亡如影随形！"马勒坚称任何解释都是多余的，音乐就应当是它被听到的样子。这种表达如狐狸般狡猾。马勒总是试图在他的音乐中传递某种莫名的、错综复杂的讯息，这使得早期刚接触马勒的听众非常不适应。他的手法史无前例。正如吕尔所观察的，将童谣与葬礼进行曲相互杂糅引发了听者的极度不安，一转眼，音乐就从庄严肃穆变为轻狂，乃至粗俗猥亵。

---

[1]纳塔莉·鲍尔-莱赫纳：《回忆古斯塔夫·马勒》，184页。
[2]《马勒书信选集》，180页。

马勒同时在音乐中呈现一语双关,或者是一语多关,摇篮曲与哀歌是亚努斯的两面,他引进音乐性讽刺,"如同亚里士多德的'言辞反讽'(eironeia)[1]"[2]。他明里说着这件事,暗里说的是另一件事。对马勒而言,他别无选择,因为他在音乐中欲传递的信息并非人们想听的,或者说爱听的。

整部作品实际行进的方式是这样的。童谣—葬礼进行曲是令人不安的听觉形象,隐晦地象征着孩子的死亡。犹太民族的克里兹莫旋律将吉格舞曲分割得支离破碎:在今天听来,这段音乐很像百老汇音乐剧《屋顶上的提琴手》(Fiddler on the Roof)中歌曲《假如我是有钱人》(If I Were a Rich Man)的副歌部分。马勒在这里重现了童年时所亲历的场景,死去孩子的棺椁刚刚抬出屋子,酒馆里依然传出嬉戏喧嚣的大笑与欢快的歌声。音乐仿佛是无言的抗议,抗议这个世界对于逝去婴孩的冷漠。当时在波西米亚及莫拉维亚地区,新生儿在五岁前的死亡率是百分之五十六,两个孩子中便有一个死于白喉、天花、风疹和猩红热。当时医疗科学研究大多专注于诊断方法,而非治疗手段。[3]

---

[1] 反讽(Irony)一词来源于希腊文 eironeia,原为希腊戏剧中角色所采用的假装无知的行为方式,意为"佯装的无知,虚假的谦逊"。在西方文论中,反讽是最古老的概念之一,有着巨大的艺术魅力。在《亚历山大修辞学》中,亚里士多德认为,反讽指的是"演说者试图说某件事,却又装出不想说的样子,或使用同事实相反的名称来陈述事实"。他为反讽下的定义是:通过谴责而赞扬或通过赞扬而谴责。在任何反讽表述中,言说者都至少表达两种信息,文本说"是",实际意义说"非"。简言之,"反讽以'修辞非诚'求得对文本表层意义的超越。因此,反讽充满了表达与被表达之间的张力,反讽的解释,要求文本与语境之间强有力的互动交流"。——译者注

[2] 《马勒书信选集》,178 页。

[3] 爱德华·蒂姆[编]:《弗洛伊德与小女人:威托斯回忆录》(纽黑文与伦敦,1995 年),24—25 页。

一个孩子的死是如此平常,每家都至少死过一个。哀悼变得不痛不痒,许多墓地甚至没有名字。[我们就曾在伦敦东区普莱斯托(Plaistow)找到我叔叔的墓葬地,他于1906年去世,年仅五岁,压根儿没有墓碑。]

马勒要求人们尊重这些死去的孩子,正视医疗现状并寻求医治的方法。他的愤怒不针对任何人或任何事件,不过身为一个犹太人,马勒所使用的"讽刺"技巧并非源自古老的希腊式传统,而是相当日常的意第绪语汇。只要一个手势,一个轻微的声调变化就能使语意发生改变。在意第绪语中,任何陈述都可以充分表达两种截然相反的意思。比如说,"他是一个聪明人"(er iz a talmid-khokhem, He is a wise man),若刻意加强代词"er",则表示那人是个傻子。再比如表示吃惊、惊讶的音节"Oh!",说的时候若抬起食指则含蓄地表示谴责、非难。马勒很小的时候就发明了自己的"对立游戏",还记得那首以葬礼进行曲开场的波尔卡吧,在此,马勒似乎在说社会政策竟对此没有明确对策,委婉的讽刺令一切变得暧昧,对作曲家而言这是再好不过的掩护。

然而,马勒在乐谱上所标注的演奏记号与说明却相当细致、明确。他要求乐手们找到"悲惨的乡村音乐家"[1]的感觉,在演奏中穷尽"世界上所有的粗陋、轻浮与平庸"[2]以破坏葬礼应有的氛围。马勒脑中有一幅熟悉的画面:在夏加尔(Marc Chagall)1908

---

[1] 纳塔莉·鲍尔-莱赫纳:《回忆古斯塔夫·马勒》,240页。
[2] 同上。

年的画作《乡村市集》(*Fair at the Village*)中，双亲抬着一个小小的白色棺材穿过乡村，天幕低垂。画的边缘处有一个滑稽演员、一个杂耍演员和一个小丑；而一件更古怪，甚至平淡到令人毛骨悚然的事情是，一个妇人站在阳台上，拿着尿壶往正在哀悼的人们身上倒。[1]死亡中，污秽凌乱的生活正热闹地欢腾着——这恰是马勒所描绘的场景。不论是这首交响作品还是夏加尔的这幅画作都包含了典型的犹太化认知：人在世上的一切作为不存在绝对的不幸，也没有绝对的幸福。在正统哈西德葬礼中，人们用伏特加酒敬献死者以庆贺灵魂的救赎。庄重与嬉闹的相融并置是犹太心理的典型特征之一，这也成为马勒第一交响曲中强有力的动机。若完全不带反讽语气地演奏，音乐会显得肤浅直白；若过多地使用犹太语气，则音乐听起来像是一味做作地自我戏谑，甚至显得拙劣蠢笨。马勒将平衡的问题留给每一位诠释者，究竟怎样配比才合适从来就没有标准答案。

依据我的理解，这是马勒音乐作品中最"犹太"的一段：之所以有如此推断，是因为自己几乎一辈子都在研究琢磨犹太仪式中潜在的情绪，以及犹太人集体经验中必不可少的暧昧。于是，身为犹太人的马勒找到了一条为天下人写作的自我之路：他的音乐必然存在开放性，演奏者自会有个人化的理解并以不同的语调与直觉加以诠释。无论如何，我们不可能忽略少年马勒追随兄弟棺椁的身影，如此悲伤，周遭的喧哗却不会因死亡而停歇，世界、

---

[1] 杰基·伍施拉格：《羊皮水壶：生活与流亡》（伦敦，2008年），74—75页。[Jackie Wullschlager, *Chagall: Life and Exile* (London: Allen Lane, 2008).]

人生不就是这样的吗?

首先,举起你的双臂

1974年春天,我与朋友圈中最先结婚生子的R先生共进午餐。用餐过后,R起身走到唱片柜挑选音乐。直到现在,我还能在脑中栩栩如生地重现当时的画面:从塞得满满的柜子中用力扯出一张黑胶唱片,从光滑的封套中拿出那张闪亮的黑色身影,然后把它放在每分钟32转的唱机上。我的朋友抬起唱针臂,缓缓地放在唱片上。随后,他并未立即回来,反而站在唱机前,背对着我举起双臂。当第七个八度的A音响起,R开始随着音乐指挥马勒的第一交响曲。

我和他都对指挥一窍不通。我们俩都是音乐爱好者,仅此而已,不过马勒身上似乎有一股魔力,让这位刚升级为父亲的骄傲家伙挥舞起双手,不惧自己可能像个机器人那般呆板愚蠢。这个画面挥之不去并非因为这其中有什么尴尬或恼怒——这么多年来我们依然是朋友——而是那一瞬间的灵光乍现。如鬼魅般偷偷地、渐渐地汇聚在一起的能量,气势惊人:一曲为指挥新生代所做出的宣言。

贝多芬不停地扩大乐团编制以至于指挥必须站在高台上,瓦格纳则把打节拍的工作交给助手,相较于他们及其他作曲家,马勒是把指挥视为作曲家意志之延伸的第一人。从第一交响曲开始,马勒就允许指挥脱离他的掌控。贝多芬与勃拉姆斯会在乐谱上写下演奏时应当使用的节拍器速率,马勒却称节拍器的滴答声"既不妥当又无价值"[1]，所以他放手让诠释者掌控衡量。若有朋友手拿秒表告诉他某一段落的演奏比前晚整整长了五分钟，马勒便会兴高采烈。"一切都取决于当时的感觉。"他对乐手们说。望着我朋友的双臂因马勒的第一交响曲而动，我突然意识到，这部作品是一道门，带领人们通往诠释音乐的新世界，其激进性堪比爱因斯坦的时空扭曲理论。借由音乐中的多重意义，马勒让我们所有人都成了指挥家。

离开匈牙利

刚从首演事件中缓过来的马勒很快又陷入国家政治的旋涡。梅耶林悲剧后，布达佩斯局势变得狂热，政府像一盘散沙，公共秩序土崩瓦解。有两位歌手向马勒提出决斗。而某音乐杂志谴责道："在过去一年半的时间里，匈牙利皇家歌剧院竟没有上演过哪怕一部匈牙利歌剧。"[2] 这是彻头彻尾的谎言，不过马勒周围升腾起的敌意不言而喻，马勒开始感到自己是个不受欢迎的人。到了3月，剧院的行政长官拜尼茨基卸任，接手的是齐奇伯爵（Count Geza Zichy），此人早年曾失去一只手臂，但能够单手弹钢琴，是个极端的民族主义分子。他随意依照自己意志变更节目，"从不咨询艺术总监的意见"，于是马勒只能和大家一样"从报纸上得知下一季剧院的音乐会曲目"。[3] 马勒四下里打探新工作的可能，并与

---

[1] 纳塔莉·鲍尔-莱赫纳：《回忆古斯塔夫·马勒》，25 页。
[2] 布劳科普夫：《马勒档案研究》，187 页；罗曼：《古斯塔夫·马勒与匈牙利》，88 页。
[3] 布劳科普夫：《马勒档案研究》，190 页。

一位叫伯恩哈德·波里尼（Bernhard Pollini）的演出经理人签订了合约。波里尼在汉堡经营一家剧院，拥有一位犹太裔老板对马勒而言似乎更有安全感些，何况伯恩哈德这个名字如此亲切，比那个侮辱犹太人的齐奇好一千倍。

在布达佩斯的最后几个月里，发生了一连串足以影响马勒职业生涯的事。作曲家勃拉姆斯向来不爱看歌剧，某天被人生拉硬拽到剧院里，无意中听了场马勒指挥的《唐乔凡尼》，事后勃拉姆斯表示自己愿成为这位指挥"最炽烈的追随者"（fiercest partisan）。[1]同时期，哀伤的皇帝弗朗茨·约瑟夫打算出来透透气，他观赏了马勒引进的新制作——马斯卡尼（Mascagni）的《乡间骑士》（*Cavalleria Rusticana*）。正是这出歌剧让皇帝记住了马勒的名字，多年后当面临某重大的职位空缺时，他将再次想起马勒。

在那个愁苦的冬天，一位意外访客让马勒的情绪舒缓许多。莱赫纳是马勒在维也纳求学时的同班同学，刚离婚不久，她询问自己是否可以在马勒家暂住几日。马勒热情地欢迎莱赫纳，仿佛她是失散多年的妹妹，他把公寓让给客人，自己则跑去住酒店。马勒非常享受莱赫纳的陪伴，"我几乎都忘记该怎么与人交谈了"[2]，他对她说。他恳求姑娘不要去剧院听什么歌剧，"因为那样会让彼此尴尬。我不希望因此而失去了解你的机会"。[3]被施了魔法的莱赫纳纵身坠入爱河，等待着马勒回应她的爱，憧憬着二人之间火花四溅的化学反应，莱赫纳成为记录马勒的天使，每天晚

---

[1]《马勒书信选集》，130 页。
[2] 纳塔莉·鲍尔-莱赫纳：《回忆古斯塔夫·马勒》，1 页。
[3] 罗曼：《古斯塔夫与匈牙利》，219 页。

上在房间里写下他说过的每一句话。

之后的 10 年,莱赫纳的笔记本犹如摄像机般与马勒如影随形,捕捉与他相关的一切细节。有时候,马勒会借由莱赫纳展现出一种姿态,但大部分时候他其实都没有注意到她的存在,忘记了这个用心诉说的女人。总之,马勒对莱赫纳的爱恋不感兴趣。他把她视作一架摄影机,一张吸水纸,一台记录自己上升之路的机器。每当莱赫纳想要亲吻他时,他便躲开。姑娘自我安慰地称他终会回头,于是甘心玩起没完没了的"等待游戏",她还十分在意与马勒妹妹的关系,把她们视作有力联盟。

1891 年 3 月 14 日,齐奇解雇了马勒,直接将他扫地出门。虽然马勒与剧院已签订八年合约,但最后也只得到了 30 个月薪水的补偿。马勒很快便将布达佩斯抛于脑后,不到两个星期,他已在汉堡指挥《唐豪瑟》,舆论界反响热烈。连生性古怪暴戾的冯·彪罗也忘了先前与马勒的不愉快,对女儿说:"汉堡终于有了一位了不起的歌剧指挥,依我看,这位古斯塔夫·马勒先生(一位来自布达佩斯,严肃且精力旺盛的犹太人)甚至能与莫特尔、里希特等一流指挥家媲美。"[1]德国人充满溢美之词的欢迎,足以抵消马勒第一份工作的挫败感。

~

2005 年 3 月,布达佩斯的"国家音乐厅"正式开幕。第二天

---

[1] 莱布雷希特:《记忆中的马勒》,63 页。

早晨我沿着多瑙河散步,无意中听到三名男子高谈阔论的街头演说,当时周围已聚集好一些群众。一位路人告诉我,他们在要求索回斯洛伐克、塞尔维亚以及罗马尼亚原本属于他们的领地,顺便辱骂"那些犹太佬"以泄愤。"不要理这些人,"我的翻译说,"布达佩斯到处都有这些人。"

将音乐厅冠以"国立"二字显然引发了不少政治冲突,因为在匈牙利语中,这个词一直是个具有争议性的形容词,带有过多的种族主义或排外主义气息,很容易重燃起人们对两次世界大战、国内战争及革命的种种回忆,其中的情感也是错综复杂、五味杂陈。正快速朝着现代化迈进的布达佩斯拒绝摆脱过去。这里的墙保留着坑坑洼洼的弹痕,很多当地人只需一眼便能分辨出相对应的年代——1956年、1945年、1919年,甚至有1848年留下的。当我问为什么没有人拿石膏将这些并不体面的记号抹平时,匈牙利人总是奇怪地看着我,对我的不解深表遗憾。我发现,即使过了这么多年,歌剧院似乎还是马勒离开时的老样子,外观似小巧精致的宝石,有漂亮的舞台,只是演出曲目还是让人昏昏欲睡的老一套。我走到大犹太会堂(Great Syngagogue)的后街,1944年纳粹政府将犹太人送到奥斯维辛集中营之前,这里曾是密集的犹太社区。"冷战"结束之后,生于布达佩斯的好莱坞演员托尼·柯蒂斯(Tony Curtis)出资重建教堂;脸色苍白、头戴黑帽的犹太牧师们在周围走来走去,对行人宣扬宗教复兴。

我听说有一家专门售卖马勒唱片的小店,创办人彼得·费洛浦(Peter Fülop)是一名医疗技师。后来由于国家削减其相应研究津贴,费洛浦移民加拿大。因此很遗憾,我并未能见到他本人。

店里的收藏我几乎都有,不过费洛浦整理成册的马勒唱片目录温柔地提醒着每一个爱乐人:对于马勒作品的诠释与推广,布达佩斯是多么至关重要的一站,许多出色的诠释都从这里诞生。比如指挥尤金·奥曼迪(Eugene Ormandy,本名 Jenö Blau),他在美国的明尼阿波利斯(Minneapolis)录制的马勒第二交响曲,以及在费城录制的第十交响曲,是较早期马勒唱片的代表版本。同样出自布达佩斯的还有塞尔(Geroge Szell)和赖纳(Fritz Reiner),他们将马勒引介到匹兹堡、芝加哥和克利夫兰。在索尔蒂(Sr. Georg Solti)、杜拉第(Antal Doráti)漫长的职业生涯中,马勒的作品一直占据着非常重要的位置,随着二人的推波助澜传播到世界各地。费舍尔两兄弟(Ivan and Adam Fischer)则创立了匈牙利马勒协会(Hungarian Mahler Society)。著名的维也纳教授汉斯·史瓦洛夫斯基(Hans Swarowsky)以及他的一众"马勒迷"学生们——克劳迪奥·阿巴多、祖宾·梅塔(Zubin Mehta)、扬松斯(Mariss Jansons)以及西诺波里(Giuseppe Sinopoli),清一色全部来自布达佩斯。史瓦洛夫斯基也喜欢用马勒的一句名言来鞭策他的学生:"音乐中最棒的部分并不能在音符中找到。"(What's best in the music is not to be found in the notes.)[1]因为有这些大师、尊师,布达佩斯成为马勒音乐遗产重要的守护者,守护关于马勒的最深刻的印记。

---

[1] 康斯坦丁·弗洛罗斯(Constantin Floros),"Diener am Werk",德国 *Das Orchester* 杂志,2009 年 2 月刊,34—37 页。

• 5 •

再次复活
（1891—1894）

妓女、霍乱与私企文化

说起汉堡的咖啡馆，最大的特色便是在书报架上摆满世界各地的报纸，只要花一小杯黑咖啡的价钱，便能尽情阅读《巴黎费加罗报》(Le Figaro of Paris)、《泰晤士报》(The Times)、《荷兰鹿特丹商业报》(Dutch Handelsblaad)、维也纳《新自由报》(Neue Freie Press)，还有许多他国的报纸。[1] 汉堡映射出城邦的特质，这里的人们追求商业利益、贸易繁荣兴盛，对各方文化的包容度极高。"比起其他地方，汉堡的人们或许拥有更广泛的神学自由。"[2] 某议员自夸道。各个教派的信仰在此生长衍化，数量庞

---

[1] 资料来源：戈尔德施密特（Berthold Goldschmidt），1903—1919年居住于该地。
[2] 理查德·埃文斯：《汉堡之死：霍乱时期的社会与政治（1830—1910）》（伦敦，1987年），102页。[Richard J. Evans, *Death in Hamburg: Society and Politics in the Cholera Years, 1830-1910* (London: Penguin Books, 1987).]

大的开阔别墅区与便捷的公共设施则诉说着神的荣耀与赐福。从高级住宅区步行几分钟便是声名狼藉的圣保利（St. Pauli）——全欧洲最繁忙的红灯区。善与恶的和平共处不应当被误解作伪善，它们如富人与穷人共存那么自然：一切都是自由贸易引发的必然结果。

在德国的所有城市中，唯有汉堡没有扶持艺术的公共机构，自然也不存在所谓的公共艺术推广职能，艺术在这里只能投入资本的怀抱，靠私人资金得以发展。城市中的画廊、歌剧院、音乐厅，甚至是动物园，背后运作的都是私人企业家，一切以盈利为目的。当地最伟大的艺术家勃拉姆斯之所以去维也纳谋生，是因为汉堡乃实实在在的商业城市，从不资助不切实际的人。

对于匆匆逃离布达佩斯的马勒而言，汉堡的实用主义就好比从北海刮来的强劲的风，新鲜、有力、令人振奋。"这里的天气糟透了！"他告诉身在维也纳的妹妹贾斯汀说，"不过另一方面，让人食欲大开……这里真的很棒，是我目前看过最令人赞叹的城市。"[1] 在这里，马勒的薪水比原先少了近三分之一，不过这里生活成本低廉，他对自己"被世界上最杰出的音乐家族所邀请而倍感兴奋"。[2] 工作中，他有几个拿得出手的实力唱将——卡塔琳娜·克洛夫斯基（Katharina Klafsky）、马克斯·阿法瑞（Max Alvary）以及俊美的舒曼—海因克（Ernestine Schumann-Heink）。两个月后，波里尼将马勒的薪水上涨百分之二十。之后马勒利用

---

[1] 麦克拉奇：《马勒家书》，111—112 页。
[2] 同上。

暑假到了丹麦、瑞典和挪威,途中一有闲暇便捧着尼采浮夸、灰暗、厚重的哲学著作读个没完。

虽然被要求每隔两或三晚就必须指挥一场演出,马勒无须承担乐团的管理工作,尚有时间用来创作。他每天早上7点起床,冲过冷水澡后便坐下来继续第二交响曲的写作。一转眼,离上回他动笔创作这部作品已过去四年,那段激发灵感的莱比锡不伦之恋如今已很遥远。作品的开头——《葬礼》(Totenfeier, funeral rites)部分已经有了,但是接下来如何继续,马勒却没有什么头绪。他徒劳地呆坐在桌边,想静下心来创作,可脑子总会被家里烦心的琐事占据:阿洛伊斯深陷债务,奥托荒废学业,艾玛正值叛逆的青春期,而贾斯汀总嫌马勒寄回家里的钱不够花。他拜托贾斯汀给自己做几件礼服衬衫,可袖子都太短,没一件合身的。马勒"隐约地感到家里的一切已经失控了"[1]。不过,他并未亲自去维也纳探望,可怕的创作瓶颈令他郁郁寡欢。

马勒与汉堡爱乐的同事指挥家彪罗交谈,希望他能花几分钟听听自己的创作。一阵痛苦的纠结与犹豫后,彪罗答应了。马勒坐在钢琴前开始弹奏第二交响曲的《葬礼》。

> 当我演奏时,我突然想到应该抬头看看,结果发现彪罗正用双手捂着耳朵。我停止演奏,他站在窗边随即指示我继续。我弹了,过了一阵又抬头看。彪罗坐在桌边,还是遮着耳朵……弹完后,我安静地等待裁决。我那沉默的聆听者就

---

[1] 麦克拉奇:《马勒家书》,146页。

这么一动不动地坐着。突然，他做出骇人的拒绝姿势，说："如果这也叫音乐，那我对音乐真是一无所知。"[1]

彪罗的拒绝让马勒非常绝望，几乎想放弃写作。他对施特劳斯说："你必须经历过这样的事，才会了解一个人是如何失去信仰的。上帝啊，就算没有我的音乐，世界历史一样会继续。"[2]在给吕尔的信中，他写道："我已经开始厌倦这一切了。"[3]然而每日早晨7点，马勒总要逼迫自己坐在桌前继续这种折磨。1892年1月，瓶颈终于被打破，五首全新的歌曲从笔尖流淌而出。借着这第二部《少年魔角》组曲的诞生，他告诉莱赫纳，自己心中已有"五首第三、第四交响曲中的乐段了"[4]。

马勒学英语

汉堡的《指环》系列获邀访问伦敦，兴奋的马勒抓紧时间请教通用电气公司（Allgemeine Elektrizitäts - Gesellschaft，AEG）的物理技师伯林纳，学起了英语。很快，马勒便能操持并不熟练的新语言了。他致信吕尔的妹妹道：

---

[1] 莱布雷希特：《记忆中的马勒》，77—78页。
[2] 马勒、施特劳斯：《古斯塔夫·马勒与理查·施特劳斯通信录（1888—1911）》，布劳科普夫［编］，杰夫科特［译］（伦敦，1984年），21页。[Gustav Mahler and Richard Strauss, *Gustav Mahler-Richard Strauss: Correspondence*（*1888-1911*），ed. Herta Blaukopf, transl. Edmund Jephcott（London: Faber and Faber, 1984）.]
[3]《马勒书信选集》，139页。
[4] 格兰奇：《马勒（卷一）》，249页。

亲爱的欧内斯廷（Ernestine）女士：

　　昨日收到了你的第二封姓及修正通知。对于你所写的英文，我已经灰常能够理解。你无须担忧我生气，虽然我嘲笑了你的第一封姓……若是看到有人不切实际地浪费我的钱我会灰常生气。比如：我的弟弟奥托在老师面前过得像王子一般，他们都是好人，但并没有切实地敦促他的学业……这封姓里肯定有很多误会，我希望你能原谅我。

　　　　　　　　　　　　　　　　　　　　　　古斯塔夫[1]

伦敦"简直无与伦比"。[2] 马勒寄宿在考文特花园不远的托林顿广场（Torrington Square）一户犹太人家里，并用英语进行乐队排练。《星期天泰晤士报》(Sunday Times) 乐评人克莱因（Herman Klein）称马勒"拥有非凡的个人魅力且技巧卓越"[3]。剧作家萧伯纳则在评论中写道："《齐格弗里德》的表演非常杰出，每一幕结束后你都能听到观众疯狂的欢呼。"[4] 随后，马勒又应要求在特鲁里街歌剧院（Drury Lane）加演了两场——《特里斯坦与伊索尔德》、《费岱里奥》(Fidelio)。如此一来，马勒只剩下不到四周的假期。

贾斯汀与家人此时正在贝希特斯加登（Berchtesgaden）等

---

[1] 麦克拉奇：《马勒家书》，166页。马勒的原信中，将letter写作lettre，此处将"信"译写为"姓"；又将very写作wery，此处以"灰常"标记；mistakes写作mistaken，此处以"误会"记。模仿用字谬误的样态。——译者注
[2] 同上，176页。
[3] 莱布雷希特：《记忆中的马勒》，66页。
[4] 萧伯纳：《音乐伦敦（1890—1894）》（伦敦，1931年），118—119页。[George Bernard Shaw, *Music in London, 1890–1894*（London: Constable, 1931）.]

他。后来这里成为希特勒的夏日别墅,加上著名电影《音乐之声》(Sound of Music)选择在此拍摄,贝希特斯加登如今成了热门的旅游景点。等到精疲力尽的马勒匆匆结束假期坐着火车赶回城,汉堡爆发本世纪最严重霍乱的消息在坊间不胫而走。政府部门拒绝承认真相,1892年8月22日美国驻汉堡副总领事得到的官方消息是:当地尚未有任何确认的疫情。[1]市民与游客继续饮用受污染的水。马勒给伯林纳发了封电报寻求意见。科学家让他远离疫区,于是马勒返回山区直到9月中旬才回到剧院。波里尼大为光火,指责马勒违背合约规定,并威胁要扣掉他一年的薪水作为惩罚。马勒也不甘示弱,随后,公开宣称波里尼是自己的敌人。和很多艺术家一样,马勒视工作中的人际关系非黑即白。在波里尼看来,与马勒站在一起只是工作的一部分;然而对马勒而言,任何一场争斗都是必不可少的:要么爱我,要么杀了我。

就在这时,彪罗朝马勒伸出了橄榄枝,邀请他指挥爱乐管弦乐团的冬季演出。借着大好机会,马勒为布鲁克纳的《D小调弥撒》进行世界首演,沮丧的作曲家用拉丁文对马勒诉说感激:"Omnes amici me derelinquerunt"(所有的朋友都离弃了我)。[2]这种情绪马勒自然懂,自己的创作依然没有什么进展,他把气撒在挥霍无度的弟弟们身上——阿洛伊斯三天两头只知道要钱,而奥托对待学业的态度令人抓狂,莱赫纳曾说奥托"懒得出奇"[3]。"对于奥托我真的是无计可施,"马勒咒骂着,"没能力、无知,

---

[1] 见埃文斯:《汉堡之死:霍乱时期的社会与政治》,289页。
[2] 格兰奇:《马勒(卷一)》,268页。
[3] 麦克拉奇:《马勒家书》,196页。

完全不懂得尊重别人。或许把他送进严苛的军队里接受一番教训会好些。我放弃。"[1] 不过他当然不可能真的放弃奥托,这个孩子、兄弟总是遵循自己的脚步前行者,怎么可以放弃呢!马勒真正放弃的是阿洛伊斯。"任何时候,都别指望能在我这得到任何经济援助,哪怕是一枚硬币,"[2] 他告诉阿洛伊斯,"但我仍真心祝愿你身体健康,希望你最终能成为对人类社会有用的人,那是我对你的全部希望。"[3] [被拒绝的阿洛伊斯将名字改为克里斯蒂安(Hans Christian),找了一份书店店员的工作。他先后于 1905 年、1910 年及 1912 年 12 月三度乘船前往美国[4],最后选择在芝加哥落脚。当地的电话登记册记录表明,他几乎每隔一年就要搬一次家,最后一次更新的住户信息是:北霍音大道 3931 号(3931 North Hoyne Avenue),1930 年。在美国户籍资料中他的职业登记为房地产中介销售。阿洛伊斯于 1931 年 4 月 14 日逝世,享年 62 岁。[5]]

湖泊告诉我的事

一次春日远足,贾斯汀与莱赫纳在萨尔茨堡东部的萨尔斯干玛戈特(Salzkammergut)找到了一处绝佳的夏日度假地,这里

---

[1] 麦克拉奇:《马勒家书》,215 页。
[2] Kreutzer,旧时德国和奥地利通用的十字硬币。——译者注
[3] 麦克拉奇:《马勒家书》,237 页。
[4] 马特纳(Knud Martner)的研究资料。
[5] 芝加哥最老图书馆纽贝瑞图书馆(Newberry Library)资料,亨利·马勒(Henry Mahler)整理,于 2008 年 4 月 25 日电子邮件至作者。

有湖泊、群山环绕，十分适合马勒在悠长假期里写作音乐。这是小镇施泰因巴赫（Steinbach）外围的一间小旅馆，坐落在阿特（Attersee）湖畔，魅惑、冰冷的湖后来也出现在克里米特（Gustav Klimt）的画中。小旅馆后面临水边有一片草地，修有简易的码头供人泊船或下水游泳。贾斯汀为自己、马勒、艾玛、奥托以及莱赫纳预订了房间。莱赫纳竟然也在其中，这令马勒非常头疼。"我清楚地澄清过我们之间只不过是朋友或工作伙伴的情谊，贾斯汀怎么还是搞不清楚状况。"[1]一整个夏天，莱赫纳都在疯狂地往自己的日记本里填东西。我们因此了解马勒暑期生活的细枝末节，比如他每天早上6点半起床，之后会去湖里游泳，从这一头游到另一头再回来。整个早上马勒都会在房间里工作，下午会花很长时间散步。到了晚上，他点上一支雪茄外加一瓶啤酒，与小奥托来场无关紧要的争辩，这是一天中最放松的时候，马勒乐在其中。他们讨论究竟是布鲁克纳更伟大还是勃拉姆斯更伟大。奥托总是试图取悦自己的哥哥，他揣度着马勒的心思说布鲁克纳更伟大。马勒便开始反驳他。"音乐，"他说，"不仅仅是曲调。布鲁克纳可以用高尚华丽的主题一下子征服你，但是勃拉姆斯有丰腴的质感和深度。"马勒宣称："评价一部作品光看内容是远远不够的，你必须领会整体的形与质，整体性才能显现作品的价值，才有可能使其永垂不朽。"[2]

他如一个职业作曲者般侃侃而谈。在施泰因巴赫，音乐灵感

---

[1] 麦克拉奇：《马勒家书》，217页。
[2] 纳塔莉·鲍尔-莱赫纳：《回忆古斯塔夫·马勒》，16页。

源源不断，他又写了四首《少年魔角》的歌曲，并继续第二交响曲的创作。"葬礼"一词选取自利皮纳翻译的波兰戏剧《死人之祭》(Dziady)，作者为波兰剧作家亚当·密茨凯维奇（Adam Mickiewicz）。剧中描写了一位叫古斯塔夫的英雄，当自己深爱的玛丽亚（Maria）嫁作他人妇后选择自杀。[当然在这里也可以解读为马勒自己深爱过的玛丽恩（Marion）或者母亲玛丽（Mary）。]在波兰语境中，古斯塔夫是"为国家殉难的代言人"。[1] 在利皮纳的译本中，他则代表了任何一个人。剧中主人公的死被投射在交响作品中，之后马勒再次陷入停滞，就这样又过了五年。

直到新歌曲《原始之光》(Urlicht，或称为 Primal Light)的诞生为马勒带来了全新的突破。歌词中写道，"我从上帝而来，也将回归上帝"，揭示了一种死亡后的生命，"一种永恒的、被祝福的生命"。因着那一刻的体悟，整首交响曲以惊人的速度在脑中铺展开。1893年7月19日，马勒完成《原始之光》的管弦乐配器；7月30日，完成长达12分钟的行板；8月1日，他从《少年魔角》中截取"圣安东尼向鱼传道"作为第三乐章的主题，而《原始之光》则成为交响曲的第四乐章，连马勒自己都"不知道这曲子最终会变成什么样子"[2]。他写尽了"自己全部的生命所经历的与承受的一切"[3]。

---

[1] 查科苏斯卡：《异化与无力：亚当·密茨凯维奇的抒情民谣与肖邦的叙事曲》，刊于《波兰音乐杂志》(1999年)。(Dorota Zakrewska, *Alienation and Powerlessness: Adam Mickiewicz's "Ballady" and Chopin's Ballades*, Polish Music Journal, vol.2, nos. 1-2.) (1999, n.p.http://www.usc.edu/dept/polish_music/PMJ/issue/2.1.99/zakrzewska.html.)
[2] 纳塔莉·鲍尔-莱赫纳：《回忆古斯塔夫·马勒》，10页。
[3] 同上书，8页。

困惑的莱赫纳很想知道马勒是如何重获灵感的,要求马勒给她解释作曲的方式。"我的老天啊,纳塔莉,怎么会有人问这样的问题?"他气得直跺脚,质问道:"你可知道小号是怎么制作出来的?你先找个洞吧,再拿一块锡铁皮绕着孔洞裹一圈;可不是嘛,作曲的过程大概也就是那么回事。"[1]稍稍冷静之后他解释到,有时候一首诗歌或是一段旋律可以为创作提供灵感,而他本人偏爱从一段旋律的中间部分拓展出整部作品。在离开施泰因巴赫之前,马勒花钱请当地的工匠在湖边用砖砌了一间小屋。如此一来,到了明年夏天,他便可以透过窗子眺望湖面。"湖水拥有它自己的语言,"他告诉工匠的儿子说,"它会对我说话。"[2]如今,就差一个结尾,第二交响曲就全部完成了。

回到汉堡后,波里尼增加了马勒的工作量,需完成20部歌剧,共计125场演出。[3]如此工作强度下,马勒患上了腹泻的毛病。医生一开始怀疑是霍乱,要求马勒住院治疗;但贾斯汀坚持把马勒留在家中由自己照看。治病期间,他开始做瑞典式健身体操,服用铁剂以应对贫血问题。在威尔第的《法斯塔夫》(*Falstaff*)及斯美塔那的《被出卖的新嫁娘》(*Bartered Bride*)首演间隙,马勒着手对交响曲做些修改,思考着如何为作品收尾。据朋友约瑟夫·博胡斯拉夫·费尔斯特(Josef Bohuslav Foerster)称:"这首作品看来是很难完成了,一尊残缺不全的雕像。"[4]费尔斯特的志

---

[1]纳塔莉·鲍尔-莱赫纳:《回忆古斯塔夫·马勒》,11–12页。
[2]莱布雷希特:《记忆中的马勒》,71–72页。
[3]马特纳的统计数据。
[4]布劳科普夫:《马勒档案研究》,198页。

向是成为一名作曲家，妻子是捷克女高音歌手。

1894年2月，彪罗于开罗病逝。3月29日，汉堡圣米歇尔教堂（St. Michael's Church）举行了隆重的葬礼。典礼早上9点开始，由巴赫的赞美诗揭开序幕，接着是一段圣经的朗诵及勃拉姆斯《德意志安魂曲》（German Requiem）选段。随后，在管风琴的伴奏下，男声合唱团吟诵了德国诗人克洛普施托克（Friedrich Klopstock，1724—1803）的赞美诗《复活》（Die Auferstehung），配乐部分由卡尔·海因里希·格劳恩（Karl Heinrich Graun，1704—1759）[1]担当。"再次复活，"他们唱着，"是的，你必将再次复活，我的尘土，在短暂的休息后。"

"颂歌声音渐弱，"费尔斯特回忆着，"教堂老旧而巨大的钟声，犹如意味深长、令人信服的演说者发出振聋发聩的声响。这曾为如此多名人哀悼过的钟啊，又为我们再次敲响悲歌。"[2]当天下午，费尔斯特到马勒家中，发现他坐在书桌旁，头低垂着，抓着一支笔的手放在手稿上。"我就这么在门口站着。马勒转头，然后说：'亲爱的朋友，我做到了！'我立刻明白了。一股神秘的力量犹如光一般照射着，我回答道：'再次复活吧，你必将在一段短暂的睡眠后再次复活。'马勒听了，脸上现出极为惊讶的表情。这一切，我早已料到……"[3]

那年夏天，马勒在施泰因巴赫完成了第二交响曲，最先得知

---

[1] 吕贝克大学图书馆乐谱资料。(Cf. collection of composer Theodor Kirchner, Brahms Collection, University of Lübeck Library.)
[2] 唐纳德·米切尔：《古斯塔夫：魔角岁月》（伦敦，1975年），169页。[Donald Mitchell, *Gustav Mahler: The Wunderhorn Years* (London: Faber and Faber, 1975).]
[3] 同上。

这个消息的是他的弟弟:"亲爱的奥托,我在此宣告健康的、强壮的终曲的诞生,正如预料中的,作曲家及作品父子均安。"[1]马勒与妹妹们在湖边度假,这回不再有莱赫纳的身影。(当时,莱赫纳正与马勒的朋友利皮纳打得火热。)奥托在莱比锡谋得一乐团首席的工作,并担任合唱团指挥。马勒从拜罗伊特回来的途中在慕尼黑与奥托见了一面,希望奥托能加入施泰因巴赫的家庭聚会,奥托拒绝了。两人在火车站台上大吵了一架,不欢而散。马勒独自回到施泰因巴赫,用剩余的夏日假期为新交响曲做最后的调整,并取名为《复活》(*Resurrection*)。

这究竟是谁的"复活"?

任何一个第一次听到这部作品的人都不得不感到困惑(我也同样经历过):这曲子究竟在说些什么。作品的标题充满沉重的末世气息,仿佛落满灰尘的地窖。马勒的第二交响曲曾在梵蒂冈演奏过,作为对基督教价值的肯定;曾在马萨达山(Mount Massada)响起,象征着犹太复兴;它甚至出现在共产主义中国,一个视无神论为国家信条的地方。这似乎表明了作品自身某种伟大性:它能传递一切精神意义,吻合所有信仰。不过问题是,究竟马勒心中想的是什么?

乍看之下,马勒确实采用了基督教叙事手法。的确,教堂宗

---

[1] 麦克拉奇:《马勒家书》,281页;另见《马勒书信选集》,154—155页。

教侍奉过程中一段赞美诗《圣灵》(Holy Ghost)[1]给他带来了灵感。马勒在《葬礼》乐章中描绘了死而复生，《圣安东尼的布道》则完全依照《圣经》文本而来，而终曲的"任何被创造的终将毁灭，任何毁灭的必将复活"，还有比这更基督教式的宣言吗？只是当这一切发生在马勒身上时，每一个观点一定带有截然相反的含义。

我们再来聊聊非基督教式的分析。在密茨凯维奇看来，《葬礼》是一场异教徒的宗教仪式，《原始之光》只是在讲述民间传奇，《圣安东尼的布道》则是纯粹的讽刺："布道令它们感到愉悦，只是比起从前，它们并没有什么改变。"所谓赞美诗《圣灵》带给马勒的灵光不过是毫无意义的空口白话。还有一个论据可以证明作曲家的非基督教倾向，马勒在引用克洛普施托克赞美诗时删除了召唤耶稣的段落，避免在文本中指向任何特定宗教。[2]

马勒对作品的说明鲜少被人引用，最主要的原因是他的确做过一些解释，可随后又会否认自己的说法。1901年，他写道："我们站在一位深爱之人的灵柩旁……一个令人敬畏的声音冷漠地敲打着我们的心：'……生命是什么？死是什么？你为什么活着？你为什么受苦？难道一切只是一个巨大的、骇人的玩笑？我们会永垂不朽吗？'"马勒将行板描述为对生之快乐的回忆；谐谑曲呈现"扭曲的、疯狂的"观点，仿佛从"哈哈镜中"看世界。生命"变得毫无意义"，"对所有存在的事物感到恶心"，犹如鬼魅紧紧抓着我们不放。《原始之光》高唱着"具有天真信念的感人声音"朝前

---

[1]《马勒书信选集》，212页。
[2] 唐纳德·米切尔：《古斯塔夫：魔角岁月》（伦敦，1975年），416–418页。

推进,直到代表最后审判的慰藉——终曲的到来。[1]

那么,《复活》究竟想表达什么?伯恩斯坦认为音乐是马勒对自己犹太血统的再确认,开头的弦乐主题让人想起犹太新年(Rosh Hashanah)和犹太审判仪式上吹奏的"羊角号"(Shofar)。[2]这种说法站得住脚吗?有些勉强。大提琴与低音提琴声部的旋律可对应羊角号吹出的三个连续短音(shevarim)及连续的颤音(teruah),然而仪式中必不可少的长单音(tekiah)却没有出现。马勒是在写犹太性吗?并不太像。皈依罗马天主教的作曲家埃尔加(Edward Elgar)在 1903 年的清唱剧《使徒》(*The Apostles*)中也曾使用羊角号以描述圣殿山的破晓;施特劳斯也在《莎乐美》的一些巴勒斯坦音乐中使用羊角号表达挑逗的情绪。可见羊角号的使用并不绝对代表犹太身份的展现。

卡夫卡的编辑布洛德(Max Brod)主张,若以一半的速度演奏终曲,则会带出马勒的"犹太基调"。他称它们为"在大调与小调间来回波动的旋律线;开始时非常缓慢,多次重复同样的音符"[3]。布洛德的说法很有创意,听上去有点道理,然而该论述中最致命的弱点在于如果马勒真的有意让终曲听起来具有犹太性,那么必定会如布洛德所说,以半速来演奏这首交响曲。布洛德的假想同样站不住脚。

至于马克思主义者西奥多·阿多诺(Theodor Wiesengrund

---

[1] 见 1901 年 12 月 20 日,马勒德累斯顿音乐会曲目单介绍文字。
[2] 犹太会堂会举行特别的仪式,其中包括羊角号的吹奏。这是由公羊角制成,在圣经时代是为了宣布重要的消息而吹响。
[3] 布洛德,*Gustav Mahler: Beispiel einer deutsch-judschen Symbiose* (Frankfurt-am-Main: Ner-Tamid Verlag, 1961),p.31。

Adorno），则玩弄着绝妙的、令人费解的语汇争辩道：第二交响曲的音乐与宗教文本之间是直截了当的冲突与矛盾，手法近似于无神论对神性的颠覆破坏。"音乐的沉默意志穿透了语言……音乐在话语中显现自我，它们是一种抗议。"[1]心理分析学家西奥多·赖克（Theodor Reik）的观点则是弗洛伊德式的，认为这首交响曲隐含了马勒对彪罗压抑的愤怒，以及他曾希望彪罗死去的罪恶感：

> 在这样的时刻，采用这样的方法完成整部作品绝非偶然，想想那些显而易见的文本吧！虽然那段诗文每一句都与终曲恰如其分地贴合着，但真正具有震撼力的是一个人的愿望竟然成真的满足感，也就是"杀死"彪罗的成就感……马勒的心里仿佛想着：正如我潜意识所希冀的，让一个"拒绝我成为作曲家"的人死去吧。既然愿望成真，我的交响曲也就能完成，并且会成为一首巨作。[2]

关于马勒的《复活》还有更多说不清道不明的理论，足以淹没马勒创作本身。然而，依然没有人可以告诉我们为什么他对死后生活如此重视，他认为音乐如何能增进人类认知的想法究竟是怎样的。为什么一个30出头的男人如此在乎自己死后发生的事？赖克有一个观点：他驱赶不走强烈的罪恶感，并非因为彪罗的死，

---

[1]西奥多·阿多诺《马勒：一份音乐心智分析》（法兰克福，1960年），29页。[Theodor W. Adorno, *Mahler, eine musikalische Physiognomik* (Frankfurt: Suhrkamp, 1960).]
[2]赖克：《萦绕的旋律：生活与音乐中的精神分析学经验》（纽约，1983年），269页。[Reik, *The Haunting Melody: Psychoanalytic Experiences in Life and Music* (New York: DaCapo Press,1983).]

而是因为自己拒绝在母亲的葬礼上寻求一个了结；然而在寻求心灵净化的过程中，他发现答案就在母亲的信仰中。复活并非基督教的独家发明。耶稣研究者格左·维尔麦希（Geza Vermes）认定复活"绝对是一个来自犹太人的概念"。[1] 较早期的文献记载中就有所涉及，如摩西的道别颂中这段（《申命记》32:39）："我能使人死亡，也能使人复生。"在汉纳（Hannah）的祷文中（《撒母耳记》2:6）："上帝使人死亡，也使人复生，他降入坟墓后又重新奋起。"还有先知以西结的解释更清楚（《以西结书》37:1–6）："我当打开你的坟墓，令你从墓中升起，我的子民。"早在耶稣出现前两个世纪，复活的承诺早已记录在《但以理书》中（12:2）："睡在尘埃中的，必有多人会醒来。其中有得永生的，有受羞辱永远被憎恶的。"

关于复活，犹太教与基督教最关键的不同在于基督教称唯有正义、正直的灵魂能死而复生；而犹太人则相信所有的灵魂，不论好坏，都将在审判之日复活。犹太人每日的礼拜仪式（Amidah），日诵三遍的颂歌早已确立了这样的普遍性。礼拜仪式出自《塔木德经·先贤篇》（Men of the Great Assembly），一部比基督出现要早五世纪的经典，其中的犹太祷文是这样说的：

> 他以仁善承受众生，以悲悯使人死而复生；他扶持堕落失足者并医治病痛；释放被囚禁的人，他令信仰与沉睡尘土中的人们同在……你是致人于死的君王，但也带回生命，带

---

[1] 见《纽约时报》读书版，2008年3月22日。

来救赎。你是有福的,噢,上帝,使人死而复生。

与其他的每日礼拜仪式不同,这段祷告文中并没有强调"你的子民,以色列"(Your people, Israel)。马勒从小就熟知这段文字,这是所有犹太孩童在熟记"施玛篇"(Shema)[1]后必须背诵的第二段祷词。还记得拉比翁格尔在马勒的犹太宗教课程上写的评语吗——"优秀"[2]。在马勒于1896年为这部交响曲终曲所做的陈述中反复强调了犹太教义里的复活概念:

> 任何形式的生命都将走向死亡,最后的审判即将降临,而对于那天的恐惧会每日纠缠着我们。大地颤抖着;末日的号角大响;坟墓崩开,所有生物挣扎着爬出地面,一边呻吟一边颤抖。他们将排成壮观的一列:富裕与贫穷,农民与国王,所有教堂内的主教与教宗。所有人感受同样的恐惧,以同样的方式哭泣、颤抖,因为在上帝的眼中,没有义人。

罪人与圣徒面对着同样的命运。"眼前发生的一切超乎所有人的想象,"马勒接着写道,"万物都消失了,传来圣者与天神的歌声,温柔而简单,那些话语逐渐聚集在一起:'再次复活吧,是的,再次复活,你可以的。'"[3]作曲家在这里意指每一个人,对每一个人

---

[1] 犹太祈祷仪式中重要的祷词,"施玛篇"开头:"以色列啊,你要听!耶和华我们神是独一的主。"在犹太孩童入睡前,母亲都会念上一段 Shema Yisreal 的祷词。——译者注
[2] 格兰奇:《马勒(卷一)》,22页。
[3] 纳塔莉·鲍尔-莱赫纳:《回忆古斯塔夫·马勒》,23页。

说话。随后，在 1901 年，马勒又加了几笔注解："上帝的荣耀显现，一道美丽的光击中我们的内心。一切是安宁、充满喜悦的。看啊，这里没有审判，没有罪人，没有义人，没有伟大也没有渺小；没有惩罚，没有奖赏。一股势不可当的爱……"

在《复活》交响曲里，马勒刻意让救世主缺席。早期的乐评指责这部作品"既愤世嫉俗又目中无人"，称这位胆大妄为的犹太人把异教思想偷渡进音乐厅；而另一评论则谴责他"无视艺术的限度"[1]，意思是说这些话题当归属宗教教会，音乐根本无权干涉。然而，在施特劳斯写就《死与净化》(*Death and Transfiguration*) 时，人们从未听过诸如此类的抱怨，部分因为施特劳斯仅仅描绘了一位画家的来世，而马勒似乎坚信音乐能医治人类的困境，为悲伤的灵魂带来平静：一切被创造的都必将死去；一切死去的必将再次复活。依照现在的观点来看，他的预言几乎称得上自大傲慢。100 年就这么过去了，2004 年 1 月，教皇保罗二世在梵蒂冈聆听这部作品，称其为一场"在唯一的神面前，于众信徒间进行的真诚和解"[2]。此话一出，正如马勒所希望的，所谓人为教义信仰的划分在音乐中被一一抹去，没了痕迹。

---

[1] 卡普兰：《关于第二交响曲副本的介绍》，53 页。(Kaplan, *Introduction to Facsimile Edition of Second Symphony.*)

[2] http://www.vatican.va/holy_father/john_paul_ii/speeches/2004/january/documents/hf_jp-ii_spe_20040117_concerto-riconciliazione_en.html

被忽略的死亡事件

在波里尼的办公室里,一位矮胖的 18 岁年轻人站在马勒面前。"施莱辛格。"年轻人有点骄傲地伸出手。

"这是我们新来的声音教练兼合唱总监。"波里尼咕哝着。

"你钢琴弹得好吗?"马勒询问道。

"非常出色。"

"可以视奏吗?"

"噢当然,任何……"

"你了解主要的歌剧曲目吗?"

"我对所有的曲目都了如指掌。"年轻人表示。

"嗯,听起来没什么问题了。"马勒哈哈大笑。[1]

"我被任命为合唱总监,任期到 1896 年……真是惊人的好运。"[2]布鲁诺·瓦尔特·施莱辛格写信给在柏林的父母。很快,马勒就给他出了道难题。在一次为英格伯特·洪佩尔丁克(Engelbert Humperdinck)新近创作的童话歌剧《汉泽尔与格蕾太尔》(*Hansel and Gretel*)的排练中,马勒问道:"你说你可以看着谱子立刻演奏,哪怕是你从未听过的歌剧作品,是吗?"

"当然。"瓦尔特回答。

"我相信你明白森林里会发生什么,请帮我排练出应有的和

---

[1] 瓦尔特:《古斯塔夫·马勒》,77 页。
[2] 瓦尔特:《书信集(1894—1962)》(法兰克福,1969 年),11 页。[Bruno Walter, *Briefe, 1894—1962* (Frankfurt: Fischer, 1969).]

声。"马勒命令道,示意他与后台的合唱队立刻开始工作。

"我从未见过节奏如此紧凑的人,"瓦尔特写道,"如此简洁的指令,统帅的姿态,一股专心达到某种目标的指挥意志令人惊惧,迫使大家完全进入服从状态。"[1]瓦尔特被这个年纪大他两倍的男人所吸引,像铁针离不开磁石,在马勒势不可当的力量中汲取滋养。他观察马勒,描画他,渴望在各个方面效仿他:

> 苍白、瘦削,小小的个子,但身形仍感觉细长,浓黑的发线勾勒出形如峭壁的前额,镜片背后的眼睛非常有神。他的脸上布满忧伤与欢笑的纹路,在与他人谈话时表情会产生巨大的变化——简直是现实版的克莱斯勒宫廷乐长(Kapellmeister Kreisler)[2]:有趣、邪恶又令人敬畏。[3]

与马勒一起散步回家的瓦尔特注意到"他不规律的踱步方式,朝地面狠狠地踩着的脚会忽然停下来,然后又一股脑儿地往前冲"[4]。午餐期间,瓦尔特与马勒的妹妹贾斯汀、艾玛讨论起俄罗斯文学。"您觉得谁对?是阿廖沙还是伊凡?"艾玛问瓦尔特,心里盼着他读过《卡拉马佐夫兄弟》。马勒更是在席间不断地引用尼采、叔本华《作为意志与表象的世界》以及费希纳的观点。费希纳是一位坚信任何生物都拥有灵魂的哲学家,尤其是植物的灵魂

---

[1]瓦尔特:《古斯塔夫·马勒》,5页。
[2]小说家霍夫曼所创造出来的人物形象。——译者注
[3]瓦尔特:《古斯塔夫·马勒》,4页。
[4]同上书,6页。

很值得研究，当然他还专攻"天使比较解剖学"（the comparative anatomy of angels）。[1]此外，马勒还对瓦尔特提了一些实用的建议："改名、改教、不要入伍。"当时的马勒每个乐季必须指挥134场歌剧，再加上彪罗的八场爱乐音乐会，他需要一个可以信任的下属。瓦尔特能帮得上忙，人又风趣，有点像年轻时的自己，当然还有别的一些什么。瓦尔特怀疑自己让马勒想起了弟弟奥托。[2]

自从奥托与马勒在车站不欢而散之后，家里人便再也没有他的消息。离开莱比锡后，奥托先是在不来梅工作，之后又回到维也纳。可以找到的最后一次联系是在1894年10月，马勒授意贾斯汀起草的一封信，但最终似乎并没有寄出：

> 亲爱的奥托：
> 我亲自读了你寄给G的信，但你不能期盼他会针对这封信给你任何回应；对于你毫无规矩可言的无理傲慢他感到愤怒，并且遵从你的"要求"不再打扰你……
> （以下这段是马勒的笔迹）
> 从你的上一封信中，我们看不出你想要什么或者以何为生……如果你需要钱，写信给贾斯汀，你每月依然能得到像之前一样的补贴，只要你没工作，家里依然可以供养你。在你做出那些行为后，你不可能再期求G会给你介绍工作了。

---

[1] 瓦尔特：《主题与变奏》，85—86页。
[2] 埃里克·莱丁、佩切夫斯琪：《布鲁诺·瓦尔特：在别处的世界》（纽黑文与伦敦，2001年），15、424页。[Erik Ryding and Rebecca Pechefsky, *Bruno Walter: A World Elsewhere* (New Haven and London: Yale University Press, 2001).]

你就如你所愿地自己想办法吧。他要我向你转达这一切。[1]

1895年2月6日，奥托拜访了陀思妥耶夫斯基的德文翻译妮娜（Nina Hoffmann-Matscheko），妮娜是马勒的朋友，身患残疾。奥托坐在她的床脚边，与她聊起了生命的意义。到了下午4点30分（根据警方记录），他起身向妮娜道别。然而，奥托并没有走到门口而是转身进了隔壁房间。他躺在长沙发椅上拔出一把左轮手枪，朝自己的胸口扣动扳机。仆人随后把门撞开，一位医生当场宣布了这位年轻人的死亡。奥托当时21岁，在此之前就已经扬言自己可能会"做一些傻事"。贾斯汀哀号着："我如今还能听见他对我说：'如果现在不扣下扳机，我就是个不折不扣的勒索犯！'"[2]倍感压抑且自尊心极强的奥托最终是死了，他被缺乏耐心的兄长遗弃，可怕的终结。马勒的道德责任感到哪儿去了？当奥托阖眼的时候，马勒在哪里？马勒让律师弗罗因德把奥托的遗体送到伊格劳，拒绝出席葬礼。

"我把（奥托的）照片拿给他看，"贾斯汀说，"但我现在觉得很愧疚，因为这令他变得非常难过。"[3]奥托的一箱遗物一直放在马勒房间的角落，从未有人打开。40年后，有人在里面发现了布鲁克纳第三交响曲的手稿，那是马勒之前送给奥托的礼物，原本充满了爱与希望的好意。

马勒面对奥托之死与面对母亲离世如出一辙，拒绝面对，将

---

[1] 麦克拉奇：《马勒家书》，285–286页。
[2] 同上。
[3] 同上书，7页。

自己完全投入工作——这回的借口是一场迫在眉睫的首演。施特劳斯邀请马勒在自己与柏林爱乐乐团的音乐会中指挥第二交响曲中的三个乐章,这样能省下独唱与合唱团的开销。音乐会上座率很糟糕,不过观众反响热烈,马勒被欢呼上台四次。施特劳斯并不是很喜欢马勒的第二交响曲,柏林歌剧院指挥卡尔·穆克(Karl Muck)嘴里反复嘟囔着"Scheusslich"(糟糕透顶)。舆论界指责马勒的音乐"怪异",并说它"形式上令人难以理解",从头到尾散发着"怪物"的气息。只有一位来自《波森快讯》(*Börson Courier*)的乐评人艾克伯格(Oskar Eichberg)持不同观点,细心地发现了该作品与贝多芬第九交响曲的内在亲缘性。马勒回应艾克伯格称:

> 如果你了解身为有创意的艺术家所遭受的一切苦痛,如果你了解这10年来我遭受的冷漠、拒绝、挫折与羞辱,如果你能看到我一写好就丢进抽屉里的作品有多少,或者能够想象在我排除万难让作品上演时所遇到的不理解对待,我费尽心力想抓住那些能理解我真诚内心的公众,懂得这些价值的人,……只有经历过这一切,你才能知道我有多么感激你……你是第一个,也是唯一在音乐专业领域中了解我音乐语言的人,并且了解我所追寻的艺术之道。[1]

马勒听起来几乎要落泪崩溃了。他给波里尼写了一封辞职信,

---

[1]《马勒书信选集,1870—1911》(维也纳,1924年),153页。

波里尼连回都懒得回。筋疲力尽、消沉的马勒被榨干了回击的最后一点力气。1895年6月，他回到施泰因巴赫的小屋，就这样，音乐再次充盈他的身心。

~

20世纪40年代末，一位在杜塞尔多夫学习艺术的年轻人在某餐馆的噪音爵士三重奏乐队表演中拿洗衣板演奏，以换取一碗炖牛肉和些许钱。他们演奏得相当不错。有一天有位客人为了他们特地回旅馆取自己的行李箱，并从里面拿出一支金色的小号。他就是人称"书包嘴大叔"（Satchmo）的路易斯·阿姆斯特朗（Louis Armstrong）。当晚，他与年轻人玩起了即兴，而这位年轻人正是未来的诺贝尔文学奖得主君特·格拉斯（Günter Grass）。[1]

在格拉斯的回忆录中，他已经不记得他们当时演奏了什么曲子，只知道是《少年魔角》中的一首，那音乐代表了德国复兴的源泉。2003年，格拉斯与身为演员的女儿海伦娜（Helene）及作曲家迈耶（Stephan Meier）将整套《少年魔角》搬上舞台，并在各地进行巡演。少年的号角声一直在他的脑中盘旋着。后来，格拉斯创作了小说《锡鼓》（The Tin Drum），小说中的男孩总是带着锡鼓与两根木质的鼓棒，恰恰呼应了马勒《少年魔角》的第五首作品——《打鼓的小男孩》（The Little Drummer-Boy）。小说《锡

---

[1] 见格拉斯：《剥洋葱》（伦敦，2007年），331–332页。[Günter Grass, *Peeling the Onion* (London: Harvill Seeker, 2007).]

鼓》标志着"二战"后德国小说的重生。而对于马勒,正是这一声魔角将他从五年的沉寂中唤醒。

• 6 •

那些爱教会我的事
（1895—1897）

绿野中的巨人

"夏日昂首迈进。"马勒在纸的最上端写道。他告诉莱赫纳："我的第三部交响曲，将是对整个世界的放声嘲笑。"这一年，莱赫纳终于又被允许加入马勒家庭的夏季旅行。"这部作品将为我赢得更多的掌声和金钱，"然而马勒很快又改口称，"你知道，这首曲子不会比其他作品成功到哪儿去！人们不会明白它的精巧与轻盈。它将直冲云霄，超越充满世界苦痛的第一、第二交响曲。不过，要是没有前两首交响曲，也不会有现在这部作品。"[1]

每日早晨，马勒带着满脑子的想法，沿着草地漫步到湖边的创作小木屋。他的外套口袋里探出两只小猫脑袋，偷偷地向外张望。音乐犹如从切断的动脉喷涌而出的鲜血，马勒一口气在10个

---

[1] 纳塔莉·鲍尔-莱赫纳：《回忆古斯塔夫·马勒》，19页。

星期内完成了五个乐章，蓝色细小的音符填满一张张乐谱。还差一个开头，他打算留待隔年完成。马勒一度想把第三交响曲写满七个乐章，并在第七个乐章加上《少年魔角》中的《我们正享受着天堂愉悦》（Wirgeniessen die himmlischen Freuden），但最后还是觉得有些过火。不管自己再怎么离经叛道，马勒从来不会将一首交响曲无止境地延长：他知道何时该画下那道界线。

马勒企图颠覆以海顿为代表的传统四乐章交响曲形制。除却贝多芬的《田园交响曲》（Pastoral），几乎没有作曲家会写五个乐章的交响作品，也没有人把交响曲时长写到 70 分钟以上。马勒的第三交响曲包含六个乐章，总时长达 100 分钟，赤裸裸地挑战公众的忍耐极限。既然无法"修正自己身为犹太人这个生来最大的错误"[1]，本就一无所有的马勒没有什么好怕的。若他成功了，交响曲艺术将从此改变；若他失败了，他也会因为自己曾反抗过而感到饱足。最终，马勒将这部作品划分为两部分：

第 1 部分：

    牧神潘的苏醒：夏日昂首迈进

第 2 部分：

    草地上的花儿告诉我的事
    林中鸟兽告诉我的事

---

[1] 布劳科普夫 [编]：《马勒给弗里德的信》（伦敦，1986 年），英译本，55 页。[*Mahler to Oskar Fried, Mahler's Unknown Letters*, ed. Herta Blaukopf, transl. Richard Stokes (London: Victor Gollancz, 1986).]

人性告诉我的事
天使告诉我的事
爱情告诉我的事

同先前一样,马勒大量运用《少年魔角》中的歌曲,其中第三乐章截取了《夏日远去》(Ablösung in Sommer)的曲调,第五乐章则改编自《三位天使所唱的歌》(Es sungen drei Engel)。两乐章之间则由女低音吟唱出尼采的《醉酒之歌》(Das trunkene Lied),选自《查拉图斯特拉如是说》,这部令人不快、宣扬至上主义、优越论的作品也曾被施特劳斯写进他的交响诗中。尼采是当时最流行、最常被引用的哲学家,他关于人类痛苦境遇的描述常常为人所引用。尼采最吸引马勒的是"永恒轮回"[1]的思想,认为一切自然界的事物会不停重复发生,而人们唯一能做的就是想办法存活到来生,等待下一次革命。不过,马勒真的相信这种宿命论吗,真的相信尼采所说的一切吗?唯一可以确认的是,马勒不久便用这个想法写了一首曲子,文本选用尼采《超人》中的段落,但并未宣扬男性优于女性的观点。后来,马勒还建议自己的未婚妻把尼采的作品丢进火里烧掉。[2]除了一笔带过地用些尼采,

---

[1] 永恒轮回(The eternal recurrence),尼采在著作《查拉图斯特拉如是说》中所阐释的重要观点,即万物的绝对和无限重复循环。他对于"永恒轮回"最典型的表述出自《查拉图斯特拉如是说》的这段话:"一切走开了,一切又回来:存在之轮永远转动。一切死去,一切又花开,存在之年岁永远在跑。一切破了,一切又被重新接合起来,存在之同样的房子永远被再建。大家分手了,大家又重新相会,存在的圆环永远忠实于自己。存在开始于每一个瞬间,彼处之球围绕着每一此处旋转。到处都有中心,永远之路是曲折的。"——译者注

[2] 阿尔玛·马勒:《古斯塔夫·马勒:回忆与信件》,19页。

第三交响曲第三乐章中还融入了神秘科学家费希纳的动物灵魂理论。马勒喜欢收集各种意识形态，零碎地拼贴出自己对于世界的观点。对他而言，除了对叔本华肯定人类意志的欣赏，以及对一个"善的造物主"的信仰，从没有一成不变的世界观。

第三交响曲的终曲庞大华丽，大编制的弦乐声部流淌出如香膏般抚慰人心的旋律，马勒在此处标记："极缓慢地、恬静、带有感情的。"（Langsam. Ruhevoll. Empfindung）他对莱赫纳说自己已触碰到"自然的本源，而那是音乐以外其他任何艺术、科学形式所无法做到的事"[1]。第三交响曲是马勒的"田园"交响曲："它是自然之声，随时随地，无处不在。"[2] 远离都市喋喋不休的喧嚣，作品歌颂了简单的生活而非激进的科技力量，质朴的真理远胜过经过打磨而装扮得精美圆滑的都会文雅。这是一首关于环境生态的交响曲，一首献给大地的颂歌，更是对故土——那个无名之地发出的渴念。不过，这一切都是些表面的、较好辨识的元素。音符以下，诸如反讽等手法同样发挥着重要的功能，隐秘地镶嵌进音乐中。

仔细聆听，这首交响曲开头宏大的主题借用了勃拉姆斯第一交响曲的结尾部分。马勒将勃拉姆斯的乐段转为小调，于是意义变得完全不同。为什么？为什么不与勃拉姆斯来场面对面的较量：马勒需要这位老前辈的支持，也从未希望用自己的作品冒犯他。事实上，勃拉姆斯第一交响曲结尾部分的曲调并非原创，而是源

---

[1] 纳塔莉·鲍尔-莱赫纳：《回忆古斯塔夫·马勒》，44页。
[2]《马勒书信选集》，198页。

自一首民谣，后经由马斯曼（Hans Ferdinand Massman）填词，成为学生宣扬民族主义的颂歌：

> 我臣服（Ich hab mich ergeben）
> 以手以心（Mit Herz und mit Hand）
> 为你，爱与生命之地（Dir Land voll Lieb und Leben）
> 德意志，我的祖国！（Mein deutsches Vater land！）

后来，勃拉姆斯又将它放进自己的《学院庆典序曲》(Academic Festival Overture)，被英国乐评人指称为"难以忍受，令人感到冒犯、作呕的旋律"[1]。狂热的学生分子们冲马勒高声唱着这首歌，唾弃他是不受欢迎的"下等人"（Untermensch）。将这样的曲调安置于开头，马勒似乎是在隐晦地对种族歧视提出抗议，同样的手法也出现在第一交响曲的孩童葬礼段落。首先他将调性转为小调，音乐的情绪瞬间变得阴沉黯淡。[2]

愠怒的圆号高声大作，喃喃自语的打击乐令旋律变得支离破碎，仿佛地下隐隐有一群入侵者伺机而动，"德意志，我的祖国"即将爆发一场变革。马勒试图让听者感到不安，既然德国拒绝承认自己孕育而出的子民，完全否认外族人身为国家一分子的权利，马勒就要人们在这样的土地上如坐针毡。辉煌的夏日田园图画转而变得粗砺、荒凉。马勒要求大号与小号表现出"原始、粗暴"，

---

[1] 艾瑞克·布洛姆：《音乐的继子》（伦敦，1924年），136—137页。[Eric Blom, *Step Children of Music*（London:Foulis, 1924）.]

[2] 可参考 http://www.youtube.com/watch?v=4CQV6UJ2Tm4。

带着刺耳的鲁莽。"我需要一支军乐队，"他说，"能煽动起一众暴民的乐队。"[1]在此，马勒暗示了反犹主义的屠杀行径及暴民政治。田园般的交响曲以一段纳粹警示录开场，用讽喻的手法对纳粹暴行进行含沙射影的勾勒，如此沉重的音乐令初听到它的人难以领会其中的意图。在遭遇各种误解之后，马勒宣称："只有我有能力指挥这部交响曲。我想不出还有谁可以完成……其他人或许能捕捉到一些细节，但永远不可能看清整体。"[2]或许在作曲家的心中，至高的讽喻便是将尼采口中的"超人"叫作"下等人"。

离开施泰因巴赫之前，马勒骑行30公里拜访了身在巴特伊施尔（Bad Ischl）的勃拉姆斯。这位德国音乐界的老前辈身体状况很糟，因为肝癌的缘故，胡子拉碴的脸呈现黄疸的颜色。两人一同在树林里漫步，在路上，勃拉姆斯宣称音乐的历史已经结束了，再没有什么好说的了。他厌恶现代的作曲家，觉得他们根本没有用，尤其是施特劳斯。"音乐已经走到了尽头。"勃拉姆斯说。当他们踏上横跨小溪的木桥时，马勒突然大叫起来："看呐！大师往下看！"

"什么？"勃拉姆斯问道。

"你看不出吗？"马勒说，"那是最后的浪潮……"[3]

马勒把勃拉姆斯送回小屋，离开时回头看了他一眼，发现勃拉姆斯正站在厨房的炉子边，一个人孤独地烤着晚餐的香肠。这

---

[1] 康斯坦丁·弗洛罗斯：《马勒的交响世界》（波特兰，1993年），95页。[Constantin Floros, *Gustav Mahler: The Symphonies*, transl.Vernon Wicker (Portland, Oregon: Amadeus Press,1993).]
[2] 纳塔莉·鲍尔-莱赫纳：《回忆古斯塔夫·马勒》，45页。
[3] 见莱布雷希特《记忆中的马勒》中恩斯特·戴切伊的描述，263页。

个场景在马勒心中留下了强烈的印象,他警醒自己,世上再多的成就与掌声都不能永保作曲家拥有舒适、幸福的生活。他不愿自己的人生和这位不朽的勃拉姆斯一样,虽然备受推崇,却终究孤独。

再次坠入爱河

汉堡。一位 22 岁,新近加入剧院的女高音正在进行第一次钢琴排练。突然门打开,一个矮小的男人走了进来,"身穿灰色的夏季套装……脸因日晒显得黝黑"。他大叫着:"继续,不要停!"他站在门边,一手撑着门框,一副随时要飞走的样子。

（据歌手回忆）钢琴伴奏继续弹着,冲我用嘴唇扭成"M"的形状,暗示那是马勒。我闭上眼睛,双手无法克制地拧在一起。我所有的希望与渴念倾泻而出,"看呐,布伦希尔德正在恳求你呀"。那句歌词成为我的祷告,如同在绝望之地发出的一声呐喊,我闪耀的希望之星竟在我到剧院的头几天便出现在眼前。门边的男子忽然狠狠地跺起地板,令我感到害怕。他将帽子朝钢琴飞来,之后是雨伞。只听到冰冷冷的声音:"谢谢,这里不再需要你了!"声乐教师被赶下钢琴凳。[1]

---

[1]《马勒-弥登伯格书简》(维也纳,2006 年),12—13 页。[Gustav Mahler, Mein lieber Trotzkopf, meine süsse Mohnblume: *Briefe an Anna von Mildenburg*, ed.with a commentary by Franz Willnauer (Vienna:Paul Zsolnay Verlag, 2006).]

马勒示意女歌手继续，当又唱到"看呐，布伦希尔德正在恳求你呀"，歌手由于太过急切想得到马勒的认可竟泣不成声。马勒冲着她大吼并要求她继续。安娜·弥登伯格（Anna von Mildenburg），这位刚刚离家初尝独立滋味的年轻歌手，对于马勒的暴脾气完全没有准备。安娜是波里尼新招的女高音，用来暂时替代在美国度假的克拉芙斯基。她并不漂亮，略显笨拙，灰白的肤色及浅灰色的眼睛也不是很吸引人。相比瓦格纳的女英雄形象，安娜真是太过羞怯。她是帕皮尔的学生。定居于维也纳的帕皮尔曾在马勒制作中担任独唱，后嫁给了钢琴手鲍姆加特纳（Hans Paumgartner），也是维也纳歌剧院某资深长官维拉萨克（Eduard von Wlassck）的情妇。这其中的微妙关系令帕皮尔成为左右国家歌剧院人事问题的关键人物，她可以说服歌剧院接受一个人，也可以轻松地让一个人从歌剧院滚蛋消失。

安娜啜泣着，马勒绷着脸在房间里来回踱步，试着不说出让这位女歌手崩溃的话。突然他大笑起来，"你现在哭是好事，"他安慰她道，"总有一天你会和其他歌手一样，被所谓的戏剧化程式毁得一干二净。"马勒摘下眼镜轻轻擦拭。"准确性是成就艺术的魂魄，"他对安娜说，"永远不要随意增长一个结束音。"安娜开始在马勒的指导下接受严格的训练。他送她去健身房运动减肥，每一个乐句至少唱20遍，直到马勒满意为止。他甚至在化妆间内监督她的妆容，上场前为她拭去脸上多余的粉。到了圣诞节，马勒把瓦格纳的文集当作礼物送给安娜，他又恋爱了。

期间，马勒花了四个月才将这段关系确认下来。1895年9月，马勒称她作"亲爱的小姐"；到了10月，称谓变为"亲爱的朋友""我亲爱的弥登伯格""亲爱的安娜",并在信件下方正式地署名"马勒"。到11月底,他在自己的名字上画了一个圈,一个试探性的吻。突然间,她成了:"我最最亲爱的、最最甜蜜的爱"[1],"安娜,永远的爱人"[2],"我亲爱的小顽固"[3],"我亲吻你,一千遍、一万遍"[4]。距上一段感情已经过了九年,马勒的爱无疑是急切的、充满渴望的。"为什么你一个字都没有写给我?我好担心你。"他质问着姑娘。[5]马勒似乎忘记了该如何谈恋爱,他能做的只是不停地唠叨。安娜还年轻,当然知道谈情说爱究竟是怎么回事。经由爱算计的帕皮尔挑唆,安娜玩起欲擒故纵的把戏。马勒越是掏心掏肺,安娜越是后退躲闪。"我备受煎熬,已到了无法承受的边缘,"他大声呼喊着,"你如此地爱着一个人,拿自己最珍贵的生命去爱她,然而却毫无回报——你无法想象这是多么可怕的一件事。"[6]

马勒深陷痛苦的泥潭:"安娜!过去这段日子所经历的,以及将来需要面对的,我无法向你描述。安娜!我从未如此关爱过一个人,以我全身心的爱,我最纯净、神圣的爱爱着你。可是你根本不爱我!我的上帝!……你究竟对我都做了什么?"[7]

"别了!"他呼喊着,"别了安娜,别了,别了。"[8]——在这

---

[1]《马勒-弥登伯格书简》(维也纳,2006年),41页。
[2]同上书,43页。
[3]同上书,72页。
[4]同上书,43页。
[5]同上书,39页。
[6]格兰奇:《马勒(卷一)》,341页。
[7]《马勒-弥登伯格书简》(维也纳,2006年),77页。
[8]同上书,76-77页。

里,正如他曾写给约瑟芬的诀别信那样一行只写一个词,并将一段感情镶嵌进他最后的交响曲。然而安娜并不打算放过马勒,她想得到马勒,但是必须以自己的方式进行。当马勒试图中止他们之间的关系时,她反而四处去宣传,搞得满城风雨,并与马勒身边的男性朋友发生暧昧以撩拨马勒的嫉妒心。马勒对于安娜的感情还算贞洁,虽包含了肉体上的情色欲望,还有一个原因是他渴望将安娜塑造成世界级的戏剧女高音,看着耀眼夺目的作品在自己的手中诞生无疑是奇特的情感。当他与安娜做爱时,更像是一位整形医生与自己再造的模特睡在一起。马勒爱上了他自己的作品,又因为作品的瑕疵而痛苦不已。只要两人关系不断,马勒便会感到"更深的伤害"。然而,这样"深刻的痛苦"仍因为"完全将自己的'身体与灵魂'交付给一个人的幸福"[1]而得到缓解,他将自己"血淋淋地"压在她"尖刺的背脊上",问她:"你很快又会刺伤我吗?"[2]马勒又爱又殇,一种无法分割的极致感受。

与弥登伯格的关系让马勒改变了对女人的态度。他不再寻求与母亲痛苦形象相似的女子,先前他对玛丽恩所怀抱的感情更接近于对母亲形象的怀念;同时,也不再追求一个能激发他灵感的女人。安娜并没有激发出任何交响作品,她可以算是个无脑儿,只是拿自己随时准备献上的赤裸身体挑逗一本正经的马勒。安娜有歇斯底里的倾向,对于马勒的敏感反应迟钝。然而她崇拜马勒

---

[1] 见黑夫林[编]:《马勒研究》(剑桥,1997年),94页。斯图亚特·费德撰写的文章。[Stuart Feder article in Stephen Hefling (ed.), *Mahler Studies* (Cambridge: Cambridge University Press, 1997).]
[2] 同上。

的音乐才能,犹如孩子般热切、盲目地相信他的智慧。他们计划着未来一起逃离汉堡,携手走向世界的舞台。当然,他们也曾聊过婚姻。马勒说自己还是希望等妹妹们有了安稳的归宿后再说,安娜也不曾给他压力。这对恋人成为当地人津津乐道的八卦谈资,甚至传到维也纳,政府官员们便在备忘录上把马勒标记为一个花花公子,认为他不适合担任宫廷歌剧院的指挥。然而,马勒本人却没有注意到暗地里涌动的负面影响,他如今很满足与安娜的关系,她填补了某种需要。

让钟声响起

为了撑过在歌剧院的下一年,马勒说服两位汉堡的朋友赞助自己第二交响曲的首演。一位是商人贝尔克汉(Wilhelm Berkhan),另一位是曾在布鲁克纳门下学习的贝恩(Hermann Behn),两人一共拿出五千马克。马勒对此非常感激。然而,没过多久,贝恩随意删减了交响作品的钢琴部分,令马勒大为光火。"他总是自以为是地对我的音乐主导动机指手画脚,但事实上,他根本一点也不了解我,更别说我的音乐了!"[1]

音乐会计划于 1895 年 12 月 13 日在柏林上演。排练时,马勒感觉终曲部分少了些什么:

---

[1] 格兰奇:《马勒(卷一)》,给纳塔莉的信,354 页。(Letter to Natalie, in La Grange, *Mahler: Vol 1*.)

> 我需要一声响亮的钟声,那是一般乐器无法传达的气氛。我知道必须向铃铛铸造厂求助。终于,我在格吕内瓦尔德(Grünewald)附近找到了一家,到那里得坐半小时火车。
>
> 我很早就出发了,周围的一切在大雪的覆盖下是那么的美。严寒加快了大脑的运转(我几乎没怎么睡),当我抵达采伦多夫(Zehlendorf),试图穿越密密麻麻的松树与杉树林时,……冬日里的阳光闪耀着,我将烦恼完全抛在身后,……感觉自己回到了大自然的家……
>
> 一个看来随性和善的老人家出来接待我,白头发、白胡子,还有平静友善的眼睛让我想起旧时代的音乐大师们……他给我看了一些很棒的铃铛,其中一个声音强壮又神秘,本来是德国皇帝为新的天主教堂所定做的。我真应该把这样的铃铛用在自己的交响曲里,但现在还不到时候,如今不允许我们为了艺术使用最好最贵的东西。后来,我选了个便宜堪用的。[1]

马勒对于音乐会准备工作的精细程度堪比中世纪时代,连最细微的工艺问题也不放过。除了瓦格纳,还有哪位作曲家会为自己的作品特地制作一件新的乐器?排练时,马勒要求乐手们就某个乐段一遍又一遍地重复,还让一位打击乐手用越来越大的力道敲打定音鼓直到鼓面被敲破。马勒将圆号与小号乐手的位子安排在二楼观众区域包厢内,制造出从高空发出"伟大呼唤"(Grosse Appell)的音响效果。随后,舞台上的长笛独奏伴随合唱进入令

---

[1]《马勒-弥登伯格书简》(维也纳,2006年),47—48页。

众人屏息的《复活》段落,"再次复活吧,噢,是的,再次复活吧。"

马勒抱怨合唱队编制太小,达不到自己想呈现的感觉;此时,他被安排与一帮"牛一样蠢"的乐评人共进晚餐,更是令他的心情恶劣至极。他把卖不出去的票子分发给学生填场子,总之,所有一切都要他亲力亲为。就在首演前几个小时,马勒的偏头痛又犯了。"他把自己身为作曲家的一切尊严都赌在这场演出上了,"瓦尔特写道,"然而就在开场前的那个下午,他被最严重的一次偏头痛击垮,根本无法移动或做任何事情。直到现在,我仿佛还能看见马勒站在对他而言高得骇人、毫无稳定感的指挥台上,面色惨白如死人,试着用超人般的意志面对他的苦难、他的乐手、他的歌手以及所有观众。"[1]

在大提琴与低音提琴声中,交响曲缓缓开启。《葬礼》段落结束后,人们开始鼓掌;在第二乐章的行板中,弦乐声部通过拨弦制造出类似吉他的效果,此举完全吸引了观众的兴趣,人群中传来窃窃私语的赞叹。马勒的亲友们开始相信,或许真有奇迹。贾斯汀描述道:

> 随着每一乐章的进行,听众对作品的回应越来越热烈,真是一辈子难得的体验。我看见上了点年纪的人们在啜泣,年轻人在乐曲结束时哭倒在同伴肩膀上。马勒一直担心当"死亡之鸟"(Bird of Death)在墓地上盘旋,发出最后一声漫长的哭喊时,现场观众不能屏气凝神,也就无法维持紧绷而重

---

[1] 瓦尔特:《古斯塔夫·马勒》,2页。

要的沉默段落。然而，当时现场一片死寂，甚至没有人敢眨眼。当合唱队进入时，所有人心中都松了一口气，那真是无法言语的感受。

演出结束后，尼基什与魏因加特纳（Felix Weingartner）两位指挥冲上前祝贺马勒演出成功，并表示想要指挥马勒的下一部交响曲。评论界指责作曲家的浮夸编制不过是为了达到肤浅的华丽效果。有人将其称为"野蛮过头的现代主义"，还有人嘲讽他"对噪音具有良好品味"[1]。不过，柏林媒体的影响力大多是区域性的，这些负面评价的影响十分有限。瓦尔特将这个夜晚视作马勒作曲职业生涯的真正开始。六周以后，马勒依然很亢奋。"对我而言，作品无疑扩充了人类的'基本内涵'，"[2]他欣喜若狂地表示，"整首交响曲像是从另一个世界而来，我想没有人能抵抗它的魅力。它讲述的是一个人备受打击，一直沉到生命的最低谷，之后借着天使的翅膀飞向天空最高处的故事。"[3]

一部交响曲的前世今生

第二交响曲的诞生与成功并不遵循一般规律，毫无道理可言。1923 年，柏林正经历严重的通货膨胀，当时的汇率是 42 亿马克

---

[1] 格兰奇:《马勒（卷一）》, 345–347 页; 卡普兰:《关于第二交响曲副本的介绍》, 51–55 页。
[2] 原文使用了 "fundusinstructus"，为罗马人用法，原指农场中耕用的必要工具。——译者注
[3]《马勒书信选集》(致伯林纳的信), 127 页。

兑换一美元。然而,《复活》却在如此恶劣的大环境下成为马勒第一张出版发行的唱片。九年后,同样是在美国大萧条时期,指挥家奥曼迪将这首作品搬上明尼阿波利斯市的舞台,并在诙谐曲的犹太主题中加入犹太乐队使用的单簧管。1967年7月,为了庆贺以色列在"六日战争"中击败埃及、约旦和叙利亚,伯恩斯坦在耶路撒冷的斯科普斯山(Mount Scopus)指挥演奏了第二交响曲中的三个乐章。伯恩斯坦对听众说:"古老历史中的威胁、毁灭与重生总在循环往复,如生生不息的圆;这一切全部都反映在马勒的音乐世界中。然而最最重要的是传递一种简单朴素的信仰:相信邪不压正,这信念绝不能妥协。"[1]在世人眼中,这首作品意味着对人类努力攀登的最高褒奖,这种向上的精神是不可替代的。和其他任何交响曲相比,马勒"第二"带有某种神秘奇幻的想象,任何皈依其中的信徒都能体会到其中的生命奥秘。"我11岁时,父亲带我听了赫斯特(George Hurst)指挥的马勒第二交响曲,"西蒙·拉特回忆道,"就是那一回,一次完全不同的体验,那是属于我自己的通往大马士革之路。"六年后,在伦敦,正是这一首作品"奠定了西蒙·拉特的星途,那场演出亦成为西蒙·拉特辉煌职业生涯的起点"[2]。

几乎是同一时期,这首作品还影响了身在纽约的卡普兰,一位20出头的华尔街经济师。1965年4月某个周六,一位朋友把卡

---

[1] 苏珊·古尔德的撰文,见 www.leonardbernstein.com。
[2] 尼古拉斯·肯扬:《西蒙·拉特:从伯明翰到柏林》(伦敦,2001年),58、71页。
[Nicholas Kenyon, *Simon Rattle: From Birmingham to Berlin* (London: Faber and Faber, 2001).]

Why Mahler?

普兰拖到卡内基音乐厅听《复活》交响曲的排练。"当时，台上是美国交响乐团与斯托科夫斯基，我一直待到排练结束，对于音乐本身并没有想太多，没有特别的感觉。"卡普兰回忆道。除了孩童时代在长岛郊区上过几堂钢琴课，卡普兰与音乐再无交集。不过那个晚上，卡普兰失眠了。于是，他买了一张音乐会票，"当音乐结束的那一刻，我已经泣不成声，整个人激动不已"。[1]

卡普兰向来是一个稳重自持、有把控力的人，这种反应实在不合常理，他决定深究一番。不久，卡普兰成为金融界高层十分具有影响力的人物。他用自己的全部积蓄，外加向布朗酒厂大亨（Bronfman distillery）借了一笔钱创办了一本杂志《机构投资者》（Institutional Investor），旨在为世界范围内的资金大客户们提供金融参考信息。到了30岁时，卡普兰已是世界财富与权力关系中的重要人物。古巴领导人菲德尔·卡斯特罗就曾试图向他解释古巴的经济并没有美国华盛顿宣扬的那么糟糕。埃及第三任总统安瓦尔·萨达特以及以色列第六任总理梅纳赫姆·贝京曾就中东投资咨询过他的意见。然而，地位越高，越是身陷国际事务中，"马勒第二交响曲就越是拿温暖的双臂将我紧紧环绕"[2]。卡普兰一口气买了当时已录制的全部17张《复活》版本；与未来妻子莉娜（Lena）的初次约会，也是在伦敦皇家节日音乐厅听了场《复活》。过了一阵子，莉娜对卡普兰说，如果他不做出些实际行动，就别

---

[1] BBC周六访谈卡普兰专访，1987年7月27—29日。(NL for BBC TV *Saturday Review*, Cardiff, 27—29 July 1987: GEK/NL.)
[2] 布赖德尔（Marc Bridle）专访卡普兰，请参考链接：http://www.musicweb-international.com/sandh/2003/Oct03/kaplan_interview.htm

再念叨这件事了。

接下来的 18 个月，卡普兰师从茱莉亚音乐学院的研究生学习指挥，满世界跟着一众指挥大师们跑。每当演出结束后，他便以免费提供财务情报和建议为诱饵，邀请指挥大师给自己开小灶。时任芝加哥交响乐团音乐总监的索尔蒂爵士就曾与卡普兰进行过三个小时的私人教学。这还不算最疯狂，卡普兰还环游世界听遍所有第二交响曲的表演，最远到过澳大利亚的墨尔本，并在荷兰门格尔贝格基金会（Mengelburg Foundation）钻研马勒的乐谱手稿。当卡普兰觉得自己差不多准备好时，立即与美国交响乐团敲定排演档期。"当我的指挥棒打下第一拍时，最可怕的事情发生了，没有任何动静。我想：恐怕他们不愿意为我演奏。就在这时，声音响起……"[1]

和马勒一样，他为自己的演出定制了一套全新的铃铛。为了同步隐藏在舞台外的铜管声部，卡普兰在埃弗里·费舍厅（Avery Fisher Hall）安装电视电缆，并将其直接连到观众区高处的包厢区。如此一来，铜管既能跟随他的节拍，又能创造出从天而降的空灵音效。在卡普兰之前，竟没有指挥家想过要这么做。1982 年 9 月 9 日，联合国国际货币基金组织内部专场音乐会上，卡普兰指挥了《复活》交响曲。英国前首相爱德华·希思爵士称"这是相当了不起的成就"，奥地利总理弗朗茨·弗拉尼茨基也表示了同样的赞许。"我有种感觉，"卡普兰说，"观众席中的每一个人脸上都写

---

[1] 莱布雷希特：《关于痴迷》，刊于《星期日泰晤士杂志》，1984 年 12 月 9 日，36—41 页。（Norman Lebrecht, "The Conduct of Obsession", *Sunday Times magazine*, 9 December 1984.）

着神秘的野心，这些从未实现过的野心聚集起力量，它强有力地鼓励着我朝自己的梦想迈进。"

然而，表演并没能终止卡普兰对这首作品的迷恋，反而令他越陷越深。卡普兰买下马勒的乐谱手稿，存放在曼哈顿的庞特·摩根图书馆供学者查阅研究，并出版发行手稿的影印本。世界各地的交响乐团也乐于邀请卡普兰分享关于这首作品隐晦、深奥的独特见解。1985年，他与伦敦交响乐团录制的唱片共卖出18万张，是马勒唱片史上销量最好的一张。卡普兰仔细比对了现存14份马勒乐谱手稿上的标注，指出已出版的乐谱版本中的400处错误，要求出版商进行修正，并指挥维也纳爱乐"首演"了正确的版本。

这事儿还没完。时任纽约爱乐音乐总监的洛林·马泽尔恰好参加了卡普林在萨尔茨堡的演出，果断地邀请他在2008年12月8日，即马勒将第二交响曲引介到美国的百年纪念日当天，指挥一场意义特殊的音乐会。纽约爱乐向来强势，音乐会期间，几个演奏员对着手机窃窃私语，肆无忌惮地做着粗鄙的手势。事后，《纽约时报》乐评对这场表演给予高度评价，"诠释犀利，令人震撼的力量"，并认为卡普兰的每个"手势都传递出明确的目的性与影响力。乐队则展现出惊人的控制力与美学"[1]。不过，这些溢美之词还未付印发表，一位长号手就在自己的博客上大骂卡普兰，指称卡普兰是个"冒牌货……一个破烂节拍器，大部分时候根本无法

---

[1] http://www.nytimes.com/2008/12/10/arts/music/10kapl.html?ref=music.

把乐团凝聚在一起"[1]。他后来还以《时代》杂志封面故事[2]来表达自己的强烈不满，在网上引发了各种正反讨论。[3]在研究卡普兰的故事时，我不停地思考一个问题：一个被世界上许多总统尊敬的人何必冒险跑进音乐领地，向一群研究金属、弦线的乐手们投怀送抱，证明自己有指挥能力？当我询问卡普兰时，他说："我与这首音乐作品之间就是有一种莫名的、我自己也解释不清的联结，我只能这么说。"

追逐卡普兰长达四分之一个世纪的奥德赛之旅，我渐渐相信他是一个真正意义上走进马勒，并接受马勒创作意图的人——人类的想象是至高、不可超越的力量。当科技进步，人类自以为可以掌控生命的开始与终结，第二交响曲恰是对生命最好的发问：何为生命的价值，何为生命的意义？究竟谁是生命的主宰，是人工试管婴儿，还是医生的一纸签名？马勒将音乐视作道德规范的仲裁者，人类勇气的测试仪。而卡普兰所做的不过是赌上自己的一切以证明马勒的信念：没有什么是不可能的。正如同时期犹太复国之父、空想家西奥多·赫茨尔所说："只要你想，它就不是一个童话。"（Wenn du nur es willst, ist e skein Marchen.）

---

[1] http://davidfinlayson.typepad.com/fin_notes/
[2] http://www.nytimes.com/2008/12/18/arts/music/18kapl.html
[3] http://www.artsjournal.com/slippeddisc/2008/12/alls_quiet_at_the_ny_philharmo.html

改装换面

柏林音乐会的完胜令马勒备受鼓舞,1895 年 3 月,他决定乘胜追击再加演一场,曲目包括《第一交响曲》《青年流浪者之歌》《葬礼》。周日,马勒排练间隙在勋伯格区(Schönberg Distrct)散步,看见一人背负重物,步履蹒跚。"上帝啊帮帮我。"他口中痛苦地呻吟着。那人称自己之前生病,在医院住了很长一段时间,出院后就只能找这种苦力工作为生。马勒把皮包里的钱全部给了他,之后冲回皇宫酒店(Palace Hotel),跑进莱赫纳的房间里崩溃大哭起来。莱赫纳本来是为了确保马勒不受讨厌鬼贝恩的打扰前来,倒是正好及时地充当了安慰者的角色。稍晚,当所有人都上床休息后,莱赫纳溜到马勒的房间,将他的手压在自己的双唇上。"纳塔莉,你在做什么?"马勒尖声大叫,他可不想在这个当口惹上额外的麻烦。

整场音乐会糟糕透顶,曲目时间过长,观众寥寥无几,演出过程中时不时传出零星的嘘声。然而这一切对马勒而言是一种警醒,敦促他把控好自己,莫要因为偶尔的胜利得意忘形。他对波里尼提出一年后辞职的申请,同时请帕皮尔给自己在维也纳物色一个职位。"你无法想象我有多么渴望回到自己的祖国工作,那将是怎样的快乐。"他在信中写道。[1] 帕皮尔随即通过自己的情人,

---

[1] 路德维希:《与天才相遇》(维也纳,1934 年),35 页。[Ludwig Karpath, *Begegnung mit dem Genius* (Vienna: Fiba,1934).]

维也纳宫廷歌剧院总经理维拉萨克运作此事。此时的维也纳歌剧院混乱不堪：音乐总监雅恩（Wilhelm Jahn）视力几乎完全衰退，首席指挥汉斯·里希特则在排练时与乐手打牌。舞台布景老旧不堪，推出的曲目毫无新意。许多歌手已风华不再。更糟糕的是裙带关系盛行令整个机构死气沉沉，比如雅恩的侄子既是合唱队老师，又兼任音乐总监日常秘书。此时的歌剧院的确需要一场革新。帕皮尔保证会为马勒尽力争取，但也警告马勒，他不可能一进去就坐拥高位，能先把一只脚伸进门已经相当不错了。她建议马勒申请第五指挥的位置，位列雅恩、里希特、富克斯以及专门负责芭蕾剧目的指挥小赫尔梅斯伯格之后。

马勒做事情向来四平八稳、滴水不漏，不可能让自己的前程在帕皮尔一棵树上吊死，他竭尽所能调动起一切对自己有帮助的人。身为国会图书馆管理员的好友利皮纳将马勒引荐给歌剧院的执行总监贝泽茨尼（Freiherr Josef von Bezecny）。身在布达佩斯的米哈洛维奇也为马勒写推荐信，将他形容为自己"有生以来所见过的最出色、最高贵的人之一"[1]。尼娜·霍夫曼（Nina Hoffmann）也向当时握有全国剧院最大权力的利希滕施泰因王子（Prince Lichtenstein）的姐姐——金斯基女爵（Countess Kinsky）进行游说。临近生命终点的勃拉姆斯也表示支持，如今所有人都知道他对马勒喜爱有加。作曲家卡尔·戈德马克的侄子，"愚蠢但天性善良"[2]的记者卡帕斯（Ludwig Karpath）替马勒在媒体方面

---

[1] 格兰奇：《马勒（卷一）》，390 页。
[2] 莱布雷希特：《记忆中的马勒》，104 页。

造势，同时也私下表示愿意站在马勒一边，但希望未来能从马勒身上得到关于歌剧院的独家消息。

再多的努力都不能确保万全。1897年1月，马勒被告知"在现在这个大环境下，我们不可能在维也纳聘任一位犹太指挥"[1]。"任何地方，所有地方，"马勒悲叹，"总是提醒我身为犹太人的罪过，这又一次证明了我无法跨越障碍。"[2]然而，马勒并没有绝望，他打算弥补自己的不足。1897年2月23日，马勒在汉堡的圣米迦勒教堂（Little Michael Church）受洗，正式成为罗马天主教徒。对改教这件事，马勒相当不情愿，甚至感到愤怒。"我不得不承受这一切。"[3]他对瓦尔特说。事后，马勒通知卡帕斯称自己已完成受洗，"我不否认这项行为是出于自保，也完全愿意承担后果，只是这个代价实在太大了"[4]。面对某位汉堡乐评，马勒则是轻描淡写："我不过是换了件外套。"[5]他毫不掩饰,连假装虔诚都不愿意。在留下来的文字记载中，人们可以推导出结论，马勒是被迫改变宗教信仰的，这也恰恰是马勒希望留给世人的印象。身为犹太人的精神是不可削减的，他的内心从未改变。"一个犹太艺术家，"他说，"必须付出双倍的努力才能成功，就像一位天生手臂短人一截的游泳运动员，必须更加使劲才有机会与非犹太人竞

---

[1] 格兰奇:《马勒（卷一）》，390页。
[2]《马勒书信选集》，208页。
[3] 同上书，210页。
[4] 路德维希:《与天才相遇》（维也纳，1934年），105页。
[5] 费丁、普福尔[著],马特纳[编]:《古斯塔夫·马勒：汉堡岁月回忆录》（汉堡,1973年），58页。[Ferdin and Pfohl, *Gustav Mahler: Eindrücke und Erinnerungen aus der Hamburger Jahren*,ed. Knud Martner（Hamburg: Karl Dieter Wagner, 1973）.]

Why Mahler?

争。"[1]受洗过后的马勒从不参加弥撒、不去告解,也从不在胸前画十字。他唯一一次进教堂参加仪式是自己的婚礼,而那也不是他的选择。马勒的妻子将他形容为一位"信仰耶稣的犹太人"[2],然而他从不向天父上帝祈祷,仅在描述人世苦楚的最后的交响曲乐谱中,用潦草的字迹召唤了一回上帝。身披天主教外衣的马勒,依然是一神论者,一个犹太人。马勒的存在似乎在提醒世人他们对于犹太民族永无止境的迫害,他是被迫改信基督教的犹太人马拉诺(Marrano)。自1492年国王费迪南二世和王后伊莎贝拉一世下令将犹太人驱逐出西班牙,大规模的清洗运动从未停止过,而马勒正是千千万万遭受火刑而死的犹太人中的一员。对于维也纳的反犹主义者而言,他代表着犹太人原型。

3月底,帕皮尔告诉马勒,策略似乎奏效了,他的机会应该快到了。利希滕施泰因王子逼迫雅恩退休,维拉萨克成功说服资深音乐评论家汉斯利克为马勒站台说句好话,"马勒应该有办法在不违背传统的情况下为我们带来变革"[3]。1897年4月1日,马勒前往维也纳签下为期一年的合同,担任宫廷歌剧院的第五指挥。两天后,勃拉姆斯去世,马勒一直待到葬礼结束后才回到汉堡。[4]4月7日,歌剧院对外发布了雅恩病休的消息。

离开汉堡前,马勒向弥登伯格摊牌,表示两人的情人关系必须终止。不肯放手的弥登伯格反应近乎癫狂。据阿尔玛·马勒回

---

[1] 马克斯·格拉夫:《一座音乐之城的传奇》(纽约,1945年),56页。[Max Graf, *Legends of a Musical City* (New York: The Philosophical Library, 1945).]
[2] 阿尔玛·马勒:《马勒:回忆与书信》,101页。
[3] 格兰奇:《马勒(卷一)》,394页。
[4] 资讯来源:马特纳。

忆:弥登伯格曾苦苦哀求马勒能见自己最后一面。当马勒走进她的卧室,弥登伯格拉开一道帘子,后面站着本笃会的奥特马尔神父(Father Ottmar)。随后,弥登伯格要神父替两人证婚。[1]阿尔玛的描述总是显得不真实。可以确认的是,马勒在道别信中从未提过此事,他向弥登伯格深情道别,并承诺二人终会重逢:"别了,亲爱的,我曾经深爱的安娜……我们只是身体上的分离,你我心灵上的连结永远不可能被切断。我是你的,吾爱,我会一直对你保持真心。"[2]之后,马勒更明确地表示:"我问你,最最亲爱的安娜,你是否有能力和我一起在维也纳工作——至少在第一年与我一起?但你得保证不能对我展现任何工作以外的情感,任何喜爱之情,我们之间除了工作不会有其他私人关系。我希望你能来,但请你了解,对我而言,我并不比你好过。"[3]马勒心中工作永远是第一位。这回弥登伯格是彻底死了心,她在汉堡找到了新的爱人、新的快活——马勒的朋友兼赞助人贝恩。如果她不能拥有马勒,她就想尽办法在他周围的人身上下手。

1897年5月,雅恩将马勒介绍给维也纳歌剧院的乐手们。第二天晚上,他指挥了第一场歌剧,瓦格纳的《罗恩格林》,马勒"不容许任何拖沓或不精确"。勃拉姆斯的传记作者卡尔贝克称马勒为"万里挑一的人才"。通过10场密集的排练,《魔笛》复又成为歌剧院的常规招牌剧目。即便是发高烧、喉咙里有两个脓肿等待切除时,马勒依然全身心地投入工作中,他如光一般闪耀着。某评

---

[1] 阿尔玛·马勒:《马勒:回忆与书信》,12页。
[2] 见黑夫林[编]:《马勒研究》(剑桥,1997年),98页。
[3] 布劳科普夫:《马勒档案研究》,213页。

论员称:"超强的能量、意志力以及奋进的渴望推动着他不断往前。"[1] 10月8日,37岁的马勒被皇家谕令为维也纳宫廷歌剧院的艺术总监。

---

[1] 格兰奇:《马勒(卷一)》,424—425页。

7

权力的滋味
（1897—1900）

幻城

距环形区域修建完工已过去 30 年，从啤酒花园及酒馆倾泻而出的音乐依然是作曲家施拉梅尔（Johann Schrammel）的《维也纳从未改变》(*Wien bleibt Wien*)。虽然城市人口翻了三番，商业经济形态愈发多元，公共设施亦得到提升，但城市的性格一如既往地懒散，没人愿意改变。维也纳死守着既有"安全感"，一种欢乐无忧的盲目自信，坚信生活会因科技的不断进步而稳步提升。"比起《圣经》，现在的人民更愿意相信'进步'带来的福音。"茨威格如是说：

> 夜晚昏暗的油灯被换成电灯，商铺里的灯光将诱人的光线散播到整座城市。如今有了电话，任何人都可以与远方的人直接通话。人们不再需要借由马车移动，全新的速度感……

大家普遍注重公共卫生，肮脏污秽销声匿迹。另外，所有人变得更俊美、更强壮、更健康。[1]

然而，茨威格所描绘的"安全"（Sicherheit）更多地适用于中产阶级，不包括广大依然苦苦挣扎的底层老百姓。那些得不到警方准许的人只能非法居留，随时都有可能被警方逮捕。得不到合法居住权的人，常常一家10口挤在狭小的地窖里，与老鼠、疾病为伴，毫无公民权而言，他们的存在无人知晓。1906年，初来乍到的希特勒就是在这么个地方接受自己的政治启蒙的。

维也纳全身上下披挂着幻象。城中最宏伟的建筑是国会大厦，容纳分属30多个党派的561位国会议员。任何成员都有权用自己的母语发言，但国会不提供翻译。每当辩论进入白热化，国会便会宣布休会，有时一休就是好几年。讽刺小说家穆齐尔（Robert Musil）有过描述，

尽管这些议员常常被命令闭嘴，他们还是如此擅用自己的自由；不过，幸好我们有"紧急权利法案"，就算国会消失，国家依然可以运转良好。然而，正当人们为回归专制时代而欢欣鼓舞时，皇室又宣布重启国会，宣称没有国会的政府是无效的……不过，我们还是庆幸拥有过无国会的喘息空间，人们此时都过得很好,仿佛从未发生过任何问题。或者这么说吧，

---

[1] 茨威格：《昨日的世界》（伦敦，1943年），1–4页。[Stefan Zweig, *The World of Yesterday* (London: Cassell, 1943). 本书中译本为《昨日的世界——一个欧洲人的回忆》，舒昌善译，生活·读书·新知三联书店出版。]

就算发生过些什么也只是假象。[1]

弗朗茨·约瑟夫皇帝的统治已近半个世纪，这是一个强硬派，他对自己的日常安排近乎冷酷：只睡铁床，每日凌晨即起。为人正派、尽职尽责，对所有人的建议大多回以"听起来挺不错"，从不冒险使用更强烈的态度或语气，生怕鲁莽的言辞会打破易碎的和平。血腥与杀戮从不肯远离外表"安稳"的社会。1897 年 9 月，奥地利总理巴德尼伯爵（Count Badeni）在一场决斗中被极右日耳曼主义反动分子射伤。隔年，伊丽莎白女皇，大家熟知的"茜茜公主"在日内瓦被某无政府主义者刺杀身亡。举国上下与皇帝同哀，尽管孤独的人儿在妻子离世后又选择与伯格剧院的女演员施拉特（Katharina Schratt）交好，但这并不影响人们对皇帝抱以信仰。

维也纳外表的诡谲欺骗超越了真实本身，那里的人有一句流行语："scheinüber sein"，意思是表象比实质重要，与其存在，不如被人看到就好。一个建立在幻觉之上的城市，缺乏实质意义的政治职能，恰恰令艺术有机会创造出另一种真实。施尼茨勒的戏剧、霍夫曼斯塔尔的诗歌、克里米特的画、胡戈·沃尔夫的艺术歌曲为虚伪的生活提供了些许慰藉和逃离的出口。艺术在社会中的担当如此重要，以至于《新自由报》头版一半以上的版面都让给了艺术专栏，由巧舌如簧的剧作家西奥多·赫茨尔负责主持。

---

[1] 罗伯特·穆齐尔：《没有个性的人（卷一）》（英译本，伦敦，1954 年），32—33 页。[Robert Musil, *The Man Without Qualities*, Vol.1, transl. Eithne Wilkins and Ernst Kaiser（London:Seeker and Warburg, 1954）.]

正如茨威格所描述的，真实的缺场意味着艺术成为生活。

> 虽然在政治、行政管理，乃至延伸到道德范畴，一切都依照惯性舒服地运转，我们能容忍其中的拖沓，甚至忽视加诸在身上的各种侵犯，然而在艺术这件事上，不可退让；艺术是维也纳得以维持尊严的一切，是唯一，……此等意识与无情的监督逼迫每一位身在维也纳的艺术家奉献出最好的作品，他们被要求拿出最上乘的表现。我们当中的每个人都是从小被这么鞭策的，在生命中建立一套无可协商的、严苛的音乐标准。一旦结识马勒的钢铁般的纪律，了解他对于音乐细节的执著，人们将不大可能对其他音乐或戏剧表演感到满意。[1]

懒散，即本地方言中的"Schlamperei"，正是马勒要从宫廷歌剧院连根拔除的首要目标。据称，当时马勒喜欢苛责团员说："你们的传统就是懒散。"但事实上，他的原话是："你们这些人口中的传统不过是自身的安逸与懒散。"[2] 马勒宣称，艺术要求繁重、艰苦的工作。唯一需要遵循的传统是精准。马勒的目标是实现完美的演出，也深知这并非易事，尤其是暗中仍有力量在伺机而动，想将他拉下台。

1897年4月8日，马勒被正式任命的消息公布后，卡尔·鲁伊格当选维也纳市长。这已是他第四次在票数上领先，不过前三

---

[1] 茨威格：《昨日的世界》（伦敦，1943年），26页。
[2] 卡帕斯：《与天才相遇》，126页；另见格兰奇：《马勒（卷三）》，4页。

回，弗朗茨·约瑟夫皇帝拒绝承认他的胜选。鲁伊格是激进的反犹太分子，体态挺拔、金色的胡子，人称"帅气卡尔"（Der schöne Karl），对普通市民尤其具有吸引力。卡尔在各个酒馆间游说拉选票，并承诺在夜间为"每一位公民"提供免费计程车服务，好把"狂欢的人们安全送回家"[1]。鉴于可能发生的支持者暴动，经过一周深思熟虑的皇帝终于承认选举结果，任命卡尔·鲁伊格为维也纳市长。

事实证明，鲁伊格是一位出色的行政长官，高效、透明，并且跟得上时代潮流，对高新科技的理解与应用可谓娴熟。在他的推动下，维也纳早一步用上了电动有轨电车，将瓦斯及其他重要的民生资源归入公营事业，并建造了新的公园及市民休闲空间。鲁伊格要求所有随行工作人员穿上绿色制服，并确保所有新建筑刻上他的名字——"卡尔·鲁伊格所建"（built under Dr Karl Lueger），仿佛要拿自己的"石阵"将先前皇帝所兴建的环形区包围起来。群众集会上，"他能将自己的意念以近乎灵异的方式直接加诸到听者身上"[2]。他的种族歧视倾向并不常表露，唯有在需要拿犹太人当替罪羊时，会称"金钱与股票市场的犹太人""乞丐犹太帮""吃墨水的犹太人"（意指知识分子），还有他最爱点名的"媒体犹太人"。在鲁伊格的领导下，维也纳成为欧洲第一个官方反犹的城市。

右翼评论员认为"马勒的任命"是对鲁伊格政策提出的政

---

[1] 哈曼：《希特勒的维也纳》，279页。
[2] 哈曼：《希特勒的维也纳》中关于贝斯姬芭（Marie Beskiba）的段落，284页。

治制衡，给装模作样的宪法找些平衡。《德意志报》(*Deutsche Zeitung*) 指出："在一个拒绝犹太合法化、反犹主义盛行的地方，公开指派一位犹太人作为歌剧院指挥合适吗？"[1]《帝国邮报》(*Reichpost*) 则警告称，马勒很快将在"指挥台上进行他犹太丑角般的指挥"[2]。马勒的到来被精心打扮成阴谋剧，是对指挥里希特的侮辱。对此，马勒的回应是一封写给里希特的信，写满奉承："打从幼年开始，我都一直视您作楷模。……当我自我怀疑时，我就会问自己：如果换作是里希特，他会怎么做？"[3]里希特，这位瓦格纳前助手，不无愤怒地向马勒保证："身为同行，我不会对你带有敌意；只要你能以能力说服我，让我知道你对此皇室机构有益，并提升艺术水平。"[4]之后，马勒给他起了个绰号——"直肠子汉斯"，并决定趁早甩掉这个家伙。

同年夏天，厌倦了施泰因巴赫的马勒在提洛尔附近一带游走，雨下个不停。8月1日，马勒重又回归工作，发现整个歌剧院只有他一个指挥，他先后排演了《罗恩格林》《浮士德》《非洲女郎》(*L'Africaine*)、《被出卖的新嫁娘》及《费加罗的婚礼》。[5]排练瓦格纳的《指环》时，马勒抱怨乐团"懒散、不精准的习性如尘埃，

---

[1] 刊于1897年4月9日的《德意志报》，详见桑德拉·麦科尔：《维也纳的音乐批评，1896—1897》(牛津，1996年)，101页。[Sandra McColl, *Music Criticism in Vienna,1896—1897* (Oxford: Clarendon Press, 1996).]
[2] 布劳科普夫：《马勒档案研究》，210页。
[3] 卡帕斯：《与天才相遇》，66页。
[4] 同上书，67页。
[5] 弗朗茨：《古斯塔夫·马勒与维也纳歌剧》(慕尼黑、维也纳，1979年第一版；1993年)，273—278页。[Franz Willnauer, *Gustav Mahler und die Wiener Oper* (Munich and Vienna: Jugend und Volk, 1979; second edition, 1993).]

已经堆得有指头那么厚了"[1]。宫廷歌剧院的《指环》系列从1877年首演至今从未改变过，包括舞美、演员阵容。然而，自打指挥换作马勒，一切戏剧张力似乎又回归了，歌剧重被赋予鲜活的生命力。表演带有迫切感，音质变得更好，整体性也得到提高。"在这一版本的《指环》中，人们可以听到从未听到的，包括以为不可能听到的"，作曲家胡戈·沃尔夫赞叹道。[2]不过，马勒自己却并不满意。他听出乐队中乐手的失误，一位本来在排练时表现得很精准的小号手却在正拍乐段未能准确地进入，这令马勒相当光火。该乐手给出的理由是必须早点演完赶最后一班火车回家。于是马勒在心里决定，要想办法让乐手加薪，让他们有办法在演出结束后搭乘计程车回家。好比鲁伊格的做法，这些好处是必要的。

马勒在巴腾施泰因街（Bartensteingasse）三号租了一间公寓。每天早上9点准时进办公室，上午是乐队排练，中午回家吃午餐，之后睡个午觉散散步，然后回到歌剧院处理一些文书工作并指挥晚上的演出：马勒深知一纸合约背后需要付出体力、脑力上的代价。"工作如黑洞将我整个儿吸了进去，夺走了我的身体与灵魂，"[3]他说，"我忙碌的程度与一位剧院总监毫无二致……我全部的感官、感情一直处于接收讯息的状态。我对自己感觉越来越疏离……甚至每当想到自己，都觉得不过是在回忆一位故去的人。"[4]

---

[1] 纳塔莉·鲍尔-莱赫纳：《回忆古斯塔夫·马勒》，84页。
[2] 同上书，85页。
[3] 布劳科普夫：《马勒档案研究》，215页。
[4]《马勒书信选集》，233页。

艺术的诞生

就在马勒进驻歌剧院、鲁伊格就任市长的那一周,维也纳文化圈的第三波运动浪潮正如火如荼。1897年4月3日,40位艺术家从政府建立的"艺术家工作协会"(Künstlerhaus)退出,组成"维也纳分离派"(Secession),主张开放包容,吸纳激进、现代的艺术作品或海外艺术家。倡导者古斯塔夫·克里米特是一位画家,喜欢表现诱人、高雅的女性身体与波光粼粼的湖泊。另几位重要成员包括摩尔(Carl Moll)、恩格尔哈特(Josef Engelhardt),以及家境富裕的艺术评论贝尔塔(Berta Zuckerkandl- Szeps)。克里米特请口才极佳的评论家波尔为组织撰写《分离宣言》。"我们并非要为传统奋战,也不是要打破传统,"波尔称,"我们没有传统,这并非旧与新之间的挣扎……我们只为艺术本身而战。"[1]

首场现代艺术展览由皇帝亲自揭幕,克里米特在一张碎纸片上草绘了一栋方形的建筑,并把素描交给了建筑师奥尔布里希(Josef Maria Olbrich)。六个月之后,维也纳分离派画廊落成,宽敞的空间,配以金荆棘冠冕的雕饰,门楣上刻着一句座右铭:还时代以艺术;还艺术以自由。[2]为了重新定义"青年风格"(Jugendstil),分离派迅速引进了瑟拉(Georges-Pierre Seurat)、蒙克

---

[1] 布劳科普夫:《马勒档案研究》,210页。
[2] 原文:To each age, its art; to art, its freedom。——译者注

（Edvard Munch）、惠斯勒（Whistler）、麦金托什（Charles Rennie Mackintosh），一众引领潮流的新世纪风云人物。此外，分离派的视野涵盖了建筑师、家具设计师、版画师，如奥托·瓦格纳（Otto Wagner）、约瑟夫·霍夫曼（Josef Hoffmann）、科罗曼·穆塞尔（Koloman Moser）。克里米特意在消解纯艺术与应用艺术之间的界限，呼应瓦格纳的"整体艺术"概念建构视觉艺术领域的大平台。这是一个包含一切艺术形态的同盟。马勒察觉到分离派的精神与自己的方向一致。在一个弥漫着守旧思想、种族歧视、压抑后退又自以为是的城市里，马勒与克里米特展现的是新的可能性：进步、自由，逃离这四下弥漫的虚幻气息。

与克里米特不同，马勒对什么协会、组织不太感冒，也懒得搭理。他总是一头扎进歌剧院，带着惊人的怒火对同事狂叫，直到对方给出满意的回复为止。"马勒是个吸血鬼，他从活人的血管中吮吸血液。"一位歌手这样描述。[1]一位乐团乐手则称："这根本就是灾难。一场史无前例的强震，持续时间之长足以撼动一整栋大楼的地基、梁柱、山墙。但凡不够坚强的，要么让步，要么毁灭。"[2]"我看过他的排练：愤怒、抽搐、尖叫、时刻准备撩拨他人的神经，仿佛身体正在承受巨大的痛苦。"茨威格如此回忆，"不过后来，我又在街上撞见他和路人闲聊，表情如此自然，孩子般的快乐……仿佛体内有一股力量，令他永远充满生气。"[3]马勒对

---

[1] 科恩戈尔德《回忆录》中关于赖希曼的段落，101 页。[Theodor Reichmann, in Julius Korngold, *Memoirs* (manuscript copy in NL archives).]
[2] 莱布雷希特《记忆中的马勒》中关于舒伯特的段落，108 页。(Franz Schmidt, in Lebrecht, *Mahler Remembered*.)
[3] 同上书，305 页。

朋友说，他发火是有原因、有目的的，唯有怒火能让这些人甩掉"懒散"。

走马上任第一天，总监马勒就废除了歌手雇人捧场的老习惯。依照往常，歌手会给一些人免费的门票及小费，拜托他们为自己鼓掌喝彩。这种做法在歌剧院非常普遍，因为重复演出而显得乏味的作品因此增添了一些活气，总归是不错的谈资吧。马勒认为这种游戏规则"是剧院赤裸裸的欺诈，我们的演出失去公信力，也会妨碍我们达成艺术性的目标"。他要求歌手"以个人荣誉担保，不再找鼓掌部队，不再向他们支付钱或提供免费门票"。[1]

其他的规定还包括：一旦演出开始，剧院内的招待员就必须将入口关闭，停止放观众，迟到的观众必须在大厅内等候第一幕结束方可入场。"我以为听歌剧就是要寻开心的。"备受规则之苦的弗朗茨·约瑟夫皇帝哀叹连连。然而，在利希滕施泰因王子看来，这是值得庆祝的进步："你没有花费多少时间就让自己成为这里的老大了。你真的很成功。全维也纳都在谈论你及你所做的事。他们说歌剧院正处于变革中，不论他人喜不喜欢都得接受。"[2] 剧院中地位仅次利希滕施泰因王子的蒙提诺瓦王子（Prince Alfred Montenuovo）更是马勒坚定的拥趸，不遗余力地帮马勒对抗老朽的行政势力，包括普拉佩特（Baron Plappart）及其副手维拉萨克。"我用自己的头去撞墙，"马勒说，"但是墙却凹了一个洞。"[3] 评论

---

[1] 格兰奇：《马勒（卷二），维也纳：充满挑战的年月（1897—1904）》，59 页。
[2] 纳塔莉·鲍尔-莱赫纳：《回忆古斯塔夫·马勒》，94 页。
[3] 斯特凡：《古斯塔夫·马勒：关于人格与创作的研究》，46 页。(Stefan, *Gustav Mahler: Eine Studie Über Persönlichkeit Und Werk.*)

家波尔认为马勒"住在自己幻想的世界里,对现实完全无感"[1]。其实马勒完全知道自己该做什么,他心知肚明。

马勒毅然淘汰随大流的、思想业已老化的剧院成员,并撤换三分之一的乐手。据作曲家弗朗兹·施密特(Franz Schmidt)回忆:"1897年时,我是乐团里最年轻的大提琴手。到了1900年,我已经是服务时间最长的老资格了。"[2]剧院开始大规模地招募新歌手,一遇到不合适的,就马上淘汰掉。来自拜罗伊特的西奥多·伯特伦(Theodor Bertram)仅加入18天便被辞退。科布(Jenny Korb)共登台四次,马勒对她的评价是:"外表无魅力,缺乏个性。"[3]经过反复尝试、无数次失败,马勒终于组建了史上最具凝聚力的团队,歌手都是一等一的嗓子,当时所录制的唱片至今是唱片史上的经典。利奥波德·德穆斯(Leopold Demuth)、拜罗伊特的萨克斯(Hans Sachs)与经验丰富的赖希曼(Theodor Reichmann)分饰主要角色。另有两位捷克人,一个是劳特尔(Berta Förster-Lauterer),另一个是曾在汉堡与马勒有过合作的黑施(Wilhelm Hesch)。玛丽·古特海尔—肖德(Marie Gutheil-Shoder)是具有戏剧天赋的女中音,擅长卡门一角,马勒偶尔会请她兼任舞台总监。基特尔(Hermine Kittle)则是相当不错的女低音,塞尔玛·库尔茨(Selma Kurz)是花腔女高音,能唱出世界上最长的颤音。施梅德斯(Erik Schmedes)与斯莱扎克(Leo Slezak)专攻瓦格纳歌剧的英雄男高音。此外,马勒还签了麦寇(Georg

---

[1]布劳科普夫:《马勒档案研究》,215页。
[2]莱布雷希特:《记忆中的马勒》,108—109页。
[3]格兰奇:《马勒(卷二),维也纳:充满挑战的年月(1897—1904)》,546页。

Maikl）、迈耶（Richard Mayr）、米夏勒克（Margarethe Michalek）、莫泽（Anton Moser），精力充沛的女高音维特（Lucie Weidt）则由弥登伯格亲自推荐。

当然还有弥登伯格，马勒给她开出了比自己还要高的薪水。在第一个乐季中，弥登伯格的嗓子出了问题，只唱了25场，然而在随后的几年，她向马勒展现了自己最好的水平。除了惯常地在男人堆里周旋，与贝恩、利皮纳及双性恋卡帕斯闹点绯闻，她的确没给马勒带来什么大麻烦。1909年，弥登伯格终于结婚，嫁给评论家波尔。从此，她不再是出入社交圈需要指引的姑娘，断了师生的关联，也不再是男人与情妇。马勒与弥登伯格携手走进歌剧史，成为歌剧黄金年代的最佳拍档。

马勒要求歌手有创造力。肖德称：

> 他从不会带着已经完全构想好的思路进行排练，甚至没有任何特定概念。或许在他脑子里会事先为这一幕想好聚焦点，有个大概的画面，但是还会保留空间让大家各自表现。"就那样……美极了，我觉得很好……那种情绪，继续保持下去。"借由这种方式，马勒强化了每个人各自或互动过的想法。[1]

"与他排练真是妙不可言，"库尔茨回忆，"他要求每个人拿出最好的状态，并尽力唱到剩下最后一口气为止。他自己本人也是，

---

[1] 莱布雷希特：《记忆中的马勒》，115—117页。

累得筋疲力尽,气力被拧尽,剩下干瘪的躯壳。"[1]乐天派男高音斯莱扎克则写道:"他就像一位工作燃烧的殉道者,而且希望我们和他一样奉献。"

哪怕马勒在排练没有自己部分的段落,也不会有哪位歌手觉得不相干,或者敢离开现场。他排练的方式总能调动歌手的无限可能,……如果我们真的做到了,马勒……会走到台上,一面恭喜我们,一面开始分发每人20海勒硬币。[2]

马勒能敏锐地察觉每个人的细微差别及优点、特色,并据此决定如何应对。一回,斯莱扎克为了能多赚点钱,要求请四天假参加其他公开演出,马勒勃然大怒。
"什么?你疯了吗?你不是才请过假吗!"
"没有,你记错了,那已经是几个星期前的事了……"

马勒的桌上有一面板,上面大概有25到30个按钮……马勒拿手掌愤怒地乱拍,一次就按到了12或15个按钮……
四周的门敞开着……
秘书舒列德(Schlader)、舞台经理、道具人员全都跑了过来,甚至连消防部官员都带着他的手下及全副装备跑了进来。结果他想找的人——负责考勤的旺达(Wondra)恰恰是

---

[1]莱布雷希特:《记忆中的马勒》,144页。
[2]同上书,118—119页。

没按着的键。争论喋喋不休,从一个话题到另一个话题,一股脑涌了过来,我们的耐心与理智断了线,决定退出商业演出……(几个小时后)我们坐在表演厅内,他坐在桌边指挥,所有怒气与不满如三月的雪融化在春日的阳光里。这样的情节一年就会发生好几次,甚至每个月、每个礼拜来上几回,实在令人不愉快。[1]

至于赖希曼不大滋事,比斯莱扎克更好控制些,因此马勒总会愉快地答应他的休假请求,并强调"时刻乐意为您这位杰出的艺术家效力"。赖希曼乃雅恩时代的遗老,也愿意以杰出的表现回报马勒,然而年过50,声音逐渐失去力道,马勒只能终止他的合约。后赖希曼病重住院,马勒听闻,为老歌唱家寄上一纸新合约。不久,赖希曼去世。

这便是马勒的管理风格,时而专制独裁,时而看重伙伴情谊,有时步步为营,有时即兴发挥,永远在摇摆之中。他花费大量时间在人事关系上,平均每天写30到55封信件,多数与歌手有关。此外,他还监管乐队、合唱团、舞台监视器及票房销售,解决歌剧与芭蕾换场时的冲突。任何问题都逃不过马勒的法眼,据说那是因为他背后也长了双眼睛。歌剧院到处布置了他的眼线与打手。比如乐团首席阿诺德·罗斯(Arnold Rosé)就曾滥用职权打压有独立个性的演奏员——大提琴家施密特。施密特不无抱怨:"我在维也纳宫廷歌剧院过了整整10年单调呆板的生活,要我说,这个

---

[1] 莱布雷希特:《记忆中的马勒》,119–120页。

地方并非真的是安乐窝。"[1]

苹果卷里的虫

马勒上任的第一个乐季共指挥 111 场演出，共计 23 部歌剧，其中斯美塔那的《达利波》(Dalibor)、柴科夫斯基的《奥涅金》(Eugene Onegin)、比才的《贾米莱》(Djamileh) 以及莱翁卡瓦洛 (Leoncavallo) 的《波西米亚人》(Bohème) 都是首次在维也纳演出。随后的两个乐季，马勒乐季演出的工作量保持在 99 场，连续两到三晚持续作战已是家常便饭。[2]

> 每当剧院暗场后，那位五官轮廓鲜明的矮个男人带着苍白如苦行僧的神情冲上指挥台。他会突然把指挥棒往前伸，仿佛一条吐信子的毒蛇。他的右手像是要把音乐从乐团中拔出来……他的眼睛紧盯着舞台，对歌手做出恳求的手势。突然，他像被蜜蜂蜇了般从指挥椅上跳起来。马勒像一簇燃烧着的火焰，大动作地四处跳动。[3]

马勒总是身先士卒，确保每一个工作环节都达到他的完美标准。然而，如此密集的工作日程安排恰恰反映出剧院指挥人手的不足。多余的里希特前往英国的哈雷管弦乐团（Halle Orchestra）任职，德

---

[1] 莱布雷希特：《记忆中的马勒》，110—111 页。
[2] 根据马特纳的统计。
[3] 格拉夫：《一座音乐之城的传奇》，204 页。

高望重的指挥富克斯撒手人寰,继任者雷维(Ferdinand Löwe)不久后也离开歌剧院。马勒找来布鲁克纳非常信赖的弟子沙尔克(Franz Schalk),美中不足的是,马勒需要一位和他一样有活力的年轻人,显然沙尔克并不是最适合的工作拍档:"拐弯抹角的家伙,他到底在试探什么?"马勒只能转而向布鲁诺·瓦尔特求助。

> 我亟须一个副手,随身携带指挥棒、有能力扛起这一切(目前,我必须亲自指挥所有演出,真的筋疲力尽)。谁是你的继任者又有什么关系?我需要你在1900年之前到这里帮我,再这么继续下去,我一定会没命的。[1]

瓦尔特担心被卷入马勒的是非中,踌躇不前。当时,他正闷头创作 D 小调交响曲,还有一些轻松愉悦的声乐套曲,希望借此累积自己身为作曲家的名望,他的生活朴素简单,不愿冒犯任何人。马勒感受到了瓦尔特的忧虑,他不再提及自己的工作需要,反而耐心地试探:"所以,我们又是朋友了,对吗?"[2] 1901 年 7 月,瓦尔特正式加盟维也纳宫廷歌剧院,终于有人分担马勒一半的工作。

指挥歌剧并非马勒的唯一工作。1898 年 9 月,维也纳爱乐乐手代表邀请马勒担任下一季的首席指挥,取代原本的里希特执棒他们在金色大厅的一系列音乐会演出。对里希特而言,这真是莫大的讽刺。维也纳爱乐乐团成立于 1842 年,机构主要由维也纳

---

[1]《马勒书信选集》,235 页。
[2] 同上书,239 页。

宫廷歌剧院团员自主运作，乐手对一切乐团事务拥有决策权。当然在白天，身为歌剧院的雇用员工，他们依然得服从马勒的领导。指挥交响作品一直是马勒的理想，他很快便答应了，并承诺会带来全新的曲目与想法。第一次排练时，乐手们发现马勒擅自在贝多芬《科里奥兰序曲》(Coriolan Overture) 的分声部乐谱上加档，加重音乐语气。事后，有人将马勒的改编透露给抱持反犹立场的《德意志报》，于是有了一篇标题为《维也纳宫廷歌剧院的犹太势力》[1] 的文章，严厉斥责马勒的自大，竟敢侮辱德国人心中神圣不可侵犯的贝多芬：

> 好像贝多芬在配器上出了点问题，在序曲中忘了用降 E 调的单簧管，所以马勒得给他补上一样……如果马勒先生想做些修正，请他去处理门德尔松或者鲁宾斯坦的问题吧，相信犹太人也不会允许的。总之，放过我们的贝多芬吧。我们尊崇贝多芬，也享受他的音乐，他不需要降 E 调的单簧管，也不需要马勒。

这件事破坏了马勒与乐手间的信任。在三个乐季内，马勒大约指挥了24场音乐会，共79部作品，其中26首是贝多芬的创作。[2] 报道并没有阻止马勒继续发挥创新精神：他将贝多芬《第十一弦乐四重奏》(作品第95) 中的弦乐声部加倍扩大；将第九交响曲

---

[1] 见1898年11月4日《德意志报》刊载的文章。(*Die Judenherrschaft in der Wiener Hofoper.*)
[2] 弗朗茨:《古斯塔夫·马勒与维也纳歌剧》, 145 页。

的木管声部加倍,并加入更多的圆号及小号。乐手们继续抱怨马勒的所作所为,他提出的新作品计划大多遭到拒绝。1899年4月,维也纳爱乐乐团同意在他们的退休金募款音乐会中演出马勒的第二交响曲。据反犹主义媒体报道,"票房售罄,几乎整个金色大厅内都是犹太人",观众反应"狂热到可耻的地步,尤其是那些以色列年轻人"[1]。任何马勒与维也纳爱乐的合作都会遭受反犹主义的冷嘲热讽,一股势不可当的暗流。尽管乐团对"马勒传统"的现代神话不太感冒,这场基于利害关系建立起的联姻在颠簸中成功地熬过了三年,大家也算好聚好散。

1900年11月,乐手同意在"名品"系列(*prestige series*)中演出马勒的第一交响曲。音乐会当天,有观众在葬礼进行曲的部分大笑出声。从此以后,除非有赞助商出钱点名马勒,否则维也纳爱乐拒绝演奏任何马勒的作品。马勒心里清楚,提升维也纳爱乐的国际声誉能给这场联姻增添一丝闪光点,这才是他日后骄傲的资本。1900年6月,他带领维也纳爱乐踏上巴黎,这是乐团首次走出国门,巡演组织者是乐团首席的兄弟亚历山大·罗斯(Alexander Rosé)。[2]整个巡演安排得磕磕绊绊,音乐厅大概只坐了一半,乐团基金被挥霍一空。在团员的要求下,马勒只好向罗斯柴尔德男爵讨要回乡的车费。情况凄惨,乐手们咕哝抱怨,然而马勒却在此时意外地收获了一众追随者。

六年前,一位犹太裔炮兵团上校德雷福斯(Alfred Dreyfus)

---

[1] 格兰奇:《马勒(卷二)》,151页。
[2] 消息来源:罗斯(Arnold Rosé)的女儿埃莉诺(Eleanor Rosé)。

被指控为德国间谍，随即被撤销军衔遣送至法属几内亚离岛的魔鬼岛监禁。为了掩盖虚假指控背后的阴谋，右翼势力残酷镇压为德雷福斯申冤的民众。皮卡尔中校（Marie-Georges Picquart）因揭发相关机密被发派到非洲，随后被捕。小说家左拉（Emile Zola）撰写了题为《我控诉！》（J'Accuse!）的文章，经由编辑乔治·克列孟梭（Georges Clemenceau）在知名报刊上发表。事后，左拉被控刑事诽谤逃亡英国。期间，法国各大城市相继发生大规模反犹暴动。1900年6月，当马勒抵达巴黎时，这股势力依然猖獗。坊间甚至出现了《犹太人下地狱》《闭嘴吧，犹大》《和德雷福斯有关的一切》和《把法国留给法国人》等流行歌曲。[1] 由于皮卡尔的揭露，阴谋背后的主谋之一亨利少校（Major Hubert-Joseph Henry）最终落网，后被发现死于监牢内。然而，公正姗姗来迟。六年后，法国撤销了对德雷福斯的所有指控，100年后，法国总统承认事实并向德雷福斯公开致歉。[2]

在巴黎，马勒发现自己正被一帮"德雷福斯们"环绕着，他们簇拥他、跟随他，参加他的每一场音乐会。其中包括皮卡尔中校、克列孟梭、克列孟梭的弟弟保罗及保罗的妻子苏菲（Sophie Szeps）。苏菲乃维也纳艺术评论家贝尔塔的妹妹，她还带上自己的情人——数学家保罗·潘勒韦（Paul Painlevé），潘勒韦曾在德雷福斯一案中为被告辩护。在巴黎夏特莱剧院（Theatre du

---

[1] 乔治·怀特：《被告：德雷福斯三部曲》（波恩，1996年），165页。[George R. Whyte, The Accused: The Dreyfus Trilogy (Bonn:Inter Nationes, 1996).]
[2] 2006年7月13日，法国前总统雅克·希拉克（Jacques Chirac）在德雷福斯赦免百年纪念之时向德雷福斯公开道歉。

Chatelet)的贝多芬第五交响曲结束后,潘勒韦把大家带到后台。皮卡尔"强烈的个性、正直以及超乎常人的品位"令马勒大为震动。[1]"德雷福斯们"济济一堂,同道中人惺惺相惜。这些人成为马勒最忠诚的拥趸,想尽办法参加音乐会,并将捍卫他的作品视作不可亵渎的道德使命。

与众不同的雪橇铃声

马勒搬进建筑师奥托·瓦格纳所盖的公寓,安文布加街(Auenbruggergasse)二号三楼。干净的白色线条勾勒出简洁明朗的空间,没有繁复做作的窗楣。这里安静极了,街道临近丽城花园(Belvedere Garden),走到歌剧院只需要12分钟。如今,马勒不再需要10个房间来安置家人。小妹妹艾玛嫁给了阿诺德的哥哥——大提琴手爱德华·罗斯(Eduard Rosé),两人相差18岁。婚后,艾玛随罗斯搬到波士顿生活。此时,臭名在外的花花公子阿诺德[2]也开始暗中追求贾斯汀。两人的关系无意中被莱赫纳撞见,贾斯汀称可以给莱赫纳更多接近马勒的机会,以此作为交换,莱赫纳必须保守秘密。年近四十的莱赫纳仍一心希望嫁给马勒。只是当时马勒的心思全在三位歌手——肖德、米夏勒克及可爱的颤音女王库尔茨[3]身上,根本无暇顾及其他浪漫。

1898年6月,艾玛婚礼结束后四天,马勒因旧疾痔疮进医

---

[1] 格兰奇:《马勒(卷二)》,263页。
[2] 来源:埃莉诺(Eleanor Rosé)。
[3] 来源:库尔茨的女儿德希·哈尔班-库尔茨(Desi Halban-Kurz)。

院接受第二次手术（这一直是马勒的"难言之隐"）。术后疼痛严重，令马勒一整个夏天都不得安生。工作进度缓慢，仅勉强完成了声乐套曲《少年魔角》中的若干段落，他甚至开始焦虑自己的才华是否已耗尽。隔年夏天，马勒与贾斯汀、莱赫纳前往林茨（Linz）附近的小村庄度假，却发现他们预订的房间被取消了。他们只能顺道在奥尔陶斯（Alt-Aussee）落脚，位于施泰因巴赫东南方约20公里。天气糟糕透顶，心绪不佳的马勒凑合出一首《晨号》（Revelge）。7月7日，马勒39岁生日之际，他把这首新作品演奏给莱赫纳、贾斯汀和阿诺德听。"都过去三个夏天了，"马勒喃喃自语，"我就像一个游泳选手，但只能靠勉强打出几个水花证明自己还会游泳。"[1] 第二日天空放晴，马勒却依然烦闷，抱怨起街上乐队制造的噪音。马勒躲进了阁楼，在假期的最后10天，终于完成了第四交响曲的两个乐章。

突破是一针兴奋剂，让运动员重拾活力。趁着这股劲儿，马勒决定在临湖的地方盖一座夏日别墅，好让自己安静地创作。弥登伯格向他推荐了自己所居住的韦尔特湖区（Wörthersee）。铁路沿着科林斯湖（Carithian lake）的北岸一路延伸。马勒在南岸森林覆盖的山脚下觅得一处僻静地方——迈尔尼希（Maiernigg）。浓密的森林中，一栋砖砌的小屋面朝湖水而立，马勒特地让人清出一条小径，确保他可以直接从小屋看见湖面的点点涟漪。1900年8月5日，马勒在这栋小屋完成了第四交响曲。原计划六个乐章的作品最终被压缩为传统的四个乐章，时长在一个小时内，乐

---

[1] 纳塔莉·鲍尔-莱赫纳：《回忆古斯塔夫·马勒》，19—20页。

队编制相对常规。第四交响曲是马勒最古典的作品，让人联想起海顿的诙谐，还有那么点贝多芬第九交响曲柔板的凄婉。马克思主义者阿多诺称这部作品是对常规的妥协，一种倒退。然而，马勒从未打算放弃改变世界，他只是首先需要获得他人的接受，暂且把自我的颠覆性元素埋藏起来。

犹如山间疾行的飞车，交响曲开场的雪橇铃发出危险的信号，它暗示着指挥与乐手们即将到来的骚乱。"一开始的节奏极快，好像都等不及数到三，一切便已撒开腿狂奔，"马勒说，"紧接着所有音符如同乘法表一样相乘叠加，如同百万大军降临的眩晕境界。"[1]虽然凌乱如麻、毫无章法，马勒在乐谱上标注的表情指示却是南辕北辙——"从容，不着急，很悠闲地"（Bedächtig-nichteilen–Rechtgemächlich）。另有一处，马勒描述道："孩子气的，简单纯真，毫不装腔作势。"[2]这真是狡黠的欺骗。马勒又耍起自己擅长的老把戏，在一个描述中同时传递两个含义，并且是互为矛盾的两极。

在序曲乐章中，至少生发出七条音乐旋律线相互纠缠蒙混（阿诺德认为"蒙混"这个词最为恰当[3]），同时把"最严谨、最教条的对位音型"[4]编织其中，随后在乐章末尾爆发出齐整的钟声，有人称之为"愚人之铃"。英国乐评人奈维尔·卡德斯（Neville Cardus）指出，这首交响曲第一次让人"可以依照音乐性的方式

---

[1]纳塔莉·鲍尔-莱赫纳：《回忆古斯塔夫·马勒》，145页。
[2]同上书，179页。
[3]西奥多·阿多诺：《马勒：一份音乐心智分析》（芝加哥，1992年，英译本），55页。
[4]纳塔莉·鲍尔-莱赫纳：《回忆古斯塔夫·马勒》，145页。

去欣赏、理解马勒",而不需要其他外部的解释。[1]然而,效果好比不加调料的生菜沙拉:没有滋味,难以在脑中留下印迹。

马勒通过第四交响曲将简朴的生活叙事朝两个方向延伸——抨击世间的偏见,责难天堂的残忍。第二乐章的开头,马勒要求首席小提琴手放下手中昂贵的名琴,改用廉价的破烂乐器,并将弦调高一个调进行演奏,"如此一来便能发出刺耳恐怖的尖叫声,制造粗粝的音质"[2]。这并非马勒第一次要求乐手展现粗野,想想第一交响曲的葬礼进行曲吧,如出一辙。他叫有教养的首席小提琴手将派头、优雅统统抛到脑后,像衣衫褴褛的吉卜赛人般演奏。这肮脏的下等人与音乐厅显得如此格格不入!

吉卜赛音乐之前也曾在音乐厅出现过,比如李斯特、勃拉姆斯和德沃夏克都曾写过类似的旋律。只是作曲家会为了所谓的文明人修饰一番,称为"吉卜赛风格"(Zigeuner),例如勃拉姆斯加了一些意大利风味的《吉卜赛风格回旋曲》(*Rondo alla Zingarese*)。马勒却是第一个舍弃修饰的人,直截了当地将原始、得意、傲慢的风味呈现在听者面前。他直面公民社会的恐惧以及被隔绝在法律制度以外的边缘阶层。马勒将吉卜赛音乐视作具有生命力并且自我完满的艺术,而非受教育的作曲家眼中殖民化的野蛮之音,偶尔用来调剂配色。这个观点无疑加剧了某种潜在的威胁。有人认为马勒第四交响曲的谐谑曲是西方音乐史上首个多

---

[1] 奈维尔·卡德斯:《马勒:他的心智与他的音乐(卷二)》(伦敦,1965 年),119 页。[Neville Cardus, *Gustav Mahler: His Mind and His Music, Vol.2* (London: Victor Gollancz, 1965).]
[2] 纳塔莉·鲍尔-莱赫纳:《回忆古斯塔夫·马勒》,179 页。

元文化文本,当然这尚存争议。可以肯定的是,马勒是早于巴托克的第一个赋予民间本土音乐足够尊重的人,他赞美这样的音乐并视其为平等的艺术形式,没有高低贵贱之分。

马勒嘴上不说,但心里知道自己这是在悬崖边上跳舞,利用彼此冲突的反讽将内心的声音掩盖得了无痕迹。他把欢快的乐段称为"死神开始舞蹈"(Death strikes up a dance),随后,又将其更名为"一旁的圣徒乌苏拉在微笑"(St Ursulla stands by, smiling)[1],因为乌苏拉被世人看作最庄重的圣徒。坐在教堂里开着犹太人的低俗玩笑,他似乎对两者都不是完全认真的。"不要试图将马勒的作品以故事的方式来理解,"瓦尔特解释道,"那只是纯粹的音乐而已……任何人都能在其中找到些许幽默感。"[2]第二乐章临近尾声,所有的笑容被擦拭干净,人们耳边再次响起缱绻的柔板,如同呼应马勒的第二交响曲,死亡归来。死神总是在嬉戏的孩童身边徘徊。卡德斯的看法一针见血,他说此处的马勒既是男人,亦是孩子。

交响曲结尾的《少年魔角》歌曲《我们享受来自天堂的喜乐》(*We enjoy heaven's joys*)写于1892年,马勒希望歌手在演唱过程中展现"孩子般的愉悦,不带任何嘲弄戏仿",与先前的反讽文本形成鲜明对照。正直的人儿乃天上的圣人,享受理应有的褒奖。天使们正为他们的午餐烘烤面包,圣玛莎(St Martha)烹煮着蔬

---

[1] 弗洛罗斯:《古斯塔夫·马勒:交响曲》,122页。(Floros, *Gustav Mahler: The Symphonies*.)

[2] 瓦尔特写给欣德迈耶尔的信,见《瓦尔特书简,1894—1962》,50页。(Walter to Ludwig Schiedemair, *Walter, Briefe, 1894—1962*.)

菜，平日里冷酷的圣乌苏拉在一旁笑得开怀，美酒满溢。一只"纯洁可爱"的小羊从羊栏中被放了出来，小心地标上记号，随后被宰杀装入罐中。圣徒路加（St Luke）宰牛，圣徒彼得抓鱼。素食者马勒在此周全地将动物一并考虑。只是，温柔的小动物们若不依靠人类，在上帝的天国中并无安身立命之所。这真的是上帝的意思吗？或者，这仅是人类的意愿，人类永恒的杀戮之欲？即便毫无讽刺元素，马勒的天堂依然令人不安。

凭借作品古典、紧凑的结构，第四交响曲很快便获得邀约，定于 1901 年 11 月 25 日在德国慕尼黑进行首演，女高音独唱由米夏勒克担当。众所周知，慕尼黑的排外是出了名的，各方评论堪称恶毒。来自瑞士的唯美主义者威廉·里特（William Ritter）称："犹太人的思想腐蚀了这首交响曲。"另有人抱怨"这是叫人坐立难安、精神紧绷的作品"[1]。"音乐一无是处，不过是些维也纳式腐败与纵欲。"诗人伍尔夫斯凯尔（Karl Wolfskehl）愤愤不平地咆哮。柏林期刊《音乐》（Die Musik）更是直截了当："无任何发自内心的原创力，毫无自主意识，也没有任何真情可言。"[2]

维也纳的情况也差强人意，现场乐章间不时传出嘘声，并有人高喊"不知羞耻！"。舆论界咒骂这部作品"假天真"，所描绘的与其说是天堂，"不如说是地狱"。《新维也纳报》（Neues Wiener Journal）的马克斯·格拉夫（Max Graf）发现交响曲的终曲是最先完成的部分，于是在报道中宣称该作品"如希伯来圣经一样，

---

[1] 格兰奇：《马勒（卷二）》，400—401 页。
[2] 1901 年 12 月，548—549 页。

必须从后往前读"。[1] 格拉夫当时是一位法律见习生，心理学家弗洛伊德核心集团的内部成员，由于参加过犹太受戒成年礼，他深知希伯来文是由右往左写的文字。所谓"从后往前读"的解读其实带有贬义，暗示基督教的读写能力相较于老旧的犹太教更优越。聆听马勒令聪明的弗洛伊德信徒格拉夫变为一个持反犹主义的犹太人。

无论如何，马勒第四交响曲的每一次演出的确改变了某些人的人生轨迹与心灵。巴伐利亚皇室家庭教师里特，一个公开宣称自己反犹立场的人，在听完慕尼黑首演后彻夜未眠。他致信马勒，聊了些对作品的理解。后来，里特又把马勒引荐给自己的同性爱人，来自斯洛伐克的卡德拉（Janko Cadra）。对于此类惊世骇俗的关系，马勒并未感到任何不适，他在写给里特的信中还体贴、亲切地问候了卡德拉。他宽容、不批判，对于任何种族与性少数群体没有偏见。第四交响曲中的多文化主义并非空洞的姿态，马勒早已超越自己所处的时代，热烈拥抱被大众抛弃的局外人。

四面受敌

马勒并非遭遇乐评的第一人，然而在如何面对媒体这个问题上，他总是显得无助。我这个隔空相望的报纸作家兼编辑，虽说有些事后诸葛，然而远在他犯下错误之前，我已经明白究竟问题

---

[1] 格兰奇：《马勒（卷二）》，474—475页。

出在哪里。即便如此，再多的好言相劝也无法避免这些冲突。我们必须先理解维也纳媒体圈的复杂构成，以及当时以精英为目标受众的读者群，才能理解马勒所面临的困境。当时，处于出版中心的是犹太人所有的《新自由报》（4.5万名读者）及《新维也纳日报》（*Neues Wiener Tagblatt*，6.5万读者）。[1]《新自由报》的乐评有汉斯利克（任职至1904年）、轻歌剧作曲家理查德·霍伊贝格（Richard Heuberger）及科恩戈尔德。《新维也纳日报》则有首席乐评卡尔贝克与他的副手卡帕斯。

与之相对立的是另一个阵营——反犹主义媒体，包括《德意志民众报》（*Deutsches Volksblatt*，2.5万名读者）的乐评霍恩（Camillo Horn）、普克斯坦（Hans Puchstein），《德意志报》（1万到1.5万名读者）的黑尔姆（Theodor Helm），《帝国邮报》（*Reichspost*，6000名读者）的贝格海姆（Fritz Gaigg von Bergheim），以及《家园》（*Vaterland*）的克拉利克（Richard Kralik）与他的胞妹玛蒂尔德（Mathilde）。其中，黑尔姆与克拉利克兄妹的批评不一定触及种族问题。

立场较为中立的有《新维也纳报》（6万名读者）的考德斯（Albert Kauders）、格拉夫、斯特凡（Paul Stefan），《维也纳特刊》（*Illustriertes Wiener Extrablatt*，4万名读者）的康尼斯坦（Josef Königstein）。另两位为政府发行的报纸供职的乐评分别是《外国报》（*Fremdenblatt*，2.1万名读者）的施派德尔（Ludwig Speidel）与《维

---

[1] 麦科尔：《维也纳的音乐批评》，16页；来自马特纳的资讯（2009年2月11日E-mail）。（McColl, *Music Criticism in Vienna.*）

也纳晚报》(*Wiener Abendpost*,9500 名读者)的希施费尔德(Robert Hirschfeld)。先前,施派德尔与舍奈克(Gustave Schönaich)是瓦格纳阵营的老战友,一起对抗当时处于大多数的勃拉姆斯信徒,敌对阵营的领导者则是汉斯利克与卡尔贝克。"我们这些人就像打了胜仗后聚在帐篷里的将领与战士。"格拉夫写道。[1]另外还有社会主义倾向的《社会民主工人报》(*Arbeiter Zeitung*,2.4 万名读者)的肖伊(Josef Scheu)。

对于有魅力的指挥家而言,想让乐评和编辑站在他这一边并不难,通常只需要一个温暖的微笑,或者一顿高级美味的午餐。除了与那些大老板们定期保持交流,他并不需要经常与作者编辑们会面。然而,在媒体策略上,马勒只依赖利皮纳一人[2],简单地把乐评划为"走狗"与"敌人"两类。既然是走狗,就应当听从他的建议,于是马勒要求卡帕斯替德累斯顿的指挥家舒赫(Schuch)写篇吹捧文章。"你知道该说些什么。比如杰出的指挥,了不起的剧场人,备受尊崇,享有极高的荣誉,其戏剧艺术成就在同代人中无人能及。"[3]当卡帕斯写出与马勒观点相左的评论时,马勒会非常暴力地施以威胁,"不要忘记你欠我的,当初我就任总监的消息可帮了你不少忙",马勒愤怒地在卡帕斯面前挥舞着拳头,"如果胆敢诋毁我的权威,要你好看……!"[4]

马勒不懂隐藏情绪,只要是与他作对的便要讥讽羞辱,每当

---

[1]格拉夫:《作曲家与乐评人》(纽约,1946 年),18 页。[Graf, *Composer and Critic*(New York: W. W. Norton, 1946).]
[2]格兰奇:《马勒(卷二)》,235 页。
[3]《马勒书信选集》,231 页。
[4]卡帕斯:《与天才相遇》,104—105 页。

看到有敌意的评论就大发雷霆,攻击的言语不受控制。他甚至尖酸地把乐评人称作"优越的绅士们"(die Herren Vorgesetzten)。一个对人类处境如此敏感的大师,却在面对媒体时茫然无知,马勒无法了解新闻出版的言论自由,也拒绝承认评论的合法性。他的执拗令人费解,除非这么解释,他只是把媒体当作自己失败的替罪羔羊,给自己找个台阶下罢了。

维也纳最美的姑娘
（1901）

与死神擦肩而过

1901年初，马勒正在排演瓦格纳的歌剧《黎恩济》，并打算上演自己的《悲叹之歌》。另有两场与维也纳爱乐合作的音乐会，以及理查·施特劳斯作品计划等一系列繁重工作。重压之下，马勒的身体出了问题：喉咙痛、偏头痛、腹痛，不停复发的痔疮。他在床上躺了两日，用电话远程指挥排练。施梅德斯与弥登伯格也在同时间请了病假。马勒及时赶回工作现场，确保演出依照计划进行。同年，作曲家威尔第逝世，音乐圈陷入片刻沉寂。总之，压力从未间断过。

2月24日，星期天午后，马勒在维也纳首演了布鲁克纳的第五交响曲。尽管乐谱被编辑搞得七零八落，他还是扛了下来。演出结束后，马勒犹如重病患般脸色惨白。为庆祝歌剧《魔笛》首演100周年，当晚马勒还指挥了长达三个小时的《魔笛》。换作任何一位指挥,如果一天内需要指挥两场大作品音乐会,一定会选择自己熟悉的作品。但马勒就是马勒,长达三个小时的莫扎特作品,他开足火力全力以赴。"他看起来就像大天使路西法(Lucifer):脸色雪白,眼睛是燃烧着的炭火,"事后一位年轻观众回忆道,"他真的不能再这样下去了。"[1]

当晚马勒旧疾痔疮爆发,鲜血浸满整个床单。贾斯汀赶忙联络医生,医生嘱咐马勒立刻洗冷水澡。出血状况一直持续到第二天早晨,只得请来外科医生霍亨涅克(Juliusvon Hochenegg)。霍亨涅克是欧洲首屈一指的治疗直肠溃疡权威,腹部手术先驱比尔罗特教授(Theodor Billroth)的学生,同时也是勃拉姆斯的好友。由于交通原因姗姗来迟的霍亨涅克事后告诉马勒:"要是再晚半个小时,一切就太迟了。"

霍亨涅克要求马勒尽快接受手术,利用大型仪器直接伸入直肠并移动检查,锁定息肉生长的位置,再将它绑起来。整个过程不得使用麻醉剂,病患痛苦不堪,血水及黏液四溅。事后,马勒告诉施特劳斯,自己失血高达两公升半[2];"在生死的边界游荡时,我想,要是现在就结束生命好像也没什么不好,"他说,"反正一切总是要走向终点。何况,死亡这件事一点也不让我感到害怕……倒是继续活下去似乎总令人觉得厌烦。"他还不忘补充一句:"我想我最后的时刻已经到了。"[3]

---

[1] 阿尔玛·马勒:《马勒:回忆与书信》,14页。
[2] 古斯塔夫·马勒:《马勒 - 理查·施特劳斯书信录,1888—1911》,51页。
[3] 格兰奇:《马勒(卷二),维也纳:充满挑战的岁月(1897—1904)》,见纳塔莉的记述,334-335页。

究竟马勒的话有多少真实性？毕竟，因为痔疮而过世并不常见，霍亨涅克或许只是在吓唬他。马勒似乎把这场经历视作人生的十字路口，意味着对过往成就的盖棺定论，意味着走向完全不同的未来。他坦然地决定接受手术，听闻皇帝特意写信给霍亨涅克嘱咐医生们照顾好歌剧院总监，马勒开心不已。蒙提诺瓦王子将马勒的薪水上提百分之十六，并增加他的日常零用开销。备受鼓舞的马勒于3月4日接受了手术，之后便是漫长的术后康复。休养期间，马勒日日以巴赫的作品为伴。他告诉莱赫纳："巴赫令我想起那些墓碑，底下的人们都沉睡着，双手交叠在胸前。即便已失去存活的形式，他们仿佛还不愿放开生命。"[1]

　　这些阴森森的想象类似人们在经历全身麻醉后被推入恢复室时所产生的幻觉，生与死在脑中显得模糊。我自己很熟悉这样的状态。在帕丁顿（Paddington）的圣玛丽医院做完胆囊切除手术后，我仿佛听到护士带着不同寻常的法语腔讲话。我问她是哪里人，她说了一个村庄的名字，离我母亲位于阿尔萨斯（Alsace）的老家不远，同属于比谢姆（Bischheim）地区。母亲在我还是婴儿时就去世了，因此我对她毫无印象。护士与母亲的声音仿佛合二为一，从另一个世界传来，恐怕那正是马勒与死神交会后所描述的"生死交界的等待室"。阴郁的情绪几个月来困扰着马勒。复活节前，他起程前往阿巴齐亚（Abbazia）度假，在亚得里亚海边提到一个梦境：

---

[1] 纳塔莉·鲍尔-莱赫纳：《回忆古斯塔夫·马勒》，157页。

母亲、弟弟恩斯特和我整夜站在客厅的窗边（应该是在伊格劳）……天空中黄色的烟飞舞弥漫，星星开始移动，它们朝一处聚集，彼此互相吞噬，仿佛世界末日就在眼前。突然，我来到一个地下的市集，炽热的蒸汽跟着我，当我回头，我看见一个巨大的身影从浓雾中浮现——永恒的犹太人……他的右手臂放在高高的权杖上，顶端是金色的十字架……（他）强行将权杖交给我，我一边尖叫，一边在惊惧中醒来。[1]

恩斯特与母亲的形象乃是对马勒追逐"金色十字架"的责难，恶狠狠地鞭笞他对犹太信仰的背弃、他的罪孽。在另一个梦境里，他在舞厅与死神相遇。死神抓住他的手臂，说："跟我走。"与《圣经》中约瑟夫、贝格施特拉瑟路19号的弗洛伊德一样，马勒也痴迷于了解梦的含义。

马勒卧病期间，维也纳爱乐的指挥工作由沙尔克及剧院芭蕾指挥赫尔梅斯伯格分担。马勒一不在，懒散的空气重又占领乐团。赫尔梅斯伯格掌事期间，其风格大受乐评希施费尔德的称赞，理由是"他不那么咄咄逼人"。另一位乐评格拉夫也表扬他"不倡导变革"。维也纳爱乐乐手甚至对媒体称马勒被解职是迟早的事，马勒只是抢在乐团投票决议前聪明地提前请辞而已。他的继任者将是赫尔梅斯伯格，人称"快乐佩皮"（Fesche Pepi）或"绅士乔"（Dandy Joe）。这位喜爱追逐少

---

[1] 格兰奇：《马勒（卷二），维也纳：充满挑战的岁月（1897—1904）》，见纳塔莉的记述，340页。

女的花花公子之后三年都被推选为维也纳爱乐乐团的音乐总监,直到某天一位年轻舞者的父亲上街辱骂他对自己女儿干的好事才算完。后来,爱乐乐团恳求马勒重返执棒,被马勒高傲地拒绝了。

那年夏天,照惯例在迈尔尼希度假的马勒重温自己学生时代的诗歌摘抄集,借用四首吕克特诗歌完成了声乐套曲《亡儿悼歌》中的三首。另外,他还完成了《少年魔角》的最后一首抒情曲及第五交响曲的前半部。长时间的休息、自我反省令乐思灵动,一切变得宁静自然,他从未像现在这般中意这栋新房子。"这里真是美极了,"他倚着顶楼阳台的栏杆,叹息,"我真不配拥有这么好的地方。"[1] 水面上有游客经过,大叫着:"那是马勒!马勒万岁!"马勒只好赶紧跑回屋内,脸红却并不生气。贾斯汀说当他坐下来写作《亡儿悼歌》时,"简直欣喜若狂,甚至到了忘我的地步"。

吕克特组诗包含430首,马勒挑了其中五首。为什么是这五首而非其他?每首诗开篇的几句揭露了作曲家当时的心理状态:

1. 如今,太阳将带着同样的光辉升起
   仿佛昨夜未曾有过任何灾祸
2. 如今,我看得分明
   为何暗黑的火焰从你眼中向我扑来
3. 当你矮小的母亲
   穿门而入

---

[1] 纳塔莉·鲍尔-莱赫纳:《回忆古斯塔夫·马勒》,159页。

4. 我常常想，他们只是出去走走，很快会回来

5.（最后两行诗）：上帝之手庇佑着他们

他们安息在母亲的房里

第一首诗歌唤起对濒临死亡之夜的回忆，其他诗歌则暗合马勒在那个时期关于母亲与小男孩的梦境。所谓死去的孩子可以是恩斯特，也可以是古斯塔夫。歌曲的标题"亡儿悼歌"并不令人舒服，甚至散发着病态的恐怖气味，但作品并非是祭奠死者的安魂曲，而是幸存者的冥思。该组声乐套曲为男中音所写，有意地强化了作品乃作曲家自传的意图，马勒从未在这个作品中使用过任何女歌手。《亡儿悼歌》就是古斯塔夫·马勒本人以第一人称完成的自述。开场乐段背景传来钟琴清脆的声响，将第四交响曲意象中的天堂转变为不友善之地，阴沉、令人生畏。在末尾的段落中，孩子的魂灵在忧郁的竖琴拨弦声中试图找到安息的居所，但终究缥缈。来世已经失去了吸引力；马勒已不再依赖。他的人生翻过了"复活"的篇章，不再试图寻求生命以外的慰藉，不再追求何为更伟大的彼岸。术后的马勒开启了第二人生，在他心中，最重要的只有此地、此刻。

《吕克特之歌五首》则围绕《午夜冥想》(*Um Mitternacht*)这首诗构成爱的颂歌。其中一首尤为特别，描绘了马勒的心境：

我不再感知这个世界(*Ich bin der Welt abhanden gekommen*)

我已将世界抛在身后，

这个曾挥霍我无数时光的所在；

世界早已对我一无所知

也许它甚至认为我已消逝。

我并不介意

它视我已入土：

我无法反驳

对于这个世界，我与死人无异。

再不见世界的喧嚣，

只于静默之地感到平静：

我独居在自己的天堂里，

在自己的爱里，

在自己的歌里。[1]

这首歌曲包含了精神领域的自我解析与自我隐蔽。它表明了，或者说在想象中建构了自我对世界的漠视：那个拒绝我音乐的世界已被我丢弃；仅存一息之长的琐碎社会是瞎子，无法看穿肤浅的美丽。如果想要成为一名忠于自我的作曲家，就势必会被社会所拒绝。因为曾与死神照会，他得以甩脱对生的期待，为尚未诞生的时代创作。到那时，所有他认识的人都已长眠，唯有他的歌永存。

---

[1] 本段英文由作者译写。英语原文：I have left the world behind, The world on which I squandered so much time; It has known nothing of me for so long. It might as well believe I'm gone. Not that I'm much bothered. If it takes me for dead: I cannot contradict it. For I am really and truly dead to the world; Dead to the world's hubbub; And at peace in a still stretch of land: I live alone in my own heaven, In my own love, in my own song.

音乐在竖琴与英国管令人心痛的声调中开始（让人联想起威尔第在《奥瑟罗》中为苔丝狄蒙娜写的《杨柳之歌》），竖琴的拨弦声犹如凄厉的风在低吼。切肤之痛、不能消解的孤独感是马勒于世间的画像。他需要找到一处安居之地，在自我的爱中，他不再感到自己被遗弃。

"吕克特之歌"不同于《亡儿悼歌》，并未对排列的次序有明确的定义，相应地，出版的版本也有各种不同的组合。1905年，出现了五首吕克特歌曲加上另外两首《少年魔角》共称为《最近的七首歌曲》(Sieben Lieder aus letzter Zeit)。[1] 这些歌曲在马勒逝世后重新出版，标题为《七首最后的歌》[2] 马勒生前最后一次演出这套组曲时[3]，用了《我被世界所遗忘》(Ich bin der Welt)作结尾。他对莱赫纳说："那首歌是我，我自己。"[4]

一转眼，夏天结束了。

马勒与莱赫纳坐在多情的湖边。贾斯汀与阿诺德去了疗养地，于是度假地只剩下他们二人。（马勒难道什么都没注意到吗？）虽然莱赫纳着急难耐，还是等到两人回到维也纳才采取行动，她扑向马勒，将渴望的双唇贴了上去。然而，马勒将她推开。莱赫纳质问马勒为什么不娶她，"我不能爱你，"马勒说道，"我只能爱美丽的女人。""我很美呀。"莱赫纳号啕大哭。从此，马勒拒绝再见她。

---

[1] 环球版本（Universal Edition），1905年。
[2] 英国爱乐乐团，维也纳，1926年。（Philharmonia, Vienna, 1926.）
[3] 1907年2月12日与约翰尼斯（Johannes Maesschart）在柏林合作的演出。
[4] 纳塔莉·鲍尔-莱赫纳：《回忆古斯塔夫·马勒》，166页。

一见倾心

索菲·克列孟梭特意到维也纳看马勒指挥的音乐会。1901年11月7日，索菲和她的妹妹贝尔塔在位于德布林（Döbling）郊区的坚果林道（Nusswaldstrasse）20号举行晚宴，邀请马勒为席间贵宾。首先到场的是分离派的代表人物画家克里米特及摩尔，与摩尔一起到场的还有他的夫人安娜、女儿阿尔玛（Alma Schindler）。阿尔玛年方20，有着漂亮的头发、姣好的身形，总之是那种走在街上会引发骚动的美人儿。她坐在克里米特与歌剧院前任总监布克哈德（Max Burckhard）中间，两个声名显赫的老男人都亲吻了她。到场的还有贝尔塔的丈夫——解剖学家祖卡坎德尔（Emil Zuckerkandl），同为分离派成员的摄影家施皮策（Friedrich Viktor Spitzer）。

马勒携妹妹贾斯汀到场。听见桌子的另一头传来笑声，一帮子人围绕着那个女孩热烈交谈，马勒大叫："可以让其他人加入这愉快的对话吗？"此时，一位客人风尘仆仆地赶来，他刚听完由策姆林斯基指挥、捷克小提琴家库贝利克（Jan Kubelík）担当独奏的音乐会。阿尔玛立刻发表高见，称自己不喜欢浮华的所谓演奏大师。"我也不喜欢。"马勒大声地脱口而出，显然急于引起这位美人的注意力。他随即讲了一个故事：说曾经有一位大公写信要求他在表演中使用一位女伶，仅因为她是大公心仪的对象。他转身将信丢进了垃圾桶。

随后，大家各自散去，边喝咖啡边聊天。艺术家们谈论起"何为美"的老话题。"苏格拉底的头是美的。"马勒宣称。"我倒是觉得策姆林斯基很美。"阿尔玛略带挑衅地说。大家都知道,策姆林斯基是她的老师,长相出了名的丑。

"为什么您不演出他的芭蕾剧目《玻璃心》(*A Heart of Glass*)[1]呢?"她质问马勒,"您吊了他一年却迟迟不给答复。"

"那东西一点价值都没有,"马勒说,"您怎么能为垃圾辩护?"

"那不是垃圾,恐怕是您没有用正确的方法解读吧。"阿尔玛的声音变得刺耳。

马勒每天都在面对此类要求,他习以为常且应对自如。比如,他刚刚推掉了乐评人霍伊贝格尔的请求,拒绝上演一部糟糕的轻歌剧,并将霍伊贝格尔列入黑名单。马勒对阿尔玛说:"我欣赏你支持自己老师的方式,我明天就会给策姆林斯基一个答复。"

以上这段话出自贝尔塔的记录。[2] 阿尔玛的版本则要生动得多。她表示马勒根本看不懂策姆林斯基芭蕾舞剧中的霍夫曼斯塔尔叙事。"我可以解释给您听。"阿尔玛提议。"我十分期待。"马勒微笑着,露出强壮、洁白的牙齿。阿尔玛继续写道:

> 我们俩独自聊了很久,或许是他们刻意留下我们独处。我们很快被充满魔力的氛围所笼罩,正是那种爱人寻找到彼此的征兆。我向他保证,要是自己写了不错的作品就会去(歌

---

[1] 在此,她意指该完整芭蕾剧目中的一个片段,"时间的胜利"(The Triumph of Time)。
[2] 贝尔塔·祖卡坎德尔:《奥地利回忆录,1892—1942》(法兰克福,1970年),42-43页。[Bertha Zuckerkandl, *Österreich intim. Erinnerungen*, *1892-1942*(Frankfurt: Ullstein, 1970).]

剧院）找他。他笑了下，带着一丝嘲讽，仿佛在说那还有得可等。随后他邀请我参加第二天早晨的带妆排练，剧目是《霍夫曼的故事》(Tales of Hoffmann)。此时，克列孟梭夫人（索菲）及祖卡坎德尔（贝尔塔）正好经过，马勒顺势邀请她们同行。[1]

马勒提出陪阿尔玛走路回家，她婉拒了，与双亲一起坐进马车。马勒再次表示希望尽快在歌剧院见到她。"我会等待你履行承诺。"他冲着远去的马车大喊。

"我非常喜欢他，虽然他总是骚动不安，"当晚阿尔玛在日记中写道，"他像个野蛮人般在房间里横冲直撞，这个家伙整个儿是氧气构成的，当你接近他时，仿佛有一团火将你灼伤。明天，我应该跟亚历克斯（Alex）聊聊这件事……"[2]亚历克斯其实就是策姆林斯基，当时与阿尔玛几乎可以算是一对情人。"我将永远不会忘记他的手触碰我私处的感觉……只要再走一步，我就，仿佛升天一般……我想跪在他面前亲吻他的私处——以及他所有、所有的一切。阿门！"[3]阿尔玛对策姆林斯基可谓意乱情迷。然而，母亲安娜并不同意女儿与这个有一半犹太血统的家伙交往，扬言要终止他俩的作曲课，阿尔玛反以自杀相挟。

次日早晨，阿尔玛与索菲、贝尔塔一起前往歌剧院。与此同时，马勒正在长廊来回踱步，等待她的出现。他接过阿尔玛的外套，

---

[1] 阿尔玛·马勒：《马勒：回忆与书信》，5页。
[2] 阿尔玛·马勒：《日记1898—1902》，442–443页。
[3] 同上书，444页。

完全无视另外两位尊贵的女士。"辛德勒小姐,您昨晚睡得好吗?"马勒问。

"非常好,为什么不呢?"

"我可是整晚没睡呀。"马勒说。

他走进乐池指挥《霍夫曼的故事》。该剧目于1881年12月首演,原定计划在维也纳表演一轮,但在第二个晚上,环区剧院(Ring theatre)失火,1760名观众中有400位死于火灾。自事故后,该剧目还是头一回由马勒领衔再现全本。当肖德上场时,她的礼服竟然开衩到"腰际",马勒不得不暂停排练,要求肖德把衣服缝得体面一点。[1]中场休息时,"马勒两次走到栏杆边与我们说话,真的非常亲切"。阿尔玛写道。

不久(日记本中有几页缺失[2]),阿尔玛收到一首情诗:

> 不过一夜之间:未曾想
> 对位法与音乐理论
> 还能这样撩动我的心……

> 诗的最后一段透露了匿名者的身份:
> 我仿佛还能听见那人说:我会等待你履行承诺!
> 它一直在我的耳边盘旋,
> 仿佛加农炮的巨响。

---

[1] 阿尔玛·马勒:《马勒:回忆与书信》,15页。
[2] 马特纳(Knud Martner)整理,2009年2月12日E-mail给作者。

我的眼守着门——等待。

阿尔玛的母亲询问是谁寄来的情诗，不老实的阿尔玛说不确定。接着，她们俩去观赏瓦尔特指挥的歌剧，剧目是格鲁克的《奥菲欧与尤丽狄茜》。这种古板的剧目令阿尔玛提不起兴致，她无聊地东张西望，抬头望向指挥包厢时正好与马勒的眼神对上。中场休息时，马勒主动过来打招呼，并结识了她的母亲。随后，他在自己的私人休息室招待她们茶水。"您住在赫瓦特（Hohe Warte）吗？"他询问道，"那里是我最喜欢散步的地方。"于是，阿尔玛的母亲邀请马勒到家里做客，马勒伸手拿来日程表，两人约定了周六。

然而，马勒根本没能挨到周六。11月28日，周四，马勒便跑去敲门了。那是由建筑师霍夫曼设计的半独立式住宅区。阿尔玛家的房子位于山上，可以俯瞰整个城市。她家隔壁住着设计艺术家科罗曼·穆塞尔；另两栋别墅则属于分离派摄影师施皮策与亨嫩贝格尔（Hugo Hennenberg）。[1] 马勒被迎进门，一边喝茶一边与摩尔一家闲聊。等马勒抬头看钟的时候，发现时间不早了，于是询问是否可以借用电话。当得知家里并无电话，马勒询问阿尔玛能不能陪他走到镇上的邮局。当时，外面正刮着不小的风雪，摩尔与莫泽陪他们走在后头。阿尔玛听到马勒跟妹妹说自己不回家吃饭了。"随后他告诉我，他有多么想念我，但又担心自己的人生已无法逆转。他注定只能将自己奉献给艺

---

[1] 见克日什坦（Kristan），2007年。

术——然而现在他满脑子却想着其他事。"[1]马勒耐心地向阿尔玛解释贾斯汀如何照料他的生活起居，给予他创作的空间。如果他身边可以出现另外一个人，情况也许就会不同了。"如果那个人恰好又具备艺术素养呢？"阿尔玛问。马勒避而不谈，留在摩尔家吃饭。

马勒离开后，另一位深情的追求者布克哈德送来一本书。第二天，阿尔玛把马勒送给她的一些歌曲拿给策姆林斯基看。阿尔玛认为这些歌曲过于朴素简单，看着一脸苦相的策姆林斯基，更挑起阿尔玛内心好战的神经，她整个周末都在钢琴前边弹边唱。星期一下午，马勒又来找阿尔玛。"他对我说爱我，我们亲吻彼此。他为我弹奏那些小东西——然后我的嘴唇又被阖上了……他的抚摸既温柔又令人愉快。真希望我自己知道要的究竟是他，还是其他人。"[2]一边是策姆林斯基，30岁，有着大好前程。而马勒则属于另一代人，与自己母亲的年龄相仿。"若是策姆林斯基变成一个名人呢，该怎么办？"阿尔玛左右掂量。

《霍夫曼的故事》首演当晚，马勒在乐池四下张望，正好撞见阿尔玛与建筑师穆尔在调情。"我失去他了。"阿尔玛懊悔哀叹。然而12月7日周六，马勒再次按响了阿尔玛家门铃。"我们不停亲吻彼此，他的拥抱让我感觉温暖。"[3]他唤她作"爱喜"（Almschi），一个亲昵的小名。马勒动身前往柏林时，给阿尔玛留了一封信："我只听得见一个声音，它超越一切。愿它永不会在我

---

[1] 阿尔玛·马勒：《日记1898—1902》，447页。
[2] 同上书，448页。
[3] 同上书，450—451页。

的心中沉寂。那声音只有一个音符，一个字：我爱你，我的阿尔玛！……我的，我的。你的古斯塔夫上。"[1]

"我根本无法做任何事，"阿尔玛在日记中这么写道，"我在房间里来回踱步，不停地翻看他的照片，反复读着他写的文字——我爱他！"[2]然而，当建筑师穆尔来拜访她时，她又与他弹琴调笑起来。穆尔问阿尔玛自己是否还有机会，阿尔玛称自己正与马勒谈恋爱。穆尔先是以自杀相威胁，随后改变策略，表示他从一位医生那里得到消息，马勒得了不治之症，将不久于人世。

当晚，阿尔玛在床上辗转反侧，决定尽快了结这一切。她坐在桌前给策姆林斯基写了一封分手信：

> 亚历克斯，你知道我曾经多么爱你。你让我感觉完整。然而，正如爱情降临得突然，它去得也快，我已经被另一份感情所征服！一股全新的力量！我跪着祈求上苍原谅我们在一起时曾犯下的罪行，我曾经把自己交托给你，但有些事情确实不在你我控制范围内。[3]

随后，阿尔玛在祖卡坎德尔家与贾斯汀一起喝下午茶，盼着能打探到关于马勒的健康状况究竟如何。"若是真的，我为他感到揪心……可他的爱又是那么打动我。"为了让自己分心，阿尔玛花

---

[1] 古斯塔夫·马勒：《给妻子的信》，54 页。(Gustav Mahler, *Letters to His Wife*.)
[2] 阿尔玛·马勒：《日记 1898—1902》，455 页。
[3] 安东尼·博蒙：《策姆林斯基》（伦敦，2000 年），98 页。[Antony Beaumont, *Zemlinsky* (London:Faberand Faber, 2000).]

了五个小时看《纽伦堡的名歌手》,并"异常夸张"地与她觉得"非常有吸引力的年轻医生阿德勒"调情。[1]

马勒从德国寄来情书,其中夹杂着他一贯专断的说教语气:

> 我最亲爱的姑娘,请试着把字写得更清楚些。把每个字母清楚地分开写,辅音也要写得精准。你为什么不和我一样用德文的花体字呢?你在信中说你与一位英俊、富有、有教养且了解音乐的年轻人度过了一个难熬的下午。爱喜!爱喜!想想看,我的上帝!事情只可能是这样,我想不出其他结果。……他就站在那里,苍白、颤抖,威胁着因为你而自杀!我简直难以想象!我多么想立刻跑到你身边,好叫我的手指穿入你美丽的发辫——虽然我觉得你还是不绑辫子比较好,最好维持简洁的发式。[2]

布克哈德警告她离马勒远点,"他称若是两个个性都很强的人在一起,他们一定会彼此争斗直到一方屈服为止"。接着,策姆林斯基也出现了。

> 他走进房间,比以往任何时间都更显苍白、安静。我朝他走去,将他的头拥入怀中,亲吻他的头发。我感觉这一切如此奇怪。我们坐下来认真谈话,都是一些与两人有关的话题,

---

[1] 阿尔玛·马勒:《日记 1898—1902》,457 页。
[2] 古斯塔夫·马勒:《给妻子的信》,59—60 页。

我们肩并肩,身体因为爱而疯狂地缠绕在一起。他带着一丝讥讽,但依然对我很友善,友善到几乎感人的地步……今天,我埋葬了一段美丽的爱情。古斯塔夫,你必须加倍地补偿我,让我感受到更强烈的爱。[1]

马勒开始抱怨阿尔玛总在信中谈论一些"年轻男子的美德",贾斯汀认为那不过是阿尔玛在玩弄她的追求者。"他是个病号,"阿尔玛在日记中自我剖析,"他如今的地位并不稳固,一个不再年轻的犹太人,负债累累的作曲家。算来算去,我这么做究竟有什么好处?……可我爱他,愿意跟随他……我的古斯塔夫!我近乎羞耻地渴望着他。"[2]

然而,阿尔玛改不了四处留情的毛病,合上日记本,转身又与阿德勒(Louis Adler)"疯狂"地调情。"这家伙实在长得太好看了,穆尔站在一旁看着……"阿尔玛天生就善用双重视角观察自己:一面,她会记录自己眼中的自己,另一面也记录别人看待她的方式。对她而言,表象(schein uber sein)与所经验的事实一样重要。阿尔玛对他人而言有着致命的吸引力,她不光拥有年轻貌美的外表,能洞察人心的蓝色眼眸,浑身上下散发的性魅力足以掩盖她略显笨拙的"胡言乱语"[3]。男人们纷纷拜倒在她的石榴裙下,她的最后一任丈夫如此形容道:"这是史上最伟大的魔女之

---

[1] 阿尔玛·马勒:《日记 1898—1902》,459—460 页。
[2] 同上书,461 页。
[3] 引自卡尔《真实的马勒》(伦敦,1997 年)书中安娜·马勒的话,105 页。[Anna Mahler, quoted in Carr, *The Real Mahler* (London: Constable, 1997).]

一。"[1]当然这其中的口吻并非完全是充满爱恋的赞美。正是这种魔力点燃了马勒心中的爱与欲,让他愿意忽略两人年龄上的差距,忘记她的任性、不成熟。马勒明白阿尔玛永远都不会是一个好相处的伴侣,不过他渴望拥有她如同渴望一场爱的冒险。阿尔玛与自己逆来顺受的母亲是截然相反的,而母亲一直是尘封在马勒记忆里最重要的形象。

马勒在柏林指挥自己的第四交响曲,随后又前往德累斯顿聆听《复活》。抵达酒店后,马勒坐在桌前给阿尔玛写了一封长信,"或许这是我这辈子最重要的一封信。"他小心翼翼地掂量每句措辞,并将自己的观点分为两个部分,每部分都经过反复仔细的揣摩。"我知道自己会伤害你,"他警告阿尔玛,"但我别无选择。"

他先是将那些追求她的男人们嘲笑一番。"布克哈德、策姆林斯基,他们这些人根本就是毫无个性的人",他们不过是一群为了勾引她的爱,竭尽谄媚讨好的二流仰慕者。不过,幸好从你嘴里说出来的那些观点都"不是你个人的想法,而是他们的,感谢老天"。当时,阿尔玛对于自己是否是艺术家的身份认同尚未真正形成,而马勒决不允许她脑中有成为一名作曲家的想法,甚至连假想、推断都不应该有。

> 你在信中谈到"你的"音乐与"我的"音乐。请原谅,对此我无法保持沉默。既然走到这一步,我的阿尔玛,我们必须把事情讲清楚,在我们下次见面前,现在、马上讲清

---

[1] 引自卡尔《真实的马勒》书中韦费尔(Franz Werfel)的话,106页。

楚……让我比较概略地说好了。一个丈夫和他的妻子都是作曲家：你可以想象吗？那是一种多么奇怪的竞争敌对关系啊。你知道那会有多么荒谬吗？你知道那会让我们两人都失去自尊吗？假如在某个时候，你必须处理家务，或者为我拿来一些急需的物品，或者正要写一些生活中的琐事逗我开心，——要是这时，你突然有了创作的"灵感"，那该怎么办？

请不要误解我的意思！我并不是想叫你用世俗的眼光看待婚姻关系，并非说女人在婚姻关系中只是男人的消遣，或者专门做家务的管家。想必你也不会把我想成那种人吧？然而，有一件事是确定的：如果我们想快乐地相守，你必须"随时照顾我的需要"——不是我的同事，而是我的妻子！[1]

接下来，马勒继续滔滔不绝地宣称，"你只有一个工作：让我感到快乐，"并且你要明白，"这样的决定对我而言也很艰难，并不比你轻松"。正是因为这些话让后世的女性主义者认为马勒是一位残忍的沙文主义者，阿尔玛则是可怜的受害者。

法国政治家弗朗索瓦丝·吉鲁（Francoise Giroud）曾写过关于阿尔玛的传记，书本身带有极强的偏见，开篇写道：阿尔玛及她被挫败了的创造力成为日后"女权主义美学观"拿来训诫世人的经典案例。然而，马勒在这里的主张并没有男性主导的意思。他曾明确表示"尼采的男性至上理论是完全错误且自以为是的"[2]，

---

[1] 古斯塔夫·马勒：《给妻子的信》，78-84 页。
[2] 同上书，81 页。

也从未想过要找一位顺从的妻子。相反,马勒爱她好斗的个性。他希望避免夫妻间出现专业竞争,这会给抨击他的敌人留以话柄。在这场婚姻中只可能有一个作曲家。如果两人都是作曲家,他势必需要以自己身份之便刻意宣传他妻子的作品,也一定会有人故意赞美阿尔玛来攻击马勒。如果两人都是作曲家,只可能两败俱伤,婚姻破裂。

基于两人能力与成就的差距,这些考量并非不合理。马勒已是有名望的作曲家。阿尔玛只写过 95 首歌曲,大多是钢琴作品或未完成的草稿,全都未曾发表或公开演出。[1] 无论如何,她在各方面都算不上一位职业作曲家,也并非如她自己确信的那样拥有音乐天赋,天注定要走音乐之路这一说法在阿尔玛身上并不成立。马勒并不是禁止她作曲,他只是希望她不要在创作领域与他竞争。

马勒的目标很明确,面对一位任性、出色且肤浅的年轻女子,他必须在婚前与她达成共识。最后,马勒在信中要求:

> 将你自己无条件地交托于我,听命于我,你未来生活的所有细节都将配合我的需要。作为回报,我将付出我全部的爱。至于那究竟是什么样的爱,阿尔玛,我无法告诉你,只能这么说:要是你成为我的妻子,我可以为了你放弃自己的生命与全部的幸福。

这封信的内容直到 1995 年才被公开,而在那之前,马勒早已

---

[1] 源自马特纳的调查研究。

是女权主义的敌人了。他在信中表示愿意为阿尔玛"放弃自己的生命",这意味着如果有需要,他可以为了阿尔玛放弃作曲、放弃自我。马勒对阿尔玛并没有更多的要求,却献上了自己的全部。他大概从未想到自己的誓言有一天会被这样严格地检验。

马勒论证严密的长信在阿尔玛眼中无异于对她宣判了死刑。

> 一瞬间仿佛心停止了跳动……放弃我的音乐?放弃对我来说等同于全部生命的事物?我的第一反应是:拒绝他。可我却在哭泣,我才明白自己的确爱他……
>
> 我和妈妈聊到深夜,她也读了这封信……我觉得他的行为真的很不体贴,甚至是无能怯懦。或许他只是以温柔的方式在表达自己的想法,但这些文字不可避免地要在我心中留下伤疤。[1]

阿尔玛必须做出决定,如今马勒已经在回来的路上,所剩时间不多。"是的,他说的没错,"她打定了主意,"我必须完全为了他而活,让他快乐。奇怪的是,如今我感到自己对他的爱已变得真挚而深厚。不过这又能维持多久呢?"[2]回到维也纳的马勒欣喜地将阿尔玛拥入怀中。"我渴望孕育他的孩子,"她写道,"如果他具备这样的能力,也希望有孩子的话。"她祈祷着马勒的健康状况,但愿他"不要让我失望",不要某一天突然发现他倒在

---

[1] 阿尔玛·马勒:《日记1898—1902》,462页。
[2] 同上书,462–463页。

血泊中。

在圣诞节的前两天,马勒给阿尔玛买了一枚戒指,一个星期后,阿尔玛决定两人可以更近一步。"今天,我们带着婚约的誓言结合在一起,"阿尔玛在日记中写道,"他让我感受到他的男子气概、他的力量,一种纯粹而神圣的感官刺激,那是我从未了解的感受。他一定是被欲望折磨得很难受,我可以感觉到他的挫败。"[1]新年那一天,阿尔玛主动到他的公寓拜访。

> 我今天不得不记下这一切,真令人感到悲伤……他把他自己献给了我,他的手抚摸着我的身体。他的雄风挺拔直立。他轻柔地将我放躺在沙发上,用他的身体覆盖我。随后,正当我感受到他的进入时——他就失去了所有力量。他把头低垂在我的胸口,那么疲惫——几乎因为羞耻而啜泣。我也心烦意乱,但还是安慰了他。[2]

1902年1月3日,他们终于圆满地完成了性事。阿尔玛在日记中激动地大叫:"真乃天上极乐!"

马勒是否意识到自己最私密的言行全被记录了下来?在此之前,唯有莱赫纳为马勒做记录,但毕竟他从15岁就认识莱赫纳,对她非常信任。到目前为止,他认识阿尔玛不过一个月,他对于这个姑娘的了解仅限于她时髦的住处,以及她交往的一些艺术家。

---

[1] 阿尔玛·马勒:《日记1898—1902》,466页。
[2] 同上书,467页。

他想当然地认为她接受的是传统教育，看重坚贞的忠诚。他实在错得离谱。

缺席的父亲

阿尔玛的故事必须从一场破产谈起。1871年，汉堡一酒商破产，他想尽办法凑足钱把女儿安娜（Anna Sofie Bergen）送到维也纳学习声乐。安娜有着漂亮的淡褐色眼睛，她的出现吸引了画家辛德勒（Emil Jakob Schindler）的注意。安娜决定与他结婚，结果发现总是穿着考究的辛德勒其实是一个穷光蛋，与另一个穷光蛋朋友贝格尔（Julius Victor Berger）合住在梅尔霍夫街上的公寓。已怀有三个月身孕的安娜还得替两个男人处理家务。1879年8月31日，阿尔玛出生。有孩子的事让辛德勒感到"羞耻"，他离开家去了某疗养中心，一走便是好久。在他离开的这段时间，或许因为房租的关系，安娜与贝格尔上了床。之后她怀孕，生下第二个女儿玛格丽特（Margarethe），即格蕾特（Grethe）。

辛德勒收了一位学生，卡尔·摩尔。有了收入，情况开始好转。全家人与摩尔搬到布兰肯堡（Castle Schloss Plankenberg）[1]，阿尔玛在那里度过了"充满艺术气息"的童年。1892年8月，摩尔与他兄弟在叙尔特岛（Sylt）度假期间，辛德勒因盲肠手术失败

---

[1] http://burgenkunde.at/niederoesterreich/noe_schloss_plankenberg/noe_schloss_plankenberg.html.

去世。[1]当时，再过两个星期便是小阿尔玛的13周岁生日。"辛德勒，"她写道，曾是"我的父亲……我所做的一切都是为了取悦他。我全部的野心与虚荣只是为了他能冲我眨一眨那蓝色的眼睛，认可、充满理解的眼神。"[2]在阿尔玛的记忆中，缺席的父亲被理想化了，她渴望拥有一位如父亲般有创造性的非凡男子。

剧情如"哈姆雷特"般急转，1895年，母亲安娜与摩尔完婚，并为摩尔生下女儿玛丽亚（Maria）。摩尔个性随和、讨人喜欢，天生擅于包容错误、化解矛盾。他常能将自己的画作卖个好价钱，有时担当"中间人"为更大牌的艺术家与画廊、客户牵线搭桥。作为分离派的主席，摩尔将格蕾特嫁给他的学生莱格勒（Wilhelm Legler），当然他也试图为坏脾气的阿尔玛寻找合适的婚配对象。阿尔玛在日记中写道：

> 我想做一些不一样的、非凡的事。比如写一部出色的歌剧，一件从未有女人做过的事。总之，我想成为重要的人。然而一切是不可能的，为什么呢？我并不缺乏才能，但对艺术目标的态度却过于轻率。上帝啊，求你给我一个伟大的使命吧，让我成就一些了不起的事！让我快乐！[3]

古斯塔夫·马勒正是她祈求的答案。他是艺术家，一个天才，

---

[1] 奥利弗·西尔麦斯（Oliver Hilmes），*Witweim Wahn: Das Lehen der Alma Mahler-Werfel*（慕尼黑，2004年），36页。
[2] 同上书，14—15页。
[3] 阿尔玛·马勒：《日记1898—1902》，5页。

为皇室所尊敬，长相英俊，坐拥权势。他的手敏感细腻，内心则是波西米亚式对世俗价值嗤之以鼻的嘲讽性格。他是个伟大的男人，而阿尔玛的爱可以让他变得更伟大。更有趣的是，这个人与阿尔玛的生父辛德勒是如此相像。"我必须站起身来，努力向上才能够着他的高度，"阿尔玛如此形容马勒，"我因他而存在[1]。"对马勒而言，他很高兴自己能爱上一个恋父的姑娘，正如自己也深深眷恋着母亲。阿尔玛中间的名字是玛丽亚，那正是马勒母亲的名字。在马勒的要求下，阿尔玛开始以"阿尔玛·玛丽亚"称呼自己。

1901年1月5日，马勒在晚宴上正式将阿尔玛与摩尔一家介绍给自己的朋友。坐上宾客有利皮纳、他的妻子克莱门蒂娜（Clementine），另外还有克莱门蒂娜的哥哥施皮格勒及其妻子妮娜（Nina，她是利皮纳的前妻）、弥登伯格（利皮纳的情妇、马勒的前任女友）、贾斯汀与阿诺德，还有摩尔的邻居莫泽。当晚的气氛沉闷，混乱的关系让一切变得不自然。阿尔玛显得傲慢无礼，席间她只与母亲、马勒说话。当弥登伯格问她是否喜欢马勒的音乐时，阿尔玛回答说："我听的不多，就目前所听到的我并不喜欢。"[2] 在马勒朋友面前，阿尔玛觉得自己如受审般难受。

"他的那些朋友……很明显都是犹太人。"她写道，"我只能用

---

[1] 阿尔玛·马勒：《日记 1898—1902》，468 页。
[2] 见《马勒给妻子的信》，格兰奇与冈瑟·韦斯合编，英译本（伦敦，2004 年），96 页。[*Gustav Mahler, Letters to His Wife*, ed. Henry-Louis de La Grange and Günther Weiss, incollaboration with Knud Martner, transl. Antony Beaumont（London: Faber and Faber, 2004）.]

无礼的态度激怒他们，聊以自娱。"[1]她起身将马勒带离房间，对他人不予理睬，甚至没有跟大家好好道别。当利皮纳向马勒抱怨时，马勒轻描淡写称："她只是太年轻了。"之后，众人对阿尔玛的"傲慢"及"肤浅"发动轮番攻击，这当然还包括对马勒"包庇、轻慢态度"的不满。"既然你不考虑他人的想法，"利皮纳愤怒地咆哮，"那么我们只好反对你了。"这正是阿尔玛想要的，让马勒与那些"年轻时就如同脚镣般在他身后拖曳的人"[2]划清界限。

身为总监的未婚妻，在马勒指挥歌剧《火荒》(Feuersnot)期间，阿尔玛与施特劳斯及其妻子波琳娜（Pauline）同坐一个包厢。阿尔玛发现这对夫妻，一个是"悍妇"，一个是"恬不知耻的物质主义者"。[3]马勒十分认同阿尔玛的说法。"那人总喜欢在他周围营造出幻灭感，"马勒对阿尔玛说，"你对他的描述实在太精准了……终有一天，人们会知道如何去芜存菁。当他成为过去，我的时代将要来临。"[4]对马勒而言，这真是自我释放的时刻。阿尔玛的评价正中下怀，马勒得以重新定义自己，重新看待他与敌手的关系。"我的时代将要来临。"马勒常用这句话为自己在音乐史上做出界定。所谓"他终会成为过去"是为了将自己与狭隘地寻求眼前机会、随大流的作曲家们区分开。马勒曾经如此形容自己与施特劳斯的关系——"两位在地底挖掘的矿工，终于在途中相遇"[5]。如

---

[1] 阿尔玛·马勒：《日记 1898—1902》, 467 页。
[2] 阿尔玛手稿，援引自格兰奇：《马勒（卷二）》, 463 页。[Alma manuscript, quoted La Grange, *Mahler: Vol 2, Vienna: The Years of Challenge*（1897—1904）.]
[3] 阿尔玛·马勒：《马勒：回忆与书信》, 28 页。
[4] 同上书, 221 页。
[5] 1897 年 2 月 17 日，马勒写给施特劳斯的信。

今，多亏有了阿尔玛，二人终于分道扬镳，各走各的了。

马勒与阿尔玛的婚礼订在 3 月 9 日星期天，地点位于环形区音乐厅对面、有着绿色穹顶的圣卡尔教堂（Karlskirche）。当天下午 1 点半前，马勒身着灰色西装，在见证人摩尔、罗斯的陪同下走进空无一人的教堂。外面下着倾盆大雨，他脚上踏着胶鞋。阿尔玛与自己的母亲、贾斯汀乘坐计程车抵达，脚踩在大理石地板上的声响在整个教堂内回旋。"当需要下跪的时候，"阿尔玛回忆，"马勒并没有注意到地上的垫子，整个人直接趴在石板上；他实在太矮小了，不得不重新起立再跪下，大家都微笑起来，包括牧师。"[1]

想象一下这个画面：紧张、矮小的犹太人欲迎娶一位金发性感尤物，却被祈祷凳绊倒，整个人趴在地上，哈哈哈，其中笑得最大声的是牧师普福布（Josef Pfob）。这一切都是真的吗？在仔细观察教堂后，我发现了一些隐秘的、有价值的细节。教堂祭台正上方镶有巴洛克风格的旭日图像。太阳中间有四个希伯来文词——"yod、heh、waw、heh"——那是犹太人用来表示、称呼上帝的四个词。马勒一定是在下跪时看到了这四个词，才失足跌倒。他因看到犹太人的上帝而慌神，背叛的罪恶如鲠在喉。在说出基督教婚约誓言之前，马勒需要一些时间调整好自己。于是他重新来过，阿尔玛与牧师在一旁笑他狼狈。他本非教堂中人。

婚宴上，阿诺德·罗斯的女儿埃莉诺因调皮被送回家。85 年后，我问埃莉诺："你到底干了些什么？""我模仿马勒走路。"她笑着说，

---

[1] 阿尔玛·马勒：《马勒：回忆与书信》，33 页。

并起身走给我看。[1]

　　马勒与阿尔玛礼成后第二天，贾斯汀嫁给阿诺德·罗斯。马勒夫妇搭乘星期二晚上的火车前往圣彼得堡。抵达当天，马勒又是偏头痛又是喉咙痛，身上还长了冻疮，阿尔玛则因怀有十周的身孕饱受孕吐之苦。马勒的表亲弗兰克（Gustav Frank）恰好是一位沙皇政府官员，在零下30度的冰天雪地里欢迎他们到来。期间，他们到了爱尔米塔什艺术博物馆（Hermitage，即冬宫）参观伦勃朗的画作，阿尔玛借机向马勒讲解绘画技法。整个蜜月期间，马勒大部分时间都在排练演出，阿尔玛陡然意识到，在这个男人心中工作永远是第一位的，爱情只能屈居第二。"我一下子全都明白了，"她写道，"我的人生使命便是替他清除前方道路上的一切障碍，只为他而活。"[2]

真相，赤裸裸的真相

　　马勒与阿尔玛的爱情故事后来变成小说、电影、歌曲、女权主义批判素材，甚至还成为广为流传的神话。情节、细节大多出自阿尔玛编撰的三本书：1924年的书信集[3]，1940年（1946年出版了英文版）的马勒回忆录[4]以及1960年的自传，该自传包含英

---

[1] 1987年，埃莉诺与作者的谈话。
[2] 阿尔玛·马勒：《马勒：回忆与书信》，34页。
[3] 古斯塔夫·马勒：《马勒书信录，1879—1911》（维也纳，1924年）[Gustav Mahler, *Gustav Mahler Briefe, 1879–1911*（Vienna: Paul Zsolnay Verlag, 1924）.]
[4] 阿尔玛·马勒：《马勒：回忆与书信》。

语与德语两个版本。[1]然而,所有这些文字皆不可信。

就某种程度而言,阿尔玛的动机是高尚的。她试图建造一座神龛把马勒置于其中,而她作为他的缪斯女神如影随形。阿尔玛努力将这种关系、这种形象植入自己的回忆中,于是不得不扭曲一些事实。所有公开发表的信件都经过阿尔玛的删减,乃至修改。在已发表的159封信中,只有37封被原封不动地呈现;另有两百多封没有发表[2],更多信件已被焚毁。

为了哗众取宠,阿尔玛的回忆录有过多不负责任的叙述。比如,她宣称马勒大出血那晚指挥歌剧《魔笛》时自己也在场,并说马勒看起来"像天使路西法一样",然而在日记中,她又记录自己整晚都在家中。[3]在她的回忆录中提到马勒"要求我立刻放弃音乐",这其中所引用的言辞也有夸大、捏造之嫌。[4]施特劳斯在阅读阿尔玛的日记时,关于她记录欣赏歌剧《火荒》那晚的段落相当不满,他在书上做了笔记:"简直一派胡言!彻头彻尾的捏造……一位荡妇的自卑情结之作。"[5]

阿尔玛对事实的扭曲部分由于记忆的偏差,部分则是刻意的预谋。婚礼当日,她写道:"那天,我们六个人一起吃早餐。"然而,据埃莉诺后来提供的邀请函,几乎两边的家人都被邀请了。阿尔玛又写道,婚礼当天,也就是3月9日当晚两人就出发前往圣彼

---

[1] 阿尔玛·马勒:《我的封地》。(Alma Mahler, *Mein Lehen*.)
[2] 阿尔玛·马勒:《爱是桥梁》(伦敦,1960年)。[Alma Mahler, *And the Bridge Is Love* (London: Hutchinson, 1960).]
[3] 阿尔玛·马勒:《马勒:回忆与书信》,377页。
[4] 阿尔玛·马勒:《我的封地》,23页。
[5] 古斯塔夫·马勒:《给妻子的信》,99页。

得堡，暗示马勒并没有参加隔天妹妹的婚礼。丹麦学者马特纳调查当年维也纳火车时刻表发现，直到 3 月 11 日星期二才有发往圣彼得堡的班次。[1] 显然，马勒见证了贾斯汀的婚礼，阿尔玛又撒谎了。

虽然阿尔玛的文字须事先经过论证方可采纳，然而不可否认她观察入微、描述细致，依然为后人留下了寻找真相的线索。在阿尔玛说过的一切中，唯一没有说谎的是自己的日记，如今这些文稿被分装进 2000 个盒子，存于美国宾州大学的查尔斯·帕特森·凡·佩尔特图书馆（Charles Patterson Van Pelt Library）。相信曾爱过马勒的阿尔玛至少为我们留下了一笔可信的文件资料。

---

[1] 马特纳 2009 年 1 月 30 日 E-mail 给作者。

幸福的小插曲
（1902—1906）

英雄的脸

忽然之间，一切都变得很顺利。无独有偶，当时维也纳分离派策划了一场关于贝多芬的展览，邀请马勒指挥第九交响曲的演出。展览的重头戏是雕塑家马克斯·克林格尔（Max Klinger）创作的半裸贝多芬半身塑像，放置于约瑟夫·霍夫曼操刀设计的空间内，周围墙上则环绕着克里米特新近创作的三联画。其中一幅，一位身穿盔甲的骑士正在与敌对势力战斗。毫无疑问，那张脸正是马勒。

策展人乃任职工艺美术学校的阿尔弗雷德·罗勒教授，他创作的大型壁画——《夜幕降临》（Sinkende Nacht）悬挂于贝多芬半身塑像的正后方，取材自《特里斯坦与伊索尔德》中的歌词"噢，亲爱的夜晚终于降临"（O sink hernieder, Nachtderliebe）。[1] 罗勒

---

[1] 卡内基：《瓦格纳与剧院艺术》（纽黑文与伦敦，2006年），163页。[Carnegy, *Wagner and the Art of the Theatre*（New Haven and London: Yale University Press, 2006）.]

试图在展览中寻求音乐与视觉艺术的融合。而对马勒而言，只不过是又一次掌控艺术的机会。与其他犹太人一样，马勒恪守3000年来族人关于"对神造像"的禁忌，在十诫中禁止任何形式的人形重现。禁忌根深蒂固，上帝依照自己的形象造人，上帝是不可见的，任何人像都是对"上帝不可见"的违背。每个犹太家庭从小就会教育小孩这是人生中不可打破的避讳。

马勒房间里只有一幅题为《音乐会》(*Le Concert*)的画，传言出自乔尔乔内(Giorgione)[1]之手，画中弹奏键盘的僧侣隐约与马勒有几分神似。马勒心知肚明，若要对歌剧有所革新，就需要对视觉艺术有了解。所幸有阿尔玛这位贤妻，她对马勒可谓倾其所有，将自己所知道的艺术理论一一告诉马勒。马勒很欣赏分离派的理念，然而克里米特不是他心中理想的探讨对象，岳父摩尔又太过商业气。他拜托莫泽为他制作送给阿尔玛的圣诞礼物，一个嵌有玫瑰花瓣图案的银色珠宝盒，[2]也曾叫霍夫曼为阿尔玛设计一款戒指。也许是因为年纪相仿，马勒与来自莫拉维亚布尔诺(Brno)的阿尔弗雷德·罗勒最为投缘。闲聊中，罗勒坦言，马勒那些瓦格纳系列的舞台布景简直糟糕透顶。马勒希望罗勒能给自己一些替代方案或者建议，于是罗勒随手抓来一张纸就在桌上画起草图。在回家的路上，马勒对阿尔玛说："我打算雇用他。"阿尔玛欢欣雀跃。两人新婚燕尔，她俨然觉得自己正在成为现代歌

---

[1] 乔尔乔内（1478—1510），意大利威尼斯画派画家，乔凡尼·贝利尼的学生，威尼斯画派中最具抒情风格的画家。乔尔乔内的绘画造型优美，有绚丽的色彩，柔和的明暗关系，人物和风景自然交融，开创了风景人物绘画的新格局，而佛罗伦萨画家则仅仅把风景作为人物的陪衬。——译者注

[2] 参见：http://tizian.at/system2E.html?/staticE/page3167.html。

剧界的一盏明灯。

　　阿尔玛随同丈夫出席了在德国克雷菲尔德（Krefeld）的第三交响曲首演，音乐会由指挥施特劳斯领衔。第一乐章结束后，施特劳斯大踏步穿过长廊，直接登上舞台向马勒的作品表示赞叹。荷兰指挥家门格尔贝格随即邀请马勒到阿姆斯特丹演出，某出版商代表 C. F. 彼得斯（C.F. Peters）表示希望能得到下一部作品的独家出版授权。面对这一切，阿尔玛喜极而泣，她认定自己的丈夫是"一位伟大的天才"。然而在音乐会后的宴请上，不知为何，施特劳斯对马勒夫妇表现出冷淡。

　　之后，两人直奔迈尔尼希度假。结了婚的马勒并不曾改变自己严格的生活作息——早上 6 点起床，上午作曲，中午游泳，吃点轻便的午餐，下午花很长时间围着湖畔散步或划船，稍微来点日光浴，之后便是晚餐，早早就寝。阿尔玛恨透了这栋房子，这里的日子简直沉闷、乏味透顶。"为什么他不能让我参与他的工作？"她质问道。[1] 期间零星有些访客，比如歌剧院秘书普利托平斯基（Alois Przistaupinsky）、马勒"无趣又粗鲁"的律师弗罗因德，还有住在附近的弥登伯格。某天晚上，阿尔玛发现马勒在暴风雨中送弥登伯格回家，这让她愤怒、嫉妒到发狂，惴惴不安。很快到了 8 月——阿尔玛生父过世的月份，一切在阿尔玛眼中更是笼上阴郁的黑色。

　　就在阿尔玛生父忌日前夜，马勒偷偷地在阿尔玛的《齐格弗里德》的乐谱中夹了一首歌曲，盼着阿尔玛发现，来点小惊喜。

---

[1] 格兰奇：《马勒（卷二），维也纳：充满挑战的岁月（1897—1904）》，536-537 页。

之后，他们俩一起坐在钢琴边唱着"假如你因为美貌而爱我，请不要爱我"（Liebst du um Schönheit, Onicht mich liebe）。歌曲的结尾充满爱意："永远爱我，我将永远爱你。"

诸如此类的小情趣还有许多。阿尔玛生日前几天，马勒把她带到作曲小屋，为她弹奏第五交响曲。能成为新作品的第一位见证人，对阿尔玛而言是无上的优待。尚未23岁的姑娘受宠若惊，高兴坏了。她觉得这部作品非常"了不起"，认定自己在某种程度上就是这首音乐的缪斯女神。事实上，阿尔玛对于马勒的影响很大，他开始改变创作技巧。[1]在第五交响曲中，马勒第一次没有采用笔记本上事先写好的歌曲素材，并且是他15年来首次在交响作品中放弃使用人声。布鲁诺·瓦尔特称这是一首纯净的作品，摒弃所有"多余的乐思或情绪"。[2]

第五交响曲分为三部分，共五个乐章，时长70分钟。虽然作品以葬礼进行曲开场，瓦尔特表示整首作品的情绪"积极乐观"[3]。开头的小号重复吹奏出二分音符时值的三连音，仿佛是对贝多芬第五交响曲的影射。不同的是，贝多芬描绘命运在敲门是希望命运向他敞开大门，马勒的呼唤却来自远方，夹杂着一阵阴冷的鼓声，时断时续，带着被遗弃的孤独。鼓声多少有《少年魔角》中"击鼓男孩"（Der Tambourg'sell）的影子，但与这首交响曲开场更具相似性的，当数门德尔松《无词歌》（*Songs without Words*, Op.

---

[1]《马勒书信选集》，372页。
[2] 瓦尔特：《古斯塔夫·马勒》，122页。
[3] 同上书，121—122页。

62）第五卷中的第三首曲子，[1]这首哀歌曾在门德尔松本人的葬礼上演奏。是否可以说是马勒有意为之？可能性几乎为零。马勒向来看不起门德尔松，认为他是"不得要领"[2]的作曲家。同为"犹太音乐家"，两人常被外界拿来相提并论，这同样令马勒厌烦。马勒与门德尔松是截然不同的，这段主题的处理方式鲜明地揭示了两者的差异。门德尔松把自己的旋律勾画成音乐童话，而马勒恨不得撕碎一切，将最自然原始的冲突、爆炸赤裸地展现在听者面前。马勒从不惧怕撒播坏消息。

马勒在第二乐章处做了这样的注释："在风暴中飘摇，带着最激烈的愤怒。"其中一段诙谐曲包含了快慢交替的华尔兹与兰德勒舞曲（Ländler，一种民间的吉格舞曲），这令马勒联想起歌德的诗歌《丰收神颂》（An Schwager Kronos），诗中描述了"时间"朝着人生日落时分滚滚而行，从未曾为谁停留。显然在这里，我们感受不到丝毫乐观向上的东西。

紧接着的慢板混杂了爱神厄洛斯与死神萨那托斯的形象，一个爱，一个死，这一个的狡诈、飘忽不定恰是另一个渴望紧紧抓住的，彼此纠缠，相爱相杀。马勒在第一段慢板的乐谱上写着"morendo"，即意大利语中"渐渐凋零死去"的意思；而第二段慢板处则截取自《特里斯坦与伊索尔德》（作品第67—71小节段落）中"那一缕目光"的凝视主题，寓意从爱到死，爱到生命耗尽的一刻。究竟马勒在这里要表达什么，是爱还是死？据门格尔

---

[1] 该信息最早由马特纳确认，并于2009年4月12日电子邮件给作者。
[2] 福斯特：《朝圣者》（布拉格，1955年），408页。[J. B. Foerster, *Der Pilger* (Prague:Artia,1955).]

贝格，这是马勒在向阿尔玛宣誓不死的爱情。"马勒将这段乐谱手稿当作情书寄给阿尔玛，什么字都没写，"门格尔贝格写道，"她立刻懂了，并回信给马勒：赶快来！（他们两人都跟我描述了这件事）。"[1]

然而，这首慢板不光一枚寓意永恒的戒指那么简单。慢板开头与结尾处的乐句都使用了马勒的标志性歌曲：《我被世界所遗忘》。与其说他是在向妻子宣誓爱情，不如说他更愿意投身不可触摸的孤独。或者更具野心地说，他希望这两个意思都能表达到位。慢板描述了爱情，以及对爱的舍弃。马勒将音乐中的模棱两可发挥到极致，音乐成为精致、老到的诡辩术，同样的音符传递出爱与失去，承诺与收回承诺，生命的力量与死亡的沉寂。这是对充满讽喻的对立两极的神化与颂扬，音乐传达出怎样的面孔完全取决于演奏的方式，以及指挥希望它怎样得以表达。在手稿中，马勒标明这段慢板持续七分半钟。不过在印刷出来的乐谱中，他改为九分钟，这与他表演所持续的时长一致。至于门格尔贝格（1926年）及瓦尔特（1938年）所录制的时长分别为七分钟与八分钟，大约是为了能挤进一张唱片才紧赶慢赶。[2] 之后的几位指挥则将这段慢板演绎得更为缓慢：乔治·索尔蒂花了10分钟，伯恩斯坦和布列兹花了11分钟，克劳斯·滕施泰特13分钟，海廷克则只

---

[1] 吉尔伯特·卡普兰 [编]：《关于马勒的小柔板、作品副本、文档及录音》（纽约，1992年），21页；唐纳德·米切尔：《马勒：吟唱生死的歌曲与交响乐》（伦敦，1985年），131页。[*Gustav Mahler, A dagietto, Facsimile, Documentation, Recording*, ed. Gilbert E. Kaplan (New York: Kaplan Foundation, 1992); Donald Mitchell, *Gustav Mahler: Songs and Symphonies of Life and Death* (London: Faber and Faber, 1985).]

[2] 吉尔伯特·卡普兰 [编]：《关于马勒的小柔板、作品副本、文档及录音》，19页。

差五秒就突破 14 分钟大关——几乎是马勒原本预期的两倍。时间越长，音乐听起来越悲伤。换作其他任何作曲家的作品，如果指挥在作曲家指定的速率上把音符时长减少一半必定会导致作品的变形扭曲。然而马勒不仅允许指挥依照自己的想法调整速率，甚至是鼓励他们这么做。"在我死后，如果有哪些地方听起来不对劲，那就改掉。"马勒这样嘱咐克伦佩勒（Otto Klemperer）。[1] 每位大师心中都可以有自己认定的慢板，这段慢板是对指挥职业的挑战。

声音渐行渐弱，紧接着法国号吹奏出三个全新的主题。如同教堂唱诗班的合唱出现在段落的结尾处，阿尔玛称这段"过于像唱诗班的赞美诗，无聊透顶"。"可布鲁克纳也这么做，你怎么说？"马勒反驳道。"他可以，你不行。"阿尔玛暴跳如雷[2]，暗示天主教出身的布鲁克纳具备与生俱来的权利，自然比改教的马勒更有能力写好教堂音乐。阿尔玛自告奋勇为马勒誊抄乐谱提供给出版商，为他繁忙的冬季分担一些工作。施特劳斯听了这首交响曲，对马勒说，他的喜悦"因为小段慢板打了点折扣——不过，既然这是观众最爱的一段，你也算值了"。[3] 施特劳斯的尖酸可谓击中要害，明摆着在说马勒是赤裸裸的民粹主义者。马勒自己很清楚，第五交响曲中暗指了婚姻中的亲密情感，确实与施特劳斯大量使用写实手法的《家庭交响曲》大相径庭。

---

[1] 彼得·赫沃兹 [编]：《对话克伦佩勒》（伦敦，1973 年），34 页。[Peter Heyworth(ed.), *Conversations with Klemperer* (London:Victor Gollancz Ltd, 1973).]
[2] 阿尔玛·马勒：《马勒：回忆与书信》，47–48 页。
[3]《古斯塔夫·马勒与理查·施特劳斯书简，1888—1911》，75 页。

孩子的降临

1902年11月3日,当马勒在安文布加街公寓的走廊来回踱步时,阿尔玛诞下了一名女婴。小女孩以马勒母亲的名字玛丽亚(Maria)及阿尔玛母亲的名字安娜(Anna)作为教名,不过维也纳人后来都亲昵地唤她普琪(Putzi)。马勒总是将孩子抱在怀里,用慈父的语调安抚小家伙。阿尔玛有很长一段时间都没能从产后抑郁症中恢复过来,她与马勒各自睡在走廊的两头。每当马勒试着轻抚她的头发,她便现出冷漠的拒绝。"他让我觉得恶心,我甚至害怕他回家。"阿尔玛在日记中写道。[1]

马勒只得对自己的妹妹贾斯汀诉苦:"我知道你也一直因为一些事烦恼……我感觉到你与阿诺德也有类似的问题……我们总是太过于敏感,我想这都归咎于'犹太人的天性'。"[2]焦虑、痛苦、自我怀疑——马勒的这些"犹太人天性"因为阿尔玛对他身体上的拒斥而变本加厉。

他只能将自己麻醉在工作中。马勒把罗勒请到公寓共进午餐,任命他掌管剧院的舞台设计,并开始制作《特里斯坦与伊索尔德》。罗勒将舞台上阴暗拥挤的布景清空,为每一幕设计不同的光影,不仅配合故事发生的天光,还要考虑与音乐中的"色彩"相协调。罗勒的每一个场景[3]都有效地推动情节发展,顷刻间,一切变得

---

[1] 格兰奇:《马勒(卷二)》,541页。
[2] 克拉奇:《马勒家书》,376页。
[3] 维也纳奥地利国家博物馆剧院藏品中存有相关布景设计。

既写实又超现实主义,从橘黄色的清晨到渲染成紫色的夜晚都充满玄妙。罗勒并未采纳瓦格纳的指示,一反常规地把特里斯坦的船摆在对角线上,让站在甲板上的船长与下方的伊索尔德形成更强烈的对比。分割画面强调了角色关系的发展。

在舞台上方的灯光控制室里,罗勒测试每一个色片与打光仪器,确保舞台情绪的转换缓慢而微妙。"当马克(国王)发现伊索尔德躺在特里斯坦的怀里时,通常舞台会打出愚蠢俗套的黎明天色,而罗勒则用上一抹痛苦到令人颤抖的灰色。"来自格拉茨(Graz)的乐评戴切伊(Ernst Decsey)如此描述。[1]马勒告诉戴切伊,称很多想法都是他们在"喝了好几杯黑咖啡后"想出来的。排练时,弥登伯格拒绝革新。马勒叫罗勒到弥登伯格家细细解释给她听,结果弥登伯格将这位沉默寡言的教授带上床,称其为旷世奇才,两人从此成为恋人。

1903年2月21日星期六晚7点,马勒指挥了这场开创新世纪的歌剧演出。歌剧院外聚集一众民族主义者,高声呼喊着打倒"非人道"的瓦格纳。"神秘的精致感配以激烈奔放的弦乐,对比鲜明的风暴与宁静,一切都牢牢地掌控在马勒手中。"特里斯坦由高个子的施梅德斯扮演,伊索尔德则由身穿克里米特风格戏装的弥登伯格诠释。迈耶饰演国王马克;基特尔(Hermine Kittel)饰演伊索尔德的侍女布蓝甘妮(Brangane)。"所有人屏息凝神地盯着舞台。大幕拉开……音乐触手可及,近乎完美地被实体化了,

---

[1] 莱布雷希特:《记忆中的马勒》,266页。

人们仿佛置身于另一个世界。"[1]

第二幕结束时,马勒要命的偏头痛又犯了。"如果现在有人接手就好了。"马勒有气无力地抱怨。就在这时,贾斯汀开了个不太合时宜的"犹太家庭式玩笑",对阿尔玛打趣道:"他和我在一起时还很年轻,和你在一起后就老了。"[2]马勒重返舞台准备指挥第三幕,此时观众席中爆发出热烈的掌声与欢呼声,他不得不一反常规地在演出过程中向观众鞠躬致意,演出临近午夜才结束。第二天早晨,瓦格纳的忠诚追随者舍奈克首先站出来称赞罗勒是"真正在践行伟大事业的人"[3]。对于这场演出的赞誉声此起彼伏,推崇勃拉姆斯派的乐评卡尔贝克认为音乐会"视觉层面实现了了不起的和谐",科恩戈尔德则直接将其描述为"如画的特里斯坦音乐故事"[4]。依照波尔的说法,马勒的目的是"弥补单一艺术品种的机能不足,如今单一的艺术已不能满足我们日益增长的戏剧化心理需求,人们总是需要多种艺术类型的激发与滋养"[5]。这100年间,人们以汽车、飞机代步,热烈地探讨社会主义与心理科学,当然不可能继续忍受陈旧的、静态的、单调的舞台艺术。可以说,马勒与罗勒实现了瓦格纳关于多门艺术联姻的理想。

我亲爱的罗勒(马勒在首演结束后写道):

---

[1] 斯特凡:《古斯塔夫·马勒:性格与作品研究》,58—59页。
[2] 阿尔玛·马勒:《马勒:回忆与书信》,55—56页。
[3] 见《维也纳汇报》(*Wiener Allgemeine Zeitung*),1903年2月25日刊文。
[4] 科恩戈尔德:《回忆录》,94页。
[5] 格兰奇:《马勒(卷二)》,583页。

你让我多么惭愧啊!这几天我一直在想该如何感谢你……我想我已经有了答案,与其试图把内心情感化作文字,不如就保持缄默吧。我知道你我之间有一个共通点:虽然方法不尽相同,我们都全身心地、无私地将自己献给艺术。我深知,即便我未曾把心中的感谢化作文字,或表达你对于我及剧院的价值,你也不会认为我不知感恩或认为这一切是理所当然……星期五我们可以共进晚餐吗?[1]

两人马不停蹄地重新编排了《费岱里奥》、《法斯塔夫》、《飞翔的荷兰人》、《罗恩格林》以及《尼伯龙根的指环》,另外包括五部莫扎特歌剧与格鲁克的《伊菲姬妮在奥利德》。马勒花费五年的时间在维也纳国家歌剧院设立了一套艺术标准。在下一个五年中,他与罗勒联手把歌剧院带向全新的艺术领域,如今的维也纳国家歌剧院已成为世界现代主义的先锋。巴黎拥抱抽象艺术,维也纳倡导各种艺术形态的融合与裂变。克里米特、摩尔与罗勒相继脱离分离派,视其为过时的旧物。霍夫曼与莫泽创办了维也纳工作坊(Wiener Werkstätte, Vienna Workshop)。作曲家勋伯格开始颠覆性的无调性写作。霍夫曼斯塔尔赋诗高歌埃莱克特拉的禁忌之爱;阿瑟·施尼茨勒(Arthur Schnitzler)的《轮舞》(*Reigen, La Ronde*)遭禁;西奥多·赫茨尔的早逝催生了施尼茨勒的小说《通往旷野的路》(*Der Weg ins Freie*),描写了一位身陷维也纳反犹势力冲击的作曲家。似乎所有这一切艺术领域的裂变与火花或多或

---

[1]《马勒书信选集》,267—268页。

少都与"马勒—罗勒"的合作有关,他们为艺术领域提出了全新的可能性。

在工作、剧目创作中常伴左右的罗勒最能看清马勒。有一回排练,马勒大发雷霆,事后他对罗勒解释:"请不要以为我是真的生气,强悍是我维持秩序的唯一武器。"[1] 有时,罗勒会去马勒家中拜访,与他一同坐在湖边,马勒旁若无人地光着膀子。罗勒写道:

> 在我的职业生涯中,曾看过各式各样的裸体。我可以发誓,以40(4)岁的年纪而言,马勒拥有完美的男性体格,强壮、修长、线条优美…他的唇形非常古典,平日里谨慎措辞的习惯在唇角边留下细细的纹路。他的嘴唇很薄,当他带着平日那副忧郁的表情时,双唇通常是紧闭的。当他专心听对方说话时,嘴唇微张。如果马勒不快、愤怒或者情绪失控,他的嘴唇就会完全变形,牙齿紧咬一部分下唇,眉头紧皱,整个鼻子跟着鼓起来。马勒整张脸扭曲得不成样子,像是鬼脸,变成不折不扣的"恶人马勒"。

罗勒将马勒描述为"强健的意志力加上战胜逆境、一往无前的决心",一种如同受难耶稣的神圣感刻在这个"无比谦逊"的犹太人身上。在艺术创作过程中,他们俩成为对彼此忠贞的拍档,拥有一致的理念、理想,不同的时空,不变的爱人。然而艺术创作短暂,人生苦长,终有一日当风向变换,罗勒转投他人麾下,

---

[1] 莱布雷希特:《记忆中的马勒》,159页。

连昨日的忠诚也跟着一起带走了。

1906年5月8日,一位林茨来的少年在剧院外苦苦乞讨当晚的音乐会票。最后,他挤进人满为患的歌剧院,站着看完马勒指挥的《特里斯坦与伊索尔德》。一年后,少年重返维也纳,希望能追随罗勒学习舞台设计,然而他太过怯懦,手执推荐信却始终没有勇气敲门。1934年2月,阿道夫·希特勒(Adolf Hitler)把罗勒叫到他的总理府会面,诉说自己当年的胆小与懊恼,他细细回味那场具有天启意味的《特里斯坦与伊索尔德》,包括任何一个非常小的细节:"第二幕中,左边那座塔上面打了苍白的光。"[1]他们两人谁也没有提起马勒,一个在历史纪录中并不被认可的指挥。随后,罗勒接受了希特勒的邀约,为在拜罗伊特上演的歌剧《帕西法尔》进行舞台设计。

不是我作曲,而是曲子创造了我[2]

在迈尔尼希的五个夏天,马勒共创作了四部交响曲,他几乎把所有的时间都用于写作,仅花四天到多洛米蒂山区(Dolomite)的托布拉赫徒步散心,以躲避夏日湖边"令人窒息"的酷热。阿尔玛发现身处迈尔尼希的马勒总是"更深情、更有人味、更惹人亲近"[3]。沐浴着宁静的家庭生活,田园牧歌般的日子,马勒却在

---

[1]哈曼:《希特勒的维也纳》,61页。
[2]见马勒给莱赫纳的信,1900年7月25日;纳塔莉·鲍尔-莱赫纳:《回忆古斯塔夫·马勒》,141页。
[3]莱布雷希特:《记忆中的马勒》,157页。

此时开始创作最萧瑟、最阴郁的交响作品,"心灵毅然朝厌世悲观而行的产物"。[1]

第六交响曲是一个预言,是马勒在黑暗中向未来发出的警告。耳边不断传来如同军队行军的脚步声,仿佛从天而降的叛国罪审判挟带着不断迫近的威胁。童年马勒眼中边防要塞的欢快行军,耳边艳俗的军乐队声在这里消失得无影无踪。军队预示着文明的毁灭。阿尔玛称之为"音乐形式的预言"(anticipando musiziert),借由音乐预示未来。在作品中,马勒感到"灵感将自己高高地举起,上升到更高、更具天启的经验体验中"。[2]

作曲家在开场"有力的快板"(Allegro energico)处做了标记,要求乐队演奏出不可阻挡的气势。作品中段的谐谑曲(Scherzo)与中庸的行板(Andante moderato)刻意任意变换顺序。马勒指挥的版本中两种顺序都使用过,因此指挥完全可以依照自己的感觉决定哪段先演。终曲部分,作曲家用铁锤敲击代表田园风格的牛铃,三声巨响象征毁灭(分别在第336、第479与第783小节,最后一处后被删去):世界以这样的方式终结。对于马勒,对于你或对于我,对于我们所有的人而言,"砰"的一声,一切都结束了,没有呜咽啜泣。

马勒是流泪先知耶利米,当时维也纳城中的智者们——赫茨尔、弗洛伊德、托洛茨基都在奋力勾画乌托邦未来,马勒的眼中却看不到一点希望。1906年5月在埃森排练这首曲目时,马勒几

---

[1] 瓦尔特:《古斯塔夫·马勒》,122—123页。
[2] 引自弗洛罗斯:《古斯塔夫·马勒:交响乐作品》,163页。(Specht, quoted in Floros, *Gustav Mahler: The Symphonies.*)

乎"哭得不成样子,双手痛苦地绞拧在一起,无法控制自己的情绪"。[1]究竟什么令马勒感到未来一片凄惨无望?

一切还是有迹可循的。1903年夏,在《特里斯坦与伊索尔德》获得空前成功后,马勒写了第六交响曲的三个乐章。1904年6月,二女儿安娜·贾斯汀(Anna Justine,小名古琪 Gucki)出生后六天,马勒一如往常地到湖边的创作小屋就交响作品做收尾工作,表示自己"万万不敢浪费用来作曲的夏日时光"。[2]将家人抛在维也纳的马勒内心略有歉疚,先是在后院挖了一个供孩子玩耍的沙坑,之后又担心水蛇入侵。"我日渐憔悴。"[3]他对远方的阿尔玛倾诉,而妻子正因产后抑郁症备受煎熬。马勒时而会萌生回去看望阿尔玛的念头,然而又无法将自己从创作中脱离。他担心阿尔玛内心更渴慕一位年轻的男子,况且当第一个孩子诞生时阿尔玛对他百般厌弃,一句"你简直让我恶心"仍在耳边痛苦地回响着。

身处维也纳的阿尔玛则噩梦连连:

> 一条长着长腿的绿色大蛇突然地钻进我体内。我想抓着尾巴把它拉出来,但拉不动。我摇铃叫来女仆,她用尽全力拉扯。突然,她抓住了它!那只蛇咬着我全部的内脏脏器滑了出来。如今,我的身体是巨大的空洞,唯有皮囊像一艘空洞的沉船。[4]

---

[1] 阿尔玛·马勒:《马勒:回忆与书信》,100页。
[2] 布劳科普夫:《马勒档案研究》,236页。
[3] 马勒:《给妻子的信》,167页。
[4] 格兰奇:《马勒(卷二)》,619页。

阿尔玛当然知道弗洛伊德关于梦的解析理论，也了解蛇所代表的寓意。她担心自己虽然嫁给了马勒，却只能拥有一半的马勒——集音乐家、艺术家或总监、基督徒、犹太人等形象于一身的男人，如今这条蛇正试图把她撕裂。婚姻出现了不可逆转的裂痕，恰如马勒创作第六交响曲的心境。

终于，阿尔玛与马勒在迈尔尼希重逢。马勒如同进行一场仪式般把妻子领进小屋，诉说自己如何用激昂的快板主题来描绘她的样子，以及行板乐队是如何代表他们一双女儿的。至于终曲部分的三声敲击，他对阿尔玛说，"最后一声代表着我如同树般被砍倒"。两人都哭了起来。但同时马勒也感到一种平静，他了解自己作品的伟大，他自己正是一棵花叶繁茂的大树。

接着，马勒为阿尔玛演奏了最后两首《亡儿悼歌》。"不！"阿尔玛一声惊声尖叫，"不要与天命开这样的玩笑！"后来，在阿尔玛对马勒的控诉中，包括那些恶意的污蔑，这是最令人发指的恶行。她指控马勒的音乐乃是对自己孩子的诅咒，为了自己的音乐竟然拿自己孩子的命开玩笑！这个可怕的指控后来在音乐会解说、电视纪录片、戏剧、电影中反复出现。阿尔玛在脑中捏造了马勒并未犯下的罪行，并肆意报复。要说这宗罪的主谋，恐怕还是阿尔玛本人。

依照阿尔玛回忆录的说法，这件事或有很大程度的歪曲。马勒演奏音乐给阿尔玛听的同一天，阿尔玛在日记中先是指控马勒谋害婴孩，之后写道："两个孩子在沙坑上歪歪斜斜地蹒跚学步。"[1] 当时玛丽亚两岁，而安娜还只是个襁褓中的婴孩，显然阿

---

[1] 阿尔玛·马勒：《马勒：回忆与书信》，70页。

尔玛的记录与事实不符。马勒的第六交响曲及《亡儿悼歌》早在孩子们有能力在沙坑中玩耍前就已完成，显然不可能拿作品伤害自己可爱的一双女儿。

真正对孩子们心生歹意的人是阿尔玛自己。多年后，在1920年7月的一篇日记中，阿尔玛坦承：

> 一个年轻的女子，与一个年龄悬殊的年老丈夫相伴倍感寂寞，我看着……普琪［玛丽亚］……她在窗边，将绝美的深色头发贴在玻璃窗上，我与古斯塔夫正要驱车离开，古斯塔夫对她充满爱意地挥手。就这些吗？我不知道，不过我突然就有了这样的想法：这个孩子必须离开……立刻消失！
>
> 我不应当有这样的想法，我一直希望这邪恶的想法消失。但这孩子几个月之后就死了。[1]

阿尔玛最恶意的欺骗背后隐藏着可怕的精神创伤。她妒忌马勒对小女孩的疼爱，内心期盼孩子死去。可怕的罪念纠缠着阿尔玛，于是她将愧疚转嫁到无辜的丈夫身上。马勒从未想过让自己的孩子死去，而阿尔玛确有过这样的念头。一个追名逐利的说谎者，她当然知道这个世界会愿意相信怎样的故事，于是给马勒的音乐预备好一段子虚乌有的台本。污蔑如同珊瑚攀附在礁岩上，更可怕的是，这块珊瑚似抓不住的黑暗，潜在水中伤人于无形，尖锐却也挪不走。

---

[1] 给 G.E. 卡普兰的信，1995年11月28日，由乔纳森·卡尔（Jonathan Carr）翻译。

Why Mahler?

青春灵药

马勒在歌剧院的权势与影响力不断上升，如今他可以随时提出休假，对于到其他城市聆听、指挥自己作品的要求也愈发频繁。1903 年 10 月，马勒在阿姆斯特丹音乐厅与门格尔贝格的皇家大会堂管弦乐团合作，举行了为期一周的音乐会。在一场音乐会中，荷兰人甚至要求他将第四交响曲演奏两次，中场休息前后各一次，只为了能更好地欣赏这首曲子。"我知道这世界上有一个完全理解我的城市，无论是那里的指挥、乐团，还是大众。那便是阿姆斯特丹。"马勒欢欣鼓舞。[1] 之后的 1904 年至 1905 年间，马勒又在海德堡、曼海姆、布拉格、科隆及莱比锡演出自己的第三交响曲，在美因茨演出第四交响曲，在科隆、汉堡、的里雅斯特（Trieste）及布雷斯劳（Breslau）演出了第五交响曲。

马勒在维也纳歌剧院的缺勤记录越来越多。1905 年 5 月，马勒与阿尔玛同游德属阿尔萨斯—洛林区的首府斯特拉斯堡，并在那里与施特劳斯联合演出了一场音乐会，上半场由马勒指挥自己的第五交响曲，下半场则由施特劳斯演绎《家庭交响曲》。排演之余，他们结伴在闹市闲逛，恰巧经过一琴房，施特劳斯走进去为马勒弹奏了他新近创作的《莎乐美》片段，一个带有犹太希律王式性虐情节以及各种性变态元素的歌剧故事。音乐中后瓦格纳

---

[1] 米切尔：《马勒：全世界屏息聆听》，18 页。(Mitchell, *Gustav Mahler: The World Listens.*)

式的庄严恢宏以及堪比弗洛伊德式的禁忌让马勒彻底着了魔,他宣称施特劳斯"已将不可能化为可能",当下拍板在维也纳演出这部作品。之后,马勒与一众德雷福斯的支持者们(法国德雷福斯事件中主张为德雷福斯恢复名誉的人)——皮卡尔、潘勒韦、保罗、索菲·克列孟梭,以及他们的朋友拉勒芒将军(General Guillaume de Lallemand)会面。乔治·克列孟梭当时正在谋划接任法国总理一事,故未能到斯特拉斯堡参加音乐会。

回到家中的阿尔玛却越来越感到生活的无聊,她对马勒的那些追随者们感到厌烦,渴望认识些与她年纪相仿的朋友:

> 我必须改变自己的生活,眼下这种情形实在令我无法忍受……我内心的不满每个小时都在增加。身边没有一个朋友是多么不幸……如果普菲茨纳住在维也纳就好了。我多么希望自己还可以与策姆林斯基见面!还有勋伯格,他亦对我有兴趣。我想了许多……这一切必须改变。[1]

马勒察觉到妻子郁郁寡欢,迅速给策姆林斯基去信道:"亲爱的策姆林斯基先生,您若有空愿意来我们这坐坐聊一聊吗?我们应该坐下来好好商量下我们的合作计划。您愿意今天下午与我们一起喝咖啡吗?如果可以,请2点前来……最好叫上勋伯格一起。"[2]

---

[1] 格兰奇:《马勒(卷二)》,682页。
[2] 见《马勒书信选集》,342页。

所谓的计划是关于"创意音乐人协会"首演马勒歌曲的音乐会，策姆林斯基与自己的妹婿勋伯格是该协会的创办人。光头的勋伯格是出了名的激进派犹太作曲家，他那部浑身上下都散发着可耻气息的六重奏作品《升华之夜》向来是人们口中热议争论的对象。《升华之夜》描述了一个女子向爱人忏悔，称自己和陌生人发生性关系并因此怀孕。正如大多数20出头的年轻人一样，勋伯格满脑子想的都是性，只是采取更为冷静客观的态度，试图测试音乐在这个议题上可以进展到何种程度。勋伯格对马勒充满不屑，认为他不过是19世纪老朽的作曲家，过时的恐龙一只！有一回别人邀请勋伯格参加马勒的音乐会，他回应称："他的第一交响曲可不怎么样，第四号交响曲想必也好不到哪里去，我为什么要费心研究？"

几杯咖啡下肚，策姆林斯基显得很沉默，他担心别人误会自己为在歌剧院谋个职位而讨好马勒（事实上也确是如此）。勋伯格穿着邋遢，对马勒摆开挑衅对抗的架势。他大放厥词宣告调性体系已到穷途末路，马勒刚提出反对，勋伯格立刻打断不允许他抗辩。两人越吵声越大，最后勋伯格冲出大门吼着："我绝不会再踏进这里半步！"马勒则对阿尔玛说："我不想再看到那自以为是的小鬼出现在我家。"

不过才过了两个星期，马勒又开始问："为什么那两个年轻人不再来了？"当听到罗斯四重奏演奏的《升华之夜》，马勒才发现这是多么"大胆、有趣、了不起"的作品，他建议勋伯格改写一个管弦乐团的版本以便作品能更广泛地被演奏。不久，刚愎自用的激进分子结婚了，却口袋空空无以养家，只能私下教一些学生接济。得知此事的马勒在经济上对勋伯格伸出了援手，当然一切都要给得小心谨慎。马勒在一旁默默地关注勋伯格,听他如何反抗颠覆调性体系,也很想看看究竟勋伯格能把音乐带向何处。与此同时,勋伯格也在马勒的音乐中听见了炽热的真诚。

> 我亲爱的总监[1904年12月]:
>
> 必须这么说,我们现在不是以音乐家的身份对话,而是身为一个平凡人对您说,您的音乐第三交响曲给我带来了巨大的冲击。我在其中看见了您真正的灵魂,赤裸、赤条条的灵魂。它犹如野性的、神秘的图画在我面前铺展开,四处是引人惊惧的峡谷与深渊,而一旁却是宁静的天堂休憩地,阳光倾洒在青草地上,空气中饱含笑意……我坚信自己感受到了您交响曲中所描述的一切,与您共同经历了与幻觉搏斗的战争,一起因幻灭而痛苦。我看见善恶之力彼此缠斗;我看见受苦的人急于寻找内心的平静;我感受到身为人的个性,这简直是充满张力的戏剧,它表达了真理,最坚定、最不可动摇的真诚!
>
> 请原谅,我必须把憋在心里的这一切烦闷都说出来,我无法只用一半的自我去感受,当我投入时,那必定是全心全情投入了。
>
> 您忠诚的阿诺德·勋伯格[1]

---

[1] 约瑟夫·奥纳[编]:《勋伯格文选》(纽黑文与伦敦,2003年),46页。[Joseph Auner(ed.), *A Schoenberg Reader* (New Haven and London:Yale University Press, 2003).]

既然两人彼此欣赏,又有阿尔玛在一旁煽风点火,马勒顺理成章地成为以勋伯格为首的"新音乐阵营"的拥趸,为先锋派艺术摇旗呐喊。艺术界风云变幻,正在以前所未有的速度更新嬗变。在巴黎,高更(Gauguin)与罗丹(Auguste Rodin)已是明日黄花,如今称霸的是擅用蓝色的立体主义者巴勃罗·毕加索(Pablo Picasso)。维也纳的克里米特则受到提倡简约造型的奥托—鲁斯(Otto Wagner & Adolf Loos)与复仇主义者奥斯卡·柯克西卡(Oskar Kokoschka)的围攻,渐渐淡出历史舞台。可以说,阿尔玛是同代人中艺术领域的风向标,因为有她,马勒才得以成功跻身新文化运动的先锋行列。

马勒于1905年夏天完成了第七交响曲,作品围绕两段间奏曲——夜曲进行建构,宛若在黑暗中召唤田园风光。音乐是一种回望,有着与第三交响曲及第五交响曲开头乐段相似的田园风味,它在门边窃窃私语,如讥讽讪笑的呢喃。与第五交响曲一样,作品包含五个乐章,马勒在核心的诙谐曲段落处做了晦涩难懂的标注——"狂野"与"贝尔法斯特"[1](Belfast,见纽约公共图书馆资料缩略图)。围绕这个乐段,全曲的戏剧张力不断升腾。第二段间奏曲出乎意料地使用了吉他与曼陀林,如散落飞溅的色彩在画布上恣情肆意。终曲节奏飞快,不拘一格,仿佛是对弗朗兹·莱哈尔(Franz Lehár)的轻歌剧《风流寡妇》(*The Merry Widow*)的嘲弄,同时还戏拟了路德教派圣咏《上帝是我们坚定的堡垒》(*Eine feste Burg*),以及他自己的第二、第三、第四交响曲片段。第七交响曲可以视作对马勒过往作品的评注,晦涩难懂中有些自我炫

---

[1] 见弗洛罗斯:《古斯塔夫·马勒:交响乐作品》,188页。

耀，又不免让人觉得他自我沉溺。

8月15日，马勒用小学生水平的拉丁文给阿德勒写信："亲爱的朋友，我的第七交响曲完成了。我相信自己从构思到完成都做得很好。我与妻子向您，以及您的妻子致以最高的祝福。G.M."[1]然而，在这之后，马勒将作品封存在保险箱长达三年时间。布鲁诺·瓦尔特并不喜欢这首作品。而马勒从阿德勒身上获得的，与其说是反馈，不如说是对作品枯燥乏味的学术分析。唯有一个人一听到这首曲子就领会了其中的灵魂，"如今，我完完全全地臣服于你了。"勋伯格写道：

> 究竟我最喜欢哪个乐章呢？全部，每一个都喜欢！我真的无法取舍。也许在第一乐章开始时我曾掠过些许质疑，但那只是短暂的一瞬间而已。之后，我的内心被越来越丰沛的温暖填满，每过一分钟就感觉更好。没有任何一个片刻令我失望，一直到最后，我都处于沉迷的状态。对我而言，整首作品的结构清晰。虽然在开场部分可以听到许多有细微不同的形式，但仍有一个主题贯穿始终。[2]

第七交响曲对保守的瓦尔特来说深不可测，对勋伯格而言却清晰透明，随后成为近代作曲家的创作素材库。勋伯格第一首无

---

[1] 爱德华·赖利：《圭多·阿德勒与马勒，记一段友谊》（剑桥，1982年），103页。[Edward R.Reilly, *Guido Adler and Gustav Mahler, Records of a Friendship* (Cambridge:Cambridge University Press, 1982).]
[2] 阿尔玛·马勒：《马勒：回忆与书信》，326页。

调性交响作品——《五首管弦乐小品》(Five Orchestral Pieces, 1909)正是借鉴了马勒"第七"的框架结构。他的十二音律创作《小夜曲》(Serenade, 作品第24)同样使用了吉他与曼陀铃;以及1938年完成的《第二室内交响曲》,也明显引用了马勒的夜曲内容。马勒的第七交响曲因此发生了玄妙的转换与变形:人们已分不清究竟是勋伯格在模仿马勒,还是从另一面反证马勒踏足后调性领域,就某些标志性声音创作技法做出了大胆尝试。

勋伯格的学生阿尔班·贝尔格创作的歌剧《沃采克》,每一幕都采用了马勒式五段结构,配器上则使用吉他与两把不同调的提琴。韦伯恩的《三首管弦乐歌曲》(Three Orchestral Songs, 1913)同样有吉他与曼陀铃,很容易让人联想马勒夜曲的那首《一切都是爱、爱、爱》(Nothing But Love, Love, Love)。[1]当《纽约时报》的音乐编辑奥林·唐斯(Olin Downes)对马勒的第七交响曲提出质疑与批评时,勋伯格简直怒火冲天。他严厉斥责唐斯对马勒"第七"的不敬,"这个人嘴巴里耍的那些腔调简直是无稽之谈。一个人要是无法理解马勒,那么他对于勋伯格的理解也必定是错的!"。这位当时已是垂垂老矣的革命分子继续咆哮:"如果你仔细研究乐谱,你不可能忽略其中的美好之处。如此美好的东西唯有配得上的人能懂。"[2]在勋伯格看来,音乐是对正直、正义的褒奖。在这

---

[1] 泽霍维奇:《马勒第七交响曲专题论文集》(辛辛那提,1990年),97页。[James L.Zychowicz, *The Seventh Symphony of Gustav Mahler: A Symposium* (Cincinnati: University of Cincinnati College of Music, 1990).]

[2] 埃尔温·施泰因:《阿诺德·勋伯格书信集》(伦敦,1964年),260—261页。[Arnold Schoenberg, *Schoenberg Letters*, ed.Erwin Stein (London: Faber and Faber, 1964).]

点上，马勒与他是绝对的同盟。

把那装着人头的盘子拿来

忙于事业的马勒无暇顾及阿尔玛焦灼难耐的寂寞。这个时候，恰好作曲家普菲茨纳（Hans Pfitzner）在维也纳排演自己的歌剧《爱园中的玫瑰》(*Die Rosevom Liebesgarten*)，顺道拜访了阿尔玛。"我们俩在客厅独处，他令我很开心。我分明感受到自己的皮肤因兴奋而刺痛，好久没有这样的感受了。"后来两人又有机会一起散步，感受年轻男子的尾随，阿尔玛内心小鹿乱撞，"与他并肩而行让我满足又充满欲望"。她抱怨马勒"本质上就是一个性格乖戾、冷漠的人。我们俩如今已形同陌路"[1]。每当马勒向阿尔玛求爱，态度总是既粗暴又敷衍。[2]过后，便是漫长的沉默。阿尔玛问他究竟怎么了，他只说："你去读《克鲁采奏鸣曲》(*The Kreutzer Sonata*)。"那是托尔斯泰写的关于婚姻破裂的小说。阿尔玛在自己的日记中写道："与马勒在一起时我常常不知道两人应该聊些什么。反正他会做怎样的回答我早已心知肚明。这几个星期天气越来越热，简直让人受不了，我完全提不起精神做任何事。我好想要一个男人，因为我从未真正拥有过。不过现在我连这件事都懒得做了。"[3]

---

[1] 希尔默：《古怪的寡妇：阿尔玛·马勒－韦费尔的一生》中阿尔玛的日记，85页。(Hilmes, *Witwe im Wahn: Das Leben der Alma Mahler-Werfel.*)
[2] 资料来源：安娜·马勒（Anna Mahler）。
[3] 阿尔玛的日记（1905年7月6日）；见马特纳于2009年4月12日发给作者的邮件。

郁郁寡欢的马勒开始寻求友情的慰藉。来自柏林的指挥家弗里德（Oskar Fried）前来拜访，马勒与他在办公室海阔天空地聊了一整天；马勒的助手奥托·克伦佩勒则成为"马勒帮"最后的信徒。弗里德与马勒就这么聊着：

> 就像两位旧识的老友般谈天说地。老友间最糟糕、最俗套的事情不外乎浪费时间与不顾他人的自我炫耀……他是一位寻求上帝的人……他深知自己背负着人们对他的信任，神圣的使命与信仰……不过有时，他也会怀疑自己是否足以承担这样的责任，并质疑自己是否有继续走下去的能力。在这样的时刻，他需要……一位仆人，一个门徒，帮助他检验这项宗教使命的真实性与前行道路的正确性。[1]

马勒是一个严重缺乏安全感的人。在弗洛伊德出现之前，弗里德恰好填补了马勒内心的需要，不论是智识激发、情感支撑，还是精神灵魂上的高度肯定，他都从未在自己薄情的妻子身上得到过反馈，而周而复始的歌剧院日常工作是那么乏味无聊。

《莎乐美》重燃了马勒对工作的热情。八年来，马勒在维也纳首演了大概20部歌剧，包括：斯美塔那的《达利波》，柴科夫斯基的《尤金·奥涅金》、《黑桃皇后》（Queen of Spades），比才的《贾米莱》，列昂卡瓦洛与普契尼两个不同版本的《波西米亚人》（Bohèmes），夏庞蒂埃的《露易丝》（Louise），雷兹尼切克

---

[1] 莱布雷希特：《记忆中的马勒》，174—175 页。

（Reznicek）的《唐娜·戴安娜》（Donna Diana），戈德马克的《战犯》（Prisoner of War），齐格弗里德·瓦格纳的《披着熊皮的人》（Der Bärenhäuter），鲁宾斯坦的《恶魔》（Demon），策姆林斯基的《曾几何时》（Once upon a time），施特劳斯的《火荒》，普菲茨纳的《爱园中的玫瑰》，沃尔夫的《元首》（Corregidor），德里布（Delibes）的《拉克美》（Lakmé），沃尔夫－费拉里（Wolf-Ferrari）的《好奇的女人》（The Curious Women），包括其他独幕剧在内，没有哪一部可称得上是划时代性的。当然，马勒也漏掉一些重要的作品，最大的损失当属捷克作曲家雅纳切克民族风格强烈的写实主义作品《耶奴发》（Jenůfa），由于没有附上德语文本遭到马勒拒绝。另一方面，性格强烈的《莎乐美》则是马勒所能想象到的最前卫出挑的叫喊，猥亵的性挑逗与宗教禁忌在文中大放厥词。"这是迄今为止你最棒的作品，"他对施特劳斯说，"每一个音符都恰到好处，挑不出毛病！"[1] 为了确保剧目上演，马勒同意依照审查委员会的意见修改剧中一些圣经人物的名字，比如将施洗者约翰（Jokanaan）改为巴尔·哈南（Bal Hanaan）。然而某媒体提前走漏了风声，引发轩然大波，如此亵渎神灵的作品怎能堂而皇之地公演？！迫于公众舆论的压力，剧目被禁。"这些该死的报纸（天晓得他们从哪里来的消息，我可对谁都没有说过）又一次把一切给毁了个彻底。"[2] 他对施特劳斯说。至于"该死的"媒体们则将炮火对准了马勒。作家巴尔称："他总是被他们紧咬着不放，阴魂不

---

[1]《古斯塔夫·马勒与理查·施特劳斯书简，1888—1911》，1905年10月11日的信，88页。
[2] 同上。

散。不知道那些人为什么那么恨他。"[1]

1905年12月9日,《莎乐美》终于如愿在德累斯顿进行首演,当时饰演莎乐美一角的女高音玛莉·维蒂奇(Marie Wittich)拒绝在《七层面纱之舞》(Dance of Seven Veils)段落一件件脱去衣服,于是改由一名芭蕾舞者代替上场。隔年5月,作品在格拉茨上演。音乐会当天,马勒与阿尔玛、施特劳斯夫妇驾车出游,据随行的一位观众乐迷称,当时勋伯格、普契尼与希特勒也在场。格拉茨之夜的确惊天动地,援引《纽约客》(New Yorker)音乐评论罗斯(Alex Ross)的话说:"它是灯,照亮了濒临彻底变革又不知何去何从的音乐世界。"[2]即便有这样的评论,《莎乐美》在格拉茨的表现并没有真正促成革新,或者说令音乐界有所突破。施特劳斯亦非革命斗士,在下一部歌剧《埃莱克特拉》(Elektra)完成后,他又回归迎合布尔乔亚口味的老路,创作出《玫瑰骑士》(Der Rosenkavalier)。施特劳斯步步退让,打算断了那些骇人的创新念头;而马勒却步步紧逼,愈发渴望翻天覆地的突破。

《莎乐美》演出过后10天,马勒在埃森的鲁尔镇(Ruhr)指挥自己的第六交响曲。施特劳斯称作品"配器过多"[3],马勒听闻不禁落泪。后来在一篇媒体访谈中,马勒做出反击,将施特劳斯描述为迎合听众的民粹分子,自己则是理想主义者。"如果用尼采的话来说,我是'不属于自己时代的人'……施特劳斯才是生逢

---

[1] 布劳科普夫:《马勒档案研究》,243页。
[2] 亚历克斯·罗斯:《其余都是噪音》(纽约,2007年),11页。[Alex Ross, *The Rest is Noise* (New York:Farrar, Strauss, Giroux, 2007).]
[3] 莱布雷希特:《记忆中的马勒》,193页。

其时的那个,所以能在活着时就享有不朽名声。"[1]

又到一年夏天,回到湖边度假小屋的马勒已是精疲力尽,感觉自己完全被掏空。"第一天早晨,我走到小屋试图让自己放松(我当时真的非常需要休息)……然而当我踏进熟悉的房间,创作之神立刻擒住我、占有我。"[2] 马勒仅用八个星期就完成了体量庞大的第八交响曲。

该作品分为两部分,第一部分基于一首 8 世纪的圣灵降临节赞美诗《降临吧,造物主圣灵》(*Veni, Creator Spiritus*),第二部分则取材于歌德《浮士德》中最后的几个场景。前后两部分更多地表现出疏离而非关联,中间由一段长达 10 分钟的器乐间奏相隔,与布里顿的孤立主义歌剧《彼得·格莱姆斯》(*Peter Grimes*)中的"海的间奏"(*Sea Interludes*)曲相类似。没来由的,或者说没有特定道理的,马勒突破性地在这部作品中采用编制异常巨大的乐队、两个合唱队、七位独唱演员外加一个男生合唱团,近千人的表演者。这位脑袋聪明的实用主义者似乎刻意让自己的音乐变得难以演奏,或者他只是在向世界宣告自我放逐,不再为世俗的现实所捆绑。

马勒称创作时,"似乎有个声音对着我诉说",于是他"臣服在它面前",听从上天的旨意。[3] 一段小插曲生动地诠释了作曲家写作过程中的宿命论:在为《降临吧,造物主圣灵》谱写音乐时,

---

[1] 莱布雷希特:《记忆中的马勒》,209—210 页。
[2] 马勒:《给妻子的信》,356—357 页。
[3] 弗洛罗斯:《古斯塔夫·马勒:交响乐作品》,214 页。

Why Mahler?

马勒任凭"音乐如水槽的水满溢而出"[1]，结果相当一部分音乐根本无歌词可配。发了狂的马勒给古典文学研究专家吕尔去信，拜托他提供一份真实可信的颂歌原版诗文。"请即刻回复，要快！否则一切就会太迟。身为创作者以及被造物主圣灵创作出的我急需这些素材！"[2]在吕尔提供给马勒的颂歌版本中包含一段后来遗失的诗文，正好可与马勒多写的音乐旋律相配。

第八交响曲基于稳妥的调性关系进行建构，最令人惊叹的是它的宏大巨制。在振聋发聩的咆哮声下，这些音乐恰是马勒前七首交响曲的融合，其一生音乐作品的总结，甚至是一种落幕或告别。我曾于1991年聆听过克劳斯·滕施泰特排练这首作品，这种感觉愈加分明。马勒告诉身在萨尔茨堡的作家施佩希特（Richard Specht）："仿佛我之前所作都是为它预备的。"[3]事实上，这部作品为马勒的过去划了一道界，显然他再也回不去了。

在萨尔茨堡为莫扎特150周年诞辰纪念日指挥《费加罗的婚礼》时，马勒撞见罗勒与乐评人科恩戈尔德坐在布里斯托旅馆内的餐桌边，他立刻从开着的窗户一跃而入加入他们的对话。科恩戈尔德将立志成为作曲家的儿子埃里希（Erich Wolfgang）带到马勒面前。据孩子的父亲说，马勒立刻惊叫道："这孩子是天才！带他去找策姆林斯基……在那里他可以学到所需的一切。"[4]埃里希时年九岁，后来成为好莱坞最成功的电影配乐大家。此时，策姆

---

[1] 见莱布雷希特《记忆中的马勒》中戴切伊的描述，253—254页。
[2]《马勒书信选集》，291—292页。
[3] 弗洛罗斯：《古斯塔夫·马勒：交响乐作品》，214页。
[4] 见科恩戈尔德：《回忆录》。

林斯基即将成为歌剧院的第三号指挥，与马勒并肩作战。在新近创作的歌剧《梦想家乔治》(Der Traumgörge) 中，策姆林斯基将阿尔玛描画为梦想公主，并在开篇引用了马勒极富标志性的歌曲《我被世界所遗忘》中的和弦。

马勒迎来自己在维也纳歌剧院的第 10 个乐季，开幕第一周的工作安排得满满当当，空前紧凑。当时德雷福斯支持派的几位重要人物恰好在维也纳，马勒对他们说："我打算私底下搞个音乐节，……除了我们之外没有人知道。"[1] 马勒先后为这些人指挥了《费岱里奥》、《费加罗的婚礼》、《后宫诱逃》(Abduction from the Seraglio) 以及《魔笛》(Magic Flute)。后来，当皮卡尔回忆自己的狱中生涯——"何等备受折磨，毫无尊严"，然而只要想着有一天还能重返维也纳，听完马勒指挥瓦格纳的《特里斯坦与伊索尔德》，便有了坚定下去的信心。

"特里斯坦"演出当晚，皮卡尔正走在歌剧院的大阶梯上，贝尔塔手持从巴黎发来的电报冲到他面前："请通报皮卡尔将军，我已任命他为战时部长，请他务必于今晚返回。克列孟梭。"身为德雷福斯支持派的重要人物，以勇猛著称的皮卡尔奉命清算法国军队的内部罪行。贝尔塔以为皮卡尔会为此欢欣鼓舞，不料皮卡尔却大为光火。"你应该明早再拿来给我看，"他冲她嚷嚷，"一位真正的朋友怎么会伤我这么深呢。"无奈的皮卡尔在听完第一幕后动身，只在卡片上感谢马勒带来"如此罕有的艺术盛宴"[2]。

---

[1] 祖卡坎德尔:《奥地利回忆录, 1892—1942》, 151 页。(Zuckerkandl, Österreich intim. Erinnerungen, 1892–1942.)
[2] 阿尔玛·马勒:《马勒：回忆与信件》, 105 页。

画家的复仇

我家的走廊上挂了一幅复刻版油画,出自奇塔基(R.B. Kitaj)的人物肖像作品。对奇塔基而言,这幅作品并不寻常。画面依照照片临摹而成,马勒以头部侧面特写入镜,几道如刀疤的皱纹从左眼一直延伸至后退的黑色发际线边缘。这些皱纹构成字母"K"的形状,即画家姓氏的第一个字母。奇塔基总说,每张画像拥有的意义一定比第一眼望见的要多得多。

当奇塔基着手创作这幅作品时,我恰好有机会认识他。他在切尔西的工作室堆满行李箱,正准备回美国。"伦敦学派(the School of London)结束了",奇塔基说,一句话终结了他与培根(Francis Bacon)、大卫·霍克尼(David Hockney)、卢西安·弗洛伊德(Lucian Freud)、弗兰克·奥尔巴赫(Frank Auerbach)、莱昂·科索夫(Leon Kossoff)、霍华德·霍奇金(Howard Hodgkin)所组成的团体。[1] 他之所以离开,是因为英国评论圈大肆攻击他1963年于泰特艺术馆的展览。展览后不久,奇塔基的妻子桑德拉(Sandra Fisher)因大脑动脉瘤而过世,他认为一切都是评论家的错。评论家最无法忍受的是奇塔基对自己画作的评论与解释;奇塔基则指控他们有反犹情结。"我是唯一一个在画作中展现犹太戏剧精神的犹太人,难道这一切只是巧合吗?"他质问道:"我是唯一一个对

---

[1] 阿尔玛·马勒:《马勒:回忆与信件》,105 页。

自己作品做出评注的画家,这难道也是巧合吗?"[1]

当我找到奇塔基想与他聊聊马勒时,他幽幽地说:"现在实在不是一个好时机。过去这一整年,我不愿被人打扰。不过关于马勒,我无法拒绝。"从20世纪50年代起便在维也纳求学的奇塔基对马勒有一种天然的亲近感,因为他总会在房东小姐、老师及店家的眼中得到同样的一抹仇恨。"若可以选择,我宁愿远离那些街道。"他说。奇塔基将反犹主义与反现代主义相提并论:"正是犹太人的才华创造了现代世界。"马勒与奇塔基正是此类倡导改变的代言人,捕捉人类焦躁不安的建筑师。

奇塔基的这幅马勒画像随后被庄重地悬挂在维也纳歌剧院的间隔大厅。揭幕时引来了不少非难——根本不像马勒,不过这倒也算不上什么恶意攻击。奇塔基在作为背景的阿特湖处涂上了许多怪异的颜色:蓝黑色的山坡,粉红与黄色的湖,一棵漆黑的针叶树在水中投下血红色的身影。"为什么?"我问,奇塔基耸耸肩。艺术就是艺术,颜色不过是光影。我们每个人都以不同的方式观照马勒,他看上去总是充满意味。我们也在以自己的方式理解马勒,塑造自己心目中理所应当的马勒。那年冬天,奇塔基这位犀利而温暖的男人,热情的友人、父亲,带着12岁的儿子马克斯回到加利福尼亚。2007年10月,奇塔基自杀身亡。

---

[1]《英国卫报》,2002年2月6日。(*The Guardian*, 6 February 2002.)

10

三锤重击
（1907）

被抛弃的总监

1907年新年伊始，空气中便充满了风雨欲来的气息。1月1日，种族主义报纸《德意志人民报》发文攻击马勒，谴责其解雇温克尔曼（Hermann Winkelmann）与塞多梅尔（Sophie Sedlmair）两位歌手，以及提高歌剧院票价。随后，其他报纸纷纷加入这个话题，《号外》（Extrablatt）第一时间发现总监大人又一次擅离职守——前往柏林、法兰克福及林茨指挥自己的交响作品。马勒赴德巡演前，各方对第六交响曲的评论可谓尖锐刺耳。希施费尔德宣称马勒缺乏"真正源自内在的创造力"。卡尔贝克称他为"乏味的噪音制造者"，科恩戈尔德则认为第六交响曲是马勒创作中最弱、最无力的声音。总监刚离开维也纳，《德国时代周报》便刊登了一整版面调笑马勒的漫画，配以标题："总监马勒现在没空。"

无休止的媒体惹得蒙提诺弗王子心神不宁，他命令马勒即刻返城。然而马勒还是坚持完成了巡演，他告诉阿尔玛："一群恶狗紧追着我不放。不过我是绝不会半途而废的……若是污秽脏了我的衣服，我便把它们拭去，毫不在意。想想我们已经到手的五万，以及一年五千的俸禄，生活还是有所依靠。不过，或许我们得开始勒紧裤腰带了。"[1] 似乎马勒已经预见到了些什么。

"马勒的神经质令剧院混乱无序。"《号外》对着返回维也纳的总监大叫。某拥护社会主义的报纸发出了质疑："马勒先生是否已经厌倦了自己的工作？"马勒请求蒙提诺弗王子发表一份声明以确保自己的领导地位。蒙提诺弗王子心有不满，他叫马勒以实际行动平复谣言——推出一场重量级的演出。马勒随即推出由罗勒操刀舞美的新版歌剧《女武神》，阴郁缓慢的节奏、晦涩的阴影召唤出无穷的黑暗深渊，作品笼罩着神秘、神圣、不可知的力量。弥登伯格、施梅德斯、男中音魏德曼及劳特尔的表现相当出彩。希施费尔德称其为"激越、富于灵感的即兴"。卡尔贝克大加赞赏，认为这场演出表演代表了马勒的至高成就。

2月5日，马勒参加了勋伯格《第一弦乐四重奏》，作品第七的首演。作品由罗斯四重奏（Rose Quartet）演绎，全长45分钟毫无间断，尽是晦涩不和谐的旋律。乐章间有人发出嘘声以示不满。"你们竟敢在我鼓掌时发出嘘声"，马勒冲着他们大吼。"对于你那些污秽不堪的交响曲我照干不误。"捣乱分子回敬道。"小心我赏你一耳光！"激动的马勒被人拉开。三天后，勋伯格《室内交响曲》音乐会上，马勒警告不安分的观众闭嘴。演出结束后，

---

[1] 马勒：《给妻子的信》，263–264页。

他长时间地用力鼓掌。"我并不理解他的音乐，"马勒说，"不过他年轻，或许他是对的。"当晚，阿德勒私底下警告阿尔玛，称："马勒今天当众出丑……那或许会害他丢掉饭碗。"[1]

在格鲁克的《伊菲姬尼在陶里德》中，罗勒再次有所突破，他让合唱队穿上白色的束腰长袍，头戴黑色假发，立于黄色背景前。弥登伯格扮演决心复仇的克吕泰墨斯特拉（Clytemnestra），肖德饰演脆弱纤细的伊菲姬尼，施梅德斯则是狮子般勇猛的阿基里斯。"这部戏投入了我的一切，自己的一切所能全在这里了，"马勒说，"它是我最后的告白。"首演当日早晨，祖卡坎德尔看见马勒在海报前伫立。"我无法将目光从海报上移开，"他说，"我不敢相信……就在今晚，所有歌手、乐队将听命于我。这真的让我开心极了！"[2] 解剖学家祖卡坎德尔后来告诉太太，在那一刻，马勒仿佛散发着"神圣的光辉"。

然而，还有许多麻烦正在酝酿发酵。为了丹尼尔·奥柏（Daniel Auber）的歌剧《波尔蒂契哑女》（La Muette de Portici），罗勒从剧院外雇用了一名客席舞蹈演员——格蕾特·维森塔尔（Grete Wiesenthal），这引发了剧院首席舞者海斯瑞特（Josef Hassreiter）的强烈抗议。得知此事的蒙提诺弗王子谴责马勒，短短一个月连续两次接到上级警告，双方牢固的信任已是岌岌可危。不久，又有人向宫廷大臣通报称理应在维也纳待命的马勒复活节后仍在罗马逗留。蒙提诺弗王子再次向马勒提出警告：身为总监，擅离职

---

[1] 阿尔玛·马勒：《马勒：回忆与书信》，112页。
[2] 莱布雷希特：《记忆中的马勒》，213–214页。

守是坚决不允许的。愤怒的马勒提出辞呈。这一回,原本早已习惯言语威胁并总愿意妥协的蒙提诺弗王子直截了当地叫马勒准备好探讨遣散费的问题。期间,马勒带着妻子在罗马城的废墟遗址间漫步,并指挥圣切契利亚交响乐团(Saint Cecilia orchestra)的演出。两人的行李在转乘途中遗失,马勒只好穿着借来的服装演出。回到维也纳,马勒发现自己解雇的一名上了年纪的男高音重新被蒙提诺弗王子召回。因为歌手短缺,原定上演的迈耶贝尔歌剧《先知》(Prophète)差点取消。媒体揪着这事大肆渲染,眼看着不值一提的演出事故就要酿成一场血雨腥风的剧院危机。"有人称之为'轶事',"科恩戈尔德说,"好像只要这么说了,所有最无关紧要的事就会变得异常重要。他们不过是自己制造了些'轶事',随后摆出一脸愤慨在自己创造的轶事上争名夺利。"[1]

采访过程中,科恩戈尔德发现马勒是一个"沉浸在工作中便充满活力的人,那劲头仿佛接下来50年他都会担任剧院总监一样。"马勒随即发布了1907/08乐季的节目单,剧目选择相当大胆,包括德彪西的《佩利亚斯与梅丽桑德》、戈德马克的《冬天的故事》(A winter's Tale)及策姆林斯基的《梦想家乔治》。一天,马勒将排练中的瓦尔特叫到外面,两人沿着环形大街散步,马勒对他说:"这10年,我在歌剧院完成了自己的目标。"[2]五月的最后一个星期,一众文化名人发表联合声明,庆祝马勒为维也纳文化效力10周年,这其中包括施尼茨勒、克里米特、巴尔、霍夫曼及钢琴制

---

[1] 科恩戈尔德:《回忆录》,101页。
[2] 瓦尔特:《古斯塔夫·马勒》,53页。

造商贝森朵夫（Ludwig Bösendorfer）。"如果我还想继续待在这个位子上，唯一要做的就是放松坐好，"马勒说，"我可不打算做出反抗，那只会令事情变得更糟，白白送死。"[1]

曾于1876年拜罗伊特音乐节上演唱过《指环》的资深瓦格纳歌手莉莉·莱曼（Lili Lehmann）恰好在维也纳看马勒指挥的《特里斯坦与伊索尔德》。第二幕间奏时，她看到马勒坐在自己的休息室，"一边喝茶，一边热烈地与三十多个人说话"。这时，舞台经理探着脑袋走进休息室，对马勒说施梅德斯嗓子无法发声了。马勒只能临时删减施梅德斯的戏份。不久，舞台经理又回来通报另一个不幸的消息——弥登伯格也不能唱了。"原本平静的马勒瞬间暴跳如雷，就像从盒子中刚被释放出来的恶灵，在房间里跳个不停。"已是58岁高龄的莱曼自告奋勇，表示十分愿意协助马勒完成这个角色。马勒的眼睛里充满感激，说："莉莉，要是哪一天你需要我，把我从坟墓里挖出来都没有问题。我心甘情愿为你在任何时候、任何地方指挥任何作品。"[2]

当乐季结束，芦笋再次成为咖啡馆午餐菜单重头戏时，马勒动身前往柏林与来自纽约大都会歌剧院的康里德（Heinrich Conried）会面。当时的纽约正在上演歌剧天王天后之争。某雪茄寡头商人汉默斯坦（Oscar Hammerstein）为他的曼哈顿歌剧院签下了梅尔巴（Nellie Melba）与泰特拉齐尼（Luisa Tetrazzini）。大都会歌剧院则拿下了卡鲁索（Caruso），不过他们尚缺一名巨星级

---

[1] 瓦尔特：《古斯塔夫·马勒》，52—53页。
[2] 莱布雷希特：《记忆中的马勒》，214—215页。

的指挥提升公信力。康里德是奥地利籍的犹太人,大都会歌剧院股东代表,身兼卡鲁索经纪人。此人狡猾庸俗,怎么看都是马勒憎恶的类型。尽管十分不相称,但康里德当时需要一位大师,而马勒需要一份高薪收入的工作。

一整个冬天,康里德都在以"史上音乐家所能获得的最高收入"诱惑马勒——六个月12.5万克朗(7.5万美元)的薪水,这个数字是马勒维也纳薪水的四倍。两人的邮件来来回回,经由中间人——负责维也纳歌剧院服装制作的裁缝商温特尼茨(Rudolf Winternitz)传递。在马勒与康里德会面前,最终的数字是每月$15000,其他细节还需再协商。筋疲力尽的马勒表示自己只能接受一周两个晚上的工作强度,因中风拄着拐杖的康里德则要求增加到三个晚上。两人僵持下来无果。回维也纳的路上,马勒担心协商破裂危及饭碗,给康里德发去电报称:"我将在美国向你们证明,我会奉献出自己所有的能力,听候您差遣。"康里德于是在《纽约太阳报》(New York Sun)上发文宣称已签下"欧洲最著名的指挥"。马勒则继续派人探听虚实,看看能否从汉默斯坦那谈到更好的条件。

在卡帕斯的访谈中,马勒正式宣布自己辞职的消息。"我并没有被打倒,"马勒说,"我想要完全独立的自主权,所以自愿离开。此外,我离开还有一个最主要的原因是,我意识到从天然属性上而言,歌剧是难以永远维持高水准的艺术形式。"[1]卡帕斯结束访谈后,随即接受蒙提诺弗王子的差遣,向最有可能成为下一任总

---

[1] 卡帕斯:《与天才相遇》,184—185页。

监的莫特尔传递消息。然而，短时间内莫特尔无法脱离慕尼黑，蒙提诺弗王子又一次找来马勒，提出薪资上的妥协，希望他能留下来。马勒拒绝了，并提醒王子曾在数月前说过的话，"一个总是在外地巡演，推销自己作品的总监对他而言毫无用处"。马勒脸上带着心满意足，或者说胜利者的微笑。于是，双方体面地达成共识：分道扬镳的时候到了。

关于马勒的离开，人们已耗费太多笔墨讨论个中缘由，大部分观点都将"媒体"列为"反犹主义行动"的凶手。不过在翻阅了维也纳1907年前半年的每日报纸后，根据我身为编辑的判断，并没有出现所谓的"猎巫行动"。依我看不过是因为当时新闻行当无聊至极、无事可说，只能将旧事拿来翻炒。不同报纸间彼此套用对方的故事，重复来重复去，甚至懒得花心思比较谁更能从支支吾吾的领导官员中套出更多内幕；反犹主义的情况与之前相差无几。总之，在马勒的最后六个月任期中，并没有什么特别的事件。

马勒自己给了一个离开的理由，这个理由令歌剧迷们十分难堪，为众人所刻意回避忽略。简单地说，他对歌剧的前景不再有信心。科恩戈尔德在一篇未发表的文章中引用了马勒本人的话，称：

> 我辞职并非因为（1）那些调皮的记者（虽然我完全不后悔离开他们）；（2）也不是"我想全身心地投入作曲事业"（我一直都是等着曲子自己找上我）——我只是意识到今天传统剧院已不再够格呈现艺术，它甚至毫无艺术性可言，它引发的所有冲突同样在个体身上（比如我）发生了深刻影响。基

于此，我不能怪罪任何人……甚至不是我自己的错。[1]

无以为继，所以离开。身为总监，马勒以一种罕见、足称楷模典范的态度不停歇地奋力坚持着，他严苛地审视自己的作品，努力挖掘自我内心的需要。他再也没有什么能够付出的了，于是放手。在他的同行中，鲜有人能展现如此的洞见与勇气。

6月21日，在罗勒与温特尼茨的见证下，马勒与纽约大都会歌剧院签约。[2]乐季的最后几天，小女儿安娜染上猩红热，马勒只能住在皇家旅馆（Imperial Hotel）。之后，他与弥登伯格及其新爱人——"多面手"赫尔曼·巴尔搭乘火车直奔迈尔尼希。

接连而来的打击

阿尔玛与孩子们已先到别墅等候马勒。6月最后一天的夜里，马勒抵达迈尔尼希家中，听闻五岁的大女儿玛丽亚身体状况不佳。到了第三天，他们叫来附近的医生布卢门塔尔（Carl Viktor Blumenthal）。他诊断玛丽亚得了猩红热并伴有可怕的白喉，细菌会聚集在呼吸系统，堵塞呼吸道直到病人窒息而死。玛丽亚受细菌感染程度很深，无法入院治疗。虽然收效甚微，他们也只能同意让她在家中接受治疗，这是唯一的出路。

马勒在女儿的房间跑进跑出，仿佛那是一种试炼，"在他的内

---

[1] 科恩戈尔德：《回忆录》，103—104页。
[2] 罗曼：《古斯塔夫·马勒的美国岁月，1907—1911》（纽约，1989年），32—33页。[Roman, *Gustav Mahler's American Years, 1907—1911*（New York: Pendragon Press, 1989）.]

心与她告别"。[1] 马勒 47 岁生日后三天，孩子已无法正常呼吸。阿尔玛与英国保姆特纳小姐将玛丽亚抬到桌子上，经过全身麻醉后，布卢门塔尔实施了气管切开手术，于锁骨上方的气管处切开一小口。马勒躲在自己的房间里闭门不出，备受折磨的阿尔玛因悲痛、恐惧而大声尖叫，沿着湖狂奔。凌晨五点，手术结束，孩子撑了过来，她奋力呼吸着，又挨过了一天。"马勒不停地啜泣，一次又一次地走到我卧室门前，也就是普琪所在的房间；然而只要听见任何响声，他立刻惊慌地逃走。这一切对他来说难以承受。"阿尔玛写道。7 月 12 日早晨，玛丽亚，也就是人们熟知的普琪咽下了最后一口气。

"我们给我的母亲发了封电报，她立刻赶来，"据阿尔玛当时的文字记录，"我们三人都睡在马勒的房间里，我们彼此不能忍受哪怕一刻的分离，总担心如果谁离开房间，什么可怕的事又会发生。我们就像暴风雨中的鸟，惊恐地等着下一刻的到来，还会发生什么——可怕的一刻终究还是来了！"[2]这段悲痛的文字写于 30 年后，阿尔玛在回忆录中将马勒描述为只顾自我逃避、无能的人："他逃走了：他无法承受死亡逼近的脚步声。"[3]这种说法确有几分道理——想想当母亲及兄弟奥托死时马勒的种种逃避——然而今非昔比，马勒也毕竟不是当年的马勒。身为父母，再没有比眼看着自己孩子受苦更令人心碎的了，这当然是毁灭性的灾难。不公正的责备是对个人信仰的轻蔑，也会逐渐

---

[1] 阿尔玛·马勒：《马勒：回忆与信件》，121 页。
[2] 同上。
[3] 马勒：《给妻子的信》，271 页。

毁坏两人的关系，不论理智或情感都将遭受重创。只要孩子病了，为人父母不可能不受影响，也不可能不发生变化。从小就活在孩童死亡阴影之下的马勒在成为父亲后再次面对最可怖的痛失。若说他除了流泪、逃避外什么都没有做，这难以令人信服；更何况，当下一个更黑暗的局面降临时，他所表现出的合宜稳妥足以证明这是个堪当重任的人。真正逃避的人是阿尔玛，她成日里寻求母亲、丈夫的慰藉，却忽略了小女儿安娜，甚至让安娜以为正是自己身上的细菌害死了姐姐。[1]当然，阿尔玛内心的悲恸很真实，那是刀绞般的痛彻心扉，可她却将罪恶感转移到马勒与小安娜身上。

阿尔玛的一位表亲，神经科医师奈波拉克（Richard Nepalleck）从维也纳赶来帮忙处理丧葬事宜，将孩子临时葬在当地郊区的教堂中。葬礼当天早晨，马勒将阿尔玛、岳母支开，让她们去湖边散步。阿尔玛的母亲心脏不太好，散步途中她突然感到心悸。[2]阿尔玛拿湖水蘸湿手帕，打算为母亲冷敷，抬头时望见马勒正站在山丘上目送女儿棺材运上灵车，脸因痛苦而扭曲。马勒本不希望阿尔玛看到这一幕，她还是看到了并大声哭喊着晕了过去。

他们再次叫来布卢门塔尔医生帮忙看看阿尔玛。检查过后，他表示阿尔玛是"心脏过度劳累"，要求她卧床休息。为了让气氛变得轻松些，马勒开了一个小玩笑："来啊，医生，你也该帮我检查一下吧？"他躺在沙发上，布卢门塔尔跪在地上把听诊器放在

---

[1] 莱布雷希特：《记忆中的马勒》，274–275页。
[2] 马勒：《给妻子的信》，254页。

他的胸口。"嗯，你的心脏可没有什么好值得骄傲的。"布卢门塔尔边起身边打趣道，语调洋溢着些许嘲讽的轻快。阿尔玛称每每医生宣布坏消息时总是带着这股子调调。布卢门塔尔表示马勒的心脏功能严重缺损，随时都有倒地身亡的危险。刹那间，整个房间沉默了。据阿尔玛描述，这项诊断乃"马勒终结的开始"[1]。

布卢门塔尔即刻把马勒送上火车，前往维也纳找科瓦奇教授（Friedrich Kovacs）寻求专业意见。科瓦奇是当时维也纳市立重点医院的首席心脏科专家，经过检查，证实马勒的左心二尖瓣闭合不全，有可能是先天不足，或是儿时感染风湿热的后遗症，马勒弟弟恩斯特正是死于风湿热。医生诊断为：二尖瓣狭窄以及瓣膜闭合功能不全。

马勒必须谨防嘴部或咽喉部的感染，因为那可能会导致瓣膜完全丧失功能，甚至连刷牙都会引发致命后果。科瓦奇要求马勒严格遵照医嘱行事，尽量以和缓的步伐走路，他必须放弃徒步与游泳，在指挥时尽量减少运动量，接受自己半残废的状态。如此建议实在是糟糕透顶的伪科学，但已是当时医疗所能提供的最好方法了。若再等上一个世纪，这种病痛便可以通过健康饮食及针对性运动锻炼加以控制，严重的瓣膜闭合不全也可以通过手术进行修复。

"马勒遵照医生的指示，"阿尔玛在日记中写道，"总是手表不离手，让自己渐渐习惯缓慢的步伐，忘记之前分秒必争的生活。"[2] 接着，他又在托布拉赫湖边的多洛米蒂山区休养了一阵日

---

[1] 阿尔玛·马勒：《马勒：回忆与书信》，122 页。
[2] 同上。

子。"痛苦令我们彼此疏离。"阿尔玛写道。这时,一位铁路局高级官员、阿尔玛父亲的犹太朋友狄奥巴尔多·波拉克给马勒寄来一本中国诗集,令他如痴如醉。[1]

8月的第三个星期,新乐季开幕在即,仍是歌剧院音乐总监的马勒必须返回维也纳。与此同时,阿尔玛清点好迈尔尼希别墅中的一切,关上大门,把钥匙交给了房产中介,此后他们谁也没再回到这个悲伤之地。天花病正在维也纳城中肆虐,注射疫苗的马勒顺便询问了医生关于瓣膜闭合不全的处理方式,结果那位医生告诉他无须太过焦虑:

> 他说我当然可以继续自己的事业,而且应当过完全正常的生活,只要避免过度疲劳就好了。很奇怪,他所说的与布卢门塔尔完全一样,但他的态度却让我非常安心。我再也不会为了指挥的事感到害怕了。[2]

这一年,马勒竟忘了给阿尔玛的 27 岁生日准备礼物。

~

再过一小时,太阳便要升起。满月的影子悬浮在湖面上犹如

---

[1] 起初人们一直认为马勒拿到的诗集为汉斯·贝格(Hans Bethge)的译本,出版于 1907 年 10 月。然而在最新解密公开的阿尔玛日记中的记载表明,波拉克于 1905 年 7 月送给马勒的诗集是海尔曼(Hans Heilmann)的译本。
[2] 马勒:《给妻子的信》,279 页。

一艘沉没的救生艇,丰腴又有点滑稽。我遥望韦尔特湖对岸,想象着马勒每天早晨会在这个时候起床,他会在仲夏的清晨套上羊毛衣与厚重的靴子,然后穿过树林来到作曲小屋。如今我所在这一侧湖区已是观光胜地,游客众多。而马勒曾居住的对岸则是树林茂密的私人领地,成为政府专员、银行家以及德国电影明星们的专属度假区。某电视肥皂剧《韦尔特的城堡》(*Ein Schloss am Wörthersee*)将湖区达官显贵的势利诠释得淋漓尽致。马勒的房子在影影绰绰中探出一个小角。

记得我第一次来这里时,我的向导是一位前纳粹分子。战后他在南美洲开旅馆为生。他问我为什么同盟国还不与希特勒联手共同对抗共产主义。韦尔特湖区至今留有政治角力的余毒。众多当地的卡林西亚人(Carinthians)怀念希特勒在位时期的日子,以及约尔格·海德尔(Jörg Haider)担任州长时的安逸时光。与卡尔·鲁伊格一样,约尔格是个迷人的种族主义者,2008年10月在一场高速公路车祸中丧命。秀丽的韦尔特湖区是个令人身心愉悦的小岛,从来不懂"向后看"为何物,当然,我这么说并没有批判的意思。

朋友安尼娜与费利克斯载着我绕湖畔兜风,接着上山,开进树林,在那里我看到了那栋小屋,马勒曾在那里写下四部交响曲及《亡儿悼歌》。屋子内部已被粉刷过,墙上挂着照片,布置了一些重现马勒创作生活的仿造品。其中一件展品引起了我的注意,乡村医生布卢门塔尔的照片。"他后来怎样了?"我问。

"他的儿子曾在学校里教授德语文学,是我的老师。"费利克斯说。

"教得好吗?"

"他战后就被禁止教书了,原因你也知道,那些老掉牙的理由。"

不辞而别

9月,魏因加特纳走马上任,成为维也纳国家歌剧院新一任总监。马勒自由了。走之前,马勒将自己钟爱的歌剧演了个遍,《唐璜》、《费加罗的婚礼》、《魔笛》、《女武神》、《伊菲姬尼在陶里德》。然而多数场次的票房并不理想,他的时代已然过去。10月15日,正式就任总监满10周年的马勒指挥了《费岱里奥》。当合唱队唱完"我们再如何赞美都不过分,她丈夫的一生即救世主的殉道",马勒把指挥棒收进口袋,走出乐池。

依照计划,马勒在俄罗斯有两场音乐会,另有一场在芬兰。重返圣彼得堡马勒蜜月时下榻的酒店套房,期间与钢琴家加布里洛维奇(Osip Gabrilowitsch)共进了几次晚餐,此人后来对心不在焉的阿尔玛发起了猛烈的追求攻势。在赫尔辛基时,画家卡雷拉(Axel Gallen-Kallela)带马勒出海。船在群岛间穿行,他们在冰冷的秋风中航行了三个小时,随后将船停靠在某个海湾。借着火光,卡雷拉为马勒画了一幅肖像。画面中,沉思的马勒一根手指支撑着脸颊,眼睛轻阖,眼镜泛着光。西贝柳斯也常叫上马勒一起散步。虽然马勒曾不客气地将西贝柳斯的《春之歌》(*Spring Song*)描述为"标准的低级趣味,加以北欧风味调和的所谓民族特色作品",如今他发现芬兰人"极有同情心,竟如此容易心灵相通"。[1]两人聊起交响乐的未来,刚刚完成第三交响曲的西贝柳斯十分看重结构,马勒却不同意:"不,一首交响曲应当像一个世界。它必须包含一切。"[2]这之后的100年间,作曲家渐渐分化为两个阵营,一派注重技巧纯净、形式结构的分明(如斯特拉文斯基、德彪西、勋伯格、巴托克、布列兹),另一派则试图以不断扩充的相关性体裁回应整个混乱的世界(如贝尔格、普罗科菲耶夫、肖斯塔科维奇、施尼特凯)。停在某个十字路口的西贝柳斯与马勒就这么界定了交响乐日后创作的两个派系。

回到维也纳的马勒还有三场告别演出。分离派摄影师莫里茨(Moritz Nähr)为马勒在维也纳歌剧院大厅拍摄了八张照片。马勒显得很暴躁,始终不愿直视镜头。直至最后一张,他的眼睛往左边看,才有了那么一点平和与专注。这组照片历来被视作马勒权力巅峰的代表影像。正如镜头所记录的,他渴望逃离。

先前屡遭马勒轻慢冷眼的沙尔克提出,希望马勒能与维也纳爱乐合作一场音乐会。嘴上喋喋不休地称这些乐手是敌人的马勒,实在难以拒绝离开前再指挥一回《复活》交响曲,便应承了下来。演出当天音乐厅座无虚席,气氛热烈。贝尔格致信给未婚妻道:"亲爱的,我今天对你不忠了……马勒交响曲演到终曲乐章时,我感觉到完全的孤独,仿佛全世界只剩下马勒的音乐,而我是唯一的听者。"[3]贝尔格自此明白了何为被世界所遗弃。

---

[1] 马勒:《给妻子的信》,290—291页。
[2] 莱布雷希特:《记忆中的马勒》,218页。
[3] 伯纳德·格伦[编译]:《阿尔班·贝尔格写给妻子的信》(伦敦,1971年),32页。[Bernard Grun (ed. and transl.), *Alban Berg: Letters to his Wife* (London: Faber and Faber, 1971).]

Why Mahler?

马勒于歌剧院艺术家入口处张贴了"最后的指示":

> 我们一起工作的最后时刻终要来临。我将要离开这个对我而言非常重要的地方,在此谨向各位郑重道别。虽然我曾梦想推出完整、完满的作品,如今却只留下这些残片与不完美——我想这便是人类的命运。我的作品与工作如何并非我自己能评判的……不过,在这一刻,我认为自己有资格这样说:我的意图非常诚恳,而且我把眼光放得很远……与媒体的交战中,我们难免在劲头上互相伤害,我相信双方都有不对的地方。不过,当一个好作品被成功地呈现出来时,我们都会忘掉一切纷扰、伤痛,回报令你我感到丰盛与满足……

维也纳,1907 年 12 月 7 日
古斯塔夫·马勒

才过了一个晚上,这封告别信便被撕毁,门前留下一地碎片。"我就知道自己留在这里的只能是些七零八落的碎片。"马勒对祖卡坎德尔说。"亲爱的朋友,"祖卡坎德尔答道,"你已经做到了他人无法做到的,并且这成功是靠着不向他人妥协屈服得来的。"[1]

另一方面,某神秘的邀请借由勋伯格的三个学生与乐评人斯特凡在坊间流传:

---

[1] 莱布雷希特:《记忆中的马勒》,212 页;格兰奇:《马勒(卷三),维也纳:胜利与幻灭(1904—1907)》,788 页。[Henry-Louisde La Grange, *Mahler: Vol.3, Vienna: Triumph and Disillusion(1904—1907)*(Oxford: Oxford University Press, 1999).]

马勒的仰慕者们,请在 12 月 9 日,星期一早上 8 点半于西火车站月台上集合……因为这是一个给马勒的惊喜,所以切记请不要把消息泄露给任何与媒体相关的人员。

大约两百人在那个灰暗的冬日早晨出现在火车站,铁路部官员波拉克将他们带到月台。在场的有罗斯四重奏、勋伯格与他的学生们、策姆林斯基、罗勒以及一些维也纳爱乐乐团的乐手。马勒在他们之间来回走着,与他们一一握手交谈。贝尔格把自己的未婚妻介绍给马勒,当她弯腰替马勒拾起掉落的手套时,马勒回以一个非常温柔的眼神,那眼神她一直到临终时都还记得。马勒与阿尔玛登上火车,站台哨声响起,列车冒着蒸汽缓缓开动。随着火车消失不见,人群中的克里米特说出了最后的判词,他说:一切都结束了(Vorbei)。

~

的确如此。魏因加特纳接手后,几近报复性地摧毁了马勒建立起来的风格与成就。他大量地删减歌剧剧目,对罗勒的舞台设计胡乱破坏,清除一切与马勒相关的同盟党羽。不过两年半的时间,魏因加特纳便成功恢复了维也纳平庸懒散的歌剧传统。在他之后,虽然前前后后亦有不少严苛的指挥大师接手总监一职——理查·施特劳斯(1919—1924,同时期共同成为歌剧院总监的还有指挥沙尔克)、克劳斯(1929—1934)、卡拉扬(1956—1962)、洛林·马泽尔(1982—1984),然而最终,歌剧院依然只是踏着轻松懒散的步子，维也纳从未改变（Wien bleibt Wien）！

马勒的完美主义在其他地方生根发芽。策姆林斯基将马勒的精神带到了布拉格，瓦尔特带到了慕尼黑，克伦佩勒带到了柏林，最后这种精神跟随他们流亡的脚步在异乡开花结果。之后一百多年间，马勒杰出、高效的歌剧院运营管理方式成为人们仿效的标杆。

1983 年，我与马泽尔有过一次会面，他坚信当时会面所在的办公室曾属于马勒。"音乐总监的权利非常明确，"他斜斜地往后靠着椅背，"我做所有的决定。你只有在我的指示不明确时，才有机会发挥自己的想法。"[1]一年后，马泽尔被种族主义者、机会主义者、喝着咖啡的中产阶级等围攻，加上向来擅长自我标榜的媒体煽风点火，终被驱逐下台。维也纳进行曲依然故我地唱着。我问马泽尔一年指挥多少场演出，他回答 25 场。我提醒他马勒当年指挥超过百场。"我热爱指挥，"马泽尔说，"但只是把它当作一种娱乐消遣。要是我得在 11 个晚上指挥 11 场表演，我就没办法维持同等的心态了。我生来就不是做单调乏味工作的人。"[2]难道马勒喜欢单调乏味的工作吗？

我找到歌剧院内部保管乐谱的负责人波顿，他是前驻美外交官，负责解除核武器的项目，后放弃老是与苏维埃将领们拼酒的日子回到维也纳，干起了乐队的活。他替我列出了所有师承马勒

---

[1] 见《星期日泰晤士报》，1983 年 1 月 9 日刊文。
[2] 莱布雷希特：《大师的秘密：追求权力的伟大指挥们》（纽约，1992 年），204 页。
[Norman Lebrecht, *The Maestro Myth: Great Conductors in Pursuit of Power*（New York: Carol Publishing Corporation, 1992）.]

时代的现任乐手,并为我展示了一份《特里斯坦与伊索尔德》的乐谱,那上面满是马勒用红色、蓝色铅笔做的标注,如此生动鲜活,仿佛是昨晚演奏前才写上去的。

离开剧院,我沿着马勒每日步行回家的路线走着。马勒原本的公寓在1945年遭受轰炸,如今改建后的屋主是一位挪威钢琴家,他言辞凿凿地称那浴缸是马勒时期沿用至今的,盛情地邀请我试一试,我拒绝了。我绕着环形区散步,耳机里播放着马勒的第七交响曲,一路数着海顿、莫扎特、贝多芬、舒伯特、老约翰·施特劳斯与小约翰·施特劳斯、约瑟夫·兰纳、布鲁克纳的纪念石碑;在市立公园,我还找到了阿尔玛的父亲辛德勒的石碑。然而没有一块石碑是属于马勒的,他留下来的痕迹唯有一条1919年命名的"马勒街",这条原本破烂的街道如今伫立着时髦的购物商场。

后来,我好几次重返旧地。人们很难第一眼便看清维也纳,恐怕看上十回都难以做出恰如其分的评价。它永远是这样懒散,表象永远凌驾于实质之上。有一回参加维也纳音乐节,我找到了奥托·瓦格纳于1903年所建的一间精神疗养院,其中设有教堂及小剧场,试图用信仰与艺术医治心灵破碎的人们,如今音乐厅仍在使用。"二战"期间,这家医院被纳粹用来毒杀患病的孩童。分析维也纳是令人沮丧的工作。维也纳终究还是维也纳(Wien bleibt Wien)!

加德纳林(Kärntnerring)一个11月的早晨,我在提醒穆斯林教徒祷告时刻的声响中醒来,脑子嗡嗡作响。我这是在哪儿?这是1683年那个抵挡住土耳其人的猛烈炮火,阻止伊斯兰势力向欧洲继续进犯的城市吗?难道西方文明再次陷入四面楚歌的境地?

Why Mahler?

酒店前台的服务员告诉我维也纳一共有53座清真寺，奥地利有超过百分之四的居民为穆斯林，大多是从巴尔干半岛冲突中逃离的难民，有些甚至已是在维也纳定居的第五代移民了。这座城永远是多文化共存之地，生来如此。

我独自在寂静无声的环形区行走。那天是万圣节，商店关闭，人们大多前往墓地参加节日仪式。在这样一个日子，生活暂停，死亡主宰着一切，用舒伯特万圣节之歌的歌词描述，便是——"可怕的折磨业已过去，甜美的梦也将终结"，爱神厄洛斯与死神萨纳托斯永远环绕着维也纳。至于马勒留在身后的，用他自己的话说，不过就是些"碎片"，但已经是我们凡人短暂人生所能达到的极限，他的成就让我们相形见绌。为什么是马勒？在维也纳逐渐衰落的乐音中，这始终不是一个必须回答的问题。

11

进军美国
（1907—1910）

布朗区的兴起，华尔街的衰颓

1907年的纽约还算不上迷人的城市，当年的移民人数再创历史新纪录，高达125万的新移民涌入纽约，政府一天就要接纳1.1745万位旅客，整座城市的人口超过400万。为了让新移民能与老家建立联络，纽约与爱尔兰之间新建了一条电报线路。第一台电气火车从中央火车站出发，第一批出租车开始在街上招揽生意。广场饭店（The Plaza Hotel）在中央公园边上开张，至于第五大道那一扇扇华美的窗户宛若梦幻的剧场，每天上演着人们梦想的生活。那一年，一切都在疯狂地、毫无边界地扩张。齐格菲尔德（Florence Ziegfeld）隆重推出"富丽秀"[1]。犹太剧作家阿

---

[1] 富丽秀（Follies）是法国时事秀与美国综艺秀的结合，作为音乐剧发展初期的雏形之一，曾在美国风靡一时。——译者注

施（Sholem Asch）的意第绪语戏剧《上帝的复仇》票房大卖，主角是一位犹太皮条客。当时几乎城里每个人都时兴哼唱其中的歌曲《学生时代》（School Days）以及《我害怕在黑暗中回家》（I'm Afraid to Come Home in the Dark）。《纽约时报》则带来了遥远的维也纳的消息——一开始只能经由爱尔兰的克利夫登发来电报，后来则使用无线电——称"许多最一流的歌手都相继'抛弃'宫廷歌剧院，朝富庶的曼哈顿奔来"。[1]

然而一夜间，原本兴盛的光景幻化作泡沫。尼克博克信托公司（The Knickerbocker Trust Company）涉嫌欺诈性报价竞标，试图操纵铜业市场，后情况失控，大量客户涌入位于纽约第34街与第五大道交叉口的公司大吵大闹，讨要说法。10月24日，著名的1907年纽约大恐慌爆发，银行股大幅度跳水，整个华尔街都在颤抖。此时，大资本家摩根（John Pierpont Morgan）[2]与洛克菲勒（John Davison Rockefeller）[3]决心介入挽回颓势。身为尼克博克信托公司主席的摩根对外宣称："只要大家把钱留在银行里，我保证一切都会没事。"同属尼克博克信托公司高管的巴尔尼（Charles T. Barney）[4]饮弹自尽。10天后，这家最具实力的券商并无力为巨大的金融缺口买单。周六上午，摩根召集50家银行到他的图书馆开会，整个周末都在商讨应对措施，并最终在周一开

---

[1] 1907年11月30日。
[2] 约翰·皮尔庞特·摩根（1837—1913），美国著名实业银行家，重组建立摩根集团，催生奇异公司（GE），并组建了美国钢铁公司。——译者注
[3] 约翰·戴维森·洛克菲勒（1839—1937），美国实业家，石油大亨，创办了芝加哥大学与洛克菲勒大学，联合国总部大楼及洛克菲勒中心也是由他出资建造。——译者注
[4] 查尔斯·巴尔尼（1851—1907），曾任尼克博克信托公司总裁，因为参与一项股票操纵案而共同导致了1907年纽约的挤兑大恐慌。——译者注

市前得到罗斯福总统（Theodore Roosevelt）就相关救援计划的认可。此次险象环生的危机催生出了"美国联邦储备委员会"（Federal Reserve），用以监控货币政策的稳定。然而，没有什么是稳定的，从来都是。

纽约这地方既不漂亮，也不干净，当政的是由爱尔兰权贵墨菲（Charles F. Murphy）[1]所领导的坦慕尼协会（Tammany Hall）。[2]为使政府组织内部、公共设施机构内随处可见的回扣文化合理化，他还发明了"诚实的腐败"（honest graft）这个说辞，以解释从警政体系到废物处理都存在的贪腐行为。大部分市民居住在环境恶劣的地方，根据小说家西奥多·德莱塞（Theodore Dreiser）[3]的说法，"君士坦丁堡的贫民窟都比这里好"[4]。外来移民每个小时的薪酬不到22美分，一年的收入顶多400美元。相比，一名牙医的年薪可达2000美元到3000美元。至于那些上流名媛，只消花费一个下午在第五大道逛逛，便能将牙医一年的收入挥霍殆尽。

据一位歌手的女儿回忆：

> 尽可能奢华的晚宴、各种招待会，一切都要呈现出最富丽堂皇的复古风，……最时兴的娱乐便是在晚宴后来场私人

---

[1] 查尔斯·墨菲（1858—1924），爱尔兰移民之子，1902年就任坦慕尼协会主席，是史上最强势的主席。电影《公民凯恩》（Citizen Kane）便是根据他的身世所改编。——译者注
[2] 属美国民主党的政治团体之一。——译者注
[3] 西奥多·德莱塞（1871—1945），美国小说家，父母是德国移民，曾任美国作家协会会长。——译者注
[4] 罗曼：《古斯塔夫·马勒的美国岁月，1907—1911》，44-45页。

音乐会，通常会在舞厅内摆放一排排镀金的座椅，进行表演的都是来自大都会歌剧院的顶级艺术家，音乐会的演唱、演奏大约持续半小时，演出费高达 2500 美金。[1]

大都会歌剧院的幕后老板是 J. P. 摩根和他的一众朋友，它俨然成为区分这个城市不同经济阶层的机构。伊迪丝·华顿（Edith Wharton）[2]的小说《纯真年代》（*The Age of Innocence*）中写道：创建这座剧院的目的"是要与欧洲那些著名首都的歌剧院们一较高下，看看谁更奢华光彩"。

大都会歌剧院位于纽约 39 街、第七大道的交叉口，常年演出的节目单不是意大利歌剧就是德国歌剧。康里德从 1903 年起就担任经理一职，一方面他要与哈默施泰因的歌剧院正面交锋，另一方面要避免股东的干涉，如今他的地位岌岌可危。摩根勒令康里德取消《莎乐美》的演出，因为摩根女儿觉得歌剧中的那段舞蹈非常不体面。康里德所能想到的最后一搏便是找一个力挽狂澜，能将音乐重新迎回歌剧院至高宝座的指挥。

1907 年 12 月 21 日，近中午时分，马勒从"维多利亚"号下船，抵达埃利斯岛。移民官将他的名字登记为莫勒（Mohler），将其身高虚报为 5 英尺 8 英寸，职业栏则填写上"音乐博士"。等到马勒下一次抵达此处时，身高被登记为 5 英尺 2 英寸，职业是"乐队

---

[1] 玛莎·达温波特（Marcia Davenport），*Too Strong for Fantasy*（伦敦，1968 年），52—53 页。
[2] 伊迪丝·华顿（1862—1937），擅长以幽默的方式描述美国上流社会的没落，代表作包含《欢乐之家》、《纯真年代》。——译者注

长"。[1] 为了迎接这位名人，港口挤满了新闻记者。马勒当面澄清自己并非传言所说的是个暴君，"我算得上是这个世界上最和蔼可亲的人，只是我希望我的下属能够尽他们的职责，而且做事要有效率"[2]。在奥地利大使馆官员与大都会歌剧院负责德国剧目的指挥赫兹（Alfred Hertz）的陪同下，马勒下榻位于西72街（现址为115 Central Park West）的大华酒店（Hotel Majestic）。抵达时，一位《纽约时报》的记者已恭候多时。"我非常高兴也非常期待自己能在美国工作，"马勒说，"对于康里德先生所规划的乐季，我本人十分赞成也非常有信心，希望自己能在艺术水平方面有所贡献。"[3] 这些陈词滥调的官腔式回答经过翻译后显得更为沉闷。在美期间，马勒拒绝讲英语。

一日，几人在康里德的公寓共进午餐，康里德斜躺在沙发上，沙发边上摆放了一套古董盔甲，房间内装着红色的发光灯泡。对此人的品味，马勒嗤之以鼻，觉得再无共同话题。随后，马勒观看了《托斯卡》的演出，随行的有歌手恩里科·卡鲁索、埃姆斯（Emma Eames）与斯科托（Antonio Scotto）。隔天早晨，马勒开始《特里斯坦与伊索尔德》的排演，合作对象是来自慕尼黑的男高音诺特（Heinrich Knote）及莱曼的学生弗雷姆斯塔德（Olive Fremstad）。刚进入序曲部分，马勒突然叫停。"剧院内所有除此以外的排演都必须暂停，"他说，"我根本听不到乐队的声

---

[1] 博斯沃思，《马勒美国埃利斯岛抵达记录》，*Naturlaut* 杂志第六期。（M. Bosworth, *The Ellis Island U.S. Arrival Records for Gustav Mahler, Naturlaut* vol. 6, no. 2.）
[2] 格兰奇：《马勒：被截断的新生活（1907—1911）》，44 页。[New York Mail, La Grange, *Gustav Mahler: A New Life Cut Short*（1907–1911）.]
[3]《纽约时报》，1907 年 12 月 22 日，9 页。

音。"[1] 45 分钟后,马勒合上总谱结束排练。其间,阿尔玛一个人待在酒店。周围的一切散发着乏味、死气沉沉的味道,阿尔玛写道:"我时常坐在 11 楼的楼梯间,只为了能听到楼下人们走动谈话的声响。"

圣诞节到了,阿尔玛却哭了一整天。傍晚时分,位于伊文坊(Irving Place)的某德国剧院总监鲍姆菲尔德先生(Maurice Baumfeld)前来拜访。阿尔玛拿意第绪语消遣他,称他作"好意的呆子"(good Schlemiel)。鲍姆菲尔德带他们参加了一场派对,结果在那遇到了一位年纪颇大的女演员,自称叫作"普琪"。听到过世女儿的名字,阿尔玛当场昏倒。马勒打电话先后找来两位医生,两人均诊断阿尔玛是"精神崩溃导致的心脏衰弱"[2]。医生替她注射了士的宁(strychinine),叮嘱她卧床休息。这令马勒十分挂心,完全将自己的健康问题抛于脑后,一心只想着照顾妻子。

1908 年元旦首演当天,两人正要从酒店出发,马勒踩到了阿尔玛拖在身后的裙裾,害她整个人几乎"半裸",只好冲上楼重新把衣服缝好。大都会歌剧院打电话来询问马勒在哪里,马勒拒绝抛下妻子独自离开。后来歌剧院只能派来一部车来接他。等马勒赶到剧院,等待音乐会开演的观众们已是坐立难安。他坚持在正式开演前到化妆间拜访每一位歌手。男高音诺特体态丰腴、线条缺乏有力的棱角,但声音非常有力,足以弥补他在英雄角色外形上的缺失。弗雷姆斯塔德气质高贵恬静,唱起高音 C 毫不费力。

---

[1]《纽约时报》,1907 年 12 月 22 日,7 页。
[2] 阿尔玛·马勒:《马勒:回忆与书信》,129—130 页。

饰演侍女布蓝甘妮的霍默（Louise Homer）是美国当地的歌手，她的演唱情感浓烈。在大都会歌剧院历史上，那一夜堪称完满。曾经演唱过伊索尔德的女高音莉莲·诺迪卡（Lillian Nordica）与加德斯基带头叫好。对于当晚的成功，阿尔玛写道："一切就这么席卷而来，"并添加了些粗略的描述，"美国人非常挑剔，并非每一位从欧洲前来的名流都能得到他们的认可。他们真的懂音乐。"

一位18岁的年轻学生第一次坐在顶级的剧院里聆听了"伊索尔德"，他如此认真，甚至不曾遗漏哪怕一个字。

> 我的眼睛望向马勒，试图寻找一个理由。他以无比精准的控制力驾驭着乐团，他也会适时地遏制乐团的冲击力，试图在乐队的声音与歌声中取得平衡。在某些高潮时刻，他会给予独唱更多的表现空间并强化人声的部分。或许有时这种强化显得太过于热烈了些。虽然我可以清晰地听见每一个字，每一个声音，同时也能感觉到马勒对乐团极强的驾驭能力，可是我感受不到乐队与人声两者完美融合所产生的震颤与激动，总之，一切没有期待中的完美。不过，这对我而言依然是全新的经验，全新的"特里斯坦"。我现在明白瓦格纳的作品听起来会是什么样子，赫兹以前的指挥都误导了我们，瓦格纳的作品其实可以如《阿依达》般清晰易懂。[1]

---

[1] 见莱布雷希特《记忆中的马勒》关于乔济诺夫的描述，232页。

舆论方面则是一片赞誉。"这是纽约迄今为止最好的表演，"《纽约时报》的乐评奥尔德里奇（Richard Aldrich）写道，"马勒先生不但荣耀了自己，也荣耀了瓦格纳的音乐和整个纽约。"《纽约论坛报》(New York Tribune)的克雷比尔(Henry Krehbiel)表示赞同。《太阳报》报道了当日爆满的音乐会现场盛况，"简直与卡鲁索的表演现场一样热闹"。在经历了维也纳多年的偏见排挤，遭受所谓自我主义的攻击后，精明圆滑又理性客观的纽约舆论界给予了马勒天堂般的礼遇。当时纽约每日发行20种不同种类的报纸，七份涉及艺术领域,其中号称"世界上最不讲情面"[1]的五大乐评分别为奥尔德里奇、克雷比尔、《纽约邮报》的芬克（Henry Theophilus Finck）及《太阳报》的亨德森（William James Henderson）、亨内克（James Gibbons Huneker）。克雷比尔是当中的老资格，有着足球运动员般的身材，电影明星般的俊美面容。然而克雷比尔个性暴躁、固执己见，坚持要提升大众的音乐品位，虽然他在民间颇受尊敬，却也不会影响到歌剧院上层的人事决定。在这里，媒体与艺术机构权威之间维持着某种平衡，艺术生态也比维也纳健康。

然而这并不意味着纽约的评论界比维也纳的要平和，这其中依然有激烈的竞争。大家从各种晚宴间收集资讯，流言就这么口口相传。马勒首演后几日就传出他将成为康里德继任者的消息。这则消息不完全是空穴来风。大都会歌剧院董事会的确告知康里德其任期已满，并派了一位股东前往米兰邀请斯卡拉歌剧院的经理卡萨扎（Giulio Gatti-Casazza）及指挥托斯卡尼尼加盟。眼见

---

[1] 格拉夫：《作曲家与乐评人》，312页。

着剧院势力有可能落入意大利人之手，新任主席卡恩（Otto H. Kahn）提出马勒应当对歌剧院的剧目有绝对话语权。卡恩，德国裔英国人，他身上所具备的一切特质都是 J. P. 摩根所惧怕与厌恶的：通晓多种语言的犹太人，与欧洲各大银行皆有隐秘的关联。依照规定，一名犹太人甚至不能购买或租借大都会歌剧院的包厢座位。然而，卡恩却自掏腰包付清了公司四年来高达 45 万美元的赤字款项，如今他顺理成章地稳坐决策者的位子。他请马勒接掌下个乐季。"我果断地拒绝了。"马勒说。[1]

"恨不得尽快摆脱浓烈的德国气息，摆脱犹太人的掌控（马勒是一名犹太人）"[2]，董事会的其他成员都倾向邀请托斯卡尼尼担任指挥，这令马勒多少有些焦虑，担心自己因此被淘汰出局。局势并不明朗，暗斗愈演愈烈。在纽约指挥了五场《特里斯坦与伊索尔德》后，马勒又到费城、波士顿指挥了不少于两场的演出，紧接着是歌剧《唐璜》一连 15 场的排练，该剧的演出阵容包括首次饰演莱波雷诺（Leporello）的夏里亚宾（Feodor Chaliapin），饰演男一号唐的斯科蒂（Antonio Scotti），女性角色则由埃姆斯、森布里赫（Marcella Sembrich）、加德斯基担当。马勒认为这些歌手的表现"几乎不可超越"[3]。在排演《女武神》时，马勒花了大量心思指导合唱队，为她们加油鼓劲。"女士们，我从未在《女武神》的排演中听到这么好的声音，即使在维也纳也找不到。"众人霎时

---

[1]《马勒书信选集》，309–311 页。
[2] 菲德勒：《激动起来吧：大都会歌剧院音乐背后的大混乱》（纽约，2001 年），12–13 页。
 [Johann Fiedler, *Molto Agitato: The Mayhem Behind the Music at the Metropolitan Opera* (New York: Doubleday, 2001).]
[3]《马勒书信选集》，314 页。

因喜悦而窃窃私语。"那么现在,女士们,"他继续说道,"既然你们拥有如此美妙的嗓音,我恳请你们一定要好好运用发挥。"[1]合唱队因此而精神抖擞,超过之前三倍音量的强音几乎响彻整条华尔街。

在《女武神》中声音有些紧绷的弗雷姆斯塔德在《齐格弗里德》中表现极为出彩。他以《费岱里奥》结束该乐季的表演,其他主演还包括莫雷纳(Berta Morena)、布利安(Karl Burrian)及罗伊(Anton von Rooy)。为了强化戏剧张力,该剧目在结构上做了大篇幅的调整,将《莱奥诺拉》第三序曲(Leonore No.3)放于地窖场景之后。马勒称这是"极大的成功,一夜间,前景变得不再暗淡,我的声名如日中天"[2]。为此,卡恩重新草拟合同,应允马勒在下个乐季同时指挥音乐会与歌剧。在卡恩家中,马勒结识了一位内科医生弗兰克尔(Joseph Fränkel),他正在实践自己的"望诊"艺术,宣称只要看见病人走进房间的样子,就能立刻掌握其健康状况。"无论身为一个人还是医生,他都是个天才,我们立刻喜欢上他了。"[3]阿尔玛后来写道。马勒开始享受起美国来。这里,"与欧洲大相径庭。在这里,你首先会意识到身为人的存在、身为个体的平等,没有人会凌驾于你。只要你想,你可以直接问候总统,'早上好,罗斯福先生'。如果你不乐意,也没有关系"[4]。

有一个场景给初到美国的马勒留下深刻的印象。某天,阿尔

---

[1]罗曼:《古斯塔夫·马勒的美国岁月,1907—1911》,76页。
[2]《马勒书信选集》,319页。
[3]阿尔玛·马勒:《马勒:回忆与书信》,136页。
[4]莱布雷希特:《记忆中的马勒》,247页。

玛与一位年轻姑娘在酒店套房聊天,那人是罗勒的学生。突然,楼下的街道传来喧哗。

我们靠着窗户往外看,长长的列队正沿着中央公园边的大道前行。那是为一位消防员所举行的葬礼,他的英勇事迹我们都从报纸上读到了。[1]当送葬队伍停下来时,带领人群进行哀悼仪式的人恰好站在我们窗下。他走出队伍发表了一段简短的演说。从我们所在11楼的窗户往下看,我们只能大概猜想他在说些什么。演讲过后,众人一阵沉默,随后传来一阵朦胧的鼓声,之后又是一片死寂。随着送葬队列继续前行,一切消失在眼前。如此场景令我们感动流泪,我激动地望向马勒所在房间的窗户,他也正往下望,脸上布满泪水。那阵鼓声令他印象深刻,后来被用在了他的第十交响曲中。[2]

不可以有第九交响曲

马勒不敢创作数字编号为9的交响作品。9,一个要命的数字。贝多芬在完成第九交响曲后过世,同样的噩运还发生在舒伯特、布鲁克纳及德沃夏克身上。如果马勒想活命,就必须避开数字9。

---

[1]《纽约时报》,1908年2月17日,1页,"千人哀悼英勇就义的消防员,向伟大的克鲁格致敬。"["Thousands Mourn Dead Fire Chief; Great Tribute to(Charles W.) Kruger, Who Sacrificed His Life in the Service", *New York Times*, 17 February 1908, p. 1.]
[2] 阿尔玛·马勒:《马勒:回忆与书信》,135页。

于是，马勒假装自己开始写一组声乐套曲，并在第一页标注了替代的假标题——《玉笛》(The Flute of Jade)。这是阿尔玛个人对马勒未写第九交响曲的解释，当然马勒可能还有其他的考量或疑虑。自完成上一部交响曲后，马勒只零星写过一两首歌曲。由于较长时间不创作，疲于应对生活中出现的重大变故，马勒的确需要重新唤醒创作技巧。或许一个全新的地方能有所裨益。

郁郁葱葱的托布拉赫湖区地处高地，一直是马勒的避暑胜地。之前的四个夏天，他都在此度过。阿尔玛和她的母亲找到一个"宽敞、与世隔绝的农舍，内有 11 个房间"，位于偏远的村庄奥特舒德巴赫（Alt-Schluderbach）。[1]农夫特伦克尔（Trenker）住在底楼，院子里养鸡，山羊在附近的草地上吃草。马勒很喜欢这个地方，他在农舍内摆放了两架大钢琴，另在山坡的小树林边搭了户外小棚屋，里面放了立式钢琴。阿尔玛觉得这栋小屋粗糙得不像样，与茅厕几无分别。每天早晨 6 点，农夫的女儿玛丽安娜准时为马勒送来早餐：茶、咖啡、黄油、蜂蜜、蛋、面包卷、水果、鸡肉。"小屋里安装了全套的炉台，"阿尔玛回忆道，"马勒总是亲自点燃炉子，在上面准备餐食……他常告诉我们，因为小时候生活在贫穷的大家庭中，他常常一整天就只吃一块面包，省下钱才够支付学费。"[2]某天，一只老鹰因追逐寒鸦冲进马勒的小屋。"原本（让作曲家）专注于音乐、宁静安详的避难所成了战场。"[3]

如今因身体的缘故被禁止登山，马勒绝望地望着窗外的山坡。

---

[1] 马勒：《给妻子的信》，303 页。
[2] 莱布雷希特：《记忆中的马勒》，248—249 页。
[3] 瓦尔特：《古斯塔夫·马勒》，62 页。

> 我被一再叮嘱避免过度劳累,必须时刻关注自己的状况,不能走太多路。然而,当我有更多时间与自己独处,反而会更多地关注自己的内心,这令我时常感到身体上的不对劲……生平第一次,我希望自己的假期快点结束。[1]

他称自己像是依赖吗啡的瘾君子,却始终得不到安宁。他尽可能地放纵自己的情绪,让它们跌到谷底:"如果我终能再一次重拾自我,我必须先臣服于孤独的恐惧。"[2]

接下来的六个星期,马勒以从未有过的专注潜心创作,期间仍有不少客人前来拜访,包括岳父母、科恩戈尔德夫妇、罗勒、弗里德、银行家哈默施拉格、某美籍钢琴销售员,还有那位因渴慕阿尔玛而害上相思病的钢琴家加布里洛维奇,此人竟在月光下的草原亲吻阿尔玛的芳唇。9月1日,马勒完成了《大地之歌》(The Song of the Earth)。他完全不知道该如何描述这首作品。他尝试了一些标题,如"为男高音、女中音及管弦乐队而作的交响曲"(symphony of a tenor and an alto voice and orchestra)[3]、"交响声乐组曲"(Symphony in Songs)[4],然而都不算准确,此时他才意识到自己开创了一种全新的曲式。表面上,这首作品所呈现的一切与马勒先前的创作毫无关联,无任何线索可循,他对布鲁诺·瓦尔特说:"这是迄今为止我最私人化的创作。"[5]夏季的三锤重击锻造

---

[1]《马勒书信选集》,321—322页。
[2]同上书,324页。
[3]弗洛罗斯:《古斯塔夫·马勒:交响乐作品》,340页。
[4]瓦尔特:《古斯塔夫·马勒》,59页。
[5]《马勒书信选集》,326页。

了一个全新的马勒。

他从83首中国诗歌中截取七首,将它们分置于六个乐章:

1.《悲歌行》(*The Drinking Song of Earth's Sorrow*)
2.《效古秋夜长》(*The Lonely Man in Autumn*,又译《秋日的孤独者》)
3.《宴陶家亭子》(*Of Youth*,又译《咏少年》)
4.《采莲曲》(*Of Beauty*,又译《咏美人》)
5.《春日醉起言志》(*The Drunkard in Springtime*,又译《春日醉翁》)
6.《送别》(*Farewell*, *Der Abschied*)[1]

第一、三、四、五段取自李白(李太白)的诗歌,一位爱酒如命的诗人,传说他为了捞起水中的月亮,溺水身亡。"伸手捞月"在这里有情色的意味,仿佛在说李白(701—762)是因为一份无法得到的爱恋而自杀。马勒对于李白的认知仅限于汉斯·贝特格(Hans Bethge)的充满浪漫幻想的文字[2]:"他将世上一切汹涌、狂风暴雨及难以言喻的美好,以及永恒的痛楚与神秘的存在——诗化。全世界的残暴阴郁、悲苦的乡愁皆栖息于他的胸怀;即使在狂喜之时,他都无法摆脱这大地的阴翳。"会不会这就是马勒自己呢?

在中国,每个学龄前小孩都要学习背诵李白的诗歌。[3] "在读

---

[1] 中、德、英三语文本可参考链接:http://www.mahlerarchives.net/DLvDE/DLvDE.html。
[2] 贝特格:《中国笛子》(莱比锡,1907年),101页。[Bethge, *Die chinesische Flöte* (Leipzig:Insel-Bücherei,No.465,1907 et. seq.)]
[3] 资料来源,Dr. Yan Yang & Dr. Jane V. Portal; 2009年3月24日邮件。

他的诗歌时,我可以感受其中的力量及迫切感,"某位21世纪的上海学者如此写道,"当了解他的个性与悲剧性的死亡后,这种感受变得愈发强烈。"[1]

《效古秋夜长》为唐代诗人钱起所作;《送别》则取材自孟浩然与王维的两首诗歌。不过音乐作品中的歌词文本与原诗作的中文大相径庭。马勒采用的文本是贝特格从法文版本翻译而来,贝特格综合了马奎斯(Marquis D' Hervey-Saint-Denys,出版于1862年)与戈蒂耶(Judith Gauthier,出版于1867年)两个法语版本。到了马勒手上,这些文字已然是第四手资料,这给他提供了更多自由发挥的空间。马勒改写了《宴陶家亭子》中最后两节及《采莲曲》的最后三节诗,与此同时,在原有文本上进行了添加。

何以马勒会被一个生活在千年之前,远在世界另一边的诗人所吸引,并且遵循五音体系来创作?马勒从小就向往他方,并写过一篇题为《东方对德国文学的影响》的论文。而现在,他正在寻找逃避死亡恐惧的方法。马勒堪称完美地以五声音阶进行创作,C-D-E-G-A,[2] 或许是在试图仿效勋伯格,探索突破欧洲调性体系的可能。又或者,选择相对有限的五声音阶是作曲家身体状况的映射,如今他无法随心所欲地出行。其中两首主题与饮酒相关的歌曲是对父亲小酒馆的回忆。自始至终,马勒都无法从相伴之情与送别之殇中抽离出来:一端是将一个人与另一个人相连的爱,一端是将他们永世相隔的死。"黑暗就是生命,就是死亡。"

---

[1] 盛韵博士,上海,2009年3月19日邮件。
[2] 标号68后三小节,见弗洛罗斯:《古斯塔夫·马勒:交响乐作品》,248页。

马勒在副歌中唱诵，这些声音将生死两端合二为一。

马勒以整个乐队、法国号及一位男高音开场，男高音在最高的音区盘旋，唱着一位绝望之人将饮一杯离别酒，而黑管则奏出类似犹太式的主题悖反。第二首歌则以木管开场，皆是叹息与遗憾：夏日已远去，太阳不再照耀大地。《宴陶家亭子》描述了一位诗人从青白色的陶亭外瞥见一群年轻人，看着他们在周末热烈地交谈与写作，而自己却已年迈无力。《采莲曲》中的第四首歌写到一群男孩女孩在水边嬉戏，一列马队从旁经过（柴科夫斯基的《1812庄严序曲》如风般刮过，其间夹杂了俄国国歌的旋律）；一位少女向诗人抛来意味深长的眼神，虽然春日已随第五首歌缓缓而至，然而诗人最后还是决定以酒为伴。

最后的《送别》由低音声部引入，女中音的耳语犹如落日。当生命终结之时，人们将看清那些永不泯灭的事物，看清自己留下了什么。鸟儿叽叽喳喳，树叶沙沙作响："河流在黑暗中甜美又大声地歌唱，花儿变得苍白，大地在休眠中深沉吐纳。"此刻，诗人与他的朋友，艺术家与他的生命都将面临离别，然而就在死亡无法再回避时，马勒又放进了一首王维的诗歌，并添上了自己的词句带来无可比拟的抚慰效果。

"哦，世界啊，为这不朽的爱与生活干杯。"随着歌词的消散，音乐开始剥落崩塌，一个麻木痴呆的魂灵任由记忆如流水般耗尽。当一切停滞，那名男子跃上他的骏马。"我要回到我的故乡，我的安息之地。"曾三度失去家乡的马勒如此写道。文本意在失去、失落中挖掘出希望。最后部分的歌词反复成对出现的"ewig, ewig"，意思正是"永远、永远"：

亲爱的大地在春日里生意盎然

一切重又换上新绿。

远方的天际线蓝且明亮，所有这一切，便是永恒。

直到永远……永远……（Ewig, ewig...Ewig, ewig）

马勒将乐谱给瓦尔特看，问道："这首歌会让人无法忍受吗？会不会有人在听过之后想自杀？"随即，他说了一个冷笑话，似乎是为了缓解焦虑的紧张气氛，"你觉得应该如何指挥这部作品？我可一点思路都没有"[1]。

~

马勒何以能将如此多的情感投射进一个古老得甚至可以称得上陈腐的词语中？"Ewig"——这个关于"永远"的谜题多年来让我毫无头绪，直到1988年，于维也纳观看的一场展览才让我似乎抓住解开潜意识之谜的玄机。那是希特勒下令"德奥合并"（Anschluss）50周年纪念，在所有展品中，有一张火车站照片，火车站悬挂了一条横幅，上面写着："永远的犹太人。"（Der ewige Jude，the eternal Jew.）"Ewig"的发音作"eh-vish"，在德语中有某种特定的含义。这位"永远的犹太人"正是《圣经》里杀了救世主而被惩罚从此要在地球上游荡的人，他代表了对基督教神学的试炼。1940年，约瑟夫·戈培尔在自己的一部影片中以"永

---

[1] 瓦尔特：《古斯塔夫·马勒》，60页。

远的犹太人"为题,意在使种族灭绝政策合法化。在德国人的头脑中,"Ewig"根深蒂固地与犹太人联系在一起。《大地之歌》中的"Ewig"是马勒内心深处古老的犹太魂灵,另一个自我,代表了长期以来被压抑的身份,也将是他生命最后乐章试图重新发现的所谓"原初的自我"。对于马勒及所有聆听《大地之歌》的人而言,此乃净化之声。

这部作品拥有强大的治愈力,再如何强调都不为过。记得一年夏天,我飞往爱丁堡参加音乐节,但心里一直挂念家中生病的孩子。一下飞机便接到电话称孩子病情恶化,我随即决定立刻返回家中,然而妻子说:"再等半小时看看。"半小时后,妻子来电表示孩子的病情已转危为安。于是我留了下来,但已是心力交瘁,坐立难安。当晚有场《大地之歌》的音乐会,正合我的心境与需要,虽然票已售罄,我还是托人弄到了一个工作人员的保留座位。我耐着性子听完了整场表演,音乐会可谓磕磕绊绊,艺术家的表现时好时坏:男高音的高音没有唱到位;厄舍音乐厅(Usher Hall)的室内温度太高,以至于弦乐器的琴弦很难保持标准音高。然而,当"永远"(Ewig)之声响起,一切都变得如此难以抗拒。在那一刻,我深信,生活还将继续,我的孩子也将康复。马勒执著地挖掘出人性中的坚韧,以及人类自我更新、自我超越的无限潜能。

马勒的战友们

完成最后乐段——"永远"(Ewig)后三日,马勒抵达布拉格与乐队排练自己的第七交响曲。为配合当地活动,排演的场地临时兼作宴会厅使用。于是乎,当马勒在台上指挥捷克爱乐排练时,一帮侍者在台下挪动桌子。排练后,"他将所有分谱收走带回酒店修改。我们有很多年轻人表示愿意帮忙,可他坚持要自己来"[1]。

亲朋好友从四面八方赶来:有来自汉堡的伯利纳(德国物理学家),柏林的弗里德,还有从维也纳赶来的瓦尔特、贝尔格,以及稍后抵达的贾斯汀、阿德勒、策姆林斯基、加布里洛维奇、波拉克。街上的摄影师拍到马勒午后与瓦尔特散步,两人同撑一把伞。[2]"马勒看上去很是放松愉悦,充满活力,"据克伦佩勒回忆,"他在那儿毫无保留地、滔滔不绝地说着,并且大声谈论着自己在维也纳的继任者。"[3]马勒十分喜爱克伦佩勒,称得上是一见倾心,或许是因为他的名字令马勒想起自己同名的弟弟。

然而,马勒写给阿尔玛的信却尽是阴郁低沉的情绪。"他们的定音鼓听起来就像煮香肠的大锅,小号声则是生了锈的浇水壶,还有那个与酒吧毫无两样的音乐厅,我一直在想如何改善这一切,怎么可能改变。"[4]阿尔玛抵达布拉格当日,马勒差遣伯利纳去车站迎接,夫妻间的不和已然很明显。瑞士作家威廉·里特称自己看到许多男子在阿尔玛周围打转,荷尔蒙的气息弥漫开来,男人们都想趁机从阿尔玛身上捞点好处。

带妆彩排时,马勒跟乐队开了个小的玩笑。"亲爱的朋友们,"

---

[1] 海沃思:《对话克伦佩勒》,33—34 页。(Heyworth, *Conversations with Klemperer*.)
[2] 吉尔伯特·卡普兰:《马勒专辑》(纽约,1995 年),97—101 页。[Gilbert E. Kaplan, *The Mahler Album* (New York:Kaplan Foundation, 1995).]
[3] 克伦佩勒:《克伦佩勒谈音乐》,137—138 页。(Klemperer, *Klemperer on Music*.)
[4] 马勒:《给妻子的信》,254 页。

他微笑着说,"你们可要保重了。记住,今天你们是为我演奏,要依照我想要的方式来演绎。等明天你们为大众演奏时就可以随心所欲地表达了。"根据里特的记述,这话仿佛对现场的音乐家们施了魔法。"到最后,再无捷克人、德国人之分,也不再有人在乎谁是基督徒,谁又是犹太人。在马勒的艺术及音乐声中,我们都是兄弟。"[1]

1908年9月19日星期六的这场首演"算不上是一场成功的表演"[2]。里特的情人卡德拉在第一段夜曲中听出了斯拉夫民谣的旋律,第二段夜曲则流露出安静的爱意。最令卡德拉惊诧的是这部作品与克里米特的亲缘性,"他们具有相同的色调,只是马勒的作品更加热情"。几周后,马勒又在慕尼黑排演第七交响曲,并非学音乐出身的卡德拉参加了大部分的排练,并记录下自己的观察。

> 如果一个乐段达不到他的要求,或者乐团不能领会他的意图,马勒会焦虑地抓头发、跺脚,所有乐手只能停下来……等到整个乐队终于安静下来,他会把双手放于膝盖间,专注地对着乐谱沉思,然后突然起身告诉乐手他的想法。此人的自我控制能力的确令人赞叹。倘若乐手无法理解他指示背后的意图,他就会大发雷霆,像个恶魔般从椅子上跳起来,一边跺脚一边大叫"该死",但随即他又立刻冷静下来,你只能从他的

---

[1] 格兰奇:《马勒:被截断的新生活(1907—1911)》,231页。
[2] 克伦佩勒:《克伦佩勒谈音乐》,138页。

声音中听到隐约的怒气。接着,马勒以一种略带苦涩的语气解释正确的做法,最后展开双臂说:"就是这样,我的先生们!"

为了表达陡然出现的突强高音,乐章达到令人激动的高潮,他把手腕靠在腰上,双拳紧握,咬紧牙根以至于太阳穴都鼓了起来。之后,他慢慢地将自己的双拳往两边延伸,仿佛要把一根刺从自己的指尖拔出。马勒的口中发出喃喃低语,传递出沉稳的力量与节奏。随着低语由弱渐强,他渐渐舒展开双肩来强化自己的指挥意图。最后,他突然大叫一声,砰,双脚跺地,双拳完全松开……他甚至不会放过"弱"与"极弱"间极其细微的差别。当他问:"先生们,累了吗?"他们回答"不累!"马勒会说:"我不希望让你们太过劳累。"他说这些的时候并没有故作姿态的意思,仅仅是在看到一些疲倦表情后发自内心的真正关怀。[1]

此时,马勒得知勋伯格在维也纳的生活出了点麻烦。某个夏日,勋伯格的妻子玛蒂尔德(Mathilde)与住在楼上的画家盖斯特尔(Richard Gerstl)私奔,后玛蒂尔德重又回到勋伯格与孩子们身边,盖斯特尔无法接受最终上吊自杀。当马勒正在埋头创作《大地之歌》时,勋伯格正尝试着将未知的无调性领域引入自己的《第二弦乐四重奏》写作中,这其中充满了一种站在悬崖峭壁边豁

---

[1]《卡德拉日记(1882—1927)》,斯洛伐克文化艺术基金会档案资料,1908 年 10 月 31 日录入。[Janko Cadra, *Diaries of Janko Cadra (1882-1927)*, in the Archives of Fine Arts and Literature of the Slovak Foundation, Martin, Slovakia. Translations by Milan Palak (booklet, 2005) and Michael Srba (private communication, 2009), entry for 31 October 1908.]

出去的勇气。勋伯格的无调性写作引发了马勒的兴趣，这种全新技法的引入究竟能将音乐创作带向何处、走出怎样的天地令他十分好奇。马勒主动联系自己的出版商赫茨卡（Emil Hertzka），说服对方出版勋伯格的乐谱。对马勒而言，勋伯格不只是一个死去兄弟的替代品那么简单。勋伯格是音乐革新运动的领袖，他的变革同样吸引着马勒成为志同道合的伙伴，勋伯格宣称在可以预见的、不久的将来，当自然和声调性音乐灭绝之际，自己的音乐依然可以存活并为世人所聆听分享。勋伯格无疑是现代艺术强有力的支撑，他自身强大的意志力也同样鼓舞着马勒，无须理会那些阻挠，继续依照自己的想法进行创作，将全新的音乐带给美国。

~

原以为回到纽约将会是一番夹道欢迎、鲜花簇拥的景象，马勒却发现自己陷入腹背受敌、四面楚歌的境地。先是有托斯卡尼尼要求指挥《特里斯坦与伊索尔德》，"简直不可理喻，"马勒厉声拒绝，"这部作品目前在纽约所呈现的样貌完全出自我手，实乃归属于我的精神财产。"[1]这位被激怒的意大利人对马勒的怨恨与日俱增，在接下来的半个世纪，托斯卡尼尼始终在媒体面前称马勒是"疯子"，马勒的音乐"无足轻重"。托斯卡尼尼的敌意并不乏附和之声，其中有当时备受推崇尊敬、如日中天的沃尔特·达姆罗施，即后来NBC国家广播公司的音乐总监，知名儿童节目《沃

---

[1] 阿尔玛·马勒：《马勒：回忆与书信》, 317页。

尔特大叔》(Uncle Walter)的主持人。"马勒作品中真正的美少之又少,"达姆罗施写道,"人们必须忍受长达数页乐谱的空洞音乐,……此人狂躁的性格在其音乐中显露无疑,导致他的作品零碎断裂,缺乏连贯的思绪与发展。"[1]如同托斯卡尼尼,达姆罗施认为马勒不过是手里摆弄着破玩具的小男孩。

马勒接到指挥纽约交响乐团的任务,该乐团由达姆罗施的父亲莱奥波德(Leopold)创办,常驻指挥恰恰是平庸的沃尔特·达姆罗施。不过,就在马勒开始着手工作时,沃尔特听闻某位与共和党有着极深渊源的政界要员的太太——玛丽·谢尔登(Mary Sheldon)打算为马勒在纽约组建全新的乐团,幕后资金来源为J. P. 摩根、洛克菲勒家族及其他社会精英阶层。沃尔特·达姆罗施决定对纽约交响乐团的这场演出不做任何宣传,以破坏马勒的名声。结果,首场演出票房仅售出一半。1908年12月8日第二场音乐会,马勒以"完全不够的力道"[2]演奏了《复活》。第三场为贝多芬作品专场,就在谢尔登于《纽约时报》刊载声明称业已放弃成立新乐团的想法后,该场音乐会的票顷刻售罄。在同一份声明中,谢尔登夫人表示计划收购纽约爱乐乐团,并为乐团"寻求最好的指挥"[3],也就是马勒。沃尔特·达姆罗施视马勒为劲敌,仿佛他是瓦解其家族在纽约音乐势力的巨大威胁。沃尔特的兄长弗兰克(Frank)是纽约圣乐团(Oratorio Society)的主席,茱莉亚音乐学

---

[1] 沃尔特·达姆罗施:《我的音乐生活》(纽约,1923年),334页。[Walter Damrosch, *My Musical Life* (New York: Scribners, 1923).]
[2] 罗曼:《古斯塔夫·马勒的美国岁月,1907—1911》,179页。
[3] 《纽约时报》,1908年12月13日刊文,12页。

院创办人之一。他们的妹妹克拉拉·曼尼斯（Clara Mannes）则负责运营曼尼斯音乐学校（Mannes School of Music）。这个家族基本上垄断了纽约的音乐市场，马勒的出现是个不小的隐患，为了保护家族资产，他们需要做出快速应对。

圣诞节期间，马勒、阿尔玛及四岁的女儿安娜住在萨沃伊酒店（Savoy Hotel），他们邀请来邻居森布里希及卡鲁索一同过节，结果圣诞树在派对中着火，把大家吓个半死。这个冬天，马勒与阿尔玛的关系有所改善，阿尔玛再度受孕却不幸流产，亦有堕胎一说无法确定。在写给岳父母的信中，马勒如此说："阿尔玛很好。至于她的现状，我想她已经向你们报告过了。她已经摆脱了重负，不过现在却又非常懊悔。"[1]阿尔玛的母亲安娜立即前往美国照看女儿，顺便在弗兰克尔医生处做了例行身体检查，结果一切无恙。这对母女健康长寿，两人都活到了 80 岁。

马勒在大都会歌剧院指挥演出了《特里斯坦与伊索尔德》，之后又指挥了令观众沸腾的《费加罗的婚礼》[参与演出的歌手包括斯科蒂、埃姆斯、法勒（Geraldine Farrar）及森布里希]；斯美塔那《被出卖的新嫁娘》在美国的首演亦相当成功，克雷比尔将其形容为"纯粹的美妙"[2]。1909 年 3 月，马勒与谢尔登夫人签署合同，正式入主纽约爱乐担任指挥，每个乐季的薪水为 2.5 万美元，比他在大都会的收入多出一万美元。若换算成现在等值的薪水，马勒在大都会的收入大约为 30 万美元，而在纽约爱乐的薪资则为

---

[1] 给卡尔·摩尔的信，见《马勒书信选集》，333 页。
[2] 罗曼：《古斯塔夫·马勒的美国岁月，1907—1911》，222 页。

50万美元；2009年，指挥家詹姆斯·莱文与洛林·马泽尔的年薪分别为190万美元与300万美元。相较而言，马勒并不贪心，更谈不上薪酬虚高。

如今马勒可以自主招募些自己中意的乐手，然而工会坚持一条原则：若要在该乐团供职，乐手必须持有六个月以上的纽约居住记录。最后，马勒不得不在手上有限的人员中进行调配，尝试演奏贝多芬的两部交响作品——第七交响曲与第九交响曲。奥尔德里奇指出，马勒"与当代许多指挥一样，对于修改贝多芬乐谱这件事总是丝毫不见犹豫，比如将编制扩大两倍以强化音乐的力道，或者令低音提琴以特定的音色重复旋律主线来强调音乐的延续性……甚至在重新回到主题，即谐谑曲部分删去若干小节"。克雷比尔的言辞比以往更犀利，他称马勒"是在擅用乐谱"。

显然，马勒的意图与前辈并无二致，不过是"想要更多的确定性，更多的肯定"（就好像那些律师挂在嘴边的口头禅），希望将作曲家理应表达完全，却由于种种原因变得暧昧模糊的部分说清楚……那些自认为贝多芬会希望旁人提出修改意见的家伙拿着昨晚的音乐会效果说事，想必他们对定音鼓的疯狂敲击都非常满意；不过我们其他人可是非常愤怒。传统业已延续两代人，只是对于此种解读方式，纽约这座城中的交响乐爱好者们尚未做好准备。传统不应该在纽约发生改变。[1]

经幕后财团授权,马勒可以从欧洲聘用一名乐团首席,薪水为 6000 美元。同一个会议上,还决定"以每场音乐会 25 美元的价格委请克雷比尔先生替节目单撰写评注"[2]。当马勒开始执掌爱乐的工作时,发现手下竟多了一位心存敌意的乐评家,堪比在他巢里养了一只杜鹃鸟。

坐好别动

春天的巴黎可不适合窝在室内,不过马勒别无选择,一位雕塑家正在替他塑像。"你无法想象我们有多么喜爱这个人,"摩尔告诉罗丹,"如今我们能请到唯一能够了解他脑子在想什么的人来替他塑像,一切水到渠成,你无法想象我们有多么开心。"[3]罗丹把报价由标准的四万法郎降至一万法郎,并速速与马勒约定共进午餐商讨相关事宜,在场的还有牵线人克列孟梭。"马勒认为是你主动想要替他塑像,你也要让他这么相信,否则他不会让你进行工作的,"保罗·克列孟梭如此警告罗丹,不过其实完全没有必要预演这些说辞,"他们完全没有交谈,……然而却能真正地彼此了解"。[4]在罗丹位于毕洪酒店(Hotel Biron)的画室内,

---

[1] 罗曼:《古斯塔夫·马勒的美国岁月,1907—1911》,233—234 页。
[2] 同上书,235 页。
[3] 格兰奇:《马勒:被截断的新生活(1907—1911)》,399 页。
[4] 格林费尔德:《罗丹》(伦敦,1987 年),534—535 页。[Frederic V.Grunfeld, *Rodin* (London:Hutchinson,1987).]

阿尔玛看见一位嘴唇涂着油彩的女孩。罗丹时年68岁，妻子住在郊区。

塑像大概分12次完成，唯有一回马勒不愿意听从罗丹的要求。当时罗丹希望马勒跪下来，好让他能从各个角度观察马勒的头部。"当我请求他跪下时，他还误以为我要羞辱他。"罗丹嘟囔着。最终，罗丹完成了两件石膏模型，并做了八件复制品。罗丹本人对于B组雕像非常满意，令其助手阿里斯蒂德（Aristide Roussaud）为其配上大理石座基（在罗丹美术馆中，该半身像被标记为"莫扎特"）。这个作品捕捉到了马勒坚决的意志力，他眼神中的温柔以及宽大的额头。多年以后，罗丹所做的几个雕像分别出现在维也纳歌剧院、埃弗里·费舍厅、布鲁克林博物馆、巴黎的马勒博物馆以及加拿大的西安大略大学，摆放于前厅的最显眼处。在军务部，陆军上校皮卡尔热情地接待马勒，甚至起用平日只用来迎接皇室的仪仗队。然而，当时的马勒只想着快点离开，好回到自己的创作小屋。

马勒与妻子分开有一个月。阿尔玛称自己的精神状态"已紧绷到了临界点"，独自前往意大利莱维科（Levico）度假区疗养，"夜复一夜地坐在阳台上，一边哭泣，一边看着外面那些快乐的人群，他们的笑声折磨着我的耳朵"[1]。马勒每日会从托布拉赫寄来信件，说些房租拖欠未付的琐事，还有歌德作品中所谓"永恒女性"（Eternal Feminine）的主题。如今两人仿佛住在完全不同的星球，说着毫不相干的话。托布拉赫的气候潮湿，天气尚冷，马勒

---

[1] 阿尔玛·马勒：《马勒：回忆与书信》，151页。

根本无法在湖边的屋子里写作。评论家戴切伊每日都会来陪马勒散步，风雨无阻。"多美的世界啊"，望着阳光洒落在白雪皑皑的山头，马勒心里发出感慨：生命飞逝。于是，第九交响曲逐渐在作曲家心中成形。

整部第九交响曲的写作只用了六个星期，"堪称神速"[1]。全曲分四个乐章，头尾两段较为缓慢，中间乐段的"节奏似民间舞蹈般轻快，风格笨拙且相当粗野原始"，"夹杂充满挑衅意味的轮舞、滑稽杂耍的成分"。一曲"庄严的游行"（solemn cortege）让人联想起第一交响曲中的葬礼；而要求小提琴声部"随意拉奏"的段落则令人忆起他的第四交响曲。马勒重又回归家园母题，仿佛自己从未写过《大地之歌》，不过开篇隐约可辨的"永远、永远"（Ewig）节奏音型，暗示了作品与《大地之歌》某种微弱的连续性。

作品的开头由竖琴、法国号及低音弦乐声部弹奏出时断时续的声响，有些人把这解读为马勒不规律的脚步声，还有些人毫无根据地将它们视作马勒衰竭的心跳。很快，如同夏日般明丽的旋律取代了开头的羞怯，并与D小调对位主题形成交缠对抗：生命之喜悦与死亡的交会。中部乐段的写作趋于使用不和谐音程，与危险的不受控共舞，使作品在不确定的悬崖边游走长达50分钟。获许这是选择前的左右为难，他会做怎样的抉择：调性还是非调性？生还是死？

终曲并没有提出确切的答案。一开始的赞美诗暗合英国国教

---

[1]《马勒书信选集》，341页。

颂歌《与主同住》(Abide with Me，或许马勒曾在美国教堂门口听到这样的旋律？)并引用了犹太教礼拜经文《宇宙之王》(Adon Olam)。不过，这一切很快便在具侵略性的副部主题攻击下消弭殆尽，成为几无用处的残篇。就在音乐即将崩塌的瞬间，如同《大地之歌》中的做法，马勒重又续上由竖琴演奏出的旋律，一段从他的《亡儿悼歌》第四首中引申出来的极慢板，加上弦乐声部在高音区唱出甜美动人的旋律。接着，一切慢慢变弱、淡出、枯萎，直到沉默吞噬一切。

很多人认定第九交响曲是马勒的告别之作。瓦尔特曾说，"他平静地向世界道别"，当然瓦尔特的直觉与判断不可忽视。[1]然而对于作品中大量关于爱、悔恨、愤怒及反抗的描述并未有详细的说明。在马勒的所有标记中，最引人注意的便是"带着愤怒""以最大的力量"等字眼。这些显然不是等候上帝召见时发出的叹息。每当面对马勒的交响作品，你总会期望读出不止一种意味。

我也曾尝试静坐在马勒的创作小屋里，脑中勾勒出充满活力、激情又备受折磨的形象。这个男人面对着眼前所剩无多的人生，一方面，他试图直视死亡；另一方面，他又选择了逃避。在马勒的第九交响曲中，勇敢与恐惧交替上演，希望与绝望在互相抗争中最终打成平手。马勒心中所想实在暧昧。在他写给摩尔的信中称自己"仿若在炼狱中"，与地狱仅有一门之隔。可刚写下"purgatorio"（炼狱）这个词，马勒又开始做解释，把它的含义引申出其他的可能性，"或者，可以这么说，一种心灵的净化，两

---

[1] 瓦尔特：《古斯塔夫·马勒》, 127页。

种说法都没错"[1]。处于极度痛苦中的马勒忽然不再疼痛。他不仅可以真切地体验情感,还能客观地审视它,并时刻从外部省察自我。这便是无与伦比的马勒,他早已超越了尘世间身为物质存在的苦痛,这恰恰是终曲所传递给我们的信息。几近损毁的乐谱到处可见痛苦的号叫:"噢,青春!失落!噢,爱情!无影无踪!"在13页乐谱后,他又写了"珍重!珍重!"(Leb wohl! Leb wohl!)——别了。[2]阿尔玛渐行渐远,令马勒感到"异常孤独"[3]。比起死亡,他更害怕在孤独的炼狱中游荡。

阿尔玛于马勒生日后一周回到他身边,身后尾随了不少访客——来自纽约的弗兰克尔医生、弗里德、摩尔夫妇、科恩戈尔德夫妇、罗勒,还有突然到访的理查·施特劳斯夫妇。施特劳斯的太太波琳娜刚走进酒店大堂就对马勒大吼:"嗨,马勒,你还好吗?美国怎么样?要我说,很肮脏吧。但愿你存了不少钱。"[4]施特劳斯为马勒演奏了自己的《埃莱克特拉》,对于马勒新近的作品,施特劳斯也显得兴趣寥寥。9月2日,马勒宣称"已完成第九交响曲"[5],期望着"能在冬天顺利完成乐谱的修订清样"[6]。

---

[1]《马勒书信选集》,340页。

[2] 埃尔温·拉茨(Erwin Ratz)[编著]:*Gustav Mahler, Gustav Mahler IX. Symphonic Facsimile nach der Handschrift*(维也纳,1971年),29、52页。

[3]《马勒书简,1870—1911》,368页。

[4] 阿尔玛·马勒:《马勒:回忆与书信》,152页;格兰奇:《马勒:被截断的新生活(1907—1911)》,500页。

[5] 马勒:《未曾公开的马勒信件》,57页。(Gustav Mahler, *Mahler's Unknown Letters*.)

[6]《马勒书信选集》,341页。

～

70年后,曾经的托布拉赫区,即现在的多比亚科镇(Dobbiaco)所在地,人们将广场命名为古斯塔夫·马勒,并立了一座由斯洛文尼亚艺术家库纳韦尔(Bojan Kunaver)创作的马勒雕像,当地为了纪念马勒还创办了一个夏季音乐节。马勒先前待过的农舍仍属于特伦克尔家族,马勒用来写作的小屋被原样保留,陈设简朴略显粗鄙。我与克伦佩勒的女儿洛特(Lotte Klemperer)一同爬上山头,与作曲家卢西亚诺·贝里奥(Luciano Berio)共进午餐。当时,贝里奥正着手为马勒的早期歌曲作乐队编配。我还有幸与一位中国的音乐学者聊天,他试图将《大地之歌》的音乐与唐诗相匹配对应。

在以马勒命名的全新音乐厅中,来自费城的爵士钢琴家正以即兴演奏的方式重述马勒的故事。尤瑞·肯恩(Uri Caine)被小说家哈伊姆·波托克(Chaim Potok)的遗孀阿迪纳(Adena)[1]恰当地称作音乐界的"米德拉什大师"(米德拉什,Midrash,在希伯来语中有解释、阐述之意,尤指对于犹太《圣经》的解读批注),善于解读乐谱背后的潜台词并重新创造出新的生命。在一张专辑中,肯恩在马勒作品之上叠加蓝噪声、白噪声、世界音乐、服膺解构主义的音乐等等,并为《大地之歌》终曲录制了几乎神化的版本,在原有音乐后面接上犹太歌手颂咏的祷

---

[1] http://www.pjvoice.com/v19/19700judaism.aspx

词《慈爱的上主》(*El Male Rahamim*),这首歌只在葬礼中演唱,为死者祈祷。两个出处不同乐段的拼接在音乐上却显示了完美的契合。肯恩将自己的实践称为"注解兼建立关联",并表示"在音乐史上,此类混搭结合屡见不鲜,人们得以用不止一种语言来表达自己"[1]。如同爵士音乐,尤瑞·肯恩认为马勒可以被赋予各种可能,他的音乐超越音乐本身,而马勒的交响作品则是各种元素互相交织相关的自由场,它们总是对相遇的人发出邀约,邀请他们添加新的感观,将一场对话继续下去。音乐潜在的强大交互性或许可以解释为何一个世纪后,马勒的音乐愈发受到人们的欢迎与追捧了。

在我看来,尤瑞·肯恩的处理手法还是颇有意义的。他抓住了马勒不属于任何传统这一事实,尤其在西方交响乐传统的家族谱系中,马勒的音乐根本算不上一脉相承。马勒同时归属于几个世界:一个三次失去家园的人,必将永远孤苦无依地徘徊在寻找联系的路上。在两张具有启示意味的专辑中[2],尤瑞·肯恩将马勒从穿着燕尾服的古典指挥家形象中拉扯出来,马勒也不再面对环绕的乐队。他揭示出马勒可能会有的样子——博客写手,寻求回应的人,第一个希望他者毫无保留地给予反馈的作曲家,所有留待后世的争论早已存于他的乐谱手稿中,连同他的咆哮与哀号。

---

[1] 2002 年 2 月 6 日,伦敦《每日电讯报》(*Daily Telegraph*),作者对尤瑞·肯恩的采访。
[2] Winter & Winter 唱片,慕尼黑,1997—1999 年。

我们组建一个乐团吧

当时，诸如施特劳斯看待美国的态度在音乐圈内非常普遍，到美国便是去捞钱的，然而马勒却反其道而行之。纽约给了他一个乐队，他则以启迪大众、引领社会的宏图作为回报。首先，马勒将曲目分为四个系列，重新规划了卡内基音乐厅演出内容的结构模式。其中包括常规系列、贝多芬全集，"针对古典音乐爱好者制定的普及教育，同时对于我的乐团及音乐学生而言是难得的学习机会"。每周日下午是"向所有工人、学生及其他无经济能力支付常规音乐会票价的人提供的优惠票价系列音乐会"。此外，还有历史系列，"我计划用六个晚上推出从巴赫到近代作曲家的不同作品，希望能为听众大致勾勒出古典乐发展的轮廓"——事实上，这是一部关乎音乐演变的进化史。马勒告诉媒体，"我的目的是要教育大众"。教育、教育、教育，成了马勒挂在嘴上的口号。他试图将乐队从娱乐大众之徒转变为智囊团。在之后的24周内，马勒计划指挥46场音乐会，"也请公众及媒体的乐评人帮我辨别检视，究竟音乐应当朝怎样的方向前行"[1]。美国的民主对话潜入了马勒的灵魂，不变的是骨子里对乐手苛刻的纪律要求。

"纽约的排练即刻开始，"新来的德国裔美国乐队首席施皮林（Theodore Spiering）称：

---

[1] 罗曼：《古斯塔夫·马勒的美国岁月，1907—1911》，285—286页。

马勒工作踏实认真，注意力惊人，完全不需要休息。几乎很少有作品能一次性从头到尾顺利演奏完。所有细节都要一一斟酌，甚至对抗，直到臻于完美。乐手一开始无法适应如此强度的排练，表现出反抗与不服从，不过很快便乖乖听话。对于眼前这位，他们心生敬佩，虽然马勒对他们很严厉，但也确实将他们带领到从未曾有过的音乐高度。[1]

新乐季开始前，马勒更换了一半的乐手，超过 25 人被勒令解雇。据小提琴手马托纳（Hermann Martonne）回忆："马勒首先针对的是那些虚弱的、较为年长的乐手。他若是要针对什么人，便会突然冲到那个倒霉的家伙面前，用指挥棒指着那人的脸，怒吼：'你，你，单独把这个乐段演奏一遍。'"[2] 他希望每个人都能学习德语，对于乐段的处理时常改变想法，有时候上个排练定好的下个排练便会推翻，反反复复前后不一。有一回，某乐手询问为何之前要求用"极弱"演奏，现在又要改为用"弱"演奏，马勒答道："你知道，这一切都得看我心情。心情，完全看心情。昨天我觉得太过了，今天又觉得不够。"在马托纳看来，马勒的随意、弹性与托斯卡尼尼的固定不变形成鲜明的对比："托斯卡尼尼永远不可能有如此敏锐的内心感受。"[3]

纽约爱乐乐团于 1842 年成立之时，便确立了与音乐家合作联

---

[1] 施皮林手稿。
[2] 同上。
[3] 马洛克（William Malloch）为南加州 KPFK 广播电台节目录制的采访，《我记得马勒》，1962 年。

营的运作机制,这种共同利益联合体通过一场一场的音乐会得以强化巩固,成为乐团延续至今的传统。新乐季开幕的曲目,上半场有贝多芬的《献给剧院序曲》(Consecration of the House)、《英雄交响曲》,下半场则分别演奏了李斯特的《玛捷帕》(Mazeppa)及理查·施特劳斯的《蒂尔的恶作剧》(Till Eulenspiegel)。"人们必须先允许指挥界的天才们对音乐有自我的解读,……之后才再来决定是要严厉谴责还是热切赞美。"[1]克雷比尔对于分量过于沉重的曲目表示了不满。历史系列以巴赫、亨德尔、拉莫、格雷特里(Grétry,比利时作曲家)及海顿开场。在所有曲目开始之前,马勒挑选了某巴赫组曲重新加以编排,亲自在斯坦威钢琴上演奏,并特意调整琴槌使乐器敲击出类似大键琴的音色。

随后的贝多芬之夜在布鲁克林地区上演,这是有史以来纽约爱乐首次踏出曼哈顿岛为工人阶层演出。"布鲁克林终于也算是纽约的一部分了"[2],当地报纸欢欣鼓舞。回到卡内基音乐厅,擅长令人难堪的克雷比尔正磨刀霍霍。他日,克雷比尔将成为贝多芬权威出版物——塞耶(Alexander Wheelock Thayer)所著《贝多芬传》的编辑;不过现在他只是埋头记下马勒对贝多芬第五交响曲的改动,一开始还只是有些茫然困惑,随后便是勃然大怒。

第一处明显的修改出现于第一乐章那段出名的华彩乐段。这位马勒先生以为自己在施行静脉切开手术,他令两只双簧管

---

[1] 罗曼:《古斯塔夫·马勒的美国岁月,1907—1911》,292 页。
[2] 同上书,305—307 页。

演奏此乐段,每个音符都要严格遵守节拍,以僵硬死板的行板速度进行,而非贝多芬所要求的"有表现力的慢板"。至于作曲家原本设计好的狂想曲式乐段经由马勒的调整,仅剩下乐章间的连接功能。临近第三乐章副部主题的终止式乐段,马勒先生又添加了一些非贝多芬风格的元素,他修改了圆号的部分,人们仿佛听到瓦格纳《指环》的"哈根(Hagen)呼唤"……[1]

克雷比尔连篇累牍地细数马勒干的好事,用一篇洋洋洒洒、学究气十足的千字文对每个乐章逐一分析,就像一位狂热的足球迷在做即时战术演练一般。若是马勒愿意与克雷比尔好好坐下来喝杯咖啡,聊一聊,或许能避免许多无谓的争端。不过,马勒就是如此死脑筋,不愿理会他人无聊的言论。他憎恨媒体,天真地认为媒体无法伤害他;马勒并没有从维也纳经验中学到教训。得不到回应的克雷比尔更加疯狂地反对马勒,不论马勒说什么做什么,克雷比尔便是一通责难。他尤其憎恨马勒谈论教育观众的话题,对这个外来人的指手画脚嗤之以鼻:

(他)从来就没有意识到,纽约爱乐的拥趸不仅是些继承父辈良好家风传统走进音乐厅的人,也有许多人是因为懂得欣赏音乐,希望欣赏到好音乐而去的。他从不明白,或者他从不愿意接受,纽约爱乐的听众对于不尊重音乐传统的人,

---

[1] 格兰奇:《马勒:被截断的新生活(1907—1911)》,580 页。

就像面对亵渎上帝或莎士比亚的人一样愤怒。[1]

马勒过世后,同样的控诉出现在克雷比尔为马勒写的讣文中,大肆诋毁马勒的人格,称其维也纳时期"大肆挥霍金钱且毫无益处",在美国的工作也不过是"对好品味的损害"。人已亡,克雷比尔还要事后诸葛一番。他引用了马勒谈论基督教的话作为其个性不真诚的明证,认为他的交响作品谎话连篇,"我们实在看不出有任何流传下去的可能"。究竟什么缘故令纽约第一乐评人变得如此疯狂?正是马勒对于媒体的回避。起初,既然受雇于爱乐的克雷比尔只是为即将上演的马勒第一交响曲撰写曲目注释,他首先想到的便是求助马勒,不料竟被马勒找了个理由拒绝了。乐评人历来是作曲家与听众之间必不可缺的调停者,克雷比尔认为马勒的行为是对乐评人的漠视与轻慢。"所有关于音乐的写作,甚至是那些音乐家自己所写的文字,都会阻碍听者享受音乐本身。"马勒对前来听音乐会的人们如此说,并对自己关于作品解读的三缄其口表示了歉意。正如乐评芬克所说:"从此,克雷比尔使尽全力地扑向他(马勒)!"[2]

克雷比尔不应该在写了这种内容后还能全身而退。一个够格的编辑理应协调各方,让大家坐下来好好谈,并私下警告乐评家的言辞不应如此偏颇。我自己也曾在担任编辑时做过此类事;兼顾平衡、保持开放的心态对于任何有自尊的评论者都是必备的素

---

[1]《纽约论坛报》,1911年5月21日。
[2] 亨利·芬克:《我的音乐黄金时代之旅》,423页。[Henry J. Finck, *My Adventures in the Golden Age of Music* (New York and London: Funkand Wagnalls Company).]

质。然而，克雷比尔的编辑里德（Ogden Mills Reid）并不称职，任由一切变作彻头彻尾的闹剧。马勒完全不理会这些抹黑，也没有听从他人的建议进行报复。若是在今天，无论是在华盛顿、克利夫兰或柏林，指挥都可以随时让乐评人丢掉饭碗或降职。有些人甚至会直接威胁对乐评人采取法律行动。曾经，某位新上任的纽约爱乐音乐总监直接找到《时代周刊》的乐评人，带他一起吃饭并对他说："在维也纳，每个指挥都拥有自己的乐评。我希望你当我的乐评。"马勒坚决不蹚这样的浑水。

把乐评丢弃一旁，马勒正是那个手里拿着玩具、自顾自玩耍的男孩。"我这辈子最渴望的便是拥有自己的乐团，"他写道，"光演奏音乐就让我开心至极，若是我的乐手再强一点就更好了。"在美国的生活可谓多姿多彩，马勒去逛中国城的鸦片馆，在那结识了设计师路易·蒂芬尼（Louis Tiffany），此人抽大麻成瘾；马勒拜访了罗斯福总统位于牡蛎湾（Oyster Bay）的住所，到纽约下东区小巷内的贫民窟体察民情，那里挤满了犹太人。"这些人是我们的同胞吗？"阿尔玛不禁喃喃自问。[1]

接连好几周，一些有趣的独奏家令马勒的日子变得愉悦、鲜活起来。擅长多国语言且有"藏书癖"的家伙布索尼正用中国五声音阶系统编写《图兰朵》组曲，这引发了马勒的好奇。不久，风头正劲的拉赫马尼诺夫抵达美国，其《升C小调前奏曲》是当时席卷全球的古典热门曲目。第一场音乐会由达姆罗施领衔，纽约爱乐在新剧院（New Theatre）首演了拉赫马尼诺夫的《D小调

---

[1] 阿尔玛·马勒：《马勒：回忆与书信》，162页。

第三钢琴协奏曲》。(据乐评人亨德森:"一首称不上好,也称不上留下深刻印象的作品。")之后的第二场演出由马勒指挥,地点定在卡内基音乐厅。"他立刻打动了我身为作曲家的灵魂,"拉赫马尼诺夫说,"他全身心地将自己投入进我的协奏曲中,一遍又一遍地练习,直到最繁复的合奏乐段达到完美才罢休。"排练已超时一个钟头,有乐手起身准备离开,马勒冲着他们咆哮:"只要我还坐在这儿,你们任何人都没有起身离开的权利。"[1]后来,拉赫马尼诺夫在其回忆录中称:马勒是唯一一个"有资格与尼基什平起平坐的指挥家"。[2]

然而这与某些乐手的记忆相左。逐渐地,爱乐内部依照国籍划分为两大阵营。德国籍乐手都喜欢马勒,来自意大利的托斯卡尼尼帮与俄罗斯人则对他没有好感。俄罗斯乐手认为拉赫马尼诺夫"对马勒处理自己作品的手法非常失望,甚至感觉被冒犯"[3]。他们还添油加醋、略带恶意地将此事告诉拉赫马尼诺夫(毫无根据的中伤),说马勒憎恨柴科夫斯基。这些乐手在描述这段回忆时已是暮年,其中不免有夸张的成分。事实上,拉赫马尼诺夫与马勒的共通之处较传闻有过之无不及。这位俄罗斯人当时创作了第二交响曲,开篇乐段令人震颤战栗,马勒虽未听过,却在之后自己的第十号交响曲慢板中神秘地遥相呼应。两位作曲家都有阴郁倾向,创作从不一味讨好公众。根据拉赫马尼诺夫的描述,两人

---

[1] 莱布雷希特:《记忆中的马勒》,237—239页。
[2] 莱达、伯藤森:《拉赫马尼诺夫:音乐人生》(纽约,1956年),164页。[Jay Leyda and Bertensson, *Sergei Rachmaninoff: A Life in Music* (New York: New York University Press, 1956).]
[3] 引用马洛克前述著作。

有着本质上天然的亲和力。

虽然工作繁重，不过马勒还算是顺遂地熬了过来。"我现在变得越来越有名……可以处理任何压力，绝对不会使问题恶化，"马勒写道，[1]"比起之前10年，我确实工作能力更强了，也更快乐。"[2]马勒一周指挥两到三场音乐会，并带领爱乐乐团到费城、纽黑文（New Haven）、斯普林菲尔德（Springfield，马萨诸塞州）以及罗德岛（Rhode Island）的普罗维登斯（Providence）等地巡演。波士顿的演出成为整个巡演的高潮，马勒对柏辽兹《幻想交响曲》的诠释把《环球邮报》（Globe）的乐评迷得神魂颠倒，"闪闪发光，带出了作品全部的诗意与恐惧"[3]。通过一个乐季的曲目、演出规划，马勒将爱乐塑造为可与当时美国最好乐团——波士顿交响乐团相媲美的一线乐团，并确立了多系列演出并存的音乐会曲目格局。这种格局日后成为统治美国音乐会生活的传统，代代相承。

~

一个小姑娘爬下床。天色未亮，外面一片漆黑，客厅的角落里有一点亮光。她的父亲在书桌前弯着腰，一张大纸盖住了整个桌面。她抓着毯子走了过去："你在做什么呀，爸爸？"

他低头凝视女儿，眼神现出疲惫，让她觉得仿佛走进了他灵

---

[1]《马勒书信选集》，345–353页；罗曼：《古斯塔夫·马勒的美国岁月，1907—1911》，307页。
[2] 麦克拉奇：《马勒家书》，397页；格兰奇：《马勒：被截断的新生活（1907—1911）》，718页。
[3] 罗曼：《古斯塔夫·马勒的美国岁月，1907—1911》，347–348页。

魂的深处。"我正在修改我的作品。"他边回答边把她抱到膝头。桌上的纸张边放了笔与刀子。

"你怎么修改音乐呢?"她追问,希望这一刻永远不会结束。

"如果我找到一个不乖的音符,我会把它刮掉,像这样。"他拿着刀示范。

"我不想要当音符。"安娜·马勒哆嗦着。

"为什么?"她的父亲低声问道。

"因为你可能会把我刮掉,然后用嘴巴把碎屑吹走。"[1]

这是安娜关于父亲最充满柔情的记忆,那是一个黎明破晓前,他们身处纽约的旅馆,整个世界还在沉睡,在音乐中他们俩惺惺相惜。她静静地坐在一边,看着父亲誊写第九交响曲的乐谱,小心地不发出任何声音,她深知对父亲而言,"工作"比任何事都大。当然,他们还有其他一些令人回味的相处时光,比如在纽约中央公园一起滚雪球,可以摆脱女家庭教师的监视与父亲如此亲近让安娜高兴。那些时刻,孩子感觉到马勒似乎想留下些让她永远铭记的东西。除了光彩照人的妈妈,她深知自己对于马勒便意味着全部,虽然情感如此难以描述,但毫无疑问,她姐姐的死令家里所有的人都倍感沉重。

在接下来的 80 年间,安娜成为雕塑家,她的作品散发着非凡的力与美。1962 年,安娜在芝加哥大学的一次演讲中阐述了自己的创作观,"唯有借助真正伟大的艺术,我们才有机会触碰到创作过程中的神秘,我指的是完整的创作过程。日常生活中所谓的混

---

[1] 所有引用若未特别注明,皆源于作者的专访(1987 年)。

沌消逝了，空间让位给更深层、更真实的现实，一种神秘的秩序。在最崇高的完美中，它将传递出普世的、藏于宇宙之中的神秘真相"[1]。这是马勒借自己孩子之口传递给世人的讯息。

我在 1986 年与安娜有过会面，之后两人成为无话不谈的好友。期间大量的书信往来，我们聊艺术、政治、爱情，唯独不谈马勒。我们交换各自读过的书，她向我介绍了维多利亚时期的小说家博罗（George Henry Borrow），我则寄给她格雷厄姆·格林鲜为人知的游记作品。我们交换了很多秘密（"我真希望能多告诉你一些。"她写道）。也常在如洋葱皮般薄的航空信纸上争论。她拒绝阅读乔治·奥威尔（George Orwell），理由是他曾在西班牙内战中为错误的阵营效力。"那些年，"她说，"一切混乱得你无法想象，每个人都必须选择立场，——不管怎么选，结果都是错的。回首往事，所有人的说辞可以被无穷尽地探究下去，谎言从四面八方铺天盖地而来，数不胜数的谎言。"[2] 真实与谎言是道德的两极，对她而言，对错分明是基本的道德信念。而艺术是真理，是生命的真谛。

安娜与阿尔玛的关系总是很波折。安娜 16 岁时从家中逃走，嫁给了当时年轻的爱人，也算是母家相识的家庭。一年后，她在柏林与作曲家恩斯特·克热内克（Ernst Krenek）同居；阿尔玛坚持要女儿赶快结婚（可安娜总说，"结婚永远是一个错误"）。安娜的第三任丈夫是富有的维也纳出版商若尔瑙伊（Paul Zsolnay），两人住在巴洛克宫殿中，"在那儿我始终感觉像个客人"。

---

[1] 安娜·马勒：《安娜·马勒：她的创作》（伦敦，1975 年），11 页。[Anna Mahler, *Anna Mahler: Her Work* (London: Phaidon, 1975).]
[2] 1987 年 7 月 5 日，给莱布雷希特的邮件。

安娜的雕塑工作室位于父亲曾供职的歌剧院对面，那里简直"如名人堂一般"[1]常有知名音乐家、作家拜访，甚至包括国务大臣舒施尼格（Kurt Schuschnigg）。曾与安娜谈过恋爱的诺贝尔文学奖得主埃利亚斯·卡内蒂（Elias Canetti）表示："她心里很清楚，这个名人堂在某种程度上就是母亲生活的缩影。""她（母亲）身边总是有许多男人，"安娜叹气道，"那很容易。不过如果你想要真正充实的工作与生活，你就必须比男人更强大。"[2]

她曾雕塑过马勒的半身像，随后又亲自毁了它；其余作品也在战争中被炸成碎片。1938年，安娜逃到伦敦投奔老同学——美术史学家贡布里希（Dea Gombrich）。贡布里希的丈夫是大英博物馆的老馆长福斯代克（John Forsdyke），为人守旧老派。一个星期天，大家照例举办烤肉派对。餐后，福斯代克从腰上解下钥匙交给安娜，说："拿去吧，亲爱的，我的博物馆整个下午都归你了。"伦敦大轰炸当晚，安娜遇到了俄罗斯指挥费斯托拉里（Anatole Fistoulari），"把他带回家，就像带回一只流浪的动物"。安娜与费斯托拉里生了一个女儿玛丽娜（Marina）。安娜说："伦敦是我感到最亲近、几乎可称为家的地方。"后来，阿尔玛又把安娜唤回美国加州，安娜在那里再度结婚，对象是剧作家约瑟夫（Albrecht Joseph）。1964年阿尔玛过世，安娜继承马勒遗产，而马勒的作品也在那个时候受到全世界的关注。

---

[1] 埃利亚斯·卡内蒂：《眼睛的游戏》（英译本，纽约，1986年），158页。[Elias Canetti, *The Play of the Eyes*, transl. Ralph Mannheim (New York: Farrar, Straus, Giroux, 1986).]
[2] 本书作者专访，《星期日泰晤士杂志》（*Sunday Times Magazine*）刊文，1987年4月26日，45—46页。

在 1988 年的萨尔茨堡音乐节中,安娜计划举行大型作品回顾展。当时已是重病在身的她特意从加州飞到萨尔茨堡处理布展事宜。我再次见到安娜时,是在玛丽娜伦敦公寓的房间里,她看上去很瘦弱。她看见我,立刻拿起我寄给她的上一封信,双眼有神地要求我告诉她是否改变了看法。1988 年 6 月 3 日,马勒的女儿安娜病逝,直到最后一刻都不肯放下她的好奇,她的提问。之后,安娜被安葬于海格特公墓(Highgate Cemetery),离卡尔·马克思墓不远。

为你而生，为你而死
（1910—1911）

他生命中的夏天

马勒的船抵达法国瑟堡港（Cherbourg），满心期待着即将到来的一切。他将分别在自己最喜爱的两座城市——巴黎与罗马举办音乐会，随后在慕尼黑首演自己的第八交响曲。期间适逢马勒50岁生日，这场慕尼黑的音乐会因此成为有史以来最盛大的表演。

然而事情从一开始便很不顺利。第二交响曲激怒了巴黎的听众，他们大吼："德国的音乐烂透了！"（A bas la musique allemande!）德彪西中场离席，抱怨马勒的音乐"太过沉重晦气"。罗马的情形更加不堪，由于乐团演奏水平过差，马勒取消了最后一场音乐会的表演。回到维也纳，马勒与患上舌癌的老友利皮纳见了一面。祖卡坎德尔也奄奄一息，眼见着离死神不远。波拉克看来也活不了多久了。如今随着年岁的增长，病痛与健康已成为马勒餐桌上的重要话题。

在生病这件事上,阿尔玛也不甘示弱。为了解决所谓情绪问题,她找到医生,表示自己"病得很重","他紧绷的情绪折磨着我,令我完全崩溃"。[1]阿尔玛并未向医生提及自己当时严重的酗酒问题,还有夫妻二人在维也纳、莱比锡及慕尼黑第八交响曲合唱排练期间的摩擦恩怨。总之,阿尔玛对马勒满腹怨气。医生建议阿尔玛在格拉茨不远的度假区托伯尔巴德(Tobelbad)静养六周,接受一系列温泉浴理疗。

6月1日,马勒开车把阿尔玛、古琪及保姆送到托伯尔巴德。独自返回维也纳途中,马勒看了一栋正在出售的房子,心里惦记着美国工作结束后可以与家人回到维也纳居住。无意中经过阿尔玛儿时最喜爱的布兰肯城堡(Plankenberg),引得马勒思绪万千。"我只为了你和古琪而活,"他写信给阿尔玛,"没有任何事能阻碍我对你的爱。"[2]然而,当充满爱意的宣言飞抵阿尔玛耳边时,一切都晚了,她已将新情人拥入怀中。

温泉理疗的第三晚,吃过生菜、乳酪的阿尔玛在餐桌上结识了一位来自柏林,年仅26岁的建筑师——格罗皮乌斯(Walter Gropius)。他看起来干练挺拔,一双蓝色的眼睛,胡须修剪得干干净净。总之,此人颇有军人的风度,又传递出些许马丁·路德式的严谨。他志在改变当时繁复浮夸的装饰风格,实现简洁、纯净同时兼具功能的建筑。晚餐后,格罗皮乌斯邀请阿尔玛共舞。

---

[1] 阿尔玛·马勒:《马勒:回忆与书信》,173页。
[2] 马勒:《给妻子的信》,357页。

随后,"我们停了下来,开始聊天"[1]。阿尔玛写道。两人在夜色中漫步,坐在洒满月光的小溪边聊了许久。当晚及之后的几天,阿尔玛在日记中如此描述:"我们的灵魂彼此触碰,身体已不再重要。"[2]

此时,全身心投入排练的马勒收到了阿尔玛的来信,带着"前所未有的甜蜜"[3]。马勒不禁狐疑:"你有什么事瞒着我吗?"直到6月底,马勒才抽出空亲自去探望阿尔玛,并对自己的岳母去信称:"我发现阿尔玛的身心状况焕然一新,健康了许多,我想这个疗程的确对她大有益处。"[4]事实上,阿尔玛的母亲完全清楚背后的一切。阿尔玛与格罗皮乌斯曾在维也纳待了一天,摩尔太太早已有所察觉并似乎暗中为之掩护。虽然现年53岁的摩尔太太既老又胖,她还是乐于为女儿牵线搭桥,把自己视为安全的信息中转站,借由女儿的不忠重温旧梦。还有一点更为重要的原因,摩尔太太内心的种族主义观点根深蒂固,也乐于看见普鲁士建筑师取代犹太人马勒。"高昂起你的头,"她在信中如此激励格罗皮乌斯,"你的目标很好,也没有什么不对……你忠诚的,母亲。"[5]

马勒独自一人在托布拉赫度过50岁生日。一周后,阿尔玛回到马勒身边。她对格罗皮乌斯承诺自己将保持忠贞,并且每天都会去托布拉赫邮局的AM40号信箱收取格罗皮乌斯寄来的信。马勒依旧在自己的小屋中专心创作,古琪则开始发烧。

---

[1] 阿尔玛·马勒:《我的一生》,51 页。(Alma Mahler, *Mein Leben.*)
[2] 格兰奇:《马勒:被截断的新生活(1907—1911)》,838 页。
[3] 马勒:《给妻子的信》,360 页。
[4] 《马勒书信选集》,363 页。
[5] 格兰奇:《马勒:被截断的新生活(1907—1911)》,840 页。

7月底的某一天，邮差将一封指名寄给"敬爱的马勒指挥"的信送到马勒的住所。马勒坐在钢琴前拆开信封，发现这竟是一陌生人写给自己妻子的情书。"这是什么？"马勒几乎窒息，被逼到绝境的阿尔玛恼羞成怒。"我终于有机会把一切都告诉他了。我告诉他，多年来我是如此渴望他的爱情，年复一年，然而他只是疯狂地沉浸于自己的世界，完全忽略我的存在。当我对他说出这些时，他才第一次感到亏欠。面对与他成为生命共同体的人，他突然感到自己的罪恶。"[1]

　　身为丈夫，却有如此多错处与不堪，马勒几近绝望地喊叫自责："这全是我的错。"阿尔玛感到自己对丈夫的怨恨瞬间转化为怜悯，一种高高在上的权力感，亦或者还有爱意。他们在草地上走着，两人都泪流满面。眼泪与恐惧在马勒的交响曲中奔腾。其中一个乐章冠以"炼狱"（Purgatorio）的标题，活生生的人间地狱。"哦，上帝！哦，上帝！你为何要将我遗弃？"他在五线谱上潦草地记着，音乐里尽是作曲家强烈的挫败感。在开篇的谐谑曲乐段中，他颤抖地写道：

> 恶魔与我共舞，
> 疯狂，占有我吧，我是一个被诅咒的人！
> 消灭我吧，
> 如此，我便可以忘记自己的存在
> 如此，我便不再是

---

[1] 阿尔玛·马勒:《马勒：回忆与书信》, 173 页。

这样，我……

从未有一个作曲家在乐谱手稿中袒露如此真实的私人世界。最终，马勒引用了在纽约消防员葬礼上所听到的鼓声，写道："唯有你知道这是什么意思。"乐谱中所有的信息都是说给阿尔玛听的，她后来也的确将这一切如实出版，大告天下[1]：

> 心痛！心痛！心痛！
> 别了，我的七弦琴！
> 别了
> 别了
> 别了
> 心痛，啊，
> 心痛，心痛。

七弦琴代表音乐，代表他的缪斯女神阿尔玛。在乐谱最后一页的底下，马勒写下这样的话：

> 为你而生！
> 为你而死！
> Almschi！[2]

---

[1] 马勒第十交响曲乐谱副本（维也纳，1924 年）。[Gustav Mahler, Facsimile. Gustav Mahler Zehnte Symphonie; Skizzenblätter (Vienna: Paul Zsolnay Verlag, 1924).]
[2] 阿尔玛"Alma"的爱称。——译者注

交响曲开篇的慢板低沉阴郁，没有丝毫愤怒或反抗，犹如陷入虚空的踌躇蹒跚。乐章结尾处，马勒将九个音相叠构成听觉上陡峭尖锐的和弦，类似画家爱德华·蒙克在《呐喊》（*The Scream*）中所表达的极度绝望。这一不和谐的和弦，或可称作马勒的"灾难和弦"，意味着作曲家打破了多年来在创作中遵循的和谐原则。正如勋伯格面对婚姻破裂时的崩溃，马勒在此时也朝着无调性的深渊走去。的确，一切都在预示着他的终结。

半夜，从睡梦中醒来的阿尔玛发现马勒站在她的床边，只是为了确保她没有离他而去。于是阿尔玛向马勒保证自己绝不会抛弃他。"当我告诉他时，他的表情因爱之狂喜而扭曲。如今，他一秒钟都无法与我分开。"[1]阿尔玛撕心裂肺地恳求格罗皮乌斯暂且回避——"不要来找我，我求你！！"一天，阿尔玛与马勒驱车到托布拉赫镇中心，发现一名男子躲在桥下。阿尔玛告诉马勒那人可能是格罗皮乌斯，马勒立即走过去，打算与这位潜在的对手当面聊聊。到了晚上，马勒带着格罗皮乌斯回家，两人一前一后地走着，马勒拎着灯笼在前方引路。随后，马勒把这个年轻人留在阿尔玛的房间，自己静悄悄地离开。没过多久，阿尔玛冲进屋来，当时马勒正借着蜡烛微弱的烛光读着《圣经》。"你如何选择都可以，"马勒安抚阿尔玛道，"做个决定吧。"隔天早晨，阿尔玛开车将格罗皮乌斯送至火车站，她的内心已有了决定。她将陪伴在马勒身边，至少当下是。"我无法想象没有他的生活……马勒是我存在的中心，以后也将是如此。"[2]

---

[1]阿尔玛·马勒:《马勒：回忆与书信》, 173 页。
[2]同上书, 175 页。

第二日，阿尔玛的母亲来到托布拉赫。

在阿尔玛的回忆录中，这些故事不禁让人感到熟悉，仿佛是她从舞台剧里抄来的，或是在哪本杂志中读来的酷似施尼茨勒的剧情。粉墨登场的角色都是些典型人物：被戴了绿帽子的丈夫、年轻貌美的妻子、体格强健的情人，还有一位帮忙牵线搭桥的母亲。阿尔玛的故事中充斥着老套的桥段、蓄意隐瞒的真实细节。她只写她想让人知晓的部分，外表看起来如何比它真实如何更重要，表面光鲜漂亮高于一切，德语里把这做派称为"Schein über Sein"[1]。事实上，两位男士的表现要比阿尔玛笔下所描述的庄重许多。格罗皮乌斯并没有那么冷酷，也谈不上潇洒。他后来在托布拉赫逗留了好几日，希望能与马勒再好好聊聊，让事情有个了结。格罗皮乌斯对马勒所表现出的沉着淡定大为吃惊，在回柏林的火车上，他给马勒写了封信表达内心的歉意："一味地给您带来痛苦令我难过。至少允许我对您表达谢意，您以如此高尚的姿态待我，并慷慨地与我最后握了一次手。"[2] 显然，这两个男人之间的对话有种猜不透的微妙，仿佛他们两人都知道接下来会发生什么，这场戏远没有结束。

与此同时，阿尔玛的母亲写信给格罗皮乌斯，称马勒时日不多，让他耐心等待："古斯塔夫患有严重的心脏病，这次打击没有要了他的命已经算是奇迹了。"[3] 照她的口气，似乎内心很盼望马勒一命呜呼。随后，阿尔玛告诉格罗皮乌斯，称无须再等太久两人便

---

[1] 对应英文可作"Looking good is better than being good"。——译者注
[2] 格兰奇：《马勒：被截断的新生活（1907—1911）》，871 页。
[3] 同上书，875 页。

能重逢，想想那些重逢后的美丽画面吧，"你裸身躺在我身边，除了睡眠，再没有什么能将你我分开"[1]。看起来，为了挽救这场婚姻，马勒默许了阿尔玛与格罗皮乌斯同床共枕。

马勒开始给阿尔玛写情书，将它们一封封、轻悄悄地塞进她卧室的门缝里。只要能将她留住，他愿意做任何事。一回，阿尔玛散步归来，进门竟然听见马勒在弹奏她所写的曲子。"我到底做了什么？"他痛哭道，"这些曲子写得真好，简直棒极了。我认为你应该完成它们，然后我们找人帮你出版。你一定要继续自己的创作，否则我无法真正高兴起来。上帝啊，我之前是多盲目，多自私啊！"[2]除非马勒是真的疯了，否则他内心应该清楚这些所谓的佳作不过是些微不足道的残章，毫无原创性可言。随后，马勒把阿尔玛的作品拿给弗里德看。"很不错呀"，弗里德客气地应和着，结果被马勒轰出门外。清晨，阿尔玛再次发现马勒站在自己的床边。"如果我将第八交响曲献给你，你会开心吗？"马勒问。"别这么做，"阿尔玛警告说，"你可能会后悔的。""太迟了。"马勒回答道。他多次要求出版商"环球"修改乐谱封面的措辞及字样，直到"献给我挚爱的妻子，阿尔玛·玛丽亚·马勒"以正确的字符大小印刷出来。

8月在煎熬中缓慢前行，每一次用餐、散步都沉浸在不信任的气氛中，唯有挣扎、痛苦。每天，马勒都会在林间小屋创作第

---

[1] 雷金纳德·伊萨克斯：《格罗皮乌斯：包豪斯缔造者画传》（波士顿，1991年），35页。
[Reginald Isaacs, *Gropius: An Illustrated Biography of the Creator of the Bauhaus* (Boston: Little, Brown and Company, 1991).]

[2] 阿尔玛·马勒：《马勒：回忆与书信》，176页。

十交响曲,眼见着作品逐渐成形。开篇的慢板隐约让人忆起《特里斯坦与伊索尔德》中"牧羊人的悲叹"。"炼狱"则十分接近第九交响曲里滑稽、充满乡野气息的回旋曲,第二段的"诙谐曲"则呼应了《大地之歌》的《饮酒歌》。最后一乐章由一连串朦胧的鼓点开始,以无法按捺的感伤温柔作结,渴望与悔恨交织成疼痛在声音中游弋。这本不该是作曲家最后的话语。若还有另一个夏天,马勒必定会对内容、结构,乃至乐章的顺序做相应的调整。然而,这便是1910年8月底马勒留下来的第十交响曲手稿,他再也没有机会拿起它。

那些痛苦的注解

通常,作曲家不会在创作过程中随意涂抹乐谱。谱纸价格昂贵,作曲家们总是对自己赖以为生的工具充满尊敬。马勒所使用的是当时顶级的手工稿纸品牌约翰·埃贝勒(Johann Eberle & Co.),产自维也纳。我们大约可以推测马勒必定饱受折磨,以至于他在乐谱上涂写字句。难道他气昏了头了?马勒的日常指挥工作表明他心理状况十分正常。他这么做必定是希望这些涂鸦能被人看见、读到。

当然,那第一个读者必是阿尔玛:她总是最先看到成品的人。阿尔玛是个举止轻率鲁莽的人,这点马勒心知肚明,或许他正是利用了这一点,希望有朝一日阿尔玛会将自己的呐喊公布于众。除了阿尔玛,马勒还将原始的乐谱手稿示予布鲁诺·瓦尔特及出版编辑沃斯(Josef Venantius von Woss)。第十交响曲乐谱上刺目的涂鸦与早先第九交响曲中的标注一样，都是作曲家有意让人看见的。马勒借此表达生存的孤独，害怕孤独终老，可怖的恐惧几乎要了他的命。被抛弃，失去所爱的人，时时担心自己的心脏停止工作，这三样无以躲避的痛苦跃然纸上。然而，为什么马勒选择与人分享这些痛苦呢？某天，我坐在办公室里，脑中忽然有了灵感。

教皇保罗二世已临近生命的终点。因患有帕金森症，每当周日在圣彼得大教堂的阳台上祝福众教时，他的手总是不住地颤抖，说出来的话也几乎无人能理解。这是一位对世界有重大影响力的教宗，曾正面对抗苏维埃帝国，甚至帮助摧毁了这个帝国。曾在历史上担任重要角色的伟人，如今每周日却在众人面前逐渐衰败。在某次编辑会议中，我的同事建议可考虑在选题上谈论他的病弱问题。有人认为，教宗将自己的羸弱无能展现出来，其实是在削弱教堂的威严。他应该选择效法之前的教宗：退位归隐，默默地接受上帝意志的安排。突然之间，马勒的身影出现在我脑中。"绝对不行，"我整个人跳了起来，"教宗坦荡地将衰老与死亡呈现在世人面前，对于每个人而言这都是必经之路，并没有什么羞耻的。他在树立一种典范，意在告诉我们不要将年迈的教皇与祖父母们关进养老院，而应把他们当作我们中的一分子，好好珍惜；无论他们是康健还是病痛、残疾，都要同行到最后。他展现的是死的尊严与生的价值。"

后来我们继续讨论其他话题；教皇于 2005 年 3 月逝世。然而，就在当晚离开报社后，关于马勒留下注脚的背后逻辑似乎变得清晰起来。这位作曲家之所以与众人分享痛苦，其实有他的目的。在其早期交响曲作品中，马勒就涉及了婴儿死亡、宗教包容性以及社会排斥等题材。而在晚期创作中则描述了我们所有人身上都会经历的失落。毫无隐瞒，毫不修饰。马勒将自己的人生以及内心世界完全袒露，好让我们更了解发生在自己身上的事。无论是第十交响曲还是第一交响曲，马勒好似在池塘中玩耍的三岁孩子，一边玩水一边大叫："我全身都弄湿啦！"他将自己生命的经验如实传递出来，同时警告世人：离我远一点。

弗洛伊德告诉我的事

不久，小古琪的流感传染给了全家人。半夜里，阿尔玛满身大汗地醒来，呼唤在隔壁房间的马勒，但却丝毫未见有回音，甚至一点动静都没有。阿尔玛跑了出去，见马勒躺在楼梯上，毫无意识、双脚冰冷，旁边还有一支燃着的蜡烛。阿尔玛与母亲一起将马勒搬回床上，拿毯子盖住他。她们将马勒的手脚浸泡在热水里，尝试着替他按摩。医生直到清晨才抵达，发现马勒并没有生命危险。不过，阿尔玛对格罗皮乌斯说，她"以为就要面对最糟的状况了"，似乎暗示其内心一直在盼着它发生。[1]

对于马勒，患病或许是件好事。根据阿尔玛的描述："他开始意识到自己一直过着过于神经质的生活，突然决定咨询西格蒙德·弗洛伊德。"马勒认为弗洛伊德不过是"试图用同一个特定观点出发来治疗所有问题"[2]，一切问题的根源总是神经官能症中的

---

[1] 格兰奇：《马勒：被截断的新生活（1907—1911）》，883页。
[2] 莱布雷希特：《记忆中的马勒》，195页。

原发性性冲动。马勒对弗洛伊德理论的理解还是较为准确的。弗洛伊德这样告诉曾是盟友后来背叛的卡尔·荣格："答应我，永远不要抛弃以性为中心的理论。那是一切根本的根本。你会明白的，我们应当把这个准则视作权威的教义。"[1]马勒并不相信大多数人推崇笃信的高人或所谓时髦理论，亦不相信世上有治愈一切问题的方法存在；不过，他也知道弗洛伊德并非如传言所说的那么专断，那么迷恋性话题。布鲁诺·瓦尔特就曾因恼人的手臂疼痛问题咨询过弗洛伊德，最终弗洛伊德只是建议他到西西里度假，并未谈论任何性生活话题。马勒也认同弗洛伊德关于梦的重要性的诸多论述："我们都知道，所谓的第二自我在睡眠时便开始活跃，它会成长，成为或者产生出我们在真实生活中所寻找的、无法得到的事物。"[2]

要在暑期8月约见心理医生可不是件容易的事，幸有阿尔玛家的朋友，维也纳心理分析协会成员纳佩勒克（Richard Nepallek）替马勒约诊。纳佩勒克找到当时正与妻子、小姨及两个儿子在荷兰诺德韦克享受海边新鲜空气的弗洛伊德。弗洛伊德当即决定中止假期去看看，"像马勒这样的人，可不是一般的有价值"[3]。这个机会真是太有诱惑力了：弗洛伊德称自己充满好奇，如此有趣好

---

[1] 卡尔·古斯塔夫·荣格：《荣格自传——回忆、梦、思考》（英译本，纽约，1963年）中1909年4月2日的信件，150页。[*Carl Gustav Jung, Memories, Dreams, Reflections*, transl. Richard and Clara Winston（New York: Pantheon Books, 1963）.]

[2] 纳塔莉·鲍尔-莱赫纳：《回忆古斯塔夫·马勒》，150页。

[3] 欧恩内斯·琼斯：《弗洛伊德的生活与工作》（删节版，伦敦，1964年），358页。[Ernest Jones, *The Life and Work of Sigmund Freud*, ed. & abridged Lionel Trilling and Steven Marcus（London: Penguin Books, 1964）.]

玩的案例怎能错过。他建议两人在位于海牙北部的莱顿大学城会面，结果一共约诊了三次都没成功，每一回马勒都宣称自己喉咙痛而作罢。弗洛伊德将马勒的犹豫不决解读为"强迫性神经官能症作祟"，并警告马勒 8 月 27 日是自己最后有空的日期，之后便要与同事起程前往意大利。马勒闻讯随即跳上火车，历经 30 个小时的车程，途经因斯布鲁克、慕尼黑，终于在 26 日晚抵达莱顿，住进位于购物大街——布里斯街（Breestraat）的金狮酒店（Golden Lion Hotel）。这座酒店的建筑呈现着独特的三角墙构造样式。隔天下午，弗洛伊德从海岸地区搭乘电车抵达。下午 4 点半，两人在布里斯街上一个叫作"镀金土耳其人"（Gilded Turk）的咖啡馆碰面。

在这个昏昏欲睡的荷兰小镇上，两位维也纳绅士在同一张桌子边坐下。他们都拥有捷克及犹太人的血统，年纪相仿。他们身上都肩负一种使命感，觉得自己生来就是要通过揭露潜意识的思想来解救这个世界，都曾反抗过父亲的意志。与马勒一样，弗洛伊德也没有参加母亲的葬礼。他们很快便一见如故，正如弗洛伊德的学生后来所描述的：两人"认知一致"（a congruence of cognition）。[1] 弗洛伊德则称，他"从未见过有谁能如此快速地理解精神分析理论"[2]。

在这场伟大的对话中，谁先开了口？是弗洛伊德先问候马勒的旅途是否顺利，还是马勒问候弗洛伊德的家人？在见面之前，

---

[1] 格兰奇：《马勒：被截断的新生活（1907—1911）》，玛丽·波拿巴公主（Marie Bonaparte）的相关描述，891 页。
[2] 同上。

纳佩勒克应该已经给弗洛伊德简单描述过马勒的病况。马勒则焦虑不安，他既希望自己能寻求心理上的慰藉，又害怕接受治疗，于是这种左右为难折磨着他的神经。"有什么问题呢？"医生常以这样的问题开场，但对于"一位如马勒这般有价值的人"，这种问话显得太过平庸。弗洛伊德不可能让马勒一周六天躺在沙发上倾诉，只能在很短的时间内做出判断。于是弗洛伊德采用了"精神危机干预"（a psychoanalytically informed crisis intervention）[1]，摒弃日常医治病人时的常规套路。喝完咖啡后，弗洛伊德提议在几乎空无一人的大学城里转转。两人沿着运河漫步，皱着眉头探讨关于心灵的伟大议题。就这么过去了四个小时，直至夕阳西沉。身高六英尺的弗洛伊德满脸胡碴儿，腰身厚实，嘴里叼着粗雪茄；而马勒身型瘦小，高度勉强能够上弗洛伊德的肩，脸色苍白，胡子刮得很干净，因为焦躁走路总是半走半跳。他总是能在话题间找到精准的切入点，并且对于弗洛伊德的任何话都能有所反馈。或许，他们在途中又喝起了咖啡，或者坐在路边的长凳上休息；所有的细节都没有记录。弗洛伊德必须搭乘末班电车回去，两人不得不握手道别。[2]

"很开心，与弗洛伊德的讨论十分有趣，"第二日早上，马勒给阿尔玛发电报称，"我感觉周围所有的一切，连同自己都焕然一

---

[1] 伊曼纽尔·加西亚，医学博士，《马勒的选择：关于青春期、天才及心身医学》，《儿童心理分析研究》杂志第 55 期，87—110 页。[Emanuel E. Garcia, MD, "Gustav Mahler's Choice: A Note on Adolescence, Genius and Psychosomatics", in The *Psychoanalytic Study of the Child*, vol.55 (New Haven and London: Yale University Press, 2000).]

[2] 格兰奇：《马勒：被截断的新生活（1907—1911）》，893 页。

新。"[1]他登上回家的列车,在漫长颠簸的旅途中为她写了一首情诗,显然这些文字能说明一些问题:

> 有力的话语驱散暗夜的幽灵
> 我所沉溺的苦痛业已消失
> 它们汇聚成了唯一的和弦:
> 将我那迟疑的思绪,连同暴风雨般汹涌的情感,都一起带走吧。

> 我爱你!这是我的力量,我的褒奖
> 是我历经苦难后得到的生命旋律。
> 哦,请爱我!这是我唯一能遵循的智慧,
> 是我生命中持续演奏的、永恒的低音。

> 我爱你!那是我生存的全部意义。
> 为此,我愿放弃世界与思想。
> 哦,请爱我!你是暴风雨带来的礼赞,
> 迎接我吧,即使世界将我遗弃,我已回归你的港湾。

带着一种几近天真的直率,马勒告诉自己的妻子,弗洛伊德"神奇的话语"令他忘却了烦恼,九个音所组成的不和谐音程曾是巨大痛苦的表征,如今它已凝聚成"唯一的和弦"。他知道自

---

[1] 1910年8月27日发给妻子的电报;另见《马勒书简,1870—1911》,338页。

己现在该怎么做了。他决定将自己毫无保留地献给阿尔玛,哪怕这意味着要放弃自己的"世界与思想"也在所不惜。她是他的安息所、他的避风港、他的命运、他的终结。在这首情诗中,马勒还放入了许多只有他们俩才明白的暗语。"汇聚成了……"的说法出自他献给阿尔玛的第一首情诗,于两人初识后第二日清晨所写。"世界将我遗弃"是最能代表马勒个人化特征,也是最能体现其个体经验的歌曲;诗歌中用加重点所标注出的爱的呐喊则是源自《吕克特之歌》,马勒在婚后第一个夏天为阿尔玛而作的歌曲。"世界与思想"是声乐套曲《青年流浪者之歌》中的词句。马勒试图将自己整个的生命打包装进旅行者的行囊,轻放在阿尔玛的脚边,他似乎因为这些告白而感到释然且深信这样就能解决两人间的问题。

至于当时弗洛伊德究竟向马勒提供了怎样的建议,究竟是怎样的话语令马勒感到释然,这一切则在后世慢慢被揭露出来。首先是阿尔玛于 1939 年所写的回忆录,其中透露,弗洛伊德其实斥责了马勒:"以你现在的状况,怎敢要求一位年轻女性对你始终不离不弃?"不过,弗洛伊德也向马勒保证,阿尔玛"太爱自己的父亲,只能接受并爱上与他相类似的男性"[1],因此她永远不可能离开马勒。而另一方面,弗洛伊德表示,只要有阿尔玛在,马勒就能感到快乐。"他说得很对。"马勒十分认同弗洛伊德的观点,在信中对着阿尔玛倾诉:

---

[1] 阿尔玛·马勒:《马勒:回忆与书信》,175 页。

> 对我而言，你一直是生命中最重要的光！我的意思是，内在的、超越一切的、精神世界的光照；因为有你，我感到幸福喜悦——我知道你所赋予的这些曾被遮蔽、被压抑，如今它们再也不会被隐藏，它们将被珍视——情感将带领我升华，直至无垠的极限……只要爱神仍统治着人与神，我必将再次征服一切，那曾经属于我的心、也只能与我齐声高唱的心，最终将与我一同归入主怀，接受神圣的祝福。[1]

在阿尔玛看来，似乎弗洛伊德只是提供了一些很基本的婚姻指导，同时在其中添加了些许个人化的移情。

另一段与当时对话相关的记录出自1953年维也纳心理分析协会前秘书长西奥多·赖克的研究。赖克一直在研究创作活动过程中所涉及的心理学课题，于是他向弗洛伊德询问了有关马勒的事，弗洛伊德回答道：

> 对马勒而言，这次治疗很有必要。他的妻子因为自己的丈夫不再对她产生性方面的兴趣才开始对其进行反抗。在了解了他十分有趣的人生经历后，我们发现他对爱有某种特定的行为模式，表现最为突出的是"圣母玛丽亚情结"（即恋母情结）。这是一位伟大的天才，我很钦佩他对心理学方面的领悟能力如此之强。然而，我对于他强迫性神经焦虑的症状表象却看不分明，这就好比你面对的是一栋神秘的大楼，而手

---

[1] 阿尔玛·马勒：《马勒：回忆与书信》，335页。

中只有一把铲子。[1]

就弗洛伊德描述,马勒的问题是停止了与阿尔玛的性生活(抑制力比多的行为模式)。而这背后的原因是马勒担心与阿尔玛做爱太过激烈而丧命。

在另一份记录中,弗洛伊德则透露马勒有阳痿问题。弗洛伊德曾将此事告诉希腊—丹麦的玛丽公主(Princess Marie),此人为波拿巴的后裔,因为患有严重的性高潮缺失问题,曾两次动手术改变自己阴蒂的位置[2][手术由外科医生哈尔班(Josef Halban)主刀,后来这名医生迎娶了马勒的爱将——著名女高音塞尔玛·库尔兹[3]]。拿破仑家族成员成为自家的座上宾,这可是了不起的事,于是面对这位公主,弗洛伊德总是兴奋地滔滔不绝,猥亵地、毫无避讳地乱嚼舌根。为了安慰公主,弗洛伊德透露马勒有"强烈的恋母情结",而阿尔玛之所以会被他吸引,是因为他的名字听起来酷似德文中的"Maler"(画家),那正是她父亲的职业。之后,马勒突然得到了一个弗洛伊德式的启发,"我对自己的音乐突然有些明白了"[4]。他大喊道。马勒忆起小时候有一次父母正在激烈地争吵,他忽然听到街上传来手风琴声,演奏着《噢,可怜的奥古

---

[1] 赖克:《萦绕的旋律》,343—344 页。(Reik, *The Haunting Melody*.)
[2] 见丽莎·阿皮尼亚内西、约翰·福雷斯特:《弗洛伊德的女人们》(伦敦,修订版,2005),329—351 页。[Lisa Appignanesi and John Forrester, *Freud's Women*(London: Phoenix, revised edition, 2005).]
[3] 维克多·科尼利厄斯·迈德韦伊:《医疗内分泌学史》(伦敦,1993 年),429 页。[Victor Cornelius Medvei, *The History of Medical Endocrinology* (London:Taylor and Francis, 1993).]
[4] 格兰奇:《马勒:被截断的新生活(1907—1911)》,1656 页。

斯丁》，曲子最后唱道"一切都已注定"（allesisthin）。马勒称人们常常"责备我的音乐转换过于突然，旋律从高雅瞬间变为平庸，乃至庸俗"。就此，弗洛伊德依然仅从生理层面入手进行讨论。"显然，那次分析式的对话产生了效果，"他告诉公主，"马勒自此重拾信心，在他过世前一年，他的婚姻生活一直很愉快。只可惜他很快就病逝了。"[1]

据赖克及波拿巴公主的说法，似乎马勒由于种种原因，无法与妻子顺利地进行房事。弗洛伊德将原因归结为马勒的恋母情结。由于将妻子阿尔玛与自己的母亲、圣母玛丽亚等形象混为一谈，马勒将性关系视作禁忌，或者说忌讳。弗洛伊德1912年发表的论述中称，此类男性"面对自己所爱的人并不能产生欲念，却会对不爱的对象'性'致勃勃"。马勒"复制了童年时期被压抑、禁止的俄狄浦斯情结，这实在非常危险"[2]。通过帮助马勒把妻子与母亲的形象分开，弗洛伊德重启了马勒的自然本能，婚姻关系也因此得以持续。弗洛伊德为马勒提供了十分完整的心理分析疗程，并称，只要马勒愿意接受，就能"治愈他的焦虑倾向，这对他的创作或许将带来翻天覆地的改变"[3]。

关于此谜团，还有另外两条线索。1911年5月23日，马勒葬礼后第二天，弗洛伊德写信给马勒的遗嘱执行人弗罗因德，随信附有一张300克朗的账单："1910年8月，应马勒请求，我从

---

[1] 公主曾将此事告知弗洛伊德传记的作者欧恩内斯·琼斯，她本人的文字描述则出现在2008年出版的格兰奇马勒传记的第四卷中。欧恩内斯·琼斯：《弗洛伊德的生活与工作》，359页；另见莱布雷希特：《记忆中的马勒》，281—284页。
[2] 加西亚：《马勒的选择》，96—97页。(Garcia, *Gustav Mahler's Choice*.)
[3] 格兰奇：《马勒：被截断的新生活（1907—1911）》，894页。

Why Mahler?

诺德韦克（Nordwijk）前往莱顿提供健康咨询。"[1]又过了一天晚上，维也纳心理分析协会专门以马勒为案例，探讨了是否无意识会降低身体的抵抗力，进而加速病人的死亡。弗洛伊德宣称自己能"轻而易举地论证该推断的正确性，……因为他很清楚，马勒正处于人生的一个拐点，他必须做出选择，要么试着调整改变并放弃自己的艺术创造力，要么想办法避开生活与艺术创作两者间的冲突"[2]。关于这种说法，弗洛伊德特别指出，要求心理学同行们务必"格外谨慎对待"，依照具体情况自由裁决。弗洛伊德透露自己与马勒分别时，提出过明确的建议：若想修复精神状态，让一切回到正规，就必须放弃某些重要的东西。对待一些棘手的病人，这是弗洛伊德常开的药方。玛丽公主就曾在接受精神治疗期间有过如此记述："我应该放弃性生活吗？……绝对贞洁的生活，想想可真令我感到恐惧呀。"[3]

那么，弗洛伊德当初究竟要马勒改变什么、放弃什么，做出怎样的牺牲来挽救婚姻生活，令自己恢复身心健康呢？有些作家猜测，弗洛伊德实为示意马勒放弃创作。[4]然而，马勒并没有这么做。在见过弗洛伊德后的整个冬天，马勒为自己的夏日写作进

---

[1] 莱布雷希特：《记忆中的马勒》，284 页。
[2] 加西亚：《重新审视马勒与弗洛伊德命运的邂逅》，《指挥协会杂志》第 12 期，1991 年冬／春刊，23 页。[Emanuel E. Garcia, MD, "A New Look at Gustav Mahler's Fateful Encounter with Sigmund Freud", *Journal of The Conductors' Guild*, vol. 12, nos.1 and 2 (Winter/ Spring 1991).] 另参见科隆比耶（Jacquelyne Poulain-Colombier），Presto: *les deux patientsmusiciens de Freud: Le Patient de la Psychanalyse*，巴黎，2007 年。
[3] 丽莎·阿皮尼亚内西，约翰·福雷斯特：《弗洛伊德的女人们》，343 页。
[4] 加西亚：《重新审视马勒与弗洛伊德命运的邂逅》；另见格兰奇：《马勒：被截断的新生活（1907—1911）》，921 页。

行了规划：包括修改第五交响曲，完成第十交响曲。如果他放弃写作，那么生命于他将变得毫无意义。如果这真的是弗洛伊德的建议，马勒不可能接受。所谓"放弃自己的艺术创造力"，更有可能指的是指挥这件事。与弗洛伊德见面后不久，马勒拜托约瑟夫·霍夫曼在维也纳郊区的塞默灵（Semmering）给自己盖一栋房子，他思忖着只需要仰赖退休金及存款，退休后便可以与阿尔玛过上舒适的日子。弗洛伊德曾向马勒信誓旦旦，只要马勒愿意支持她的创作野心，给她性自由，阿尔玛绝对不会离开他。马勒因此重拾信心，回家途中心情大好，整个人焕然一新。

两人深聊过后，弗洛伊德也受到马勒的影响。他钦佩马勒的智慧——"这位天才对于精神分析学有着非同一般的领悟力与理解力"，同时对马勒个性中"神秘的发展过程"非常感兴趣。与马勒相遇后，弗洛伊德删减了一些病患疗程，也不再为任何人施行长达四小时的临时或快速诊疗。从此，他再也没有医治过任何一位"如马勒般有价值"的病人。就心理分析究竟对从事创造性工作的艺术家产生怎样的疗效，人们开始展开辩论。马勒之后，弗洛伊德对病患不再尝试使用主动介入的心理干预疗法。

至于阿尔玛，她也得偿所愿。当马勒在莱顿与弗洛伊德会面时，阿尔玛写信给格罗皮乌斯，并在署名中称自己为"你的妻子"（dein weib）。她迫不及待地想与情人相会："我希望用舌头舔遍你身体的每一寸肌肤。"[1]他们相约着等到马勒排练第八交响曲时在慕尼黑私会。

---

[1] 格兰奇：《马勒：被截断的新生活（1907—1911）》，926页。

Why Mahler?

最终，这才是真正的最强音

　　9月的慕尼黑，到处是金黄的美景，除了满目的落叶，还有冒着泡沫的金黄啤酒杯。某个寒冷的周六晚上，马勒抵达慕尼黑，入住欧陆酒店（Continental Hotel），之后颤抖地躺到床上。周日上午，马勒开始发烧。经医生检查，他喉咙一侧淤积大量白色脓毒。马勒决定让自己大量出汗，让酒店把所有能拿来的毛毯全部搬到他的房间，将自己包裹在毯子里长达三小时，经理人古特曼（Emil Gutmann）在一旁不停地替他擦汗。到了周一早晨，马勒坚持在老市政厅带领儿童合唱队排练，随手拿了木勺当指挥棒使。在唱到"他会教导我们"（Er wird uns lehren）这段歌词时，他要求孩子们尽可能富有表情地进行演唱，好让坐在台下的父母能辨认出他们每一个人的声音。至于乐队部分，马勒则要求乐手发出"类似刀子切过奶油块"的声音。

　　阿尔玛于周二抵达，头顶皇冠四处炫耀，那是马勒拜托霍夫曼为她生日定制的礼物。入住欧陆酒店后，她漫步到雷吉娜皇宫酒店（Regina Palast Hotel），与守候在那里的格罗皮乌斯会面。"她怎么能这样？"75年后，当女儿古琪无意中发现此事时愤愤不平："任何人都可能在旅馆认出她来，她怎么能这样对待马勒？"[1]

　　为了这场战前的最后文化盛会，众多名流从四面八方涌来。四位维也纳作家——施尼茨勒、霍夫曼斯塔尔、巴尔及茨威格在

---

[1] 与作者的对话。

慕尼黑受到德国新文学领袖托马斯·曼（Thomas Mann）的欢迎。音乐界理查·施特劳斯、马克斯·雷格尔、瓦格纳与法国作曲家圣—桑、杜卡斯齐聚一堂。由于人数众多，指挥家斯托科夫斯基只能勉强挤进音乐厅的站票区域。开场后，一位纽约来的记者好不容易抢到一个位子：

> 当马勒出现在指挥台上时，所有观众仿佛在同一时刻接受到某种神秘的暗示，全场肃立。人们像是在迎接一位国王，屏息无声。看到这一切的马勒十分惊讶，他用简单的动作向观众致意，台下爆发出巨大的欢呼声，此等礼遇在音乐会中很不寻常，更何况这一切发生在音乐会开演之前。[1]

"那一刻，"为这场音乐会奔波劳碌、备受折磨的古特曼回忆道，"现场所有的一切，包括歌手、观众、乐器、共鸣板都消解于无形，唯有千万神经、血管汇聚组成的唯一的肉体，它静待着艺术的血液、气息再次充满这个肉体，千万人将因此重获新生。没有哪一个指挥能像马勒一样如此激发听众，这几乎是宗教仪式前虔心的精神预备。"[2]阿尔玛"几乎因兴奋而昏厥"[3]。韦伯恩则表示音乐美得"令人几乎难以承受"[4]。最后，"风暴散去"[5]。"我从未见

---

[1] 莱布雷希特《记忆中的马勒》中鲍姆菲尔德的描述，296 页。
[2]《未曾公开的马勒信件》，88 页。
[3] 阿尔玛·马勒：《马勒：回忆与书信》，180 页。
[4] 汉斯、摩尔登豪尔：《韦伯恩：他的生活与创作》（伦敦，1978 年），135 页。[Hans and Rosaleen Moldenhauer, *Anton von Webern: A Chronicle of His Life and Work* (London: Victor Gollancz, 1978).]
[5] 斯特凡：《马勒：人格与创作研究》，115 页。

过如此场面,"卡德拉气喘吁吁地说,"我已记不清马勒谢幕多少回,至少有十五、二十次吧,人们鼓掌跺脚,大声叫着马勒的名字,持续了大约45分钟,直到音乐厅工作人员把所有的灯强行关掉。"[1] 儿童合唱团的成员也"开心地对着马勒欢呼"[2]:

> 孩子们冲向因人们的盛情而茫然不知所措的胜利者,抓着他的手,不停将花朵抛在他身上。等候马勒的马车停在音乐厅外,他走了出来,脸上挂着前所未有的幸福,面对周围拥挤兴奋的人群,马勒只能缓慢地勉强前行……这一刻,马勒似乎终于登上人生、名望的巅峰。[3]

托马斯·曼认为马勒是"他所遇到的第一个伟人"[4]。他在与马勒夫妇喝茶时,发现"在比例上,马勒的头相对于纤弱的身型似乎显得太大。他的头发往后梳,有些谢顶,但太阳穴上方的头发灰白浓密,额头高耸,布满皱纹,看起来伤痕累累、历经劫难。他戴着一副金色的眼镜,无框的眼镜架在线条高贵、强壮的鼻梁上,……"[5] 不久,这个形象被托马斯·曼写进自己的小说里。

回到维也纳的马勒参加了勋伯格四重奏的排练以及勋伯格的画展。他拜访了贝尔塔,向她刚过世的丈夫埃米尔表示哀悼。贝尔塔则哀叹起维也纳的愤世嫉俗,怀疑究竟是否存在"所谓的城

---

[1]《卡德拉(Cadra)日记》。
[2] 瓦尔特:《古斯塔夫·马勒》,59页。
[3] 斯特凡:《马勒:人格与创作研究》,115页。
[4] 卡蒂娅·曼:《口述回忆录》,65页。(Katia Mann, *Unwritten Memories*.)
[5] 曼:《魂断威尼斯》,2页。(Mann, *Death in Venice*.)

市心理学"。马勒立即回应说:"弗洛伊德应该把城市心理学列入他的研究课题中……遗憾的是,你不能揭露一座城市的潜意识。"[1] 似乎,马勒正在向周围的一切告别,而瓦尔特敏锐地觉察到了这一点,最明显的是马勒特意拜访了与自己私交时间最长的老友、同为伊格劳人的阿德勒:

> 他走向我,脸色苍白,眼神看起来很疲惫,说了一些当时我不是很理解的话:"不论将来会发生什么,或有什么事阻隔了我俩的联系,我们仍是彼此内心深处最亲密的老友。"……他对我信誓旦旦:"古斯塔夫,你不应该再去美国了。"他答应了我的请求,生命中每一个承诺于他而言都是神圣不可侵犯的。[2]

阿尔玛比马勒提早一步离开维也纳,与格罗皮乌斯搭乘火车前往巴黎过了三天假期。随后,她于布洛涅登上"恺撒·威廉二世"号邮轮与马勒会合。大船在大西洋上航行,两人在甲板上拍了张合照。照片中,马勒头戴鸭舌帽,目光从帽檐底往上看,眼神仿佛已经被整个世界击败。

~

纽约爱乐乐团来了一位新经理,劳登·查尔顿(Loudon

---

[1] 莱布雷希特:《记忆中的马勒》,287—288页。
[2] 爱德华·赖利:《圭多·阿德勒与马勒:一段友谊》,112页。

Charlton）。此人善于搞关系，在代理过程中各种腐化、揩油的手段也算用尽，在艺术产业算是一位有天赋的商人。查尔顿提出只要将同一套音乐会曲目在尽可能多的地方演出，便能相应地节省乐队排练的开销，使经济利益最大化。这也就意味着需要增加乐团巡演的场次。12月，马勒连续六个晚上先后在匹茨堡、克利夫兰、布法罗、罗切斯特（Rochester）、锡拉丘兹（Syracuse）及尤蒂卡（Utica）等地演出。在宾州，他是"无人能敌的马勒"；在俄亥俄州，他被称作"大力神赫拉克勒斯"[1]；到了水牛城布法罗，人们带马勒观赏了尼亚加拉大瀑布。后来，马勒对乐团说："终于，我听到了真正的强音啊！"（Endlich fortissimo！）

圣诞节期间，马勒喉咙又开始疼起来。弗兰克尔医生在除夕夜赶到马勒家中。"我们三个人当时手拉着手，没有交谈，一同哭泣。"阿尔玛写道。[2] 随后，马勒在卡内基音乐厅策划了全新的音乐系列，首场法国之夜推出了包括埃内斯库（Enescu）、德彪西、比才及夏布里埃的作品，另外还有拉罗（Édouard Lalo）及马斯奈（Jules Massenet）脍炙人口的咏叹调。紧接着是英美之夜——爱尔兰作曲家查尔斯·维利尔斯·斯坦福（Charles Villiers Stanford）的交响曲、埃尔加华丽的声乐套曲《海景》[女低音：路易斯·科克—仑恩（Louise Kirkby-Lunn）]，还有乔治·查德威克（George W. Chadwick）、查尔斯·莱弗勒（Charles M. Loeffler）、哈德利（Henry K. Hadley）、麦克道威尔（Edward MacDowell）等人的组曲。但这

---

[1] 罗曼：《马勒的美国岁月，1907—1911》，416—417页。
[2] 阿尔玛·马勒：《马勒：回忆与书信》，187页。

些曲目并非掌握财政大权的管理委员会想听到的作品，票房收入也不甚理想。很快，乐团委员会便采取了行动，马勒被召至谢尔登夫人位于东第38街24号的宅邸问话。马勒独自前往，身边并无翻译人员陪同，不曾料想面对的将是一场纠纷。谢尔登夫人坐在主席位上，空气中充斥着对马勒的敌意。乐团中有乐手抱怨马勒在团内布下线人监视他们，此人正是马勒奉命解雇的小提琴手西奥多·约翰。马勒还被进一步要求增加下一个乐季的工作量——必须完成100场音乐会的演出。考虑到下个乐季的工作量要求将是现在的两倍，而只能领同样的薪水，马勒当场拒绝。委员会的女士们谴责他不知恩图报。据阿尔玛的描述，事情是这样的：

> 谢尔登夫人一声令下，一位律师从幕帘后走出来，原来他一直在场并偷偷记录下所有对话。接着他拟出一份法律文件，严格规范了马勒的权利所在。之后马勒被遣送回住处，我见他怒不可遏，气得全身发抖。[1]

弗兰克尔医生建议马勒卧床休息，可是一场意大利新音乐作品专场的演出就在眼前，作曲家布索尼特意为此前来。不得已，马勒只得在2月20日硬撑着出席了出版商为他与布索尼举行的招待晚宴。"我发现人们通常外表看上去都出奇的善良。"马勒说。"您真是一位乐观的人，先生。"一位体态雍容的官员太太如此回应。"不仅乐观，我还挺蠢。"马勒反唇相讥，对这些社交名媛的耐心宣告

---

[1] 阿尔玛·马勒：《马勒：回忆与书信》，189页。

结束。[1] 2月21日星期二晚，马勒裹着厚厚的羊毛外套从萨沃伊酒店驱车前往卡内基音乐厅。音乐会先后演奏了意大利作曲家西尼加利亚的作品序曲、和门德尔松的《意大利交响曲》。中场休息时，马勒抱怨头疼，但还是坚持返回舞台指挥了朱塞佩·马尔图齐（Giuseppe Martucci）的《降B小调钢琴协奏曲》（朱塞佩是托斯卡尼尼的好友），以及当晚的重头戏——布索尼的《悲哀摇篮曲》（Berceuse Elégiaque）世界首演。八分钟的音乐冥想讲述了一男子在母亲的葬礼上，低声吟唱着母亲曾经为他哼唱的摇篮曲。就在一年前，布索尼的母亲去世，这激发了作曲家将沉默的感情反复打磨，写成几近抽象的曲调。这部作品听上去仿佛是瓦格纳的《齐格弗里德牧歌》穿透马勒的小柔板。在乐谱的题献页，布索尼如此写道：

> 婴儿的摇篮摇啊摇，
> 命运的天平晃又晃，
> 生命的路途渐渐隐去，
> 淡入无垠的远方。[2]

结尾那句"无垠的远方"（die ewige Fernen）在情感上深深地打动了马勒，仿佛是他自己写下的一般。这首作品为布索尼赢得了两轮掌声，马勒最后以马尔科·恩里科·博西（Marco Enrico

---

[1]《布索尼书信集》，181页。（Busoni, Letters.）
[2] 英语原文：The infant cradle rocks,
　　　　　　　The scales of fate are shaken
　　　　　　　The path of life fade out
　　　　　　　Fading into an endless distance.——译者注

Bossi)的《威尼斯组曲》收场,这也成了他最后指挥的一首作品。奥尔德里奇后来在《纽约时报》发表评论称,意大利人还是坚持写自己的歌剧就好;克雷比尔则攻击布索尼的东西跟"杂音"没两样。

马勒第二天早上醒来感觉好多了,然而体温迟迟降不下来。时间一天天过去,温度一直处于疯狂的上升趋势,皆是不祥的预兆。弗兰克尔担心口腔感染已经影响到马勒受损的心脏瓣膜。他认为马勒可能感染了亚急性细菌性心内膜炎,特地请来命名此病症的专家,时年39岁的利布曼(Emanuel Libman)。利布曼将听诊器放在马勒的胸口,"于心前区的位置听到心脏收缩前期有明显杂音",这表明或有风湿性二尖瓣病变,其他症状还包括"关节及皮肤出现典型的点状出血(损伤或溢血现象),以及指尖变得宽厚"。这一切都验证了弗兰克尔先前的恐慌,最糟糕的情况发生了,利布曼要求进一步验血检查。[1]

马勒对抽血心有余悸,抱怨自己在前一次抽血时,"鲜血喷得满墙都是"。不过这回,利布曼找来时年24岁的助手贝尔(George Baehr,日后的纽约医学会主席),整个过程马勒服服帖帖。贝尔记录了整个过程:"抵达后,我用针筒从他的手臂静脉抽取了20毫升的血液,其中一部分分装至若干培养试管中,剩下的则与琼脂培养基(agar media)混合,随后倒入无菌的有盖培养皿中。"

---

[1] 尼古拉斯、克里斯蒂:《马勒患病的最后日子》,罗斯福医院医学部,以及哥伦比亚大学医学院资料(纽约,1998年),7—8页。参考链接:http://www.mahlerarchives.net/archives/mahlerillness.pdf. [Nicholas R. & Beverly M. Christy, "Mahler's Final Illness", from the Department of Medicine, Roosevelt Hospital, and the College of Physicians and Surgeons, Columbia University(New York, 1998).]

四天后，"培养皿出现大量菌群，所有的培养试管中也都出现了同样微生物，这些微生物后来被确定为绿色链球菌（streptococcus viridans）"。贝尔表示，这些结果无异于"宣判了马勒的厄运"[1]。

利布曼尝试用胶体银（Colloidal Silver）减轻感染状况，这种方式对于诸如疱疹病毒的治疗非常有效。当时，心内膜炎是不治之症。盘尼西林（Penicillin，青霉素）直到 1928 年才发现，但即便当时已有盘尼西林，顶多也只能缓解链球菌的攻击。真正根本的治疗方式还是心脏瓣膜置换手术，不过这样的手术到 1948 年才有人尝试，到 20 世纪 80 年代才算正式成功。[2] 马勒所剩的时间不多了，目前唯一的问题就是要不要告诉他本人真相。那一年，利布曼手上共有 27 位心内膜炎病患[3]，他对大多数病患隐瞒了病情。"这很不寻常，"贝尔说，"一般利布曼的规矩是不让病患失去希望，了解真相会让治疗过程变得难以执行。"[4] 马勒坚持要求知道真相，当了解自己不可能康复后，他表示希望能够回到维也纳，一定要死在自己的家中。

阿尔玛的母亲此刻也来到纽约。某日，感觉身体有所好转的

---

[1] 1970 年 11 月 17 日，贝尔给克里斯蒂（Christy）的信。
[2] 罗伊·波特：《最伟大的馈赠：人类医学史》（伦敦，1997 年），615—616 页。[Roy Porter, *The Greatest Benefit to Mankind: A Medical History of Humanity* (London: Harper Collins, 1997).]
[3] 莱维：《马勒与利布曼：1911 年的细菌性心内膜炎》，《英国医学期刊》第 293 期（1986 年 12 月 20—27 日），1631 页。[D. Levy, "Gustav Mahler and Emanuel Libman: bacterial endocarditis in 1911", *British Medical Journal*, vol. 293 (20-27 December 1986).]
[4] 斯图亚特·费德：《马勒：危机四伏的人生》（纽黑文与伦敦，2004 年），146 页。[Stuart Feder, *Mahler: A Life in Crisis* (New Haven and London: Yale University Press, 2004).]

马勒计划在卡内基音乐厅继续排练,终因为过于虚弱取消,他甚至走不出酒店。一方面,爱乐对外宣称马勒"只是患有轻微的流行性感冒"[1],另一方面与魏因加特纳洽谈接手事宜。弗兰克尔不想轻易放弃,他建议马勒回维也纳之前到巴黎拜访法国著名细菌学家尚特梅斯(André Chantemesse)。马勒如今只能依靠阿尔玛一匙一匙地喂食,进食一些清汤。马勒睡下后,阿尔玛给格罗皮乌斯去信道:"我渴望拥有你。你呢?你也渴望着我吗?"[2]3月30日,所有人准备好起程返家:

> 我们已订好船舱,行李收拾妥当,马勒整装待发。我们准备了一副担架,但马勒挥手示意把担架放一边。他的脸看起来就像纸一样苍白,摇摇晃晃地撑着弗兰克尔的手臂朝电梯走去。负责操控电梯的男孩不敢靠近,直到最后才走上前,怕被旁人看见他眼角的泪,就这么,他最后一次领着马勒下楼。硕大的酒店大堂空无一人……工作人员称,"我们把大厅清空了,因为我们知道马勒先生不会想被围观"[3]。

同登上"亚美利加"号的还有布索尼与茨威格。布索尼送了马勒"一些疯狂的对位法音乐片段逗他开心,还有几瓶酒"[4]。茨威格则在船只停靠瑟堡时给古琪讲童话故事,以分散孩子的注意

---

[1] 罗曼:《马勒的美国岁月,1907—1911》,458页。
[2] 伊萨克斯:《格罗皮乌斯》,36页。(Isaacs, *Gropius*.)
[3] 阿尔玛·马勒:《马勒:回忆与信件》,193—194页。
[4] 同上书,194页。

力。抵达巴黎的第二天早晨,马勒在爱丽舍宫酒店穿戴整齐,胡子也刮得干净,打算开车去外面兜兜风。到了夜晚,情况急转直下。当阿尔玛把古琪哄上床时,马勒对摩尔太太交代了最后的遗言。他希望被葬在格林津墓园,自己大女儿普琪的身旁,不要大肆铺张,墓碑上只要刻"马勒"就好,"那些前来看我的人将会认得我是谁,至于其他的也没有必要知道了"[1]。

马勒被送进位于巴黎近郊讷伊(Neuilly)的诊所,这里风景宜人,窗外便是布洛涅森林里摇曳的黄水仙。尚特梅斯教授照例做了细菌培养,对结果大为惊叹,"马勒太太,快来看啊,"他大喊大叫,把阿尔玛拉到显微镜前,"我从事这么多年的实验,从未见过成长得这么好的链球菌,看看这堪称完美的序列——简直像海藻一样。"[2]尚特梅斯提议实施血清疗法。照眼下情形,阿尔玛估摸着还要在巴黎待上一阵,她便又蠢蠢欲动地想着叫格罗皮乌斯到巴黎相会。此时,布鲁诺·瓦尔特与贾斯汀前后脚抵达巴黎。26位维也纳名人联名给马勒发了电报,愿他早日康复,并将消息透露给《新自由报》,依然是形式大过于内容的做派。至于维也纳,则宣称他们"永远不会忘记向您致以无限的感激"[3]。勋伯格在写给阿尔玛的信中表示自己会为马勒祈祷。在最后为数不多清醒的日子里,某一天,马勒忽然惊恐地问道:"勋伯格会怎样呢?要是我走了,就没有人站在他那一边了。"[4]

---

[1]阿尔玛·马勒:《马勒:回忆与信件》,197页。
[2]同上书,198页。
[3]奥地利《新自由报》(*Neue Freie Presse*),1911年5月2日。
[4]阿尔玛·马勒:《马勒:回忆与信件》,200页。

谁杀了马勒？

从 4 月 18 日起,《新自由报》的驻巴黎记者开始每日跟踪报道马勒的病况:"在尚特梅斯教授探访马勒后,我与他有过交谈。他认为马勒的状况比昨天好,并特别强调马勒心脏的活动状况叫人满意。"[1]一时间,喧闹异常、互洒狗血的剧码在维也纳热烈上演。"谁杀了马勒?"所有唯恐天下不乱的专栏作家们开始追究责任,为什么、为什么地问个不停,而阿尔玛也乐意提供些煽风点火的催化剂。在一次巴黎的采访中,她痛击纽约爱乐乐团:

> 你们根本无法想象我的丈夫都遭遇了什么。他在维也纳可是无所不能、呼风唤雨的人物,即使是皇帝都不能命令他。然而到了纽约,他惊讶地发现自己竟然被 10 位女士当成小狗般耍弄……接着,在一次前往斯普林菲尔德的旅行中,他感染心绞痛。于纽约的最后一场音乐会,发着高烧的马勒为了不叫观众失望硬撑着站上指挥台,演完全程。如今,心绞痛的毛病因血毒问题出现并发症,我的丈夫再也不能阅读或工作。天晓得这一切何时才会了结。[2]

布索尼也赞同这番指控,补充道:"众所周知,这位女士(谢

---

[1] 奥地利《新自由报》,1911 年 4 月 22 日;另见布劳科普夫:《马勒档案研究》,272 页。
[2] 罗曼《马勒的美国岁月,1907—1911》中《美国音乐》(Musical America) 1911 年 5 月 13 日的描述,475—476 页。

尔登夫人）让马勒的日子非常不好过，这些烦恼最终令他难以招架，再也无法抵抗身上的疾病。总而言之，她害死了马勒。"[1]一年后，被纽约爱乐解雇的查尔顿也同意"太多女人"要了马勒的命："可怜的马勒，以前只要门铃一响他便会说：又一个胖女人来找我麻烦了。现在倒好，更多的麻烦满天飞。"[2]

某柏林报纸甚至公布了一份"为美元而死"的受害者名单，表示"即使是德国最坚韧的艺术家舒曼与海因克合体，到了"美国那个会杀人的艺术环境"也无法侥幸生存。[3]匈牙利报纸指控美国谋杀了马勒。对美国的控诉已然板上钉钉，然而还有一些很重要的诱因被屏蔽忽略了，比如阿尔玛的背信弃义、维也纳的反犹主义以及马勒本人的过度劳累。一个世纪后，一位传记作者扼腕叹息，称马勒是"英年早逝"[4]。然而事实上，当时人的平均寿命为45岁，马勒已超过平均水平，其死因从源头上说，还应归咎自童年时期就有心脏瓣膜问题。无论是马勒本人或这个世界，都已不可能逆转他的病情了。心内膜炎在中年人群身上发病率极高，比如47岁过世的诗人拜伦、31岁病逝的演员鲁道夫·瓦伦蒂诺（Rudolf Valentino）、接受心脏瓣膜置换术的作曲家布里顿（Benjamin Britten）最后也只撑到63岁，甚至莫扎特也很有可能死于此因。[5]同样的疾病害死了马勒年幼的兄弟恩斯特，并因此

---

[1] 格兰奇《马勒：被截断的新生活（1907—1911）》中引用卡帕斯的话，631—632 页。
[2]《马勒在纽约》，纽约爱乐马勒广播系列文字说明，105—106 页。(*Mahler in New York, Booklet of the New York Philharmonicset, "The Mahler Broadcasts".*)
[3] 罗曼：《马勒的美国岁月，1907—1911》，481—482 页。
[4] 格兰奇：《马勒：被截断的新生活（1907—1911）》。
[5] http://www.bloomberg.com/apps/news?pid=20601088&sid=aNPHGekzv2SU.

催生出作曲家强烈的自我表达欲望,如今它将终结马勒的一生。

在治疗的最后一刻,阿尔玛从维也纳请来发现"沃斯特克贫血症"的沃斯特克(Franz Chvostek)教授。"马勒,现在事情是这样的,"沃斯特克厉声说道,脸上的胡子颤动着,"你工作太辛苦了,就是这么回事……你真的是自找的。"他的直率令马勒感到踏实,精神稍微振奋了些。不过就在当天晚上,沃斯特克告诉阿尔玛,一切已经没有希望了,"只能期待一切快点结束吧"[1]。

5月10日,马勒开始感到呼吸困难,只能靠吸氧维持状态。在摩尔夫人、阿尔玛及沃斯特克护送下,马勒搭乘"东方快车"离开巴黎。"这真是悲惨、令人心碎的一幕,"媒体报道,"一个曾经充满艺术热情及创作欲望的人,如今躺在担架上,既无助又痛苦。"[2]每停靠一站,列车外总是站满了等候的记者:"他的最后一程如此受瞩目,仿佛一名垂死的国王。"[3]作家托马斯·曼也读到了马勒病危的报道,后来,他将马勒的名字用在小说《魂断威尼斯》的男主角(古斯塔夫·艾申巴赫)身上。

当特快列车抵达维也纳时,警察于车站竖立起遮挡的屏风为马勒开道,确保他能不受干扰地被送上救护车。接着,马勒住进位于马利安娜街上的勒夫疗养院,离先前他供职的歌剧院不过15分钟的路程。人们把马勒安置于底层的房间,窗子正对着巨大的花园。沃斯特克给马勒注射了吗啡。维也纳爱乐乐团送来了鲜花,"我的爱乐啊",马勒喃喃自语。阿尔玛给马勒念了施特劳斯的来

---

[1] 阿尔玛·马勒:《马勒:回忆与书信》,199页。
[2] 《新自由报》,1911年5月12日。
[3] 阿尔玛·马勒:《马勒:回忆与书信》,199页。

信，信中施特劳斯承诺将在柏林演出马勒的第三交响曲。"这给了他最后的喜悦。"阿尔玛说。

感染很快侵袭了马勒的肺部，膝盖也开始肿胀。"我的孩子，要当个乖女孩。"他一边抚摸着古琪的头，一边对她说。阿尔玛站在一旁，看着医护人员擦洗马勒的身子，更换床单时，"两个医护人员将他虚弱、赤裸的身子抬起，我仿佛看见从十字架上被解下的耶稣"[1]。

施尼茨勒每天中午都跑到疗养院的花园里来回踱步，他总会遇到坐在门口守夜的巴尔。贝尔格则静悄悄地守在走廊。马勒已开始意识不清，一根手指在棉被外抽动仿佛正在指挥。阿尔玛听他嘴里叫着"莫扎特"。当马勒开始最后一场剧痛时，摩尔夫妇与布鲁诺·瓦尔特一直陪在他身边，阿尔玛则因几乎要昏厥而被送往隔壁房间。"他们不让我留在那个充满死亡的房间，只有我父亲陪他到最后。"[2]

1911年5月18日，星期四，空气潮闷，预示着即将落下的大雨。施特劳斯的《埃莱克特拉》正在维也纳国家歌剧院上演，阿诺德·罗斯带领着乐队纵情演奏，愤怒的音符在空中攀升。天黑后，暴风雨稍有停歇，罗斯一路狂奔至疗养院，浑身湿透。他及时赶到了。11点过5分，医生宣布了马勒的死亡。在迎接51岁生日后不到50天，马勒逝世。当众人纷纷从疗养院散去，有人不禁想起克里米特在马勒离开维也纳时说过的话——一切都结束了。

---

[1] 阿尔玛·马勒：《马勒：回忆与书信》，200页。
[2] 格兰奇：《马勒：被截断的新生活（1907—1911）》，1271页。

马勒之后的世界
（1911—1920）

格林津墓园名人录

马勒生前交代，死后要人用利器刺穿他的心脏。这听起来可真诡异，不过这在当时的维也纳确实是一种现代习俗，人们心中普遍存在着被活埋的恐惧。马勒过世后，施尼茨勒随即修改了自己的遗嘱，要求与马勒一样用利器刺穿心脏，不举办宗教仪式，也不要有追悼会。[1]

5月19日上午，一名叫斯坦齐格（Stenziger）的地区医生刺穿了马勒的心脏。随后，摩尔用黏土覆盖死者的脸，等它凝结后便会形成一个死亡面具。"真是崇高且平静的美。"罗勒说。马勒的遗体被换上一套深色西装，在摩尔、布鲁诺·瓦尔特及阿尔玛

---

[1] 耶茨：《施尼茨勒、霍夫曼斯塔尔与奥地利剧院》（纽黑文与伦敦，1992年），42页。[W. E. Yates, *Schnitzler, Hofmannsthal and the Austrian Theater* (New Haven and London: Yale University Press, 1992).]

的妹婿莱格勒的注视下放进由玻璃与金属制成的棺椁中。马勒的遗嘱（立于1904年4月27日）后来被刊登在星期六版的《新自由报》上，他把一切都留给了阿尔玛。

22日星期一下午4点15分，天空阴沉，马勒的棺材从格林津教堂公墓搬出。灵车上的花环堆积如山，在数位黑衣人的护卫下，棺椁由四匹马拉着朝墓地走去。整个维也纳文化界倾巢而出，这其中不乏马勒年轻时代的同事与旧识，甚至给了他人生第一份暑期工作的鲍姆加滕也特地从布达佩斯赶来。阿尔玛却没有出席，"我只是谨遵医嘱在家休息。"她解释道。

人们并没有真的遵从马勒生前"不举办任何宗教仪式"的要求，在当地的郊区教堂前，黑勒布兰德神父（Hellebrand）主持了一场奉献哀悼。之后，丧葬队一行在大雨中继续前行，石块般的雨滴砸在黝黑的雨伞上，被压弯的树枝在大风中扭曲变形。棺椁被放入墓穴后，摩尔撒下第一抔泥土，紧跟着是阿诺德·罗斯。"当时现场的民众约有数百人，全都说不出话来。"斯特凡回忆称，"雨停了，绚丽的彩虹就这么跃入人们的眼帘，一阵夜莺的歌声打破了寂静。"[1]"在树梢的某处，一只鸟断断续续地唱着春天的旋律。"费尔斯特写道。"那场景令我想起马勒的第二交响曲中……一只孤独的鸟儿，留在这世间最后的创造物，它直冲上云霄，远离所有的恐惧与哀伤。"[2]就在那一刻，布鲁诺·瓦尔特说："阳光穿云而出。"[3]

---

[1] 斯特凡：《马勒：人格与创作研究》，119页。
[2] 费尔斯特：《朝圣者》，706页。
[3] 瓦尔特：《古斯塔夫·马勒》，65页。

~

回到家中的勋伯格即刻创作了两部作品。其中,有一幅名为《马勒葬礼》(The Burial of Gustav Mahler)的画作,暴雨狂风中的大树仿佛为墓地撑起华盖,哀悼者们蜷缩在四周,一名光头的男子站立在他们中间;另外,则是为钢琴而作的六首小品(Six Little Pieces for Piano,Op.19),宛若轰鸣作响却无言的钟声。"没有了马勒,维也纳也几乎不是维也纳了。"勋伯格毅然决定离开维也纳。[1]布索尼替他在柏林找了份工作,摩尔给了他些钱作搬家费用。在1911年7月写的《和谐理论》(Harmonielehre)中,勋伯格将马勒奉为圣徒,"这位殉道者,这位圣人"。1912年3月,勋伯格在布拉格演讲中再次提到马勒,"很少有人会同他一样,受到世界如此糟糕的对待。没有人这样!或者应该说,再没有比这更糟的了。"[2]惨遭迫害的牺牲者形象就此诞生。

马勒过世后,阿尔玛一直待在母亲的家中。一个月后,她终于愿意出门露脸。阿尔玛称马勒嘱咐过她不要为了取悦邻里街坊而穿黑服守丧。"很快,我的身边又聚集了许多杰出的男人,就像从前一样。"[3]第一位追求者正是陪伴马勒度过最后时光的纽约医生弗兰克尔。在与格罗皮乌斯正式结婚前,阿尔玛前前后后交往

---

[1]奥纳:《勋伯格文集》,96页;另见格兰奇:《马勒:被截断的新生活(1907—1911)》,1260页。
[2]莱布雷希特:《记忆中的马勒》,315页。
[3]阿尔玛·马勒:《我的一生》,66页。

的对象有动物学家、作曲家、画家;与格罗皮乌斯离婚后,阿尔玛又下嫁犹太畅销书作家韦费尔(Franz Werfel)。1964年12月,阿尔玛过世,擅长挖苦人的莱勒(Tom Lehrer)在刊发于《纽约时报》的讣告中编了一首歌谣,光看题目就让人忍俊不禁——"阿尔玛,你倒是快点告诉我们呀。"阿尔玛最终选择葬于格林津公墓,虽不在马勒旁边,但同处一行。

1911年11月,瓦尔特在慕尼黑指挥演奏了马勒的《大地之歌》,随后于1912年6月在维也纳演奏了第九交响曲。不知为什么,这两部作品尤为引发了编舞家的浓烈兴趣。1937年,安东尼·都铎(Antony Tudor)在伦敦听了《大地之歌》后,由于找不到乐曲的乐谱,便用马勒《亡儿悼歌》的音乐编排了题为《黑色挽歌》(*Dark Elegies*)的舞蹈。肯尼斯·麦克米伦(Kenneth MacMillan)在1965年所创作的芭蕾舞中,最后有一段独舞同样使用了《大地之歌》。舞者离开舞群,开始无休止地在黑暗中旋转,永远,永远地……

至于第九交响曲究竟象征着反击、希望还是挫败、绝望,人们争论不休,向来没有定论。贝尔格在写给自己妻子的信中如此描述作品的结尾,"一种屈服——然而,他的眼始终望向'另一个彼岸'"[1]。英国的马勒研究专家唐纳德·米切尔(Donald Mitchell)称马勒在乐谱的最后一小节标注了"ersterbend"(逐渐淡出),"这种标注本身相当暧昧,对于乐器演奏的要求也不精确。每一位听众必须自己决定如何解读,如何诠释,于是乎,它化身

---

[1] 阿尔班·贝尔格:《给妻子的信》,147页。

为可以被无限延续、传递的动人尾声"[1]。

完成第十交响曲的人

马勒过世后，该如何处理未完成的第十交响曲成了一个大问题。若是将第九交响曲看作马勒留给世界的最后遗言，那么，第十交响曲究竟意在做何种补充呢？没有人知道如何处理马勒在最后一个夏天留下的残篇。阿尔玛对施佩希特称马勒想毁掉乐谱。第一次世界大战临近尾声时，理查·施特劳斯"惊讶地"发现第一乐章的"慢板"及第三乐章的"炼狱""已经非常完整，每一个声部均有明确的标注；仅就这份草稿便可制成乐谱，无须任何更改"[2]。阿尔玛委托自己的女婿——年轻的作曲家恩斯特·克热内克准备第十交响曲的演出乐谱，过程中也得到了贝尔格与弗朗茨·沙尔克的帮助。在1924年10月14日首演前，阿尔玛出版了一本厚达116页的《马勒书信选集》[3]，皆是马勒对她充满爱的呼喊。瓦尔特知道此事后大为光火。"没有一位作曲家，"他对着阿尔玛咆哮，"比马勒更痛恨出版自己未完成的作品了，对此你应该和我一样清楚。这可是深植于他性格与作品中的坚持。你竟敢如此大不敬，我非常遗憾。现在就这么将残缺不全的东西公之于

---

[1] 米切尔：《发现马勒：关于马勒的论述，1955—2005》（伍德布里奇，2007年），503 页。[Mitchell, *Discovering Mahler: Writings on Mahler, 1955–2005* (Woodbridge: The Boydell Press, 2007).]
[2] 施佩希特：《古斯塔夫·马勒》，300 页；另引自弗洛罗斯：《古斯塔夫·马勒：交响曲创作》，297 页。
[3] 原文如此。——编注

众,毫无更改、完善,更何况所有一切修改都必须由作曲家本人完成。"[1]乐评人戴切伊在看过首演后酸溜溜地写道:"这就是阿尔玛的意志力,多么令人神魂颠倒的一个女人啊,不但在马勒生前掌控着他,死后仍然不撒手。"[2]

之后,第十交响曲乐谱被放置一旁,陷入沉寂。直到1941年,一位在伦敦的加拿大空军士兵迪特尔(Jack Diether)提出有一个人有能力完成马勒的第十交响曲。列宁格勒围城战期间,迪特尔写信给肖斯塔科维奇表达了此意愿,肖斯塔科维奇拒绝了,他回复道:"这需要深入作曲家的精神世界才有可能完成。"迪特尔万分沮丧,只能在喝酒时对着朋友乔·惠勒(Joe Wheeler)倒苦水。惠勒是国库与审计部门的公务员,每周日都会在埃塞克斯(Essex)一寡妇的农场参加乐团演奏。在听过迪特尔的故事后,他找来阿尔玛出版的马勒手稿副本,尝试着修补,并利用自己的业余乐队进行试奏。惠勒并非勇于尝试的唯一一个人。同时期,芝加哥一位"不擅社交"的保险业务员卡彭特(Clinton S. Carpenter)"一直期望着自己被视作完成第十交响曲的那一位"[3]。卡彭特于1949年完成了作品,惠勒则在五年后完成。至于在汉堡,阿多诺的学生魏勒斯雷格(Hans Wollschläger)也在着手完成第十交响曲,不过仅开了个头,便跑去搞翻译了,最终将乔伊斯的《尤利西斯》译成德文。

惠勒与他的农场乐队一共尝试了四个版本,其中一位乐队成

---

[1]《布鲁诺·瓦尔特书简,1894—1962》,204页。
[2] 格兰奇:《马勒:被截断的新生活(1907—1911)》,1457页。
[3]《芝加哥论坛报》(Chicago Tribune)刊发的讣告,2005年12月26日。

员库克（Deryck Cooke）是 BBC 的雇员，专为当时的《广播时报》(*Radio Times*) 撰写古典音乐节目表。听闻古典音乐频道将于 1960 年为马勒百年诞辰策划一系列纪念音乐会，库克立刻提议为第十交响曲制作广播纪录片。为了找到一个合适的指挥，库克请来了与马勒经历极为相似的德裔流亡者戈尔德施米特（Berthold Goldschmidt）。

1960 年 12 月 19 日，库克—戈尔德施米特版本的第十交响曲通过电台传遍了整个英国和海外。在加州养老的布鲁诺·瓦尔特听到消息后立刻请求阿尔玛禁止该作品演出。[1] 阿尔玛惊得将手里端着的绿色甜酒洒了一地，当即阻止了随后的演出。1963 年，戈尔德施米特拜托伯恩（Harold Byrns）将 BBC 那场音乐会的演奏录音转交阿尔玛。当伯恩问阿尔玛为何要反对他人完成第十交响曲时，阿尔玛称这首交响曲乃是马勒写给她的私信，并不想与他人分享。伯恩答道："那我猜想《特里斯坦与伊索尔德》也是瓦格纳写给某某的私信咯……"当时听着录音，啜饮着甜酒的阿尔玛尚未来得及回应伯恩的讥讽，她的心思已被音乐勾了去，激动不已。之后，有了如下信函：

亲爱的库克先生：

这场演出深深地打动了我，我随即让伯恩先生又回放了一遍。我很快意识到自己必须重新考虑先前竟要禁止这首作品演出的决定是否合理。

---

[1]《布鲁诺·瓦尔特书简，1894—1962》，371–372 页。

现在我宣布,我完全允许你继续在世界各地演出这部作品。我把这封信的副本一并寄给 BBC 了。

你诚挚的,
阿尔玛·玛丽亚·马勒[1]

令库克高兴的是,阿尔玛还随信附上另外 40 页的乐谱,希望能够让第十交响曲变得更完整。1964 年 8 月 3 日,阿尔玛又写了一封信:

亲爱的库克先生:

我希望你收到了那些乐谱,我不知道它们是否重要。其实这封信还希望你向戈尔德施米特转达我的问候,我刚听了他指挥的第六交响曲,并希望他知道,我真心认为他指挥得很好。

诚挚的祝福,
你诚挚的,
阿尔玛·马勒[2]

1964 年 8 月 16 日,戈尔德施米特在 BBC 逍遥音乐节上指挥了"第十交响曲草稿的演奏版",库克借由这个标题强调该版本并非完整版,而是"把马勒过世时已完成的部分如实搬上舞台

---

[1] 1963 年 5 月 8 日的信件,引自库克版第十交响曲乐谱(第二版)的引言文字。(Faber Music/AMP,1989.)
[2] 作者所收文档的影印本。

的演奏版"[1]。唐纳德·米切尔在《每日电讯报》中称"该版本呈现出完全真实可信的声音结构"[2]。奈维尔·卡德斯在《卫报》上表示：

> 显然，摆在我们面前的是一首杰作，不论是内在结构还是作品本身都是非凡的创造，真实且蕴含无限可能。当然，它同样是了不起的重构……几乎所有乐段听起来都出自马勒之手。一个属于那个时代的天才就这样向我们伸出了手，带着令人害怕的预言直直看向即将掀起的愤怒。[3]

在理性世界里，这首作品本应拥有自己该有的位置。然而在真正的历史进程中，艺术鲜少可能成为引领时代的先锋。随着作品最后和弦的消散，反对批评声一浪高过一浪。已跻身古典音乐圈，有资格觊觎皇家阿尔伯特音乐厅的惠勒向记者透露[4]，自己的版本即将在美国上演（1966 年 11 月，该版本于纽约曼哈顿音乐学院演出）。时任国际马勒协会主席的埃尔温·拉茨（Erwin Ratz）在西奥多·阿多诺的支持下，公开宣布库克的第十交响曲乃是对文化遗产的蓄意破坏，必须禁止其在全球范围内演出、传播。

至于指挥们则纷纷躲闪一旁，谨慎地回避这场口水战。伯恩斯坦与库贝利克在首次录制发行的马勒全集中皆剔除了第十

---

[1] 援引自库克本人的说明。
[2]《每日电讯报》，1964 年 8 月 15 日。
[3] 1964 年 8 月 14 日。
[4] 彼得博罗（Peterborough），《每日电讯报》，1964 年 8 月 17 日。

交响曲。不曾尝试这首作品指挥的还有索尔蒂（Solti）、海廷克（Haitink）、瓦茨拉夫·纽曼（Vaclav Neumann）、马泽尔、滕施泰特（Tennstedt）、殷巴尔（Inbal）、莫里斯·艾伯拉瓦尼（Maurice Abravanel）、阿巴多。库克修订的第十交响曲先后有尤金·奥曼迪、马蒂农、库尔特·桑德林（Kurt Sanderling）、莫里斯（Wyn Morris）及西蒙·拉特早期的几个录音版本。1976年库克逝世，隔年惠勒也撒手人寰。1983年，卡彭特的版本由芝加哥市民乐团搬上舞台。排练期间，一名助理马泽蒂（Remo Mazzetti）觉得所有版本都不够好，决定创作属于自己的版本，该版后来在密苏里州的圣路易斯完成录音。下一位挑战者是俄罗斯指挥巴尔沙伊（Rudolf Barshai），他在20世纪90年代录制了该作品，之后另有两名意大利人萨梅尔（Nicola Sammale）、马祖卡（Giuseppe Mazzuca）留下了录音记录。无人能断言哪个版本最好、最具说服力。人们能从中分辨出每个版本的差异，比如库克在终曲的开头加了一段低沉的低音号，而马祖卡则采取减法，将该部分改为低音提琴的独奏。两者听起来都不太对劲。

　　大家是不是已经被搞糊涂了？简单地说，由作曲家科林（Colin）与马修斯校订，费伯音乐出版社（Faber Music）出版发行的库克版第十交响曲是迄今为止最常被演奏，也是最情真意切的版本。卡彭特的改编过多地受到第九交响曲的影响；巴尔沙伊则表示如果将这首曲子交由肖斯塔科维奇完成，一定会变得非常阴暗。无论哪个版本，总有些结构织体显出令人不安的幼稚。开场预示着不祥的小鼓声与结尾长笛吹奏出的徘徊不去的旋律保留了马勒的手法。在乐谱的最后一页，马勒用潦草的字迹对阿尔玛说：只有你知道这是什么意思（Du allein weisst was es bedeutet），几乎无法承受的爱。

到了21世纪，若还有哪位指挥家站出来指责第十交响曲存在的正当性或者说认为这部作品根本无法演奏，那无疑是荒谬可笑的。对传记作家而言，这部未完成作品"所引发的好奇不全然是健康正面的，但它的确为音乐本身增添了神秘的色彩"[1]。第十交响曲宛若马勒的遗言，以他深爱的隐喻，描绘了他与天使的角斗，不得到神的祝福誓不罢休的精神。第十交响曲代表了马勒不愿向命运低头，不为妻子的背叛而沮丧，不为健康感到恐惧，更不让任何无关事物阻碍他作曲的使命。借由这最后的乐谱，马勒用自己的方式超越了爱与生命里的无常，那些浮躁不安的世事。这首永远不可能失去生命力的交响曲因为有了未完成的形态而更加闪烁出希望。没有体验过第十交响曲，就称不上真正完整地了解马勒。

~

我一直都知道戈尔德施米特的声名，但始终不敢前去拜访。人们总是对我说："你一定要去找戈尔德施米特，他了解马勒的一切。"不过当时我年轻气盛，一心想自己找到答案。坦白说，还是缺乏勇气。据说戈尔德施米特是一个非常厉害的人，最不能忍受蠢货。有话直说的性格得罪了不少人，戈尔德施米特渐渐被英国音乐界边缘化，以至于他的作品就这么一直摆在家里的壁炉架

---

[1] 格兰奇:《马勒：被截断的新生活（1907—1911）》，1453页。

上积灰。戈尔德施米特住在伦敦贝尔赛新月区（Belsize Crescent）13号，那里都是些联排公寓，离汉普特斯西斯公园（Hampstead Heath）不远。对戈尔德施米特心生胆怯的不止我一人，住在他对街的作曲家阿戴斯（Thomas Adès）同样对他又敬又怕，始终不敢过街按他家门铃。

1988年，戈尔德施米特的歌剧《比阿特丽丝·森西》（*Beatrice Cenci*）计划首演，借着为地方报纸撰文的机会，我得以走近这位作曲家。不过几分钟，我们俩早已将文章的事抛在脑后，成了朋友。或许是因为他与我父亲同年——都是1903年生人，又或者是因为我成长过程中接触过许多德裔流亡者，总之我们俩一拍即合。由于住得近，我常在下午4点左右过去找他一起喝咖啡、吃蛋糕、讨论话题，或者听他讲起那些细节精准可靠的往事。

戈尔德施米特记得自己在汉堡听闻马勒的死讯，当时他才八岁。那是一次家庭聚餐，他的姑姑听了消息大叫："上帝啊，那家伙真是够神经质（Gott, war der nervös）！"不知怎的，戈尔德施米特一下被"神经质"（nervös）这个词抓住，并认为这是一种称赞。姑姑的评价恰好验证了这个矮个子小男人具备令人无法抗拒的强大力量，人们不得不向此占有欲臣服低头。戈尔德施米特后来到柏林国家歌剧院担任歌手指导，并在1926年12月贝尔格《沃采克》的世界首演中演奏钢片琴。1932年2月，戈尔德施米特的歌剧《了不起的戴绿帽者》（*The Magnificent Cuckhold*）在曼海姆大获成功，乐评界称其为德国乐界的"白色希望"。三年后，逃到伦敦的他身无分文，住在只有冷水供应的公寓。

半个世纪就这么过去了，直到有一天指挥西蒙·拉特在柏林演出戈尔德施米特的《夏康交响曲》(Ciaccona Sinfonica)，似乎又点燃了人们对他音乐的一丝热情。一天晚上，我们俩坐在选帝侯大街街边，我问他柏林这些年来可有什么改变。"没有改变。"他说。

"没有吗？你说的没有指哪方面？"

"柏林嘛，"他微笑着，"一直都是个自由的城市，充满好奇心与实验精神。纳粹当然是其中一段难堪的历史，不过谁也没想到他们会造成如此大的灾难。"

"但你仍然认为一切都没有改变？"

"只有观众变了，以前观众可都是犹太人，只是没人提起而已。"

戈尔德施米特解释道：其实不光是柏林，在汉堡、慕尼黑、莱比锡及维也纳，犹太中产阶级一直是马勒听众构成的核心。不论马勒的音乐在哪里上演，他们就算不占听众的大多数，也常常呼朋引伴地观看演出。这就好比索尔·贝娄（Saul Bellow）和菲利普·罗斯（Philip Roth）在芝加哥与纽约的影响力，马勒自己心里也知道有一帮子人排队等着他的下一部作品。这些人也许不了解马勒的音乐，甚至也谈不上喜欢，但仍然要求听到，仿佛那是他们与生俱来的权利，也是他们在马勒身上投下的赌注。正是这样的公众给予马勒信心，让他在强烈的反犹声浪中不被击垮，继续坚持创作。戈尔德施米特了解这些听众，也明白他们对马勒的反应——上帝啊，那家伙真是够神经质！戈尔德施米特令我了解了这些人在马勒精神世界所扮演的角色。

戈尔德施米特92岁高龄的时候，有一天打电话喊我过去听他晚期的作品录音——一首时长约十分钟，为小提琴及乐团合奏而作的回旋曲，演奏小提琴的是尚塔尔（Chantal Juilliet），乐团指挥是夏尔·迪图瓦（Charles Dutoit）。戈尔德施米特手里拿着乐谱仔细对照着，而我则沉迷在优美的旋律中不住地赞美，接着戈尔德施米特喃喃自语道："我们必须让他们看看我们犹太人的能耐……"

"你说的是什么意思？"

"这么多犹太人被杀掉了，我们这些幸存者必须向他们证明，我们之所以被留下来是有意义的……"

我们两人就这么在房内的地毯上来回踱步，争论着所谓幸存者的责任。劫后余生的人就必须作为尽责的见证者吗？犹太人的身份除了随机的基因选择外，到底还有什么其他意义？此时，墙上一幅画像中的马勒正向下凝望着我们，正是1909年那组散发着厌世情绪的肖像。难道这真的是作曲家试图在第十交响曲中传递的信息？难道马勒是要向世界证明"一个犹太人的能耐"？证明一个"手臂较短""三度失去家园"的男人终究可以成就自我？一年后，1996年10月17日，怀揣着这种信念的戈尔德施米特于家中逝世。

住阁楼的老太太

在出版了关于马勒的书后一周，我将工作地点搬到家附近街角的一间花园公寓中。一个工人告诉我说住在顶楼的老太太曾经打探过我。我查看了门铃上的标签，写着"罗斯"（Rose）。后来，又有一位邻居问："你见过罗斯（Rosé）太太了吗？"我感觉脖子上的寒毛立刻像高压电塔上的松鼠般竖了起来。

罗斯家共兄弟三人，原姓罗森布卢姆（Rosenblum），祖上来自罗马尼亚东北部的雅西（Iasi）。其中的两位——阿诺德与爱德华分别与马勒的两位妹妹结婚；另一位亚历山大，则是促成马勒与维也纳爱乐《悲叹之歌》（*The Song of Lament*）巴黎首演的经理人。我按了门铃，亚历山大[1]的女儿、生于1894年的埃莉诺把我迎进屋，友好地伸出了手（那双曾与勃拉姆斯相握的手啊）。已经90多岁的她养了两只猫，生活起居借由整栋公寓的人帮忙负责照料。每隔几天我就会去拜访她，一起喝点小酒，听她说起那些钻石般发光的往事。

埃莉诺仍清楚地记得马勒的婚礼，甚至保存了当时的邀请卡。"他会用汤匙挖走我的一小块甜品，看看我的是否比他的好吃。"她说。埃莉诺自己也曾是一位小提琴手，曾在慕尼黑观赏过马勒排练第八交响曲。上世纪20年代，她住在柏林，30年代则在巴黎；纳粹占领期间转入地下逃亡，战后则跑到了英国。埃莉诺穿着破旧的拖鞋示范马勒走路的样子，他坐下的样子、扶眼镜的样子；当然也记得他的歌剧制作、那些老掉牙的八卦、生活片段以及聚集在他身边的人。有时候，她会打电话警告我说："你不能引用我昨晚跟你说的话。"

"为什么，埃莉诺？"

"因为我现在已经不能确定是不是我真的亲眼所见，还是从母

---

[1] 原文如此。——编注

亲那听来的。"

"不过,您的母亲也不可能撒谎吧。"

"的确,不过这还是有所不同。"

"就为了这么小的一件事?"

"当然了。"

"为什么当然?"

"因为它与马勒有关,"埃莉诺·罗斯斩钉截铁地说,"任何与马勒有关的事都必须确凿无疑,任何一个细节都不能放过。"

1992年3月,埃莉诺逝世。之后我一直在思考,一位只有八岁的女孩何以精准地、感同身受地体察出马勒的忧思。每每我有质疑,埃莉诺便会说:"事实就是如此。"再没有什么好说的了,在她脑子里,"马勒"与"事实"这两个词不可分割。

随着时光流逝,埃莉诺的回答在我心中越来越能引发共鸣,何况我们已一头栽进令人眩晕的奥威尔主义时代(Orwellian)[1],任何事实都可能以相反的方式呈现,一个自由的国度或因执政领袖期满卷入战争,影像取代了真实。某位美国总统可以说:"一切取决于对'是'(is)这个字的解读。"而另一位则说:"当我们提及战争时,实际上谈论的是和平。"[2]马勒传递给埃莉诺的讯息(同样传递给了我),恰恰是坚守绝对的、无从协商的真相,在当今的政治黑暗中如同激光闪现锐利正直的光芒。在光照中,我用尽

---

[1] 奥威尔主义时代:意即极权统治。指现代政权借宣传、误报、否认事实、操纵过去,来执行社会控制,包括冷处理、蒸发,公开记录和大多数人记忆中的历史均被抹杀,就如乔治·奥威尔《一九八四》中的世界观一样。——译者注
[2] 美国前总统比尔·克林顿于1998年8月17日在大陪审团面前所作的证词,以及前总统乔治·W. 布什于2002年6月18日所作的证词。

一生追寻马勒似乎是值得的。他是众多幻象中的真理基石，是现实主义大众中的理想主义者，他既是梦想家又是行动者，将真理从谎言中净化淬炼而出。他的音乐可以同时带有许多含义，但绝不含糊其辞，没有丝毫搪塞。它就这么走向你，犹如一道光芒从隧道遥远的底端直射而来，暗示一个令人难以抗拒的终结。所以，为什么要听马勒？这就是原因。

~

搭乘 38 号有轨电车从维也纳市中心到格林津的酒庄客栈只需 20 分钟，游客们随时可以享用新酿的葡萄酒。电车途经舒伯特的出生地，沿着海利根塔特（Heiligenstadt）而行，也就是贝多芬发现自己耳聋的地方。我们身处城市的西北边缘，这里的空气香甜，人们迈着舒缓的步子。拉尔夫·贝纳茨基（Ralph Benatzky）写于 1915 年的歌曲《我想重返格林津》（I'muss wieder amal in Grinzingsein）就洋溢着同样闲散安逸的气质，四三拍的节奏，摇摆的歌声。录制过这首作品的洛特·勒曼（Lotte Lehmann）忆起当年的场景：人们"围坐在粗糙的桌边，无论富人、穷人、老人或年轻人，皆因音乐、笑声、红酒而联结在一起"[1]。学者乔治·施坦纳（George Steiner）曾经指出，"搭乘电车前往格林津"就像经历一场爱情通俗剧，"温和，略微有几分粗鄙的味道，当然这么说

---

[1]《维也纳之歌》(Songs of Vienna)，哥伦比亚唱片（Columbia Records），1941 年。

并不意味着嫌恶或不敬"[1]。终究,格林津只是个位于郊区的平庸之地。

格林津从未发生过引人注目的重大事件,也没有其他名人安息于此。维也纳的英雄们,从莫扎特到勋伯格,大多葬在象征荣耀的维也纳中央公墓(Zentralfriedhof),只有马勒选择独处边缘。

通常我会在格林津巷(Grinzinger Allee)下车,沿着卢森长路(An den langen Lüssen),穿过阿尔巴尼亚大使馆,进入墓园,那里林立着一排排建筑。少数葬在这里的名人都拥有宫殿般体量的墓地,仿佛现世的浮华徘徊依旧。马勒的墓碑由一整块花岗岩雕刻而成,上面刻着他的名字。"那些寻找我的必定知道我是谁。"他这么说过。事实上,追寻马勒的人总是络绎不绝:来自韩国、墨西哥或斯洛伐克的年轻朝圣者在游历维也纳后一定要来这里看看。即使在冬天,这里也总是摆满鲜花,或者是犹太人用来表达悼念的小鹅卵石堆。

究竟马勒为什么选择格林津?他既不出生于此,也不在此过世。他完全可以有其他选择,就算不葬在维也纳,也可以是巴黎的拉雪兹神父公墓(Père-Lachaise)或者伊格劳的犹太墓区。马勒选择安葬在格林津只因为这个地方离当年他向阿尔玛求爱的住所最近,若这个地点真的意有所指,那一定传递了马勒的爱。马勒选择格林津恐怕还因为这里开阔的环境。然而最重要的,他选择格林津是因为他不属于维也纳。在死亡里,他同样是个边缘人。维也纳是个怀旧的大熔炉,马勒拒绝掺混其中。

---

[1] 英国《卫报》(*Guardian*),2008年4月19日,周六评论版,11页。

至于我为什么要来拜访马勒的墓地。我想是因为马勒邀请我们所有人进入他的生命，让我们共享他所面对的挣扎、他所受的折磨、他的疑惑，而这一切是你我都能感同身受的人生况味，面对他就仿佛面对我们自己。然后，他就这么离开了，与这个世界断了关联，将剩下的一切交给我们。"生命就是一场战斗，"马勒说，"而艺术不会因为死亡而结束。"永远不可能有完美的解答，没有所谓的灵丹妙药。生命从不停歇，艺术也在不断更迭，每一天都是不同的样子。追寻马勒的旅程让我意识到，人的一生虽然短暂，在这个美好的世界中尚有值得我们为之奋斗的事物。这意味着一个起点，对生命意义的叩问就此展开，或者，一种终结，最后的皈依。

第三部分

马勒属于谁?

· 14 ·

如何诠释马勒？

伯恩斯坦的苏格兰威士忌

1985年一个星期天的下午,刚在伦敦巴比肯音乐厅(Barbican Hall)指挥完音乐会的伯恩斯坦忙于为乐迷签名,热情的人们手持唱片排成长队。签名已持续一个小时,伯恩斯坦手边原本斟满威士忌的玻璃杯空了又添。伯恩斯坦让陪同人员到一旁等候,于是我们坐在一起,连同两位我的朋友翻看起伯恩斯坦刚刚演绎的马勒第九交响曲乐谱。恰好当时我的朋友即将首次指挥这首作品。

我们围站在桌边,烟灰缸里卷着半截雪茄。伯恩斯坦翻开总谱,找到竖琴、法国号及大提琴声部进入的段落。从这个让人震颤的段落开始,之后的每一页,乐谱布满指挥用彩色铅笔所做的标记。总的说来,伯恩斯坦并不总是为演出做如此精细化的准备。他也曾经给我们看过马勒其他作品的乐谱,谱面总是干干净净。但对于这个作品,他无法不仔细面对。在乐谱的最后一页,伯恩斯坦写着:"拿出你在第八号中的勇气!"仿佛一位筋疲力尽的指挥即将在渐隐的音乐声中失手坠落。"为什么有这么多标记?"我们问。伯恩斯坦深深地吸了一口烟。"马勒,"他吐着烟圈说,"是一个了不起的指挥家,他总是负责自己每一部作品的首演,好让大家知道他希望乐曲被演奏的方式。但这首作品不是,这首作品首演时他已过世,可以说这首作品是为我而写的。"

这话听来很浮夸,但仍揭露了一个重要的真相:马勒是史上最神通广大的指挥之一。1986年,有位仰慕者如此写道:"聆听马勒指挥,你仿佛觉得自己先前从不知音乐为何物,音乐是如何被演奏的。"[1]有此等经历的听众将其解释为"一个伟人最纯粹的告白",他们观察到"马勒在听到观众掌声时微笑中浮现出的痛苦"[2]。马勒总会在指挥过程中意识到身为凡俗的缺陷,并因此不停地修改自己的作品,其中第五交响曲更是因此重印多次。"我希望每隔五年重新出版自己修改过的作品,我很想这么做。"他曾经如此告诉布鲁诺·瓦尔特。[3]除了第九、第十交响曲及《大地之歌》,马勒将所有自己亲自指挥过的作品都修改了无数次。极简主义作曲家约翰·亚当斯(John Adams)说:

> 当翻看马勒标注过的乐谱时,你一定会对其中的细节表示惊叹,尤其是当中关于音响效果的各种标记、警告和提醒,有时是充满煽动性的激励刺激。("这里不要急!""突然变弱!""气势惊人,但不要刺耳!")那简直就像他整场演出时

---

[1] 纳塔莉·鲍尔-莱赫纳:《回忆古斯塔夫·马勒》, 29页。
[2] 布劳科普夫:《马勒档案研究》, 225页。
[3] 瓦尔特:《主题与变奏》, 188—189页。

都站在你身后,不停地念叨、大吼、呜咽,甚至跺脚。你意识到这个男人是个货真价实的指挥。无论音乐多么困难,多么具有挑战性,总之对他而言没有什么是不可能的。[1]

虽然皆出自马勒之手,但这些创作在手稿、出版印刷的乐谱以及真实演出过程中所呈现出的差异相当明显,维也纳学者雷娜塔(Renata Star-Voit)在 2001 年出版的第二交响曲总谱及马勒两份演出手稿间进行比对,仅第三乐章就发现不少于三百处的不同。一方面,马勒是讲求精确的人,总是试图把事情做得滴水不漏;另一方面他又是一个追求完美的、不切实际的梦想家。马勒自己也意识到了身为个体的局限,因此他允许指挥们在演绎其作品时可自行裁决。"我死后,如果作品中任何地方听起来不对劲,"他告诉奥托·克伦佩勒,"就改掉。你不仅拥有这个权利,也有义务这么做。"[2] 马勒也对其他作曲家的作品进行调整,甚至篡改圣经般神圣的贝多芬,改编舒曼的交响作品配器,因为他认定舒曼在乐曲配器上根本就是个外行。虽然他只是为了自己的演出而对贝多芬做了改编,"但当我指挥时,我就要对此负全责"。他也希望自己为舒曼做的改编让更多人知晓,所以告诉阿尔玛:"这些改编很珍贵,要将它们印刷出版。"[3]

马勒期望所有指挥都能依照自己的直觉灵活地改动他的作品。他藐视一切现代的自负,嘲笑人们总是过分强调追求所谓绝对的

---

[1] 1997 年专访,参见:www.earbox.com/inter002.html。
[2] 海沃思:《对话克伦佩勒》,34 页。
[3] 大卫·马修斯,Decca 发行的由里卡尔多·夏伊执棒的马勒版舒曼交响曲唱片说明。

Why Mahler?

精确性与时代风格，而完全忽视了情怀与情感。若是看见这么多论文在讨论他的第六交响曲终曲部分究竟应有几声锤击，是两声、三声还是五声，马勒定会勃然大怒。对他而言，一切理应由指挥决定。马勒在音乐中所说所做的一切都可以有多种解读，指挥应当追随自己对音乐本身的想象，而非遵守前人留下的指示。

在这方面，伯恩斯坦是非常接近马勒的大师。1985年某周日下午，我聆听了他指挥的第九交响曲。伯恩斯坦将节奏放慢，在张力上做了延展，作品的结尾处尽可能地伸展以至于最后几小节几乎听不见。有时候乐句会偏向一方，内在平衡仿佛因扭曲而变形，然而整体却不让人感觉有太大问题。伯恩斯坦说服了我，我可以感觉到他内在有一种动力驱使他做这样的改变，而这个改变正适合今天这场表演。伯恩斯坦在柏林与纽约分别有过两个版本的录音，节奏律动皆与此次演出不同。几个星期后，伯恩斯坦与同一个乐队（阿姆斯特丹皇家音乐厅管弦乐团），就同一个作品又录了一个版本，结果不尽相同。这正是马勒所说的随心而行，依生命意志而动，正是马勒式的精神：既大胆又自我矛盾。

同一乐季中，皮埃尔·布列兹恰好也指挥了《大地之歌》，他的版本诠释了朴素、客观精准的细节处理以及节制的情感。布列兹告诉我，若是将马勒的作品处理得过于澎湃宏大，就有显得"粗俗"的危险（也许他意指伯恩斯坦）。他与伯恩斯坦对作品的处理恰好代表了两个极端，完美地诠释了马勒所说过的话："最好的音乐并不存在于音符中。"当然，马勒也曾说过："诠释的精髓在于准确。"你们自己好好揣摩吧。

曾多次听马勒指挥演出的指挥家恩斯特（Ernst Lert）表示，

马勒的个性分裂——身为作曲家的他要求绝对的精准，而身为指挥的他希望在表达过程中寻求自由。[1] 假定我们接受这样的二元理论，那么意味着完美演绎马勒的作品是不可能的，每一次演出都不过是朝完美进化的过程，没有终结。然而，这并不意味着演奏马勒作品的指挥必须具备职业精神分析学家的素质或高深的哲学素养。我一生中聆听过许多精彩的马勒作品演出，某种程度而言，那些智识并非顶尖的指挥常有极具说服力的表演。关于马勒作品诠释的话题仿佛总有无法穿越的迷雾，借着这个好时机，我们来梳理一些常见的说法。

要成为优秀的马勒作品诠释者，你必须是个犹太人

瓦尔特与克伦佩勒都是犹太人，伯恩斯坦也是；然而在近代最拥护马勒的门格尔贝格不是，分别在英国和美国大力推广马勒的亨利·伍德、季米特里斯·米特罗普洛斯（Dimitri Mitropoulos）不是，为马勒录制首演系列的拉斐尔·库贝利克不是，在BBC称霸马勒作品的阿德里安·鲍尔特也不是。任何宣称唯有犹太人才能演好马勒作品的人都是自以为是的伪君子。

---

[1] 恩斯特：《指挥马勒：关于心理学探究》，刊发于 Chord and Discord 杂志，1938年1月10—28日。另见网站：Dr Ernst J. M. Lert, "The Conductor Mahler: A Psychological Study", Chord and Discord, 10-28, January 1938。

你必须是个中欧人

这有助于理解乐谱里标注的德文语气词,不过也有例外。比如意大利的朱里尼、阿巴多和里卡尔多·夏伊就十分擅长演绎马勒。此外,还有芬兰的萨洛宁(Esa-Pekka Salonen),法国的皮埃尔·布列兹,俄罗斯的瓦列里·杰捷耶夫等人也都是诠释马勒作品的高手。

你必须饱览群书

的确,马勒是个阅读广泛的人,那又如何?最具启发性的马勒作品诠释者克劳斯·滕施泰特几乎不读书,乔治·索尔蒂只为了刺激自己大脑灵敏度时才开始阅读一些财经类书籍,尤金·奥曼迪对音乐厅以外的事都不感兴趣。

你必须上点年纪才行

西蒙·拉特以马勒第十交响曲成名时年仅 25 岁。萨洛宁以马勒第三交响曲开启自己的国际职业生涯,开始备受瞩目时也大约是这个年纪。同样的情况还有来自委内瑞拉的杜达梅尔,年纪轻轻便以第五交响曲闻名世界。

Why Mahler?

你必须是个交响曲行家

指挥过马勒作品的早期音乐人中,莫里斯·艾伯拉瓦尼专攻音乐戏剧领域。纽约的业余爱好者卡普兰也曾指挥《复活》,结果也颇受好评。

你必须指挥过马勒的全部作品……

克伦佩勒从未演奏过第五、第六交响曲,并公开表示对第三交响曲无好感。瓦尔特则始终回避第七交响曲,后来对第八交响曲也逐渐失去热情。门格尔贝格在1920年开始以"马勒全系列"作为音乐会的行销手法,他不得不演出全部作品,然而他本人并非对所有音乐都全身心地信服投入。

……必须一个音符都不能改

热情的马勒拥趸赫尔曼·舍尔欣(Hermann Scherchen)在其标志性的第五交响曲唱片版本中对原作进行大幅度的删减,同样的情况还有保罗·克莱茨基(Paul Kletzki)指挥的第一交响曲。诠释马勒作品的首要原则就是:没有绝对的、不得更改的硬性规定,也没有供人快速理解的原则。

物证

确有一份马勒亲自演奏自己作品的录音存世,不过取用这段录音必须小心翼翼。1905 年 11 月 9 日,马勒先是在柏林听完指挥奥斯卡·弗里德速度过快的《复活》,回家途中,为了一个新奇的新发明——"威尔特—米尼翁纸卷钢琴(Welte-Mignon piano-roll invention)"[1]在莱比锡稍作停留。这架钢琴被弹奏时,会在一卷布条上留下一个个孔洞序列,布条与浸在水银中的电极相连。留在布条上的孔洞之后会被复制到强化纸上,继而生成与艺术家先前所弹奏的音乐极为接近的声音——不光是音符与节拍,连声响的轻重变化都能如实再现。在发条留声机时代(发条留声机在使用过程中极易破损),威尔特-米尼翁纸卷钢琴及使用相应技术的播放器迅速成为家庭、奢华酒店大堂及豪华邮轮上的新宠。很多大师如加布里洛维奇、约瑟夫·霍夫曼、格吕恩菲尔德、埃尔诺·多赫南伊(Ernst von Dohnányi)、尤金·达尔伯特(Eugen d'Albert)都曾在马勒之前演奏过这种纸卷钢琴;之后尝试演奏的还有费卢西奥·布索尼、格里格、理查·施特劳斯。马勒去世后两天,圣-桑拜访了同一间工作室。至 1914 年,威尔特-米尼翁纸卷钢琴共记录了 2500 份纸卷,并在纽约的第五大道上有了一间录音室。10

---

[1] 纸卷钢琴,即用纸带记录演奏的音高、强弱、踏板等情况,然后通过自动钢琴解读纸带,还原之前的演奏。与直接录音相比,纸带录音有很好的音质。但也有批评称,纸卷钢琴听起来干巴巴的,没有生气,损失了钢琴演奏的灵魂。此处所提及的特殊的"纸卷钢琴"由 M. Welte & Sons, Freiburg and New York 公司制作,该公司另外也生产乐团乐器与管风琴。——译者注

年后，这些纸卷被更先进、更便宜的电子录音技术所取代。

那个 11 月的下午，马勒坐在威尔特-米尼翁钢琴前一共弹奏了四份纸卷，随后搭乘夜间最后一班火车返回维也纳。其中有两首是歌曲——《清晨，我穿过田野》（第一交响曲开场的旋律主题）以及《我愉快地穿过葱绿的森林》；另外两首分别是删减版的第四交响曲最后一个乐章与第五交响曲的开头乐段。录音结束后，马勒在来宾的留言簿上表达了对此技术的"惊奇与赞赏"。

两首歌曲传递出作曲家本人强有力的存在感，人们可以在其中感受演奏者相当专业的快速指法、讨人喜欢的精致。而第四交响曲终乐章的演绎，音色显出节制，或许是对上天神明齐聚的敬畏。唯有在第五交响曲的开场中，我们才得以感受到交响乐版本的气息。开头宿命般的几个音符以平淡的方式弹奏，散落的几声仿佛一个警察为了桩小案子正百无聊赖地敲嫌犯的门，旋律显得有些踌躇，音符时而跌跌撞撞地倒在一起。进入重复段落时，音乐变得急躁，意欲驳斥先前的观点。当弹到第二主题时，即开始录制纸卷五分钟后，马勒的演奏动力十足，甚至到了疯狂的地步。仿佛一个急着讲故事的人，急到连字都说不清楚。他的手指已经快得不能再快，毫不在意身后错误百出的音符。他急切地想要展开一首交响曲，无人可以阻挡。后来马勒允许这段纸卷公开播放，无异于告诉我们他在交响乐表演过程中最优先考虑的因素是什么：整体性永远比个体的总和要重要，与此同时，音乐中情绪、氛围的转换永远值得一试。

在接下来的一个月，马勒连续三次指挥第五交响曲。他在纸卷上的录音可以视作其指挥风格的宣讲，但仅仅是很概略的佐证，亦非让后人照单全收的标准风格。任何尝试以这个速率演奏第五交响曲的乐团基本上都撑不过 10 分钟便会分崩离析。这些钢琴纸卷只能说是一种花哨的小玩意儿，一个玩具，或许留下些缥缈的暗示。后来，这些素材以不同的速率被转录到 CD 上，但通常都是不正确的节奏。最值得信赖的是卡普兰基金会于 1993 年委托匹克威克唱片公司（Pickwick Records）转录而成的副本。

究竟马勒希望自己的音乐呈现出怎样的效果，还有另外一条线索可寻——围绕在他身边的助理指挥们。比如，1924 年成为首位录制马勒作品的指挥家弗里德，马勒曾亲自指导他指挥《复活》交响曲。柏林版本的录音弦乐声部发闷、潦草黏腻，独唱者发出鸟鸣般的颤音，合唱团甚至都不在调上。有人称：这是史上最大胆的表演，以令人难以承受的速度开场，一路狂奔，直至戏剧性的高潮。弗里德被马勒称为"希望之光"，马勒的女儿安娜也对他的指挥技巧称赞有加。[1] 因此，弗里德与柏林国立歌剧院管弦乐团、独唱格特鲁德·宾德纳格（Gertrud Bindernagel）及莱斯娜合作的第二交响曲（1924 年，宝丽多唱片，Polydor）具备重要的参考价值。

离马勒最亲近的人只有布鲁诺·瓦尔特了，他所录制的马勒作品更是具有标志性意义：其中第一首作品是在维也纳录制的《大地之歌》（哥伦比亚唱片公司，1936 年 5 月），担当独唱的是索尔伯格及库尔曼。在诠释马勒的方式上，瓦尔特与克伦佩勒在各个方面都可谓大相径庭，克伦佩勒认识马勒并与之接触不超过五年，但对于马勒恶魔的一面产生了某种有着象征意味的亲密感，

---

[1] 安娜曾对作者本人表示过如此赞叹。

Why Mahler?

或者说深刻的认同与共鸣。克伦佩勒一直到晚年才开始录制马勒，但每一首都似乎是对瓦尔特过分端庄、得体的风格的反击。"瓦尔特博士是位道德家，"克伦佩勒嘲讽地说，"我却是个不讲道德的人。"可以说，他们两人很好地体现了马勒作品的二元特质。马勒在荷兰的重要拥趸门格尔贝格也录制了一张重要的唱片。曾在慕尼黑亲临马勒指挥第八交响曲现场的斯托科夫斯基于1916年在美国首演了该作品，他是另一位亲眼见证马勒演绎自己作品，同时又录制过马勒作品的指挥。卡耶（Sarah-Charles Cahier）则是唯一与马勒有过合作并留下录音的歌手，遗憾的是，她录制唱片时年纪过大，所演唱的《原始之光》及《我被世界所遗忘》完全不具备应有的稳定性（Ultraphon 唱片公司，1930 年，柏林）。

我们能从这些亲历者的见证中了解到什么？当然主要是马勒在表演中追求的品质：直觉、自发性、毫无顾忌，同时还需要高度的智识、细致到位的事前准备以及情感的反馈。这是两组不可调和、彼此冲突的特质，任何一位指挥都要面临艰难的、个人化的选择。

摆在我们面前的大约有两千张关于马勒作品的录音，在讨论这么庞大的客体之前，必须指出，并非所有录音都能通达马勒。那些不喜用反讽的指挥会呈现拙劣、滑稽的模仿。至于那些抗拒情绪表达的指挥，有时这种风格备受推崇，几位有代表性的指挥如伯纳德·海廷克、克里斯托夫·冯·多纳伊，他们的马勒注定会缺少某些关键元素。一些指挥将《花之乐章》重新加回第一交响曲（西蒙·拉特、小泽征尔），另有些尝试将音乐棱角磨平的指挥（卡拉扬、穆蒂）无疑违背了作曲家的原意。另外还有人专门用古乐器演绎马勒，演奏过程中不使用颤音［诺林顿（Norrington）、赫尔维格（Philippe

Herreweghe）]，公然冒犯作曲家本人的世界观。以上都是演奏马勒作品的禁忌，且仅是众多禁忌的冰山一角。

当然，没有一位指挥家能解答关于马勒的全部问题，任何人诠释的任何一套"马勒全集"都无法满足听众求知若渴的探索精神。不过应当指出，一个整合过的系列演出确实能在各方面加强我们对马勒的理解，这是单场的音乐会表演所不能企及的。最早的两套"马勒全集"出自库贝利克与伯恩斯坦之手，两人手法截然相反。库贝利克与巴伐利亚广播交响乐团的诠释呈现出精致，然而表达却相当保守低调。就某种程度而言，若是听众不够专注，他们很容易错过重要的高潮段落。有些部分的甜美大大盖过了音乐底层的悲伤。另一方则是活力四射的伯恩斯坦与纽约爱乐，他们以自己的豪情万丈，甚至是使徒般的热情激起听众内心的澎湃，如此一来，不免要牺牲作品中的某些微妙情绪。分属两个极端的两套全集在很多方面彼此互相补充，很容易造成一种假象——令人们认为它们已涵盖了马勒作品的整个谱系语言，然而事实上，每一方都仅是占据了马勒音乐世界的一个小角落，关于马勒的诠释尚有无数种可能。乔治·索尔蒂的表达在情感风格上十分接近于伯恩斯坦的热忱，却没有伯恩斯坦的象征意涵。朱塞佩·西诺波里与布列兹的演绎则充满类临床医学的精准，传达出敏锐的洞察力，但克制其中昂扬的情志。擅于煽情的克劳斯·滕施泰特通过音乐的移情来感动听者，直接有力，让人留下深刻的印象。在较晚出现的几套系列全集中，来自苏黎世的大卫·津曼（David Zinman）、布达佩斯的伊万·费舍尔（Ivan Fischer）追随库贝利克的谨慎、克制风格，而西蒙·拉特与里卡尔多·夏伊则以"展现有节制的爆发力"为目标。卢塞恩的阿巴多用音乐呈现出长时间的冥想式升华。所有这些诠释都在以非常个人化的方式探讨走进马勒世界的路径，个人化意味着两层意思：首先是情感体验的个人化，其次这种个人化意味着无法为马勒的音乐下一个绝对的注脚。就在这本书付印之时，一个全新的马勒系列全集正在澳大利亚的悉尼进行录音（2010—2011），指挥是阿什肯纳齐（Vladimir Ashkenazy）。

纽约爱乐乐团于1998年发布了一份马勒作品总集，其中汇集了各种火力全开、类型各异的马勒作品相关演出，所涉指挥包括米特罗普洛斯、斯托科夫斯基、滕施泰特、瓦尔特、巴比罗利及威廉·斯坦伯格（William Steinberg）。或许，这是唯一令马勒追随者永远想要探究的全集。

交响曲作品[1]

第一交响曲，D小调

    首演：1889年11月18日，布达佩斯

在马勒的所有作品中，从未有哪一部作品的诠释能呈现出如此的多样性。对布鲁诺·瓦尔特而言，这是一首挽歌；对乔治·索尔蒂而言，这是青春年少的情感迸发；库贝利克认为这是19世纪

---

[1] 由于众多老唱片经由多个唱片品牌多次再版，我将发行的时间、乐团均做了标注以便读者查询。

民间作品的延伸，滕施泰特则将其视作性欲压抑过头而生成的脓包。首个录音由季米特里斯·米特罗普洛斯与明尼阿波利斯交响乐团（Minneapolis Symphony Orchestra）合作，录制于 1940 年（哥伦比亚唱片公司，Columbia）。如今看来，这张唱片依然具有说服力。当时，光头的希腊指挥孤身一人来到美国中部，这是米特罗普洛斯在当地的第一份工作。乐团已有 10 年没有录过音，且董事会不同意花费 1.2 万美元录制卖不出去的唱片，迫不得已，米特罗普洛斯提出放弃自己的指挥酬劳以促成此事。米特罗普洛斯的开场缓慢，给人以万物凋零、了无生机的假象。随着渗透推进，持续累积的张力在细致微妙的变幻中绽放。他遵循马勒的指示，演绎出既是葬礼又是酒宴的双重性格，没有过多的精细，终曲部分的处理十分欢快，俨然气氛爆棚的闹剧。虽然录音只是单声道，音质并不佳，但米特罗普洛斯诠释中的精准度与活力确实鲜有人能与之匹敌。

1990 年 5 月，克劳斯·滕施泰特在芝加哥录制了其职业生涯中最好的三张唱片（EMI 唱片公司），同时还发行了一张音乐会现场 DVD，我们得以看到他在指挥台上怪诞到极致的表演。滕施泰特指挥的第一乐章比米特罗普洛斯足足长了五分半钟，然而音乐并未显出半分拖沓，密度同样浓烈。芝加哥交响乐团的表现如同奥运会溜冰运动员，并未以粗暴的方式处理葬礼乐段，反而采用低级庸俗的态度来呈现，效果出奇的好。

1964 年，乔治·索尔蒂与伦敦交响乐团联手为 Decca 唱片公司录制的第一交响曲几近疯狂，结尾乐段狰狞恐怖。1983 年，他在芝加哥又录制了一版，但反响不如第一个版本。伯恩斯坦与纽约及皇家音乐厅管弦乐团的合作手法完全不同，同一个指挥采用截然不同的演绎毫无征兆，也并未给出任何解释。赫尔曼·舍尔欣1995年与英国皇家爱乐乐团的版本则表明他对于节奏的极端控制。

身处光谱另一端的布鲁诺·瓦尔特则代表了哀挽、哀悼的风格。1961年，他在好莱坞与哥伦比亚交响乐团录制的版本怀揣着浓烈的乡愁，虽然这种方式略显过分，然而仍比他1950年于纽约录制的那一版好上许多。温柔地回望失去的家园，瓦尔特重返故土的爱与深沉在音乐中展露无遗。

马勒与阿尔玛在维也纳相遇的那个夜晚，台上参与演奏的音乐家中恰好有库贝利克的父亲。1968年，库贝利克在DG录制的版本勾勒出伊格劳旖旎的乡村、森林风光，带有强烈的写实主义，当然也注定要丢失作品中某些神秘感。巴伐利亚广播交响乐团的演奏灵活、富有弹性，乡野乐队部分的乐段表现出令人吃惊的粗鲁不逊。相较于其他曾演奏过此作品的流亡捷克音乐家如卡雷尔·安切尔、瓦茨拉夫·纽曼、佩塞克，库贝利克和他的慕尼黑伙伴们（大部分乐手同为捷克流亡人士）反而真正道出了属于那片土地的原始之声。与之相比，库贝利克1954年与维也纳爱乐录制的版本（Decca唱片公司）则显得差强人意。

因希特勒与斯大林，大半辈子都在逃亡的保罗·克莱茨基为作品增添了犹太人特有的克里兹莫[1]音乐色彩。在与以色列爱乐

---

[1] 克里兹莫（Klezmer）源自古希伯来语，音乐字面上的意思为"乐器"（kley）与"歌"（zemer）两字的拼组。克里兹莫起源自东欧，融汇波兰、罗马尼亚与乌克兰的风格，但通常在热闹齐鸣之中，转折隐隐的深邃悲伤，乃犹太民间音乐的主要类型，东欧犹太人通常在传统的婚礼和社交场合中会演奏此类喜庆音乐。帕尔曼曾说，克里兹莫是犹太民族的灵魂。——译者注

合作的录音版本（1954年）以及和维也纳爱乐合作的版本（EMI唱片，1961年）中，他都成功带出了"犹太音乐"的主题。不知为何，在两个版本中，克莱茨基都将终乐章删掉了24个小节。尽管如此，它们依然是弥足珍贵的记录，乐曲表达出敏锐的洞察力，优美的乐段随处可见。以色列指挥殷巴尔与法兰克福广播交响乐团的合作（Denon唱片，1985年）尤其夸大了其中克里兹莫元素，若没有犹太音乐氛围，该版本的个性将弱化许多。

尚有不少指挥在诠释上犯了过度优美、温和的错误，包括海廷克的三次录音（阿姆斯特丹，1972年；柏林，1987年；芝加哥，2009年）、里卡尔多·穆蒂（费城，1984年）、马克拉斯（Charles Mackerras，利物浦，1991年）、大卫·津曼（苏黎世，2006年）、乔纳森·诺特（Jonathan Nott，班贝格，2008年）。约翰·巴比罗利（曼彻斯特，1957年）的诠释凸显男性化的力量，祖宾·梅塔（纽约，1982年）与洛林·马泽尔（维也纳，1985年）的版本亦比较受追捧。埃里希·莱因斯多夫（波士顿，1962年）与朱里尼（芝加哥，1971年）的演绎乐句清晰，情绪表达也非常杰出。杰捷耶夫（现场录音版，2008年）的手法过于鲁莽，结构部分前后缺乏统一。

2009年10月，委内瑞拉籍指挥杜达梅尔就任洛杉矶爱乐乐团音乐总监，他在就职音乐会上演奏了马勒的第一交响曲。当年杜达梅尔28岁，恰好是马勒创作这首作品的年纪。第一交响曲是杜达梅尔向恩师艾伯鲁（José Antonio Abreu）学习的第一首作品，从17岁起便一直演到现在。杜达梅尔的就任随即成为备受热议的国际现象。在历任音乐总监阿巴多、西蒙·拉特及巴伦博伊姆的加持下，洛杉矶用绚丽的彩花与街头标语大肆欢迎杜达梅尔的到来，甚至还给他起了个表示亲昵的绰号"the Dude"（老兄）。不管他自己认不认可，时不时还是有人这么喊他。总体而言，杜达梅尔开幕音乐会上的表现打消了我先前的顾虑（音乐会现场DVD由DG出版发行）。他的诠释充满活力，在节奏方面也极为精准。从一连串闪亮和谐的音符A开始，杜达梅尔创作出大都会式的活力，而非以往人们常听到的森林中的神秘。音乐行进的步调令人雀跃，在末乐章累积出爆发性的能量。至于充满二元冲突的葬礼段落则忠于马勒的指示。唯一欠缺的是细腻度，但或许那会随着他技巧的成熟而自然出现。尽管没有呈现任何概念上的创新，杜达梅尔的版本在古往今来所有诠释中仍占有一席之地，他的演绎带有难以抗拒的魅力。

布列兹的版本（芝加哥，DG，1999年）刻意放弃主观诠释的手法，完全用分析式的态度呈现完美的清晰度，丝毫没有情感渗透，不过这也有趣地呈现了马勒"非人性"的一面，虽然过于客观疏离，但也值得乐迷一听。想必马勒自己也必不会介意。此外，关于第一交响曲的演奏时长，马勒也给予了诠释者绝对的自由，马克维奇（Igor Markevich，都灵，意大利国家广播电台，1954年）曾有过一个轻快的版本，时长仅45分32秒；而滕施泰特也曾指挥过长达1小时53秒的演出。[1]

---

[1] 彼得·费洛普：《马勒录音作品目录》（纽约，1995年），446—447页。[Peter Fülop, *Mahler Discography* (New York: The Kaplan Foundation,1995).]

第二交响曲，C 小调，《复活》

首演：柏林，1895 年 12 月 13 日

第二交响曲与第八交响曲这两首作品在录音上总会面临极大的挑战，曲目编制庞大且演奏指示也极其复杂。此外，要让置于舞台外区域的乐队发出高于乐团其他声部之上的声音效果是非常困难的，且这支小乐队与主乐队的交流配合也很难把控。不过仍有四场演出被完整地录制了下来，尽管只是单声道、录音技术水平相当有限，仍是非常珍贵的史料记录。最早录制该作品的是弗里德（柏林，1924 年）。奥曼迪（明尼阿波利斯，1932 年）的版本混合了兴奋与恐惧的战栗感。1948 年，回到维也纳的瓦尔特以多愁善感的曲风对抗充满怒气的乐音，第一、第三乐章被处理得松弛、轻柔，听起来几乎与原来完全不同。两位独唱歌手切博达里（Maria Cebotari）、安黛（Rosette Anday）走音简直到了骇人的地步。显然，在 1958 年纽约录音版本中，埃米莉亚·昆达莉（Emilia Cundari）、毛伦·弗雷斯特尔（Maureen Forrester）与瓦尔特的流畅风格更为合拍。

克伦佩勒留下了六个录音作品，大部分是现场录音，有两个版本录音之美令人难以抗拒。其一录制于 1951 年荷兰音乐节（Holland Festival），担当独唱的是凯瑟琳·费丽尔（Kathleen Ferrier）、乔·文森特（Jo Vincent）。乐曲节奏紧凑，歌手的演唱技巧摄人魂魄。克伦佩勒完全忽略了恩师弗里德的指示，坚持采用行云流水的手法控制节奏，减少情感澎湃的元素，在情绪上保

持克制。相较而言,克伦佩勒 1963 年在 EMI 发行的版本则显得过于严谨,施瓦茨柯普夫(Elisabeth Schwarzkopf)与希尔德·马伊丹(Hilde Rössel-Majdan)的声线太过空洞。1968 年与歌手希瑟·哈珀(Heather Harper)、珍尼·贝克(Janet Baker)合作的慕尼黑音乐会现场版(EMI 公司出版发行)则非常生动、扣人心弦又充满灵性,堪称克伦佩勒最好的一次演出。

斯托科夫斯基有三个版本的录音,其中,1974 年与伦敦交响乐团录于沃尔瑟姆斯托市政厅(Walthamstow Town Hall)的版本呈现了令人信服的技巧,独唱歌手分别为法斯宾德、玛格丽特·普莱斯(Margaret Price),由 RCA 公司录制。乐曲开始的速率相当审慎,仿佛一个人拖着沉重的脚步,不过这位做出迪士尼作品《幻想曲》的指挥并非等闲之辈,未见松懈的控制力牢牢抓住听者的耳朵,一点点增加张力,最后音乐如同怒吼般倾泻而出,确有洗涤心灵之效。位于舞台下方的乐队声过强,与主乐队的距离太过于靠近,自始至终都令人坐立不安。时间仿佛紧握在指挥的拳头中,在整曲结束前,没有任何人离开。

伯恩斯坦共录过三个不同版本,首次录音于 1963 年 9 月,与纽约爱乐乐团合作完成,该版本的演绎方式更贴近专业领域,并非人人都能欣赏得来。与斯托科夫斯基一样,伯恩斯坦的开场采用阴翳、拖沓的沉重步调,并在第一个快板段落处急剧加快速度。无论是速率或者音乐织体都被大幅度地夸张化,音乐仿佛向人们传递一个更重大的讯息:撑下去,你的一切终将得到救赎。独唱歌手维诺拉(Lee Venora)与图雷尔(Jennie Tourel)的歌声苍白呆板、了无生趣,合唱队的表现也略显僵化。然而乐曲的高潮如此汹涌,仿佛天空陡然被撕开了一道口子。随后，伯恩斯坦又先后于1973年、1987年两度与伦敦交响乐团合作录制该作品，1987年的版本录制于纽约，然而这两个版本的效果都没有第一个来得成功；也许是因为后来伯恩斯坦太执著于摆弄小细节。

乔治·索尔蒂的版本（伦敦交响乐团，1966年；芝加哥交响乐团，1980年）以引人入胜的音响冲击力见长，但却无法引起长时间的兴趣。阿巴多的第三个录音版本（DG唱片，1992年）与维也纳爱乐乐团合作完成，该版本在速率方面最接近于作曲家本人的演绎。可以说，阿巴多是靠着《复活》交响曲展开自己的职业生涯的，他在这部作品中采用的任何处理手法都经过深思熟虑。声乐部分两名独唱分别为施图德（Cheryl Studer）与梅耶尔（Waltraud Meier），合唱则由勋伯格合唱团担当。阿巴多的第四个版本于2003年录于卢塞恩（DG唱片，DVD），合作的歌手默默无闻，那时候的他刚从胃癌治疗中康复。据某位传记作家表示，若听过第一次后再听，便有平庸无聊之感。

1987年，吉尔伯特·卡普兰在卡迪夫唱片公司（Cardiff Recording）与伦敦交响乐团合作录制的第二交响曲具有划时代的意义，这是历史上首张由业余爱好者执棒录制的版本。此外，这张唱片还是史上最畅销的马勒作品，随片附赠了全版乐谱及相关赠品。在这个版本中，演绎者传递出某种专属于当下的特殊感受，细节错综繁复，不过在由快到慢的速度转换中略显生硬。2003年，卡普兰与维也纳爱乐再度合作了一个版本（DG唱片），当中演奏了马勒最后的修改段落。撇开其中不知名的歌手不谈，这个版本乃是精准、热情及美感兼顾的佳作。任何一个乐谱标记都被认真地、尽可能贴近地传达出来，我之所以知道，是因为我本人就在演奏现场。

库贝利克对《复活》的诠释可谓轻描淡写，扬松斯（奥斯陆，1990年）的版本则太过于礼貌，马泽尔的版本（维也纳，1983年）呆滞无趣，西蒙·拉特（沃特福德，1986年）又过于自以为是。瓦茨拉夫·纽曼与捷克爱乐乐团的版本节奏活泼明亮，独唱隆朵娃（Eva Rondova）与贝纳科娃（Gabriela Benackova）的表现也相当出彩。拿索斯唱片（Naxos）出版过一套波兰指挥安东尼·维特（Antoni Wit）选集，其中亦有这首作品（卡托维兹，1993年），不过乐段的处理及整体演奏都过于随意。至于祖宾·梅塔1989年在马萨达山的演出最终只能可怜地沦为政治卖弄。

在21世纪的各个版本中，杰捷耶夫版本（2008年伦敦交响乐团现场录音）中歌手的演绎磕磕绊绊且咬字不清，艾申巴赫在费城的演出（Ondine唱片，2008年）松散随便，简直像四处逃窜的破落户。2002年，里卡尔多·夏伊在阿姆斯特丹的演出很自信，很具有说服力。2006年，亚当·费舍尔（Adam Fischer）与歌手雷纳特（Brigitte Rennert）、米尔恩（Lisa Milne）在布达佩斯合作的版本则活力四射，处处可见精巧的细节。布列兹的诠释富于戏剧性，但与维也纳爱乐乐团并未擦出什么火花（DG唱片，2006年）。

朱塞佩·西诺波里与爱乐乐团的版本（DG唱片，1985年）则拒绝《复活》，自始至终压抑《复活》的主题。身为拥有心理学学位的歌剧指挥大师，西诺波里过度解析了交响乐的结构，他的马勒系列充满无法被合理化的怪诞。在《原始之光》乐段中，原本应该昂扬升腾的精神却被西诺波里抑制住，期待随之坠落，关于信仰的母题因此被消解。终曲段落让人联想起洛斯阿拉莫斯国家实验室（Los Alamos），仿佛一群流离失所的科学家正在四处搜寻核融合的方法。尽管被如此扭曲，马勒的精神依然从音乐中透了出来，只是我要花上好一会儿工夫才能从西诺波里的反高潮音乐中回过神来。

2010年，由滕施泰特执棒的音乐会录音浮出水面（伦敦爱乐乐团，现场录音），整首作品时长超过现存的任何一个录音，长达94分钟。该版本的诠释扣人心弦，不断升腾的恐惧紧紧擒住每一位听者。借由音乐织体的拉伸延展，滕施泰特将每个隐藏在内部的细节如同犯罪侦查中的指纹般一一揭露，衬以低音声部的咆哮，为音乐增添了某种疑窦丛生的氛围。第一乐章结尾处，一切已证据确凿，然而音乐中的神秘依然无解，恐怕这是永远没有答案的困局。音乐徐徐展开，其中的浓烈与信念未曾有丝毫懈怠。独唱歌手肯妮（Yvonne Kenny）、雅德·范·内斯（Jard Van Nes）及伦敦爱乐合唱团如同一阵絮语般加入，乐曲的高潮无异于至高的神启降临。

第三交响曲，D小调

　　首演：克雷费尔德，1902年6月9日

　　第三交响曲留下的录音少之又少，而且大概也是马勒所有创作中最晚被录制的作品。瓦尔特与克伦佩勒都不曾演奏过第三交响曲，他们一致认为这部作品并不成熟，而其他指挥则往往一碰就遭殃。作品缺乏"伪勃拉姆斯式主题"应有的讽刺，开场头一个乐章就站不住脚。即便是海廷克、索尔蒂、伯恩斯坦、滕施泰特、詹姆斯·莱文及长野健（Kent Nagano）等行家里手，遇到这个作品也要栽跟头。库贝利克的版本（DG 唱片，1967 年）听上去仿佛包裹着乡间的简朴与天真，最后勉强算是成功地演绎了该作品。西蒙·拉特的版本（EMI 唱片，1997 年）软弱无力；而伯恩斯坦的版本（1967 年，1988 年）向我们传达了一件事：归根结底，他是个都市男孩。

终曲长达半小时的慢板要求指挥自始至终保持力与美的线条。霍伦斯坦（Jascha Horenstein）的版本（Croydon 唱片，1970 年）就很得体。身为流亡者，霍伦斯坦战时从苏联投奔到柏林，早在 1927 年便开始录制马勒的歌曲。喜怒无常的脾气性格令其职业生涯遭受重创，一直裹足不前。20 世纪 60 年代，霍伦斯坦在伦敦举行的一系列马勒作品音乐会为他赢得了一群坚定的拥趸，随后录制的第三交响曲更是具有里程碑意义。然而应当指出，伦敦交响乐团的表现苍白疲弱，合唱由童声合唱团担当，显然未经过规整，粗糙不堪。该版的女低音由温文尔雅的诺玛·勃洛科特（Norma Procter）担任。整个 90 分钟的表演，声响与观念交替萦绕，魅惑着听者的耳朵，让人觉得仿佛是在湖边聆听苏格拉底的宣讲。

这之后，BBC 播出了约翰·巴比罗利与哈雷管弦乐团（Hallé Orchestra）合作的版本（曼彻斯特，1969 年）。开场热情洋溢，《尼采之歌》（Nietzshce song）散发着一股神秘气息（独唱歌手：梅耶尔）；曼妙的慢板如同冬日里坐在木头小屋借着火暖手般温馨。另一个堪与之媲美的是 1966 年美国无线电广播公司播放的由指挥埃里希·莱因斯多夫领衔的版本,他的处理极具辛辣的讽刺,神秘的阴影始终笼罩着,终曲则叫人动容感伤 [独唱歌手:薇瑞特 (Shirley Verrett)]。

雅尔维(Neeme Järvi)的版本(格拉斯哥,1992年)希望做出田园诗般的演绎,但乐段衔接不够平稳,因此效果并不理想。赫尔曼·舍尔欣的版本(莱比锡,1960年)对原作做了一些调整、删减。加里·贝蒂尼(Gary Bertini)的演绎(科隆,1985年)前半段让人感到冗长难耐,所幸结尾乐段还算讨喜。再说到萨洛宁,恰是以马勒的第三交响曲开启其职业生涯的(洛杉矶,1988年),但他的诠释刻意回避讽刺元素,普遍认为他的手法过于明亮活泼。在近代诠释版本中,阿巴多于2007年卢塞恩音乐节的版本散发出夏日的静谧,该版本后有相关DVD发行(Youtube上可找到部分样片)。还有一个从未发表过的版本——1960年,指挥戈德施密特与伦敦交响乐团合作的演出现场录音,由BBC录制。这也是伦敦交响乐团在英国广播电台上的首秀。在第四乐章中,戈德施密特令乐手在双簧管上反向滑奏,原本谱面的标注为《仿佛自然界的声音》(wieein Naturlaut),该手法随即产生了效果,精准呈现出音乐中狡黠微妙的意蕴。注意到该独特细节的指挥少之又少,除了戈德施密特,还有阿巴多、西蒙·拉特及本杰明·赞德(Benjamin Zander,Telarc唱片,2004年)。

至于马勒第三交响曲的第一张录音唱片则由生于伦敦的银行家儿子阿德勒(F. Charles Adler)执棒,亦是迄今为止最富效果的版本之一。阿德勒曾作为助理指挥协助马勒完成第八交响曲的演出。该版本的第三交响曲于1952年公开发行,当时阿尔玛为唱片写了一篇颇具迷惑性的介绍。三年后，这张唱片忽然从市面上销声匿迹，再也找不到。阿德勒的诠释清晰传递了此曲的音乐织体及结构，具尖锐的讽刺意味，同时又显得纯真可爱。而赢得满堂彩的《爱的慢板》确如阿尔玛所描述的"令人着迷"。1959年，阿德勒于维也纳过世，享年70岁，他是一个天生的"马勒派"。与他合作的维也纳交响乐团演奏精准，全程保持谨慎、机敏的状态。担任女低音独唱的是马伊丹，合唱部分由维也纳童声合唱团（Vienna Boy's Choir）及歌剧院合唱团担任，表现上乘：可以说这是个难以超越的版本。该录音后来于1997年由Conifer唱片公司重新发行。

第四交响曲，G大调

首演：慕尼黑，1901年11月25日

该作品的首要问题是如何处理雪橇铃声。开场的铃声究竟是为整首交响曲设定节奏的基调，或只是暗示圣诞节即将到来？在门格尔贝格与皇家音乐厅管弦乐团、独唱文森特合作的版本（1939年11月）中，一串铃声疾驰而来，"嗒嗒"的马蹄敲击着地面，此时弦乐声部放慢了速度，在一阵吱吱作响的刮奏后停滞不前。每当这个乐段重复时，指挥都要把速度调快一些，仿佛要挑战乐手的极限，叫他们跟上自己几近失控的飞奔。第三乐章慢板的情绪阴郁，但终曲却充满了绘本似的嬉笑顽皮，歌唱部分也极为优美。

此外，歌手的表现可能成就这部作品，也可能轻易毁掉作品。最早关于这部作品的录音是近卫秀麿（Viscount Hidemaro

Konoye）1930 年 5 月在日本川崎录制的版本（Denon 唱片，1988 年），女高音北泽英子（Eiko Kitazawa）含混不清的颤音足以毁掉一切。1967 年，大卫·奥伊斯特拉赫在莫斯科领衔的音乐会就乐队而言称得上是诠释中的典范，但不幸遇上卡丽娜·维许涅芙丝卡雅（Galina Vishnevskaya）骇人的高声尖叫。1986 年，在阿姆斯特丹的录音中，伯恩斯坦不知为何选择了一位童声男高音。孩童的音色固然纯真，却与作品完全不搭。在阿巴多 2005 年的柏林录音中，蕾妮·弗莱明的声音又太过于饱满。至于克伦佩勒版本（EMI 唱片，1962 年）中施瓦茨柯普夫的表现是好是坏，各家褒贬不一，有人认为她的声音刺耳、充满刻意，与传闻中的"天真"根本不沾边。

1945 年 5 月，瓦尔特与纽约爱乐乐团携手在卡内基音乐厅演出该作品，当时获邀的女高音是业余歌手德西·哈尔班（Desi Halban）。不过，需要指出的是：哈尔班正是马勒心爱的"甜心"女高音库尔兹之女。虽然在整个排演过程中，哈尔班必须努力与大乐队抗衡，但她的声音自信且传递出宁静的气息，瓦尔特甚至将她的演唱特质视作"下一代年轻指挥应当拿来作参考的重点"[1]。当然，瓦尔特还有其他几个版本，合作歌手分别有席芙瑞德（Irmgard Seefried）、施瓦茨柯普夫、丝塔德（Maria Stader）。1955 年，与声音最甜美的女高音希尔德·葛登（Hilde Güden）及维也纳爱乐乐团合作的音乐会录音后由 DG 唱片公司于 1991 年出版发行。

---

[1] 克卢格（Andreas Kluge），1994 年索尼古典（Sony Classical）发行光盘的文字说明。

Why Mahler?

1958年的芝加哥录音中,瑞士女高音丽莎·德拉·卡萨(Lisa della Casa)的演绎令指挥弗里茨·赖纳成功传递出抑郁的氛围,她的声音如夜莺般动人;卢西亚·波普(Lucia Popp)于1982年与滕施泰特的合作堪称完美。道恩·厄普肖(Dawn Upshaw)在多纳伊的版本中闪闪发光(克利夫兰,1992年)。费利奇蒂·洛特(Felicity Lott)在与指挥莫斯特(Franz Welser-Möst)合作中的表现亦是可圈可点(伦敦,1988年)。不过有人指出,她青春洋溢的活力因过于缓慢的慢板而稍有折损。

另外还有一些歌手的表现差强人意,比如在伯恩斯坦版本中的葛莉丝特(Reri Grist)、马泽尔版本中的凯瑟琳·芭特尔(Kathleen Battle),以及先后与索尔蒂有过合作的西维亚·史塔曼(Sylvia Stahlman)、奇里·特·卡娜娃(Kiri te Kanawa)。而在伦敦借着马勒作品确立自己崇高地位并开始声名远扬的指挥霍伦斯坦,他的诠释完全被女高音玛格丽特·普莱斯醇厚的音色夺去了光芒。1965年,乔治·塞尔于克利夫兰与拉斯金(Judith Raskin)录制的唱片版本中,这位歌手的演唱毫无情感可言。卡拉扬与女高音埃迪·玛蒂斯(Edith Mathis)的版本(柏林,1979年)则充满概念分析式的穿透力。

在一些较晚期的诠释版本中,夏伊〔阿姆斯特丹,1999年,女高音芭芭拉·邦妮(Babara Bonney)〕与大卫·津曼〔苏黎世,2006年,女高音鲁芭·奥冈娜索娃(Luba Orgonasova)〕传达出极具示范意义的清透之声。1999年,丹尼尔·盖提(Daniele Gatti)与皇家爱乐乐团及歌手露丝·柴萨克(Ruth Ziesak)为RCA唱片录制的版本音色轻快灵动,时不时透出意外的惊喜。布列兹在克利夫兰的版本［DG唱片，2000年，女高音朱莉安·班瑟（Juliane Banse）］严肃感十足，毫无玩笑的意味，他的慢板乐章反映了更多的忧虑恐惧而非喜乐。

1961年，本杰明·布里顿在奥尔德堡音乐节（Aldeburgh）演出马勒的第四交响曲，合作乐团为伦敦交响乐团（目前这一音乐会版本重又在《BBC传奇》栏目中播放）。该版本对于音乐衔接转折段落的处理非常大胆，大概除了门格尔贝格再无人可超越，同时音乐行进中充分展现了作曲家的许多小意念。大量富有启示意味的元素在第一乐章铺展开来。到了中段部分，布里顿似乎有意克制，音乐在类似乡间的平静气氛中凝滞。歌手琼·卡莱尔（Joan Carlyle）曾饰演女教师艾伦·奥福特（Ellen Orford），整体表现称得上引人入胜。同时，该唱片还收录了由布里顿指挥的六首马勒歌曲，由雷诺兹（Anna Reynolds）与艾利·阿美玲（Elly Ameling）担任独唱。

第五交响曲，升C小调

首演：科隆，1904年10月18日

第五交响曲好比检测缺点的试金石，一验便知。光是开头几句就能分辨出乐团演奏功力的高低，而乐团本身究竟是注重经验技巧还是倚重直觉灵感也能马上见分晓。基里尔·康德拉辛（Kryill Kondrashin）1974年与苏联国家交响乐团（USSR Symphony Orchestra）合作该作品，开场的小号就吹破了音。莫里斯·艾伯拉瓦尼与犹他交响乐团（Utah Symphony Orchestra）的合作在一些关键段落露怯，落下遭人数落的把柄；而莫里斯的版本（IMP，1973年）总在乐队中踌躇停顿，令他在展示狂热、间歇性抽风的作品过程中磕磕碰碰，基本上是不可能逆转的缺陷，一路错到底。莫里斯本人很崇拜富特文格勒（Wilhelm Furtwängler）的做派，试图在作品中表达更多的意涵，然而乐手根本无法跟上。本杰明·赞德与英国爱乐乐团的声音简直棒极了（Telarc 唱片，2001年），然而为了做出明确的对比而牺牲了本应完整流畅的叙事线索。查尔斯·马克拉斯的版本（利物浦，1990年）开场的小号声听起来就像是大马路上的交通喇叭，速率上极为严苛，沉闷单调到了骇人的地步。

借由这首交响曲，我们能从擅长演奏马勒的全能选手中分辨出谁是真正的专精者。卡拉扬与巴伦博伊姆分别在柏林与芝加哥的演出中选用第五交响曲，以展现清亮的铜管声部。卡拉扬是个执迷不悟的纳粹支持者，一直拒斥马勒的作品，一直到马勒的作品广受欢迎才勉强开始接受。巴伦博伊姆年轻时也憎恶马勒，但后来开始尝试"净化"马勒音乐中的"粗鄙风格"与"非音乐性的偏见"[1]。两人的录音都非常平庸，似乎他们也不想刻意掩饰自己的好恶。多纳伊的演绎（克利夫兰，1989年）则在第二乐章生发出一些与主题毫无关联的勃拉姆斯式冥想。

首位录制第五交响曲的是布鲁诺·瓦尔特（纽约，1947年2月，哥伦比亚广播公司），他的诠释是速率最快的版本之一，全曲时长

---

[1] 丹尼尔·巴伦博伊姆：《爱，避易就难》，刊于英国《卫报》，2001年8月31日。
（Daniel Barenboim, "Love, The Hard Way", *Guardian*, 31 August 2001; www.guardian.co.uk/education/2001/aug/31/arts.highereducation.）

62分钟。瓦尔特毫不吝惜地使用煽情，营造大量温暖的气氛，小柔板长达7分43秒，进入终曲乐章的音色处理几乎是贝多芬式的调调。若无克伦佩勒的负面评价，这个版本的确可以成为模范版本。1928年，门格尔贝格版本（EMI唱片）中的小柔板时长7分钟，比较接近于马勒原先预计的速率，不过也不排除是为了把整首曲子塞进单张双面唱片紧赶慢赶的结果。

赫尔曼·舍尔欣1952年与维也纳国家歌剧院交响乐团（Vienna Opera Orchestra）的合作（威斯敏斯特，DG唱片）开头部分有些踌躇，随后逐渐发展、建构出充满恐惧与幻想的世界，呼应马勒在夜幕中感受到的恐怖以及对爱的痴狂。身为自学成才的现代主义者，舍尔欣的处女秀便选用了勋伯格、贝尔格、韦伯恩及哈特曼（Karl Amadeus Hartmann）的作品。舍尔欣的未来主义诠释揭示了第五交响曲全新的面向，恰好是瓦尔特的复古风格的补充，亦是其日后诠释概念发展的基石（千万不要把这次录音与1962年及1965年分别在米兰与巴黎的版本混为一谈，在后两个版本中他对第三、第五乐章均做了大幅度的删减）。舍尔欣最有名的弟子是布列兹，布列兹1997年在维也纳DG录制的版本则以情感克制闻名。

奥斯维辛集中营的幸存者鲁道夫·施瓦兹（Rudolf Schwartz），亦是西蒙·拉特的老师，于1959年与伦敦交响乐团合作的版本个性强烈，演奏手法多变：小柔板部分速率飞快，仅用了7分26秒，不同的音乐链条经过敏捷灵巧的处理分化出多层意味的主题。2002年9月，西蒙·拉特在其就任柏林爱乐音乐总监的开幕音乐会上演奏了这首交响曲（EMI唱片，2002年），从竖琴到圆号，各个声部器乐的音色效果皆十分精巧细腻。相较卡拉扬（1973年版）、海廷克（1989年版）与阿巴多（DG唱片，1993年）几人的版本，西蒙·拉特的音色更为精练干净些。

库贝利克的演绎总是充满愉悦的乡村气息。伯恩斯坦（DG唱片，1989年）要求维也纳爱乐以极慢的速度演奏，与他在纽约热力四射的版本（CBS，1963年）形成完全不同的官能美感。索尔蒂在芝加哥的录音（Decca唱片，1970年）简直就像是快要爆炸的压力锅。不过，1997年7月13日，索尔蒂于苏黎世上演其人生最后一场音乐会的版本（后由Decca唱片发行）却阳光、放松，传递出宁静的氛围。

约翰·巴比罗利和纽约爱乐的版本（EMI唱片）在演出后随即引起轰动，一夜成名。其中有一些破音在重新发行时不得不进行修补。巴比罗利有意大利血统，说话却带着伦敦腔，他对作品的诠释更多是靠天然的直觉。1969年7月，他花了三天的时间在伦敦附近的沃特福德市政厅录制这部交响作品，当时的他还在试图与抑郁症、酗酒问题搏斗，不过一年后他去世了。这个版本是如此欢乐、充满活力，抒情、甜美且充满对话感。进入终曲时，乐团的声音将人们带入周日午后曼妙的漫步场景。这张唱片后来在本世纪最伟大的录音（Great Recording of the Century），即世纪原音系列中重新发行。当然，它当之无愧。

1988年12月13日，滕施泰特与伦敦爱乐合作录制了第五交响曲（EMI唱片），这个版本可谓倾尽所有，毫无保留。当时，滕施泰特刚结束癌症疗程，他的指挥充满疯狂的背弃感，心被扯得支离破碎，肺似乎随时要爆裂。没有人可以用理性来分析这场演出，因为情绪即所有的一切。最终呈现在唱片中的版本由两场音乐会剪辑而来：前半部分情感激烈，仿佛要掀掉屋顶，后半部分则较为冷静。这只是一种无奈的折中，注定比不上任何一次现场音乐会经验（我两场音乐会都参加了），不过依然要说其中充满有机的舞蹈韵律，音乐散发而出的热力足以在墙上烧出一个大洞。同样收录在纽约爱乐马勒系列合集中的滕施泰特现场令人难以忘怀。

诠释过该作品的还有夏伊（1998年）、阿巴多（卢塞恩，2004年）、津曼（2007年）。通过夸张的对比，杜达梅尔与西蒙·玻利瓦青年交响乐团的版本（DG唱片，2007年）激发出直指人心的兴奋感。马库斯·史坦兹（Markus Stenz）与科隆爱乐乐团（Gurzenich orchestra）亦有过合作（Oehms唱片，2009年）。该乐团曾在马勒带领下首演过第五交响曲，因此在这个版本中，现代性与乡野传统做了些迷人有趣的结合。

1999年9月，网络上某马勒聊天室称，在科隆有一个青年交响乐团——德国荣格爱乐乐团（Junge Deutsche Philharmonie）——做了一场"惊人的表演"。音乐会录音后来由私人唱片品牌"劳雷尔唱片"（Laurel Records）发行，乐迷们口耳相传，唱片迅速售罄。后来该录音由另一家荷兰唱片公司Brilliant接手，再次成为销量冠军。担任指挥的是巴尔沙伊，曾是一位中提琴手，鲍罗丁四重奏的创始人之一。巴尔沙伊于1976年离开苏联，之后便在全世界各乐团担任客座指挥。70岁以后，他开始将自己广博丰富的经验注入这个充满活力、无所畏惧的青年乐团。这里的年轻乐手尚不懂得什么叫害怕，喜爱冒险，一旦演出便是全情投入。他们演奏的"极强"比索尔蒂与芝加哥交响乐团的诠释还要响亮,弦乐声部的运弓比维也纳爱乐的还要持久、顺滑。小柔板乐段欠缺世故尖刻的味道,却也在某种程度上展现了爱意。第五交响曲讲述了一位迷恋年轻少女的中年男子的故事,而这个版本成功地捕捉了渴望长生不老、重返暧昧之青春韶华的欲望。

第六交响曲,A 小调

　　首演:埃森,1906 年 5 月 27 日

　　关于这首作品,首先要理清的是乐章的顺序。马勒出版乐谱版本时依照的是慢板—谐谑曲—行板—终曲的顺序。然而,1906 年首演排练期间,他将中段的"谐谑曲"与"行板"次序颠倒过来。于是乎,出版社又重新发行了乐谱。马勒依照变更过的次序进行了两场演出,算是对作品乐章的顺序有了最终的定论。1919 年,门格尔贝格对此感到疑惑便又向阿尔玛询问,得到的回答是"先谐谑曲,后行板"。阿尔玛生性多变,对于音乐的美感、精细毫不在意,因此对于这个问题并没能给出真正说得出理由的、应有的解释,不过是胡乱说说。然而,门格尔贝格却视她的话作圣旨,于是在 1920 年的马勒音乐节上,他依照"谐谑曲—行板"的顺序演出。[1]弗里德与瓦尔特坚定地认为应当采用"行板—谐谑曲"的次序。至于阿尔玛,她在回忆录中又称"谐谑曲"是第三乐章,

---

[1] 见 *Mahler-Feestboek*(阿姆斯特丹:阿姆斯特丹皇家音乐厅,1920 年),127 页。

看来保持说辞的前后一致从来都不是她的长项。

1963年，一位妄自尊大的音乐学家拉茨，同时也是国际马勒协会（IGMG, International Gustav Mahler Society）共同发起人之一，发表了这份乐谱的校勘版，并指出顺序应该是"谐谑曲—行板"，声称包括阿尔玛、瓦尔特、门格尔贝格及阿多诺等多位权威支持这个版本。校勘版乐谱的出版时间恰好暗合马勒音乐重又在古典乐圈受到重视，于是顺理成章地成为标准文本。鲜有人会去深究印刷乐谱背后的对错，众多指挥采用了"谐谑曲—行板"的版本，唯有西蒙·拉特除外。在这件事上，不得不说西蒙·拉特值得尊敬。

到了新世纪之交，国际马勒协会的新晋编辑库比克（Reinhold Kubik）仔细研读了所有文献资料，发现拉茨根本就是个欺诈犯！拉茨给年迈的阿尔玛所呈现的根本就是错误资料，并且蓄意隐藏了一封瓦尔特的信件。信中，瓦尔特明确指出顺序应为"行板—谐谑曲"。2004年，一位来自纽约的马勒专家杰瑞·布鲁克（Jerry Bruck）指出："没有任何书面资料可以证明马勒希望把乐章顺序改回最初的'谐谑曲—行板'，也未有任何证据证明马勒曾向朋友、同事、其他指挥或他的出版商有过口头的指示。"库比克接着称，整件事不过是拉茨"稀里糊涂的不明动机最后演变为自我欺骗"的结果。随着这些发现公布于众[1]，卡普兰在《纽约时报》[2]上撰

---

[1] 卡普兰基金会：《关于马勒第六交响曲乐章演奏的正确顺序》（纽约，2004年）。[Kaplan Foundation, *The Correct Movement Order of Mahler's* Sixth Symphony（New York: Kaplan Foundation, 2004）.]
[2] 文章《拯救陷入顺序之灾的交响乐》（Restoring Order in a Cataclysmic Symphony），刊于2003年12月14日，第二版，38页。

文劝说大多数指挥采用作曲家最终决定的"行板—谐谑曲"顺序。作曲家大卫·马修斯[1]及马勒传记作家格兰奇仍坚称"谐谑曲—行板"的顺序在音乐性方面更合理，更讲得通。2010年，全新的马勒第六交响曲校勘版乐谱由德国 C.F. 彼得斯公司出版，当中采用的顺序则是马勒最后的愿望——"行板—谐谑曲"。

至于唱片方面，1963年以前录制的作品顺序皆为"行板—谐谑曲"，其中三个版本值得一提：1947年米特罗普洛斯的美国首演，当时阿尔玛亲临现场；指挥阿德勒与维也纳交响乐团的版本，以及令人钦佩的爱德华·弗普斯（Eduard Flipse）与鹿特丹爱乐合作的版本（Philips 唱片，1955 年）。1963 年以后，大多数唱片都遵照"谐谑曲—行板"的演奏顺序。这其中有一段令人发指的丑闻：巴比罗利的版本被 EMI 唱片编辑擅自剪辑成"行板—谐谑曲"，据称是因为受到来自拉茨的压力。米特罗普洛斯（纽约爱乐特别版）的诠释令人感到震惊，在演奏完"行板"间奏之后又让"谐谑曲"中的第一主题重新出现，显然这是指挥为"行板—谐谑曲"顺序辩护的非正式论述。西蒙·拉特曾于 1987 年在柏林与柏林爱乐合作演出过该作品（柏林爱乐特别版），1989 年又与伯明翰交响乐团（Birmingham Symphony Orchestra）合作了一版（EMI 唱片）。后者的表演充满活力，但算不得好，西蒙·拉特的演绎太过于"好好先生"，无法带出马勒在终曲乐段那种无法得到救赎的险峻处境。富特文格勒曾把终乐章称为"虚无主义者的一个乐章"；卡拉扬则说，"这是所有交响乐中最萧瑟苍凉的

---

[1] 米切尔：《马勒的同伴》，372—375 页。(Mitchell, *The Mahler Companion*.)

一章"（柏林，1977年）。

乔治·塞尔（克利夫兰，1967年）是那种通知别人坏消息时，眉头也不会皱一下的家伙。在赛佛伦斯音乐厅（Severance Hall）的现场录音中，他以行军的节奏不带喘息地勇往直前长达半个小时，在把听众丢进终曲无法纾解的抑郁之前，他只提供了一小段供人调适的"行板"。唯一的缺陷是塞尔有将自己神化的嫌疑，似乎他本人真心享受音乐中传递出的恐怖。同样的交响乐团到了多纳伊手中则是完全不同的风光，音乐较为温暖，也不再令人如此惊惧（Decca唱片，1992年）。

1966年，霍伦斯坦与糟糕的斯德哥尔摩交响乐团（Stockholm Orchestra）合作了一个非常细致的第六交响曲版本（Unicorn唱片，1989年），另外还有一个版本（BBC传奇系列）完成于1968年的伯恩茅斯（Bournemouth），整体的演奏品质较好，但较之于前者，并不那么深入人心。伯恩斯坦对于这部作品的理解甚深，其1967年于纽约的演出比1988年在维也纳的版本更贴近作品的黑暗核心。库贝利克的诠释总是比较快，海廷克则显得沉重拖沓。米歇尔·基伦（Michael Gielen）与德国西南广播交响乐团（Southwest German Radio Symphony Orchestra）合作的版本极致简洁（Hänssler唱片，2002年）；而就在纽约"9·11"事件爆发后几天，托玛斯（Michael Tilson Thomas）与旧金山交响乐团录制了一个版本（Avie唱片，2002年），全曲营造出坏消息来临时人们无从逃脱的黑暗气氛。大卫·津曼的版本（苏黎世，2008年）从充满思虑、过于深沉的段落开始，在过于华美的终曲中结束。扬松斯常在录音室中完成作品，不免拘禁。然而2002年，他与气势磅礴的伦敦交响乐团的现场表演可谓振奋、华丽，充满大胆的冲劲。2004 年，杨松斯与荷兰阿姆斯特丹皇家音乐厅管弦乐团的现场听上去有过度排练的疲惫感。

至于皮埃尔·布列兹的版本（维也纳，1995 年），注重精细的分析，每一个声音都仿佛躯体的零部件被摆放在法医的桌上进行解剖。布列兹传递出了情绪，却无法呈现愤怒。杰捷耶夫（伦敦交响乐团现场，2008 年）表现出狂怒，除此以外似乎也找不到什么其他的情绪。滕施泰特虽只凭着直觉演奏，但一切都恰到好处，仿佛从远处传来沉重的脚步声，愈来愈近，逐渐逼迫并开始威胁、挤压个体的私人空间。"行板"成为第五交响曲中"小柔板"的延续，如此温柔，让我们在直面终乐章的恐怖打击前缓和一番，因为可怖的鼓声预示着那是无人能幸免的灾难。1991 年 11 月，EMI 唱片公司在皇家节日音乐厅（Royal Festival Hall）的现场录制是不容错失的版本，比起录音室版要震撼许多。1983 年 BBC 逍遥音乐节现场的演奏氛围亦十分扣人心弦，但最终呈现的录音品质并不佳（Medici Arts 唱片）。

直觉派指挥

我曾亲见马勒改变许多人的生命，最彻底的要数克劳斯·滕施泰特。滕施泰特的父亲是德国撒克逊哈雷镇（Saxon town of Halle）某管弦乐团的乐手，他总是一再提醒人们说："这里是大师亨德尔出生的地方。"滕施泰特自幼在纳粹统治下长大，憎恨禁忌的压制，将自己的生命完全投入音乐之中。德累斯顿大轰炸过后，滕施泰特与他人一样从废墟中拖出一具具死尸。不久，他在父亲所在的乐团担任首席。正当一切开始顺风顺水，他亦有了绝佳的独奏机会时，左手两个指节间忽然长出奇怪的组织而不得不终止演奏生涯。1948年，库特·马祖尔到哈雷镇指挥该乐团演出时，正是"滕施泰特带领第一小提琴声部，他父亲领衔第二小提琴"的时代。滕施泰特略显笨拙却又无可救药的浪漫情怀令当时的马祖尔深深着迷。在指挥眼中，他的孤立无助恰是吸引人的磁场。这位未来的纽约爱乐总监当时正平步青云，而滕施泰特正处于沮丧、毫无目标的人生低潮。据马祖尔回忆，有一回滕施泰特的母亲问自己的儿子："克劳斯，你为什么不能更像马祖尔一点呢？"[1] 21岁那年，滕施泰特婚姻失败，摆在面前的是一个嗷嗷待哺的孩子与眼见半毁的前程，如果说还有前程的话。他只能用自我质疑来维护仅剩的自尊。活在酗酒、爱情、优柔寡断的迷雾中，滕施泰特在各个乐团的指挥台间轮转，最后从德累斯顿排名第二的歌剧院跌落至海滨小镇什韦林（Schwerin）的小乐团。期间女儿自杀身亡，滕施泰特的心灵更是陷入悲痛。他公开表示憎恨共产主义，完全不怕别人知晓。一个不受控的危险人物，随时都有可能害死自己或身边的人。1971年3月，马祖尔说服东德政府允许滕施泰特携他的第二任太太英奇（Inge）离开，"我告诉他们，留着他，对他自己以及我们大家都没有任何好处"。

　　45岁，毫无朋友的滕施泰特逃到瑞典，之后又到了西德，并在国境最北边的港口城市基尔（Kiel）找到一份工作。"我想也许某天会有人邀请我到曼海姆或威斯巴登表演，"他说，"不过汉

---

[1] 莱布雷希特专访，BBC第三频道，2007年7月16日。

堡或慕尼黑,应该这辈子是没有机会了。"[1]然而,一位星探机缘巧合地来到了基尔。1973年,由于卡雷尔·安切尔猝死,多伦多交响乐团正在寻找接任的客席指挥。在一个没有音乐会任务的夜晚,乐团经理洪布格尔来到汉堡,花了两小时的高速公路车程赶到基尔,就为了听听滕施泰特指挥的布鲁克纳第七交响曲。滕施泰特的表现给他留下了深刻印象,洪布格尔当即请滕施泰特到多伦多任职,并邀约当时小泽征尔的经纪人莅临首演。首演后第二日,小泽征尔亲自致电,邀请滕施泰特见面相谈。"你想指挥哪一首作品?"小泽征尔问道。"您是说,我可以有选择吗?"滕施泰特在电话的另一头感动到哽咽。

"我真的吓坏了,"滕施泰特回忆自己第一次与波士顿交响乐团排演时的场景,"我真的不确定自己能不能令他们信服,毫无底气。"他打电话给留在德国的英奇,胆怯地称自己就要回家了。"你给我好好在那儿指挥!"妻子说完摔了电话。事后证明,当天的演出获得爆炸性的成功。《环球邮报》头条醒目写着:"布鲁克纳—滕施泰特—BSO—绝无仅有的演出。"不到一个星期,滕施泰特就成为各大乐团争相邀请的大红人。然而每多演出一场,滕施泰特就愈发紧张。《时代》杂志说:"这男人常常像是石化了一般。"[2]乐评家哈罗德·勋伯格(Harold Schonberg)则在《纽约时报》上将他形容为"静如处子,动如脱兔;犀利但偶尔含糊"[3]。在费城交响乐团面前,他干脆号啕大哭,自问:"我算什么呀?不过是一

---

[1] 未特别标示引用,皆来自于1983—1997年与作者的谈话。
[2] 威廉·本德尔(William Bender),1977年3月7日。
[3]《纽约时报》讣告,1998年1月13日。

个乡下音乐家,凭什么能指挥这些了不起的演奏者,他们只跟最伟大的艺术家合作呀!"与柏林爱乐合作时,滕施泰特甚至直接醉醺醺地上台。他终于顶不住精神崩溃,回到基尔老家,就这么每日站在高处看着波罗的海上的渡船在港口进进出出。

"我对马勒的迷恋就是从那时候开始的。"他说。当时,滕施泰特读了马勒的传记,对于作曲家女儿之死感同身受:"我也经历过复杂艰难的人生。"据一位密友说,"他总是说女儿死后的生活像个黑洞。他每天早上醒来都希望能够再见到她。通过马勒,他找到了自己存在的意义。"[1]

在一场与伦敦爱乐乐团合作的马勒首演后,滕施泰特代替索尔蒂被指任为该乐团的音乐总监。观众的反应热烈到了极点,只要滕施泰特进入伦敦皇家节日音乐厅,全场人都会起立欢呼向他致意。演出结束时,全场又是一番欢声雷动。"有一回演出,我甚至看见他的双手与嘴唇变得青紫,他太投入了。"大提琴首席鲍勃·杜鲁门(Bob Truman)表示。[2]合唱团成员珍妮丝·莫莉(Janice Morley)则回忆说:

> 虽然我算不上是专家,但是据我观察,他的指挥方式其实有些随性(似乎根本不在乎节拍),当然他也不具有一些明星指挥家的迷人魅力。然而,我以及其他众多的女高音都非常喜欢他。也许部分是因为他看起来脆弱不堪……对于一位

---

[1] 朱迪·格雷厄姆(Judy Grahame)2008年3月2日发给作者的邮件。
[2] 莱布雷希特,"Taking on the World",刊于独立杂志,1992年4月11日,45页。

Why Mahler?

伟大的乐团指挥而言，这真是不可思议，并且他几乎一点也不自负。[1]

当谈到马勒时，滕施泰特那双笨拙的大手就会使劲地拉扯耳朵、弄弄头发，并且毫无征兆地甩开双臂把周遭的东西扫落一地。他嘟囔着："不是谁都可以指挥马勒的。"走下指挥台，滕施泰特每隔六分钟就要重新点一支雪茄。马祖尔提到："我记得有一回与克劳斯在英国莱斯特广场的中国餐厅吃饭。我们都很开心，他烟抽个不停。我跟他说：克劳斯，你有天分，也有义务展示你的天分，所以请你尽量保持健康。"他说："你的话听起来跟我妈一样。"[2]

1985 年美国巡演费城站音乐会期间，滕施泰特先是感到喉咙刺痛，后被确诊罹患癌症。他动了手术，之后接受化疗。虽然术后状况不错，但滕施泰特的信心备受打击。1987 年，他辞去音乐总监一职，后又在卡内基音乐厅的一场排练中弄断了手臂。1995 年春，他在牛津指挥一个学生乐团演出，这也是他最后一次举起指挥棒。1998 年 1 月，克劳斯·滕施泰特于基尔逝世，享年 71 岁。

他职业生涯晚期的音乐会表演常带有活人献祭的意味，将自我整个地投入其中。他在伦敦艾比录音棚（Abbey Road）录制的交响系列令人印象深刻；另有一套音乐会现场录音系列在众多版本中更是压倒性的完胜。第六交响曲的开篇便亮出了滕施泰特对

---

[1] 丹尼尔·斯诺曼：《哈利路亚：伦敦爱乐合唱团史说》（伦敦，2007 年），59 页。[Daniel Snowman, *Hallelujah: An Informal History of the London Philharmonic Choir*（London: LPC, 2007）.]

[2] 莱布雷希特专访，2007 年 7 月 16 日。

马勒的理解：马勒乃是两次世界大战及大屠杀发生的预言者、先知。"他常常在晚餐的桌旁踱步，敲打出铁蹄步步紧逼、大举进犯的节奏。"一位朋友如此回忆滕施泰特当时的焦躁。他在音乐会中也常有让人无法预期的突发状况，比如某次，在一段长达14分钟、稳定恬静的小柔板后，他突然慌张地进入第五交响曲的终曲乐段，同时冷静地拿起手帕擦眼镜，之后就靠着迷离的双眼与左右摇摆、貌似打节拍的右膝盖带领乐团继续前进。

恐怕，这是最配不上"智识"二字的音乐家。据我观察，他是那种公寓里只会摆几本《读者文摘》（Reader's Digest）的人，几无营养可言。他说演马勒全凭直觉。他甚至嘲笑伯恩斯坦所谓探讨"怎样、为什么等诸如此类"的讲座，认为那不过是"公开自慰"（öffentliche Wichserei）罢了。[1] 我曾经试着暗示他，他之所以对马勒如此热爱，与幼年生活在纳粹阴影之下的心理预设有关：当时音乐活动与种族歧视密不可分，犹太人的音乐是绝对禁止的。而在共产主义体制中，他再一次面临严苛的限制，无法表达自己的想法。"一派胡言！"滕施泰特大叫起来，拒绝被分析。

悲伤挥之不去。东德政府限制他的返乡次数，每年只能探望年迈的母亲两次，顺便看看女儿的墓地。滕施泰特把自己的忧伤穿在总会被风吹得翻飞的半长袖子上。他汗流浃背、躁动不安又笨拙的形象并没有感动德国听众，除了那位德国一流的优雅指挥卡拉扬。卡拉扬待他总是无比尊敬，直到某日滕施泰特鲁莽地指出卡拉扬录制的施特劳斯作品中的错误时，一段友谊佳话宣告破

---

[1] 彼德·埃尔沃德（Peter Alward）发给作者的邮件，2008年2月29日。

裂。对他而言，音乐本身永远比经营音乐生涯来得重要。

克劳斯·滕施泰特令人琢磨不透，尽管我常常对一切抱持怀疑态度，但他那烙印着与马勒相似苦痛的灵魂让我无从辩驳。他的指挥仿佛马勒再世，好似晚间新闻般与当下有关。滕施泰特总说："马勒不是为了他所在的时代创作，他是为了我们的时代而创作。"他也常说："马勒关乎生命，关乎死亡。"

第七交响曲，E 小调

首演：布拉格，1908 年 9 月 19 日

勋伯格第一次听第七交响曲时便立刻领会了其中的含义，赫尔曼·舍尔欣（维也纳国家歌剧院管弦乐团，1953 年）亦是。马勒过世那年，舍尔欣在柏林聆听弗里德指挥这部作品时，便大为折服：

> 开篇乐章中的忏悔与告解具有无比震撼人心的威力，两段夜曲奇特却令人着迷，加之最狂野的谐谑曲以及暴风骤雨般的美式终结（American finale），音乐落幕时尽是积郁、脆弱、无处疏解的维也纳情怀。马勒交响乐中的广阔视界就这么毫不费力地在我面前铺展开——全曲 80 分钟，没有哪一个乐段过长，没有一处细节是多余的，也没有比重分配不当的问题。[1]

此后，舍尔欣再也没有听过这首作品，直到 40 年后，他录

---

[1] 赖辛格（Eva Reisinger），2002 年于威斯敏斯特发行的唱片文字说明。

制了自己的版本。这个版本诠释线条清晰，令人难以抗拒。就这首作品，舍尔欣共录制了五版——维也纳：1950年、1953年、1955年、1960年，多伦多：1965年。头两个版本的录音（Orfeo唱片与Westminster唱片）极富创造力。

1967年，伯恩斯坦与纽约爱乐乐团合作的版本仿佛是带领听众在阴森恐怖、布满蜘蛛网的荆棘路上寻找失落的世界。这个版本的第七交响曲包含了伯恩斯坦许多个人化的独特洞见，超自然的冒险之旅令两段夜曲更显深邃，并加深了最后一乐章回旋曲中的刚毅与黑暗气息。伯恩斯坦后来又录制了一个版本（DG唱片，纽约，1986年），显得有些反复无常，太过随意。他忠实的追随者蒂尔森·托马斯则是在录音中塞进了过多想法（RCA唱片，1997年）。

舍尔欣的直接竞争对手汉斯·罗斯鲍德(Hans Rosbaud, 柏林，1953年)则奉上了现代主义的诠释，他的手法令曲子的结构更为分明有力，而且听起来也更精致。米歇尔·基伦的版本（西南德国广播交响乐团，1993年）同样采用了与罗斯鲍德一样的路线，不过稍嫌僵硬。库贝利克的演绎（巴伐利亚广播交响乐团，1968年）让人打心底里感到温暖，爱与失相互纠缠。海廷克以稳固的手法指挥柏林爱乐的版本（Phillips唱片，1995年），其中充满自由自在的想象力，但细节处仍非常明确，非常适合读谱时作为参照。

提及霍伦斯坦的版本（BBC传奇系列，1969年），他无法在硕大的皇家阿尔伯特音乐厅寻得属于马勒的暗夜孤寂。巴比罗利与哈雷乐团的诠释听上去有些营养不良。克伦佩勒（EMI唱片，

1968年）将通常演奏时长为80分钟的交响乐作品（舍尔欣的版本只用了70分钟）延长至100分钟。滕施泰特不可避免地沉迷于冗长乐段，完全不在乎对于整体效果的影响。阿巴多的版本（DG唱片，芝加哥，1984年）创造出爱意环绕的氛围，略过作品中原有的阴暗面；而夏伊在阿姆斯特丹的版本（Decca唱片，1995年）阴郁严肃，但开场却并不吸引人。维也纳国家歌剧院的指挥迈克尔·哈拉兹（Michael Halasz）与波兰广播交响乐团（Polish Radio Orchestra）的合作中规中矩（Naxos唱片，1994年），最为出彩的是第二乐章《夜曲》，但除此以外，音乐质感参差不齐。西蒙·拉特与伯明翰交响乐团（EMI唱片，1991年）很善于处理各种奇特的音响效果，但舞曲部分的节奏过于呆板。在马勒的所有交响乐中，第七交响曲是最不具商业性的一首。

第八交响曲，降E大调

首演：慕尼黑，1910年9月12日

这部"千人交响乐"即便是在音乐会上都难以完整呈现，更别说录音了，鲜有具备足够说服力的录音版本。1916年，列奥波尔德·斯托科夫斯基的美国首演非常成功，甚至取代当时正在进行的"凡尔登战役"（Battle of Verdun）成为费城当地报纸的头条。1950年，斯托科夫斯基又与纽约爱乐于卡内基音乐厅演出该作品，由于内部音响空间过于四四方方，声音发闷，以至于这个现场录音版本无法呈现出宏大如史诗般的气势。

1959年，BBC推出马勒诞辰百年纪念系列，其中霍伦斯坦对该作品的演绎（BBC传奇系列）同样在历史上具有重要地位。值得一提的是，参加演出的任何一个演员，包括指挥本人在此之前都从未碰过这部作品。然而，他们依然传递出让人无法忽视的力量。整部作品的戏剧张力随着乐章的推进不断累积，最后合唱队唱出那首神秘的"一切无常事"（Alles Vergängliche），更是带有马勒一直在追寻的天使特质。当时，与霍伦斯坦合作的是伦敦交响乐团，合唱队乃一众业余歌者，担任独唱的则是谢斯廷·梅耶尔与海伦·瓦茨（Helen Watts）。

米特罗普洛斯的版本（Orfeo唱片）则是录于1960年萨尔茨堡音乐节（Salzburg Festival）的闭幕音乐会，与之合作的是维也纳爱乐乐团，一组专业合唱队，担当独唱的有希尔德·查德克（Hilde Zadek）与赫曼·普莱（Hermann Prey）。合唱团的歌声虔诚且饱含灵性，录音中的音质清晰可辨，恐怕这得归功于奥地利广播的收音麦克风摆放配置得宜。虽已是晚年，这位希腊大师的热情丝毫没有消减。两个月后，米特罗普洛斯死于斯卡拉剧院马勒第三交响曲的排练中。

1962年，伯恩斯坦以一曲第八交响曲为埃弗里·费舍厅揭幕。比起1966年在伦敦音色晦暗的粗糙版本（哥伦比亚唱片）或1975年萨尔茨堡版的咄咄逼人（DG唱片），1962年的演出（哥伦比亚唱片）更为明快出彩。滕施泰特的录音室版本非常沉重（EMI唱片，1986年），不过在音乐会现场版中，他就像是正在举办三场生日派对的男孩般兴奋，释放出全部的能量。我去听了只有乐队声部的排练，交响曲的架构相当清晰。1991年，由EMI发行的现场版DVD堪称史诗，参与演出的独唱歌手包括朱利亚·瓦拉迪（Julia Varady）、伊格伦（Jane Eaglen）、苏珊·布洛克（Susan Bullock）及汉斯·索汀（Hans Sotin）。

DG 于 2007 年发行的唱片中，布列兹一反往常，演绎了一个活力四射的第八交响曲。他纵容整个合唱队以脱缰野马之姿随意表现自我，对独唱的要求则比较严苛。布列兹的处理呈现类瓦格纳式的神秘，甚至是不合常理的。若是一个挑剔的人非得听这个版本，建议忽视歌词部分，纯粹欣赏音乐。

还有了不起的合唱队指挥罗伯特·肖（Robert Shaw），曾与亚特兰大交响乐团（Atlanta Symphony Orchestra）合作，合唱则由三个合唱队共同完成，其中两个来自俄亥俄大学，另一个来自佛罗里达。独唱歌手由德勃拉·沃伊特（Deborah Voigt）领衔（Telarc 唱片，1991 年）。这场演出算不上失败，但也没什么值得一提的优点。在 1995 年科罗拉多举办的马勒音乐节中，罗伯特·奥森（Robert Olson）召集众多业余表演者进行了一场绝无仅有的演出，堪称激动人心的体验。杰捷耶夫的版本（伦敦交响乐团现场，2009 年）在圣保罗大教堂的宽广中惨遭灭顶。托马斯（Micheal Tilson Thomas）的版本（Avie 唱片，2009 年）则在噪声中迷失了自我。

索尔蒂的版本（Decca 唱片，1972 年）拥有他那个时代最棒的声音，维也纳爱乐呈现出的力量也无人能敌。他们在音量最大的合奏部分同样能保持音乐织体的干净，不过遇到轻柔的乐段却无法把音响力道适度降低。西诺波里（DG 唱片，1992 年）十分明白戏剧张力在作品演绎中的重要性，充分调动自己的资源将歌剧的效果注入其中。西蒙·拉特（EMI 唱片，2004 年）成功捕捉到交响间奏乐段轰鸣声中的布里顿式（Brittenite）企盼；而阿巴多（柏林，1998 年）则在此曲中成功营造了室内乐独有的冥思。夏伊的版本（阿姆斯特丹，2000 年）极为节制，以至于你不禁要疑惑：他到底为什么需要如此庞大的军队来演奏这首作品？

《大地之歌》

  首演：慕尼黑，1911 年 11 月 20 日

  就这首作品而言，一切取决于声乐部分是否相配。当乐队部分进入强音段落时，男高音必须设法压过乐队，而女低音则需要在一长段的渐弱中重复唱着"ewig"（永远）。当马勒问瓦尔特"这曲子有办法表演吗？"心中必定已想到这些困难的技术问题以及同等难以逾越的精神挑战。由于所有的歌手都不会面临二重唱的乐段，这令如何平衡他们的音色变得非常麻烦，如何给歌手配对成了一大难题。为了找到与安娜斯·巴尔莎（Agnes Baltsa）搭配的男高音，滕施泰特在录音室里面试了 12 位候选人，结果最后还是没能选对（EMI 唱片，1992 年）。多明戈（Placido Domingo）与指挥萨洛宁在洛杉矶进行了三轮的演出（索尼唱片，2000 年），而在此之前，多明戈为了揣摩角色自己在浴室里排练了好几年。该版本中多明戈的歌声绚丽华美，极尽能巧。指挥科林·戴维斯（Colin Davis）与杰西·诺曼（Jessye Norman）、琼·维克斯（Jon Vickers）的组合（Philips 唱片，1982 年）则是不折不扣的选角灾难。

  瓦尔特为这首交响曲留下了三个版本的录音，克伦佩勒有两个。这两位的对立分歧从未如此鲜明。瓦尔特在音乐中寻求救赎，而克伦佩勒则坚定地迈向赦免之途。在 1936 年的瓦尔特版本中，

担任独唱的是表情呆板的查尔斯·库尔曼（Charles Kullman）与光彩照人的谢尔斯廷·图尔堡（Kerstin Thorborg）。四分之一世纪后，他又选择了太过具有表现力的恩斯特·海弗里格（Ernst Haefliger）与冷若冰霜的米尔德里德·米勒（Mildred Miller）搭配。在这两个版本之间，瓦尔特还曾无意间找到一对模范组合（Decca唱片，1952年）：凯瑟琳·费丽尔与朱利亚斯·帕查克（Julius Patzak）。费丽尔原本只是个电话接线员，后来迅速蹿红成为古典音乐界明星。她非常敬畏瓦尔特，瓦尔特亦爱她诚实贞洁的个性。不论在演唱风格还是发音的处理上，费丽尔都非常老派，不禁让人联想起维多利亚时代的画室少女，而她在音乐表达上所呈现的节制恰好符合马勒的风格。帕查克则是表演轻快的莫扎特式歌手，他能够与维也纳爱乐整个乐团澎湃饱满的音色相融相宜，在力量上毫不逊色，还能为其增添显著的复古风格。不过，一年后，费丽尔死于乳腺癌，享年41岁。

在1957年与维也纳爱乐合作的版本中，克伦佩勒选用的歌手是安东·狄尔莫塔（Anton Dermota）与卡尔维提（Elsa Calveti）。男高音将每一个音节都念得清清楚楚，女低音却时不时吞掉辅音。1967年，克伦佩勒找到了属于他的梦幻组合。次女高音克丽斯塔·路德维希（Christa Ludwig）年轻、强壮，非常尊敬这位老指挥。由于父亲、丈夫皆为职业歌手，她很懂得用自己的方式在节奏速率上与独奏双簧管抗衡。晚几个月加入演出名单的弗里茨·翁德里希（Fritz Wunderlich）是个好摆架子的家伙，处于极速上升期的耀眼新星。他所演唱的《愁世的饮酒歌》（*Drinking Song of Earth's Sorrow*）既传递出贪婪的渴望，又带有脆弱的特质。冥冥之中，他的死亦暗合这种典型的男性纤弱。翁德里希在唱片发行前神秘地死在狩猎小屋里，据称是一场意外，年仅36岁。

关于该作品的录音，瓦尔特与克伦佩勒的演绎常被奉为圭臬，其他人的版本总要拿来与他们相比。卡拉扬的版本（柏林，1975年）起用了瓦格纳英雄男高音雷尼·科罗（René Kollo），他的唱法极其舒缓，整部作品呈现出过于镇定的昏睡感，即便有路德维希的华美唱功都无法挽救。在约胡姆（Eugen Jochum）版本（阿姆斯特丹，1963年）中担任独唱的是海弗里格尔与优雅的南·梅里曼（Nan Merriman），此二人的组合无法呈现应有的对比。弗里茨·赖纳起用来自加拿大并接受过瓦尔特亲自训练的毛伦·弗雷斯特尔。另有曾受训于贝特霍尔德·戈德施密特的英国男高音理查德·刘易斯（Richard Lewis），他擅于将自己的声音视作乐器，应用自如，呈现阳光般的音色质感。塞尔的版本（柏林，1967年）选用了与赖纳版本相同的独唱歌手，但整体演出显得拘谨。尤金·奥曼迪版本（费城，1966年）中的歌手是刘易斯与楚卡锡恩（Lili Chookasian），总的说来算是一个试验性的版本，指挥对于次女高音如牛奶冻般抖个不停的颤音实在过于宽容。

至于伯恩斯坦，终究是伯恩斯坦，必定是要与众不同。他采用了马勒拟定的"男高音－男中音"组合方案（维也纳，1966年），分别由詹姆斯·金与菲舍尔-迪斯考（Dietrich Fischer-Dieskau）担当。马勒设想过此类组合或许行得通，但结果并非如此。两种歌手的音色太过接近，无论是伯恩斯坦的选择，或者保罗·克莱茨基版本（EMI唱片，1960年）所选用的菲舍尔-迪斯考与穆里·迪奇（Murray Dickie），又或者西蒙·拉特（EMI 唱片，1995 年）的彼德·塞佛（Peter Seiffert）与托马斯·汉普森（Thomas Hampson），结果都不甚理想。菲舍尔-迪斯考后来担任指挥时与斯图加特广播乐团亦有一个版本（Orfeo 唱片，1996 年），歌手为耶内克（YviJänicke）及艾尔斯纳（Christian Elsner）。整个表演谨慎，节奏轻快，沉重的哲学思维被完全抽离。迈克尔·哈拉兹与轻松随性的爱尔兰乐团合作的版本（Naxos 唱片，1994 年）中，歌手的声音显得过于刺耳。布列兹的版本（维也纳，2001 年）则有谢德（Michael Shade）、乌玛娜（Violeta Urmana）及音色高雅精巧的维也纳爱乐乐团，呈现出一种瓦格纳式的"让一切所谓意义都下地狱吧"的风度。丹尼尔·巴伦博伊姆版本（华纳唱片，1992 年）乃是芝加哥交响乐团与两位独唱间的混战，两位歌手梅耶尔与齐格弗里德·耶路撒冷（Siegfried Jerusalem）完全搭配不起来。早在 1972 年，霍伦斯坦于曼彻斯特与约翰·米钦森（John Mitchinson）、霍奇森（Alfreda Hodgson）合作过一个版本，后收入 BBC 传奇系列。此二人唱功灵巧，声音极具塑造性，英国广播公司北方交响乐团沦为纯粹的背景。另有几个版本，如索尔蒂与科洛（Kollo）、明顿（Minton），海廷克与詹姆斯·金、珍妮·贝克，巴伦博伊姆与齐格弗里德·耶路撒冷、梅耶尔，皆差强人意。

唯一能挑战"瓦尔特—克伦佩勒"霸权地位的是朱里尼与柏林爱乐合作的版本（DG 唱片，1984 年），弗朗西斯科·阿莱沙（Francisco Araiza）与法斯宾德（Brigitte Fassbaender）。朱里尼是个相当谦逊的人，从未宣称自己是马勒信徒，只是表示自己对蒂罗尔（Tyrol）南部山区非常熟悉，因此了解此地风景对马勒音乐创作的影响。这种谨慎同样体现在他对《大地之歌》的处理上，成为音乐塑造的关键词。朱里尼从不会刻意强调任何一句歌词，而是让音调与音量自然地生长推进，更重要的是在歌手与乐团间取得平衡。阿莱沙是一位墨西哥男高音，擅长演唱莫扎特作品，演唱风格轻快极了，仿佛是冒着泡的欢腾；而法斯宾德的声音则较为尖锐突出，咬字异常清晰，散发的知性气息也很迷人。她演唱《送别》（Abschied）一曲的开场堪称典范，足以成为艺术歌曲演唱课的标准教材。同样的组合可在 Orfeo 唱片中找到演出录音。另外还有一段录音（华纳唱片，2008 年）是法斯宾德与莫泽合作演绎钢琴版的《大地之歌》，担任钢琴演奏的是希普林·卡萨利斯（Cyprien Katsaris）。此外，《大地之歌》亦有中文版，由指挥水蓝领衔新加坡交响乐团的版本，担任独唱的是莫华伦与梁宁。然而，最后极富意味的词 "ewig"（中文意为 "永远"），由于找不到适当的中文词，歌手仍然在演唱中使用德文的 "ewig"。

第九交响曲，D 大调

　　首演：维也纳，1912 年 6 月 26 日

　　所有作品中，第六交响曲的终曲乐段与第九交响曲的开篇最不具有马勒创作风格的典型特征，在困惑迷乱的空无中，作曲家似乎将自己隐藏了起来。由于这首曲子的 "马勒印记" 不强，许多指挥都尝试着用 "非马勒" 的方式进行诠释。卡拉扬的版本（柏林，1984 年）赢得了众多音乐大奖。他将诠释风格大约落在勃拉

姆斯及巴托克之间,音乐仿佛在二度空间的乡村漫游,随着山坡起伏,又好似昆虫撕咬般喧闹混乱。独奏乐器们逐渐汇聚成一首"乐队协奏曲"。音乐极为华美,然而,原本一份沉甸甸的、重要的人类档案就这么被挤压成一张风光明信片,如此的交响乐还有何意义可言?美感就是意义所在,卡拉扬如是说:"美即全部。"

制作人彼得·安德里(Peter Andry)称,卡拉扬之所以做这样的选择,或许是对 1964 年巴比罗利与柏林爱乐合作的第九交响曲(EMI 唱片)的反抗。当时,巴比罗利与柏林爱乐的合作已长达 30 年,亦是柏林爱乐首次演绎这首作品。巴比罗利的处理好比弗洛伊德心理学病例教科书,音乐里皆是陷入困境的人格,阴晴变换。尽管一些衔接乐段的细节处理略显粗糙,巴比罗利的第九交响曲诠释依然极具革命性,一座灯塔就此竖立。

至于伯恩斯坦,则把这个作品搞砸了,并且搞砸了三次,分别是 1968 年的纽约、1979 年的柏林,以及 1986 年的阿姆斯特丹。他的乡村舞曲鲁莽狂妄,回旋—滑稽曲(Rondo-Burleske)部分好像随时要失控。此外,开头的节奏总是无法稳定,终曲本应有的慈悲怜悯听起来倒更像是自怜自哀。库贝利克则坚持乡野画风,他的版本(DG 唱片,1967 年)充满了牛铃声、低声喧闹及欢快自在的舞曲,情绪悄然转换,先前还是阳光明媚,很快又变得阴郁哀愁。最后的乐章听上去仿佛是为这一天画上句点,……然而,明天还会降临。至于瓦尔特与克伦佩勒,他们再次不出意外地诠释出对立风格。瓦尔特录于 1938 年的维也纳音乐会版(EMI 唱片)显得过度紧绷,1961 年在好莱坞的表演(哥伦比亚唱片)深情,富有田园诗意。与之相较,克伦佩勒 1967 年与新爱乐乐团(New

Philharmonia）[1]的合作（EMI 唱片）则传递出不屈不挠的精神，回旋—滑稽曲的处理十分阳刚、男性化，结尾处亦是无所畏惧、坚定不退缩的气概。一个从不曾拥有轻柔夜梦的人，克伦佩勒的悲观主义严肃到令人难安。

霍伦斯坦留下四个版本的录音，除了第一个版本（维也纳交响乐团，Vox 唱片，1952 年），其余皆为现场录音。1964 年 BBC 逍遥音乐节，霍伦斯坦与伦敦交响乐团的合作为观众所诟病，然而应当指出，他对作品的解读，尤其是最后一个乐章的处理叫人难忘。霍伦斯坦处理乐队声部间强弱层次的手法总是令人惊叹，他为每种情绪找到了恰到好处的响度，只是听者难免感到过于黑暗。

卡雷尔·安切尔与捷克爱乐乐团的版本（Supraphon 唱片，1996 年）内省而抒情，对命运采取荒谬剧式的蔑视态度，这是一场完全基于自我逻辑的表演。库尔特·桑德林指挥第九交响曲时已 80 岁高龄（华纳唱片，1992 年），该版本将温暖的色调与透彻度平衡得极好。朱里尼（DG 唱片，1977 年）则在乐曲中召唤了惹人喜爱的托布拉赫风光，这与他对《大地之歌》的诠释如出一辙，

---

[1] 前身是 EMI 公司组织的专用录音乐团爱乐乐团（Philharmonia Orchestra），1964 年独立成为新爱乐乐团（New Philharmonia Orchestra），1978 年改回原名爱乐管弦乐团。1945 年，由 EMI 公司的录音经理沃达·雷格，当作演奏录音专用的乐团组织而成的，训练工作由当时逃亡在英国的卡拉扬担任，结果在很短的时间内，就培育成世界第一流的管弦乐团。乐团不但从事唱片录音，而且也开始公开演奏，等到卡拉扬就任首席指挥后，该团声誉与日俱增。1957 年，卡拉扬被辞退后，由德国大指挥家克伦佩勒接棒。1964 雷格离开公司后，乐团被 EMI 一脚踢开，断绝了一切的经济援助，成为自主经营的乐团，自此重新出发，团名改为"新爱乐管弦乐团"（New Philharmonia Orchestra），由克伦佩勒担任名誉会长兼首席指挥。1978 年，乐团又突然宣布，把"新"字去掉，改回原来的"爱乐管弦乐团"。——译者注

十分讨巧。1970 年,海廷克于阿姆斯特丹的表演(Phillips 唱片)很受音乐学者库克的推崇,在文本细节方面过分讲究挑剔;相比而言,滕施泰特的版本(EMI 唱片,1979 年)又过于热情,反而失去对细节的严谨。

至于一些表现欠佳的版本,比如殷巴尔(法兰克福,1987 年)一开场就没有找到应有的平衡,直到最后也没扭转局面。利博尔·佩塞克(利物浦,1990 年)非常真诚、努力地进行自我探索,但探索得太久以至于人们根本不可能感同身受。巴伦博伊姆(柏林国家交响乐团,2008 年)对第二乐章的节奏处理过于跳跃,终曲部分又美化得过了头。马泽尔(维也纳,1984 年)与布列兹(芝加哥,1998 年)的演绎情感苍白;索尔蒂(伦敦,1967 年;芝加哥,1982 年)的表达又情感泛滥。克莱茨基(以色列,1954 年)的版本将第二乐章删减了 115 个小节。海廷克与荷兰阿姆斯特丹皇家音乐厅管弦乐团在 1970 年的合作注重细节,却弱化了应有的对比起伏。

西蒙·拉特在 EMI 唱片发行过两张现场版录音,分别是 1993 年与维也纳爱乐乐团的合作以及 2008 年在柏林的演出。两版皆因第二乐章开头的舞曲节奏太过刻意而偏离应有的效果,终曲乐段的音色又过于明亮。尽管有这些瑕疵,他在维也纳的演出的确呈现出独特、钢铁般的情感密度。里卡尔多·夏伊的版本(阿姆斯特丹,2003 年)在细节方面简直可以说是"小题大做"。艾伦·吉尔伯特(Alan Gilbert)的版本(斯德哥尔摩,2009 年)比 100 台节拍器加起来还无聊。在维也纳还有一段米特罗普洛斯广播录音版本,录于其生前的最后几个星期(Andante 唱片,2001 年)。这个录音版本的音色非常糟,但其中的精神足以超越物质,超越人们对它产生的疑虑。

第十交响曲,升 F 小调

首演:伦敦,1964 年 8 月 13 日

选用库克版第十交响曲进行演出的有奥曼迪(费城,1965 年)、莫里斯(伦敦,1974 年)、詹姆斯·莱文(费城,1978 年)以及桑德林(柏林,1979 年)。桑德林及西蒙·拉特曾与戈德施密特花很长时间讨论如何将细节处的效果放大。1980 年,西蒙·拉特与伯恩茅斯交响乐团的合作(EMI 唱片)自此确立了该作品作为一首完整的交响乐正式纳入马勒作品系列中。虽然演出只在英国的某个郡举行,但对于版本正当性的确立起了很大作用。当年的西蒙·拉特不过 25 岁,对于慢板的处理大胆松弛,音乐在通透中自在呼吸,谐谑曲乐段亦十分紧凑。消防员的鼓声奏响了终乐章的葬礼进行曲,然而气氛并不因此而变得恐怖,音乐中仍透着希望。西蒙·拉特的第二次录音是与柏林爱乐乐团合作(EMI 唱片,1999 年),表演依然精致,但开头过于谨慎,谐谑曲又太过于战战兢兢。炼狱篇理应更惊悚些,如今的处理过于友善,而鼓声部分又过分做作。

里卡尔多·夏伊在思考这部作品的过程中求助众多马勒学者,他的版本(Decca 唱片,1986 年)试图以冷静的手法控制音乐中段的骚动不安,通过强烈的对比强化了终乐章的感情色彩。马克·威格斯沃(Mark Wigglesworth,BBC,1993 年)、贾南德雷亚·诺

塞达（Gianandrea Noseda，Chandos 唱片，2007 年）以及丹尼尔·哈丁与维也纳爱乐的合作（DG 唱片，2008 年），这几个版本并没有为库克版第十交响曲提供任何有价值的提升。

当然，还有其他人所续写完成的第十交响曲：斯拉特金（Leonard Slatkin）曾在美国圣路易斯（St. Louis）指挥演出雷莫·马泽蒂（Remo Mazzetti）的第一个版本（RCA 唱片，1994 年）；洛佩兹-科博斯（Jesús López-Cobos）则在辛辛那提演绎了马泽蒂的第二个版本（Telarc 唱片，2000 年）。安德鲁·利顿（Andrew Litton）与达拉斯交响乐团（Dallas Symphony Orchestra）曾演绎卡彭特的版本（Delos 唱片，2001 年）；马丁·西格哈特（Martin Sieghart）与阿纳姆爱乐乐团（Arnhem Philharmonic）则演过"萨马莱／马祖卡"（Samale／Mazzuca）的版本（Exton 唱片，2008 年）。奥尔森（Robert Olson）曾两度演出惠勒的版本，一次是在科罗拉多马勒音乐节（1997 年），另一次是与波兰广播交响乐团合作（Naxos 唱片，2000 年）。在所有续写的版本中，惠勒版是最不武断、最不盲目自信的一个，在形式上亦是最接近马勒所留下的乐谱原貌的版本，然而缺乏进一步探究、发展马勒创作的精神。

若要说最具野心、演得最好的版本，当属巴尔沙伊与德国荣格爱乐乐团的合作（Brilliant 唱片，2001 年）。在这个版本中，巴尔沙伊完全依照自己的推断，借用了充满异国情调的乐器曼陀铃，并大量使用马勒中期创作的交响技法。虽然我们永远不可能知道马勒会如何完成这部作品，但巴尔沙伊的诠释的确充满想象，令人难忘。

Why Mahler?

马勒效应

2004年7月,长笛演奏家加雷斯·戴维斯(Gareth Davies)从医生那里得知自己罹患睾丸癌,当时他的女儿刚出生两周。在极短时间内,戴维斯从"幸福的至高处坠入绝望的深渊"。经过手术及化疗,他于夏天结束时回到伦敦交响乐团,继续首席长笛的工作。身体上的不适,以及药物导致的眩晕令戴维斯陷入艰难,他努力想恢复高水平的表演状态。然而在圣保罗大教堂演奏贝多芬第九交响曲时,他的表现令人沮丧。戴维斯称,"音乐如泉涌般汹涌而来,你整个人理应感到兴奋,一阵战栗沿着脊椎往上窜"的时刻,莫名的黑洞替代了一切。本该产生伟大音乐的瞬间,如今什么都没有。之后,他再也找不回富有生命力的,充满动力、令人满足的状态。就在这时,戴维斯考虑放弃自己的音乐事业。毕竟,一位国际乐团的首席长笛是无路可退的,要么继续担当首席长笛,要么干脆别当乐手,别无他路。虽然伦敦交响乐团对患重病休养的乐手非常支持,大家彼此情同家人,但面对无法在演出中发挥全力的队友,必定让人恼火。

圣诞节前,经过两次排练后,乐团在指挥丹尼尔·哈丁的带领下演奏了马勒的第十交响曲。对于这部作品,戴维斯知之甚少,只知道当中表现了面对死亡的挣扎。前四个乐章的演出非常顺利。终乐章开始时,他听到了低音鼓如铅般沉重的砰击声,那个消防员葬礼的主题。五年后,戴维斯在交响乐团的博客上描述之后发生的事:

Why Mahler?

接着，又一个沉闷的巨响。

然后是静默。

这样的模式重复了几次后，一列奇特的和弦渐次出现，接着是一段长笛独奏。在乐谱中，这个段落被标记为"轻悄悄地、简朴地"（piano semplice），以外，再无更多描述了。长笛演奏的是一段优美的旋律，在沉静的弦乐声部间穿梭，它就这么游弋，你并不能清晰地分辨它的走向，它究竟要去向何方。那是一个令人深感不安的时刻，但又美得如此诡谲、令人心碎。我曾描述过许多诸如此类表现孤寂的乐段，但这段旋律大概是乐团长笛手最能引发惊艳的独奏。总之，在葬礼第一击鼓声响起前，整个乐团为了演好这首作品可谓全力以赴。随着独奏段落的临近，我的心跳开始加快，不过这回，我感觉到了些许不同……大号声缓缓远去，鼓声越来越密集，我感觉到音乐中有些什么正好反映出我内心的状态……此时，哈丁的眼神越过整个交响乐团示意我开始演奏。我闭上了眼睛开始吹奏。我无法描述当时的感觉，时间仿佛停止了，似乎有海浪冲刷过我的身体，我感觉到几个月来未曾在音乐会中得到的感动。突然之间，那个夜晚，那首曲子改变了我。旋律临近尾声，我再次睁开眼睛，确定与乐团演奏同步，之后一切就结束了……马勒的音乐似乎轻轻地拨动了我脑中的某个开关。大概一年后，我与哈丁聊起那场音乐会以及我的感受，他只是微笑地看着我，我们都知道彼此心里所想。[1]

---

[1] http://lsoontour.wordpress.com/2009/11/17/its-not-about-the-music/.

戴维斯所经历的，正是马勒深刻洞察人性的力量。声音的元素可以被量化——弦乐声部这么演奏，长笛手那么演奏——但最终所呈现的效果却无法被解释。如一道"激光"，马勒能穿透肉体的墙，直击人们的灵魂。在第十交响曲中，爱与失去、生与死转换的瞬间，强大的渗透力令我们历经创伤后重新长出的保护硬壳根本无从抵抗。音乐家通常比常人拥有更厚实的情感防火墙，毕竟他们演出时不能任由私人情绪侵入、干扰。不过马勒与其他作曲家不同，他允许乐手释放，甚至是夸张地表现个人情感，继续表演。在戴维斯的例子中，马勒的音乐修复了他感受情绪的能力。我希望戴维斯能进一步解释他当时的状态，他称，音乐把他带回第一次从医生口中听到"癌症"这个词的冰冷时刻：

在长笛独奏开始前两个小节，圆号回应着开头的乐段。我觉得一片孤寂，仿佛站在险峻的危崖上，四面是可怖的陡坡。我甚至感受到生与死的边界。音乐在平静中缓缓地行进，终于，它在空无中坠落。而我突然觉得自己能够接受未来必须面对的一切。

我不知道乐手是否一定要在演奏时抵制音乐中的情绪，但在那一刻，我发现自己完全理解马勒的感受，也很清楚马勒想在音乐中达成的结果。讽刺的是，马勒的大多数交响乐作品都有详细的演奏指示，然而在这里我却找不到什么注解。我想他只留下了"semplice"（单纯地、简朴地）一词，不过，这个词不论是对音乐或者人生，都是最好的指点。[1]

---

[1] 给作者的电子邮件，2009 年 12 月 3 日。

Why Mahler?

这是马勒对乐手施以深刻影响力的最好例证之一。他揭示甚至逼迫乐手直视内心的情感,允许他们以自己的方式与其和解。因此,比起施特劳斯或者西贝柳斯,乐队乐手演奏马勒作品时通常会更加兴奋。马勒的音乐可以修复人们对世界的感知力,令人们对这些情绪自由做出反应。为什么是马勒?问问乐手就知道了。

马勒的歌曲作品

马勒将自己的歌曲当作创作交响乐的素材。不过与亨德尔一样,马勒的引用也有缺点:有些歌曲作品因此失去了新鲜感。马勒没有什么突出的歌曲作品,在声乐套曲的创新方面也比不上舒伯特与舒曼。唯有为诗人吕克特写的两个组曲是例外,它们的确展现了马勒的精髓。

早期歌曲／青年时期的歌曲与圣咏

创作于 1876—1890 年,出版于 1892 年

这组歌曲共 14 首。1947 年 12 月,布鲁诺·瓦尔特在他的好莱坞牌钢琴上与女高音哈尔班(Desi Halban)合作演绎了其中的八首(哥伦比亚唱片)。哈尔班的高音显得紧绷,有时气息不够长,无法好好唱完一整句歌词。但她毕竟是业余歌手,在私人聚会中娱乐助兴一下还算合格。菲舍尔-迪斯考则与伯恩斯坦合作,同样以钢琴演唱的方式诠释了 11 首歌曲,一个较为阳刚的版本(哥伦比亚唱片,1968 年)。菲舍尔-迪斯考的表演风格趋于慷慨激昂,

更接近于在大音乐厅的演唱方式而非小型的沙龙表演，但仍保有歌曲中的信仰底蕴。他后来又与巴伦博伊姆完整合作了这组歌曲，巴伦博伊姆担任钢琴伴奏（EMI 唱片，1980 年）。

　　托马斯·汉普森曾与钢琴家大卫·鲁茨（David Lutz）合作过一个版本（华纳唱片，1994 年），两人都捕捉到马勒对爱人约瑟菲娜的绝望与企盼之心。场景仿佛回到约德尔乡村歌调中，而这些歌调正是马勒交响乐写作的基础构成。在意大利作曲家卢西亚诺·贝里奥的指挥下，汉普森也曾与管弦乐团合作，以纤细感性的歌声演唱了 11 首歌曲，整体风格在舒曼与早期勋伯格之间摇摆。其他与钢琴合作演出的歌手还有珍妮·贝克［钢琴：杰弗里·帕森斯（Geoffrey Parsons），Hyperion 唱片，1983 年］、法斯宾德［钢琴：盖奇（Irwin Gage），DG 唱片，1980 年］，以及范欧塔［Anne-Sofie von Otter，钢琴：拉尔夫·哥托尼（Ralf Gothoni），DG 唱片，1988 年］。贝恩德·维克尔（Bernd Weikl）曾根据贝里奥的演唱版本唱了其中六首歌曲，指挥则是西诺波里（DG 唱片，1985 年）。

《少年魔角》

　　1892—1901 年

　　就这首作品，越是天真的演绎越成功。菲舍尔-迪斯考及伊丽莎白·施瓦茨柯普夫曾在塞尔的指挥下与伦敦交响乐团合作（EMI 唱片，1968 年），该版本受到高度推崇，演唱方面完美细致，没有任何问题。虽然，从如此高贵的嘴唇发出驴子嘶鸣的叫声显得滑稽，但演唱者所传递出的美无可指责。在莫里斯的指挥下，杰伦特·埃文斯与珍妮·贝克的组合在听觉上产生了更多魔力。卢西亚·波普与滕施泰特的合作（EMI 唱片，1987 年）有其突出之处，但男中音贝恩德·维克尔的表现不够格。伯恩斯坦首个版本合作的歌手是沃尔特·贝里（Walter Berry）与克丽斯塔·路德维希，这也是他所使用过的最好组合（哥伦比亚唱片，1968 年）。杰西·诺曼则在与指挥海廷克、男中音谢利—夸克（John Shirley-Quirk）的合作中占主导地位，技压全场（Philips 唱片，1976 年）。

在指挥阿巴多与柏林爱乐乐团丝绒般、如阳光般温暖的乐音衬托下，托马斯·夸斯托夫唱出了最忧伤的情绪，只是范欧塔的声音偶尔显得刺耳（DG 唱片，1999 年）。指挥夏伊领衔的歌曲系列中，马蒂亚斯·戈恩（Matthias Goerne）与芭芭拉·邦尼的歌声显得老气（Decca 唱片，2003 年）。另外还有赫尔维格指挥古乐团香榭丽舍管弦乐团（Orchestre des Champs-Elysées）的版本，担任独唱的是亨塞尔（Dietrich Hensel）与萨拉·康诺莉（Sarah Connolly）。虽然他们宣称该版本（Harmonia Mundi 唱片，2006 年）追求简单朴素的质感，然而最终听起来还是充满学院派的矫情。

《悲叹之歌》

> 1880 年、1893 年，最终修订版完成于 1899 年

《悲叹之歌》作为素材，被马勒用于后来第二交响曲的创作中。歌曲开头的旋律很是抓人，在随后 40 分钟的音乐画面里，这

段主题乐思反复出现。1959年4月，马勒的侄子弗里茨·马勒（Fritz Mahler）在康涅狄格州哈特福特市的卫加尔德村（Vanguard at Hartford）录制了这部声乐套曲，独唱歌手包括豪斯维尔（Margaret Hoswell）、楚卡锡恩、彼得拉克（Rudolf Petrak）。莫里斯的版本（EMI唱片，1967年）以泰蕾莎·兹丽丝－加拉（Teresa Zylis-Gara）、安娜·雷诺兹及考波希（Andor Kaposy）的组合魅惑了全世界，不过身为指挥，他的功劳也不过是偶尔稍加指点罢了。海廷克（Philips唱片，1973年）、西蒙·拉特（EMI唱片，1983年）、理查德·希考克斯（Hickox, Chandos唱片，1993年），以及托马斯（Avie唱片，2007年）的版本都不错。另有一个1880年版的修复版由长野健与哈雷交响乐团在曼彻斯特首演，但效果并无特别之处。

《旅行者之歌》

1884—1885年间，1896年完成管弦乐编曲

富特文格勒唯一一张马勒的唱片正是这部作品（EMI唱片，1952年）。他曾在职业生涯早期指挥过少量马勒交响曲，但1933年后就再也没有碰过马勒。该版本中担任独唱的是声线强健有力的菲舍尔–迪斯考，乐团为爱乐乐团。演出效果与其说属于马勒风格，不如说偏向于勃拉姆斯的乐风。当中的《清晨，我穿过田野》好似梦游者沉重的步伐。

曾演唱过女武神布伦希尔德的伟大女高音基尔斯腾·弗拉格斯塔（Kirsten Flagstad）以史诗般的共鸣演唱出年轻人苦涩的爱情。悲剧感是如此真实，贯穿其间的懊悔甚至延伸至同一张专辑

的《亡儿悼歌》。这绝对是马勒迷不容错过的一张唱片（Decca 唱片，1957 年，维也纳爱乐乐团，指挥阿德里安·鲍尔特）。

珍妮·贝克诠释马勒作品的优点是毫不做作。与弗拉格斯塔一样，贝克能够在这些歌曲与《亡儿悼歌》之间找到关联。虽然她的音色较为轻快，但带来的凄寒之感毫不逊色。该版本与贝克合作的是哈雷乐团及巴比罗利（EMI 唱片，1967 年）。克丽斯塔·路德维希与指挥鲍尔特、维也纳爱乐乐团的版本（EMI 唱片，1958 年）显得过于谨慎。与瓦尔特合作的米尔德里德·米勒如果在演唱上有所控制恐怕效果会更好（好莱坞，1960 年）；而与库贝利克合作的菲舍尔-迪斯考正值歌唱生涯的巅峰，自然是精彩绝伦（慕尼黑，1968 年）。其他令人印象深刻的还有明顿（Yvonne Minton）与索尔蒂的版本（芝加哥，1970 年），玛莉莲·霍恩（Marilyn Horne）与祖宾·梅塔的版本（洛杉矶，1978 年），以及法斯宾德与西诺波里的合作（伦敦，1985 年）。钢琴伴奏版中，托马斯·汉普森与大卫·鲁茨的合作非常杰出（华纳唱片，1994 年）。

声乐套曲《吕克特之歌五首》(*Fünf Rückert lieder*)

1901—1902 年

1930 年 1 月，莎拉—查尔斯·卡耶在柏林录制了其中四首歌曲，当时的指挥是梅罗维兹（Selmar Meyrowitz）。显然，莎拉·卡耶已经开始走下坡路，她的声音有种类似过了保质期的无力感，但我们依然可以从中听出她身为歌手对于作曲家的全心奉献。毛伦·弗雷斯特尔是完整录制这部作品的第一人（DG 唱片，1959 年），与她合作的是柏林广播交响乐团及指挥费伦茨·弗里乔伊。珍妮·贝克与巴比罗利的版本（EMI 唱片，1968 年）在情绪的处理上非常聪明，从轻快的《请不要偷看我的歌》(*Don't Look For Me in My Songs*)，穿过阴郁黑暗的《午夜冥想》(*At Midnight*)，最终是整部作品的高潮精华之作《我被世界所遗忘》。克丽斯塔·路德维希与克伦佩勒的版本（EMI 唱片，1964 年）从绝望的《我被世界所遗忘》开始，只演唱了其中的四首，最后以一首《少年魔角》的歌曲结束。托马斯·汉普森和伯恩斯坦的版本（DG 唱片，1991 年）充满自省精神，因此所衍生出的丰饶足以弥补其中的缺失。2008 年发行的《BBC 苏格兰风格》系列套装中，荷兰次女高音史托金（Christianne Stotijn）的歌声飘浮在整个乐团声音之上，《午夜冥想》这首歌经过仔细思量后选择了低调、朴素的呈现方式。不过，似乎没有人能真的掌控、处理好《我被世界所遗忘》这首歌。

《亡儿悼歌》

　　首演：维也纳，1905 年 1 月 29 日

　　为了呼应这首歌的自传性质，马勒最初指定由男歌手来演唱，不过后来演唱的大多是女性。费丽尔（与指挥瓦尔特、维也纳爱乐乐团合作，1949 年）与弗拉格斯塔（与指挥博尔特、维也纳爱乐乐团合作，1957 年）恰好构成鲜明的对照：前者是音质圆润饱满的女中音，后者则好似庞大的乐器，声如洪钟，并且总是用尽全力。费丽尔的优势在于温柔，她在中段每首歌曲开头的低音仿

佛是舒适的毛毯将人们的耳朵轻柔拥裹。1951年的荷兰音乐节（Holland Festival）期间，在克伦佩勒的指挥下，费丽尔在最后一首歌曲中召唤出近似《大地之歌》的情怀（Decca唱片）。弗拉格斯塔是力量型的歌手，如磐石般坚固的气势带着毫不妥协的力量，若无其事地凌驾于整个乐团之上。唱到最后一首歌时，她的表现简直带有瓦格纳式的狂热，仿佛能将河水染作金色，无尽的悲哀是她仅剩的尊严。

极富英雄性格的玛丽安·安德森则有两个版本的录音，第一个版本录于1950年，指挥蒙特（Pierre Monteux）；第二版本录于1956年，指挥为霍伦斯坦。对这些歌曲而言，她的声线显得过于华美鲜艳，然而表现力是一流的，很容易将听者带入应有的情境中。珍妮·贝克与霍伦斯坦的现场演出（BBC传奇系列，1967年）可谓奢华气派；与巴比罗利在录音室中合作的版本（EMI唱片，1968年）情感丰沛；与伯恩斯坦在以色列的合作中（哥伦比亚唱片，1974年），其表现则有些不稳定。

面对歌曲中无边无际的痛苦，克丽斯塔·路德维希［指挥范德诺特（André Vandernoot），EMI唱片，1958年］采用了轻巧的歌声。唱到中段歌曲"当你亲爱的母亲进门时"，一股荒凉的苦痛倾泻而出。路德维希后来与卡拉扬在柏林合作的版本（DG唱片，1974年）则令人感觉昏昏欲睡。法斯宾德的现场表现大胆而辛辣，不论是与滕施泰特合作的伦敦音乐会（未发行，1987年），还是与夏伊的柏林演出（Decca唱片，1988年）皆如此。劳瑞恩·亨特·利伯森（Lorraine Hunt Lieberson）在钢琴伴奏下的独唱版则有尖刻、辛酸感（威格莫音乐厅，1998年）。

男中音海因里希（Heinrich Rehkemper）在霍伦斯坦早年的指挥下传递出宁静、肃穆，节奏稳定（DG 唱片，1928 年）。乐团声部的声音异常清晰逼真，在那个时代能有如此效果的确惊艳。菲舍尔-迪斯考 1955 年与鲁道夫·肯佩在柏林合作的现场版由 EMI 唱片收录，他的歌声有着让人震颤的愁苦；在 1936 年与卡尔·伯姆的合作中，菲舍尔-迪斯考的音色更激烈些，不太为人喜欢（DG 唱片）。

至于真正确立此曲"男性诠释"传统的歌手是汉普森（合作指挥伯恩斯坦，维也纳爱乐，DG 唱片，1988 年）。另外值得一提的还有来自威尔士的男中音布莱恩·特菲尔，他以舒伯特式的细致方式演绎了这首作品（指挥西诺波里，爱乐乐团，DG 唱片，1992 年）。第一首歌临近结尾的段落，特菲尔发出一声音乐性的叹息，那是出自灵魂最深处的悲哀，就在那个时刻，艺术与生活终于得以交汇。

关于作品残章、片段及改编

马勒学生时代写过一首 A 小调钢琴四重奏，留存下来的只有一个乐章，此乐章曾被埃内斯库爱乐乐团（George Enescu Bucharest Philharmonic Orchestra）完美呈现（Arte Nova 唱片，2000 年）。施尼特凯在此基础上续写了一个乐章，这个两乐章的版本曾由柏林斯基（Ludmilla Berlinsky）带领鲍罗丁四重奏演奏过（Virgin Classics 唱片，1990 年）。施尼特凯后来又将这部作品用在自己第五交响曲第二乐章的结尾，重新命名为《第四大协奏曲》（Concerto Grosso No.4）。

马勒第一交响曲中的《花之乐章》展开乐段，以及第二交响曲中的《葬礼》常被独立选出来录制唱片。帕沃·雅尔维就曾将这两首作品放进同一张专辑，另外还搭配了第十交响曲的"行板"（Adagio）以及布里顿从第三交响曲中选出的一章改编而成的室内乐作品（Virgin 唱片，2009 年）。

至于马勒替韦伯完成的歌剧《三个品托》，加里·贝蒂尼在慕尼黑录过一个版本（RCA 唱片，1995 年）。阿里亚贝尼（Paolo Arrivabeni）也曾在韦克斯福德录制过（Naxos 唱片，2003 年）。由马勒重新改编过的舒曼交响曲则由夏伊在莱比锡指挥演出过（Decca 唱片，2007 年）。多纳伊曾在克利夫兰演出马勒扩写自贝多芬《F 小调四重奏》（作品第 95）的弦乐作品（Decca 唱片，1996 年）。杰弗里·塔特（Jeffery Tate）则指挥演出了马勒扩写自舒伯特《死神与少女》的四重奏的作品（EMI 唱片，1996 年）。

1919 年，勋伯格成立了一个"私人音乐会演出协会"（Society for Private Musical Performances），加入的成员可以经由协会听到最新的音乐，或者各种最新版本的改编。勋伯格以长笛、单簧管、脚踏式风琴、钢琴、打击乐及弦乐五重奏对《旅行者之歌》重新进行改编，由凡尔赛室内乐会社（Carmeratade Versailles）录制（Auvidis 唱片，1986 年）。《大地之歌》也进行了同样的改编，由芬兰拉蒂交响乐团（Sinfonia Lahti）与次女高音莫尼卡·戈洛普（Monica Groop）演绎（网上可找到下载资源）。埃尔温·施泰因（Erwin Stein）共改编了四首马勒交响曲，皆为小型管弦乐团版，其中第四交响曲有录制发行（Capriccio 唱片，2001 年）。

另外,马勒的所有交响曲都有留下单人独奏及双人演奏的钢琴版,演奏者包括瓦尔特(第二交响曲)、策姆林斯基(第六交响曲)、阿尔弗雷多·卡塞拉(第七交响曲)以及他的出版编辑沃斯。20世纪90年代早期,瑞典策划首个马勒系列音乐会,皇家斯德哥尔摩爱乐乐团找到我,希望我能为这个特殊的周末提点建议。当时我提出花一天的时间上演马勒所有交响乐的四手联弹版本,料想这种方式必会吸引众多学生前来参与。这个想法刚放出点风声,所有在瑞典的顶级钢琴家蜂拥而至,其中两位钢琴家甚至连续三周往返于哥德堡、斯德哥尔摩,如此密集的行程只为了参加排练。他们对于这次表演的好奇与热情简直炽烈如火。

每天排练从早上9点持续到晚上将近10点,每一份钢琴乐谱仿佛是马勒大脑的电脑断层扫描图,揭露了从第一交响曲到最后一首交响曲间隐秘的联系,而这是管弦乐系列演出永远无法达到的效果。超过500位观众购买了全日票,其中甚至有15人除了中场休息时间外始终未离开过座位。该四手联弹系列由两位德国钢琴家岑克尔(Silvia Zenker)与特伦克纳(Evelinde Trenkner)合作完成(MDG唱片,1991年)。

大卫·布里格斯(David Briggs)在格洛斯特大教堂(Gloucester Cathedral)演出了第五交响曲的管风琴版(Priory唱片,1991年)。阿尔坎吉罗斯室内乐团(Arcangelos Chamber Ensemble)曾演奏过马勒第四交响曲,可视作具有心灵治愈效果的版本,当时他们正在进行一个"ABT声音健康计划"(ABT Sound Health Program, www.abtmedia.com),演绎的标准是"音乐须有减压功效,每分钟

30 到 60 拍"。

关于版本的二三事

马勒总是相信：自己作品的最新版本一定是最好的。这一点到目前为止，的确不错。国际马勒协会致力于为所有作品修正错误，不断推出最新版本的作品乐谱。"举例来说，第一交响曲我已指挥很多次了，"阿巴多 2009 年曾这么说，"不过当我买到最新版的乐谱时，依然会发现好多全新的东西。"[1]

衍生、模仿、隐喻指涉之作

策姆林斯基与肖斯塔科维奇都曾模仿《大地之歌》的形式进行创作。策姆林斯基《抒情交响曲》（*Lyric Symphony*，1924 年）的文本选自以孟加拉语写作的哲学家泰戈尔（Rabindranath Tagore）的七首诗歌，作品在男中音与女高音间转换，不论是结构还是音乐氛围都与《大地之歌》类似。肖斯塔科维奇的第 14 交响曲（1969 年），全曲 11 首诗歌由女高音、低音乐器、打击乐以及弦乐声部共同完成。作品题献给布里顿，其中所引用的俄罗斯安魂曲预示了即将降临的死亡。布里顿亦在自己的《安魂交响曲》（*Sinfoniada Requiem*，1940 年）中的第一及第三部分运用马勒式的音乐线索。另外，其歌剧《彼得·格莱姆斯》（1945 年）中的海洋旋律也呼应了马勒第八交响曲中的间奏。

---

[1] 参见英国《卫报》，2009 年 8 月 8 日。

卢西亚诺·贝里奥《交响曲》（1968年）中的谐谑曲引用了马勒第二交响曲中的同一乐章。作曲家沃尔夫冈·里姆（Wolfgang Rihm）为马勒的第九交响曲写了一首题为《背弃》（*Abkehr*）的序曲（1986年）；另一首安魂曲《我的死亡》（*Mein Tod*，1989年）则延续了马勒创作中的哀悼主题。彼得·鲁茨斯卡（Peter Ruzicka）的《中提琴协奏曲》（*Viola Concerto*，1981年）亦重新使用了马勒第九交响曲中的乐段。

布索尼的学生库尔特·威尔（Kurt Weill）在他的《新奥尔菲斯》康塔塔（*New Orpheus*，1925年）中反复使用马勒作品的文本及音乐。而布索尼本人的《悲哀摇篮曲》（1909年），即马勒生前倒数第二次登台演奏的作品，亦与第五交响曲的柔板乐章相呼应。布索尼的这首作品录过两个版本：一个是作曲家的交响乐版，另一个则是经由勋伯格删减后的长笛、单簧管、脚踏式风琴及弦乐五重奏的室内乐版，勋伯格的改编令人印象深刻。勋伯格也在自己的《第二室内交响曲》（1938年）中引用马勒的第七交响曲。阿尔班·贝尔格的《抒情组曲》（*Lyric Suite*，1927年）借鉴了策姆林斯基《抒情交响曲》的内容；并且在其他创作中，贝尔格大量采用马勒的音乐性讽刺。

塞缪尔·巴伯（Samuel Barber）的《弦乐柔板》（*Adagio for Strings*）一直是美国极具代表性的音乐会作品，其中的气氛非常接近于马勒的小柔板乐章。不过，巴伯时常诋毁马勒与施特劳斯，或许只是想掩盖自己在风格上所受的影响。科普兰的《单簧管协奏曲》（*Clarinet Concerto*，1950年）以马勒第九交响曲"向世界告别"的终止式开场，同样的音乐形象也曾在伯恩斯坦为伊利亚·卡赞（Elia Kazan）电影《码头风云》(On the Water Front, 1954 年）结尾所写的配乐中出现。第九交响曲的终止式也意外地出现在亨里克·格莱茨基（Henryk Mikolaj Górecki）的第三交响曲中（1976 年），这是唱片史上首个销售突破百万的交响乐作品。1990 年，苏联作曲家科恩多夫（Nikolai Korndorf）写了一首《向马勒致敬之赞美诗，为女高音与乐团而作》(Hymnin Honour of Gustav Mahler, for soprano and orchestra)，以此歌颂自然之美与合乎经文训诫的信仰。马勒的影响力在他去世后持续了一个世纪，虽然并非普遍深入地改变每个作曲家，但确实在音乐发展的许多关键环节发挥了作用。

与马勒关系密切的合作伙伴中，约瑟夫·费尔斯特所创作的组曲天真直率，交响乐及歌剧则带有类似德沃夏克的民族风格。布鲁诺·瓦尔特写过一首 D 小调交响曲，带有马勒的早期风格。在埃里希·科恩戈尔德（1897—1957）的作品中，马勒的影响随处可见，并独特地融合了施特劳斯与普契尼的风格。魏格尔（Karl Weigl，1881—1949）曾受雇于维也纳歌剧院为马勒做事，后来他写了六首带有浪漫主义晚期风格的交响曲，其中的第五首（1945 年）是向罗斯福总统致敬的作品，标题为《启示录》(Apocalypse)，当中采用了马勒《围着金牛犊跳舞》(Dance around the Golden Calf)的音乐主题。约瑟夫·马克思（Joseph Marx，1882—1964）曾被富特文格勒称为"奥地利音乐的先锋力量"，他的风格也是从马勒的牧歌音乐发展而来。埃贡·维雷茨（Egon Wellesz，1885—1974）写有八首交响乐，第一首的终乐章模仿了马勒最后的"慢板"结构。1909 年，卡塞拉（Alfredo

Casella，1883—1947）受马勒启发创作了 C 小调交响曲；不过他在 1918 年见异思迁，转投至墨索里尼的阵营。阿尔玛共创作了 14 首歌曲，留下了许多录音版本。至于马勒的其他家人，只有妹夫阿诺德·罗斯与其女儿阿尔玛于 1928 年合奏的巴赫《双小提琴协奏曲》留下一些录音资料。

舞台与荧幕

在写完《魂断威尼斯》后，托马斯·曼原本没有料到会有人发现男主角艾申巴赫其实就是马勒，因此当插画家伯恩（Wolfgang Born）从虚构的故事中描画出这栩栩如生、与真实世界的人物毫无二致的形象时，他着实吃了一惊。这种相似度也延伸到了后来的电影中，在维斯康蒂根据小说改编的电影里，德克·博加德（Dirk Bogarde）表现艾申巴赫的方式也非常接近于马勒。

约书亚·索伯（Joshua Sobol）与罗纳德·哈伍德（Ronald Harwood）创作的戏剧主要探讨了马勒的犹太血统。索伯为 1996 年维也纳音乐节而作的多元互动剧（polydrama）《阿尔玛》（Alma）采用多媒体的方式呈现历史，现场还包括了一个即时互动的网站（www.alma-mahler.com）。哈伍德的《马勒之信仰转变》（Mahler's Conversion）在"9·11"恐怖袭击事件的当月上演，因而引发了伯恩斯坦对他的质疑，认为他有意趁机挑起种族议题。这部戏剧仅仅上演了几周，剧本后来由费伯—费伯出版社（伦敦，2001 年）出版发行。

罗素（Ken Russell）的电影《马勒》（Mahler，1974 年）是在其导演的 BBC 传记纪录片基础上延伸出来的剧情片。剧组在英国湖区以及伦敦波多贝罗路（Portobello Road）上一间公寓取景[1]，拍摄为期六个多星期。大部分情节依据阿尔玛的自传回忆录，影片采用多个时空同时推进的叙事手法，通过行为、言语重新进行建构。许多人，包括指挥家在内，都从这部电影中得到启发。当有人问马勒："你的信仰为何？"他回答说："我是一个作曲家。"虽然这段对话纯属虚构，却反映了绝对的真实。电影中饰演马勒的演员是罗伯特·鲍威尔（Robert Powell），他后来在佛朗哥·泽菲雷里（Franco Zeffirelli）执导的电视迷你剧中扮演耶稣，以及BBC肥皂剧《霍尔比市》（Holby City）中饰演护理师。

在布鲁斯·贝瑞斯福（Bruce Beresford）拍摄的电影《风中的新娘》（Bride of the Wind，2001年）中，饰演马勒的是乔纳森·普莱斯（Jonathan Pryce），电影剧本充满老掉牙的情节，最糟的场景大概是阿尔玛与一群活蹦乱跳的红雀嬉闹的淫荡场景。[2]

与马勒相关的书籍

最早为马勒作传的是斯特凡与理查·施佩希特（1879—1932），两人以略嫌絮叨的语调呈现出一位有争议性的"圣人"。斯特凡在传记首页写道："我所追求的绝非冷静。"[3]施佩希特的资料来源几乎全是阿尔玛，甚至以取悦阿尔玛的方式来描述马勒。他在1913年出版的传记一共再版了24次。由于这种手法实在太

---

[1] 莱布雷希特-罗素（Ken Russell）访谈，1985年。
[2] http://www.imdb.com/title/tt0212827/news#ni0099901
[3] 斯特凡：《马勒：人格与创作研究》，1页。

受欢迎，在此后的一个世纪内，马勒的各种传记依然充满这种风格。法国学者亨利—路易斯·德·拉·格兰奇男爵（1924年生人）毕生都在研究、撰写马勒的传记，在厚厚的四大册作品中不仅包含所有研究资料，还痛斥那些诽谤马勒的人，无论真实、虚构、过去、现在。格兰奇的父亲是法国航空业的翘楚，母亲则是美国家具业大佬的第二代继承人艾米丽·斯隆（Emily Sloan）。1945年，格兰奇在卡内基音乐厅聆听由布鲁诺·瓦尔特指挥的马勒第四交响曲，这是他第一次听到马勒的作品，好似新大陆般引发了格兰奇的强烈兴趣。之后，他想尽办法结识阿尔玛，着手收集关于马勒的第一手资料，包括莱赫纳的完整手稿以及威廉·里特的日记。他所创立的"马勒音乐媒体中心"（Médiathèque Musicale Mahler）是全法收藏音乐类手稿数量最多的机构之一，其中还包含圣—桑、阿尔弗雷德·科尔托、库尔兹与约瑟夫·科斯马（Joseph Kosma）遗留的历史资料。所有藏品资料均可在线查询（www.bgm.org）。格兰奇的发现非常重要，他对于马勒生活的逐日记录梳理，对于我这种"重度马勒迷"也是不可或缺的资料。不过，翻看一阵子后，那些重复的每日琐事开始变得乏味，其间对于马勒个性、音乐的分析也流于肤浅。总之，这部传记更适宜做资料参考，可读性较弱。

  回想1925年，唐纳德·米切尔还只是一位侍奉布里顿左右的年轻音乐评论家，正如当年马勒身边的斯特凡，负责反击所有对布里顿有意见的诽谤者。米切尔对马勒的研究着重于他的歌曲与交响乐之间的联系，这个角度极富开创性，也非常有趣。如同熟食店供人们随意品尝的、能带来欢乐的小食，米切尔提供的这些与马勒相关的小讯息,反而能给读者更长久的思考。

1930年,出生于希腊的德国音乐学家康斯坦丁·弗洛罗斯如解读经文圣典般为马勒的一生做了全面性的诠释,他逐字逐句地检视马勒创作文本中的文字、笔记以及生活脉络。每一个研究主题间的关联性非常强,虽然弗洛罗斯的有些推论显得过于理所当然,但总体而言他的观点很新颖,结论也非常清晰;1933年的英译本非常出色。

布劳科普夫(Kurt Blaukopf,1914—1999)在其1969年的《马勒传》的后记中坦言:"我并不是一直都喜爱马勒;曾有过几年我完全不听他的作品。"[1] 1938年,身为法律系学生的布劳科普夫从维也纳逃亡巴黎,之后又在巴勒斯坦度过了战时岁月。他与第二任妻子赫塔(Herta,1924—2005)总是把自己关于马勒的发现与所有人分享,我本人也从中受益匪浅。布劳科普夫的这部传记内容虽然有点过时,不过当中"文献研究"(Documentary Study,1976年)的部分非常值得初识马勒的新手一读。其他不错的马勒传记作者还包括迈克尔·肯尼迪(Michael Kennedy)、乔纳森·卡尔(Jonathan Carr)、彼得·富兰克林(Peter Franklin)以及沃尔夫冈·施莱柏(Wolfgang Schreiber)。

这些都是通往马勒世界的重要入口。然而就本质而言,他们所关心的马勒始终不是现代的马勒,亦不可能探讨在现代世界中马勒的意义,相应地,观点常趋于狭隘。马勒的故事必须以21世纪的观点来叙述,这也是这本书出版的目的。

---

[1] 布劳科普夫:《马勒档案研究》,1256页。

马勒告诉我的事

环绕我书桌的墙边堆满了书、乐谱及手稿,它们全都与马勒有关。左手边则有摆满整整六层架子的 CD 唱片,这些都是我从上百张专辑中比对、筛选出的较好作品。若是发生火灾,我首先会先救孩子,接下来就是所有关于马勒的收藏。

我太沉迷于马勒了吗?在我看来,绝非如此。你可以指责我买太多设计师品牌的衣服,或者说我喝了太多纯麦威士忌,并早已超过一般建议的饮用量。但马勒真正滋养了我的生活,而这 35 年来的追寻现在正环绕在我身边。每个人都需要拥有一个衡量自己人生的坐标,马勒正是我的坐标。

我到底从中学到了什么?从个体的生命中,我整理出一些有意味的事实与理想:

> 每个孩子都该拥有机会;
>
> 爱可以等待;
>
> 平庸与卓越之间的差异在于是否尽力;
>
> "最好"永远都还不够好;
>
> 奋斗就是一切;
>
> 尊严能让你度过挫败;
>
> 最重要的是,"没办法"永远不是问题的答案,那甚至不足以构成障碍。
>
> 所谓的"不可能"只要再坚持久一点即可解决。

Why Mahler?

不管生活待他如何，马勒总是保有一种韧性，这种精神在我挫败时给我勇气，沮丧时给我希望。他并非道德楷模，也无法给予创作者实际的指引。他无法告诉你何时该坚守立场，何时该让步；何时该加快步伐，何时又该慢下来好让世界跟上你的脚步。然而，马勒还是成功地超越了自己的时代，并对自己的毅力抱持信心。在艺术的领域，别无他路。

从他的音乐中，我们也可以学到其他准则，而这些准则即使在今天仍然适用。现代世界的人们活在资讯风暴中，甚至没有一处小屋予我们容身。新媒体不断涌现，脸书上到处是根本不熟悉的朋友，所有资讯虽即时却又空洞化。我们究竟该如何解读这个世界？该如何自处？马勒的音乐能帮助个体快速探索内心深处的情绪，让你充分地了解真实的自我，借此与他人和解，与你珍视的人们建立关系。

当然，我所说的并不是一个单向的过程，而是复杂的信息网络，这其中并非所有内容都有趣，也不是所有内容都能切实地帮助你达成目的。马勒的确早已预见这种资讯风暴的来临，在音乐中，他通过使用随机插入的乐段或者舞台外摆放乐队的方式来表达这种状态。他令人们明白：任何资讯都不能只从字面上解读，也不可以割裂地来看待一个字或词所产生的意义。任何一种描述之下都有"潜台词"，任何说法背后都预设了某种评论的观点或内在的矛盾；必须带着怀疑去检视每一个宣言，而不只是像我们的前辈那样，总是完全拥抱丘吉尔、甘地或林肯所说的一切。

当我们在第三个千禧年聆听领袖的话语时，我们必须聆听话语之下隐藏的讯息，才有可能避免灾难上身。当所有信息快速地在大脑中传递时，我们必须小心谨慎地对待所有发现，适时地停下来，并以更宏观的眼光去解读，否则我们的心智就和萤火虫没有两样。因为马勒，我们的思考将更有广度也更深刻。在高速行进且均质化的社会中，马勒令我们每一个个体的意识得以续存。他大声疾呼，要我们看得更远，聆听所有未说之言。他与我们的对话仍在继续，同样地，他也持续地对我们进行批判。

第四部分

如何理解马勒?

· 15 ·

找到开启私人空间的钥匙

马勒的交响曲总是长得吓人,歌曲的歌词又全部是德语。因此对于缺乏耐心或者语言有障碍的人而言,马勒简直是无法亲近的,仿佛没有入口的堡垒。"我该如何进入?"这是一个古典音乐新手与音乐专业人士都会有的疑问。一位古典音乐广播节目制作人就曾质问我:"告诉我,我该从何开始,又为何非要自寻烦恼?"

如果换作贝多芬,你又会有怎样的建议呢?第五交响曲?或许吧。第九交响曲的最后一个乐章、《致爱丽丝》(*Für Elise*)、《克鲁采奏鸣曲》、《月光》等等,似乎只需界定出一个大致的范围,对不同年龄层、不同知识水准、不同品味的人而言,他们都能在贝多芬的代表曲库中找到适合自己的音乐。不过要是谈到马勒,我们就列不出什么推荐曲目单。他只有交响曲和歌曲,爱听不听随便。该怎样选择取决于你是谁,此刻的你正被何事所困扰。在WNYC广播电台的节目 *Soundcheck* 中,我偶尔会扮演"唱片医师"(The Record Doctor)的角色。对于那些身处悲伤与失落的人,我开出的药方常常是马勒第九交响曲的终乐章以及第五交响曲的"小柔板"。这些音乐可以减轻痛苦，甚至可以帮助一些人从悲伤中恢复，当然这并非万能。诀窍是：找一首适合你个性及人生阶段的马勒作品，然后试图从中寻求理解。

那么，究竟应该如何开始呢？去买、去乞讨或者借一张即将公演的音乐会票，曲目必须是《复活》。不要选择所谓的贵宾席最好的位子，选一个位于音乐厅高处的位置。这首作品充满立体感，坐在远处更能体会其中妙处。聆听之前，放弃一切预设或宗教信仰偏见，也不要阅读节目单上的曲目介绍。独自一人去，看看会有什么结果。此外，与坐在你身边的人聊聊，听完之后先别做判断，等到第二天早上再说（除非你是一个必须第二天一早交稿的乐评人）。若是没有任何感觉，也许马勒不适合你，但也别轻易放弃。

或者，等待一件大事发生。倘若有新生儿诞生，便邀请孩子的父母去听第四交响曲。这首作品热烈的开场以及宽广的柔板定能为他们打开充满纯真快乐的新世界。要是你得到一份梦寐以求的工作，便播放第七交响曲曲终的《夜曲》乐章来听，你会因此充满勇气，望得更远。若是一位面临大量课业学习的实习生，他或许可以在第六交响曲野蛮的节奏中得到鼓舞。要是收到了坏消息，那么就听第九交响曲。如果消息糟糕透顶，那就非第十交响曲的"终乐章"莫属了。

以上只是粗略的解决方案，不代表能立即适用所有人的症状，毕竟马勒不是万能的非处方药。有时一个人的解药可能会害另一个人感冒，这更多取决于你选择的版本以及从音乐中感受到的情绪。有一位资深的匈牙利艺术家，她厌恶任何与德国有关的事物，然而却对我送给她的瓦尔特指挥的第一交响曲深深着迷；一位生性多疑、愤世嫉俗的歌剧歌手被费丽尔在《大地之歌》中朴素宁静的演绎所震撼；一位交响乐团的行政人员也曾被策姆林斯基删减后的第六交响曲钢琴版迷得失了魂。其实在阅读这本书的过程中，你应该已经读到许多灵光闪耀、顿悟的神妙时刻，看到马勒的音乐如何改变某些个体的生命。一位困惑许久的法国学生在第四交响曲中寻得自己的人生使命，一位指挥因为第六交响曲而克服了自己精神崩溃的问题，一位作曲家在第九交响曲中发现了属于自己的讯息。你永远不知道马勒何时将在你身上点燃火花，以怎样的方式。

如果你打算带一位从未聆听过马勒的人去听音乐会，可以先告诉他一些标志性的时刻：第一交响曲中的孩童葬礼、第二交响曲中的场外乐队、第三交响曲中的讽刺性段落，诸如此类。一个微小但高度浓缩的细节远比对作品做笼统的概述要有价值得多，也能让新手对马勒的独特手法有精准的认知。如果他们在音乐中没有得到任何感受，那就怪指挥吧。无论如何，我们还可以期待下一次机会。

对于从未听过古典音乐的人，我会建议先从尤瑞·肯恩在原作基础上重新编配，呈现后现代杂糅艺术风格的专辑《原始之光》（*Urlicht，Primal Light*）开始。对那些迷恋迪斯科舞曲的人，我建议用顶级高保真音响播放第六交响曲气势磅礴的开场。对于那些对马勒有障碍的广播公司同事，我想应该让他们听听弗拉格斯塔演绎的《亡儿悼歌》，或者是劳瑞恩·亨特·利伯森与钢琴伴奏的版本。这两人的演绎方式都不是标准的马勒风格，但都从各自的角度做了一些跳脱出去又不至于完全离题的诠释。并非所有文明人都能感受马勒，但马勒的作品犹如不朽的宏伟建筑，总有一些适合进入的缝隙，人们在其中得以寻求自我。于是乎，在那样的瞬间，马勒不再是一座堡垒，反而成为每个人的私人庇护所。

Why Mahler?

致 谢

这本书能完成，我最需要感谢的是一位长期研究马勒的无名英雄。40多年来，克努德·马特纳就马勒的生平与作品年表所提供的资料总是非常仔细且精确，同时以助理编辑的身份帮忙校阅了许多书，包括1979年最早的相关英语出版物《马勒书信集》。遗憾的是，他的贡献未得到应有的重视，所做出的修正也常被匆忙的作者忽略。这位哥本哈根学者非常注重细节，程度几乎不亚于马勒。当他同意阅读我的手稿并给予帮助时，我因为拥有一位强大的援手而信心十足。通过电子邮件的方式，马特纳逐章检阅这些文字，并来信称自己从中不仅得到了许多新资讯，还有引人深思的观点。于是，我更加确定这是一本值得撰写的书。

除了校对史实细节外，马特纳还提供了一些宝贵的看法，例如有关第五交响曲开场的起源。我非常享受两人的通信，希望这种关系持续下去，这篇致谢辞必不会是我们对话的终点。不过，我还是得强调，如果没有马特纳的热情参与，这本书不可能完成，在此，我谦卑地向他献上感激。

我与吉尔伯特·卡普兰关于马勒的交流始于25年前。那段时期，我们几乎每个月都会通电话就一些争议话题进行讨论。卡普兰本人的故事在书中已有提及。我必须感谢他与莉娜给予我的友情、欢笑与帮助。因为卡普兰，我得以结识乔纳森·卡尔，他是《经济学人》德国总部的主席，也是研究《纽伦堡名歌手》的世界级专家（据称他看这部作品不下60次）。我与卡尔及他的夫人多萝西（Dorothea）成了好友。可惜卡尔未能目睹此书付梓，我无法用言语描述心中的遗憾。我曾为卡尔的著作《真正的马勒》（The Real Mahler）贡献了书名，原本期望着他能投桃报李。

早在1985年，唐纳德·米切尔就代理了我第一本有关马勒的著作；而格兰奇在我研究初期就给予了大力的支持，允许我使用他的巴黎图书馆。已故的库尔特与赫塔是如此热情慷慨，每次前往维也纳，我总是备受礼遇。

安娜·马勒是一位挚友，我们两人的通信已经塞满了身后的抽屉。在托布拉赫遇到的洛特·克伦佩拉（已故）是激发我写作这本书的重要动力。已故的贝特霍尔德·戈德施密特是一位温暖又充满智慧的朋友。克劳斯·滕施泰特的言行对我多有启发。索尔蒂总是令我快乐。

里谢茨基是带我走进马勒国度的第一位引路人。其他帮助过我的人包括奥斯特拉发（Ostrava）[1]的米兰·帕拉克（Milan Palak），布拉迪斯拉发（Bratislava）[2]的迈克尔·斯尔巴（Michael

---

[1] 奥斯特拉发，捷克东北部城市，旧称 Moravská Ostrava。——译者注
[2] 斯洛伐克首都。——译者注

Why Mahler?

Srba)、布拉格的吉拉索娃（Lida Jirásova）、奥彻科瓦（Berenika Ovčakova）、利博尔·佩塞克、帕卓维科瓦（Zdena Pošvicova）、斯拉维科瓦博士（Dr. Jitka Sláviková）与史提海利科瓦（Ivana Stehliková）。

在维也纳，彼得·波顿（Peter Poltun）带领我参观了国家歌剧院与维也纳爱乐的音乐资料档案库。沃尔夫冈·赫勒斯与苏珊·奥伯迈尔（Susanne Obermayer）一直是非常好客的朋友，提供了大量宝贵的关于当地情况的信息。欣特雷格（Oscar Hinteregger）、福伊尔施泰因（Ines Feuerstein）以及妮可·巴克曼（Nicole Bachmann）的帮助也加速了研究的步调。

阿蒂拉·钱保伊（Attila Csampai）邀请我到托布拉赫的音乐节演讲。米克尔夫妇（Felix and Annina Mikl）在迈尔尼格热情地款待了我们。施泰因巴赫的阿特湖旁，我与马勒一样享受弗廷格家族酒店（Föttinger Family）的招待。乌拉·科彻米尔（Ulla Kalchmair）在萨尔茨堡时帮了我不少忙，还有弗朗茨·维诺尔（Franz Willnauer），不过恐怕他自己早已忘记对我有帮助的那场对话了。

我与索尼娅（Sonia Simmenauer）在汉堡的河道旁漫步，与利盖蒂（György Ligeti）一起穿过大街小巷。在荷兰，已故的安妮克·达尔德（Anneke Daalder）和丈夫汉斯（Hans）总是设身处地为他人着想，尼曼博士（Dr. H.J.Nieman）也帮助理清了细节。还有已故的芬兰好友海金黑莫（Seppo Heikinheimo），他总是促使我多角度地看待问题、突破自己。

因为特纳（J. Rigbie Turner），我得以在纽约庞特·摩根图书馆取得马勒的乐谱。史蒂芬·赫尔福林（Stephen E. Helfling）帮忙整理了马勒的引言并与国际马勒协会的支持者沟通。杰拉尔德·福克斯（Gerald Fox）与盖伊·菲尔斯坦（Guy Fairstein）给予我不少鼓励。在美国其余各地，我同样受惠于众多人的智慧：已故的杰克·迪特尔、威廉·马洛克、爱德华·赖利（Edward R. Reilly）。撰写后期，与我就马勒话题交换意见的人包括斯蒂芬·鲁宾（Stephen Rubin）、艾伦·柯辛（Allen Kozinn）、洛林·马泽尔、凯伦·佩因特（Karen Painter）、约翰·罗克韦尔（John Rockwell）、斯拉特金及本杰明·赞德。已故的反浪漫主义者贝蒂·弗里曼（Betty Freeman）对于书中过分的"马勒情怀"倾向亦产生了修正的效果。

加拿大的佐尔坦·罗曼（Zoltan Roman）与我谈了关于马勒在布达佩斯、纽约就职时的聘任条款。多伦多的亚历山大·萨穆尔（Alexander Samur）则亲眼见证了一夜之间惊现街头的神秘马勒涂鸦墙。

我在中国方面的研究得到来自上海的盛韵博士的协助。此外，还有大英博物馆的简·波特尔博士（Dr. Jane V. Portal）与杨洋博士（Yang Yang，音译）的大力支持。两位博士的主管尼尔·麦克格瑞格（Neil MacGregor）及公共关系部门的主管乔安娜·麦克尔（Joanna Mackle）说服我陪同她们前往中国。20 年前，乔安娜是我所著《记忆中的马勒》一书的出版商。

本书中提及的马勒健康状况已由几位专业人士确认过：伦敦帝国学院（Imperial College）的迈克尔·沙赫特博士（Dr. Michael P. Schachter）、英国卫生部的杰弗瑞·格雷厄姆博士（Dr. Jeffery M.

Graham),以及来自汉普斯特德(Hampstead)的西尔维娅·拉克尔(Sylvia Lacquer)。关于马勒的心理状况则征询过新西兰的治疗师伊曼纽尔·加西亚(Emmanuel M. Garcia)、伦敦的埃丝特·克拉格(Esther Klag)与玛琳·本西蒙(Marlene Bensimon);另外,我与来自巴黎的克莱尔·梅嘉珂(Claire Meljac)及艾维薇·科恩(Aviva Cohen)探讨过马勒儿时的心理状况。

如果想要探究 100 年前,乃至 150 年前发生的事,必得从古书商处寻求协助与灵感。我很幸运地结识了赫曼·巴伦(Hermann Baron)、阿尔比·罗森塔尔(Albi Rosenthal)与瓦莱丽·特拉维斯(Valerie Travis),很遗憾巴伦已离我们而去;如今,与我保持联系的还有克里斯特尔·瓦尔鲍姆(Christel Wallbaum)。

多年来,众多报纸与广播电台的编辑都毫无怨言地容忍我喋喋不休地谈论马勒,他们给了我如此大的空间,简直超越了我所应得的一切。提到先前曾有合作的《伦敦标准晚报》(*Evening Standard*)团队,我要感谢韦德利(Veronica Wadley)、伊恩·麦格雷戈(Ian Macgregor)、菲奥纳·休斯(Fiona Hughes)、大卫·塞克斯顿(David Sexton)以及凯蒂·劳(Katie Law);另有《每日电讯报》的萨拉·克朗普顿(Sarah Crompton)与保罗·金特(Paul Gent);英国广播公司第三频道(*BBC Radio 3*)的罗杰·赖特(Roger Wright)、托尼·奇弗(Tony Cheevers)、阿比盖尔·阿普尔顿(Abigail Appleton)与杰里米·埃文斯(Jeremy Evans);《彭博缪斯》(*Bloomberg Muse*)的曼努埃拉·赫尔特霍夫(Manuela Hoelterhoff)、吉姆·鲁安(Jim Ruane)与马克·比奇(Mark Beech);还有多年以前,《周日泰晤士报》(*Sunday Times*)的唐·贝里(Don Berry)、哈里·科恩(Harry Coen)、汉娜·查尔顿(Hanna Charlton)与史蒂夫·博伊德(Steve Boyd)。

压力时常压得人喘不过气,许多人向我伸出了援手:伦敦方面有已故的埃文·贝尔福(Ewen Balfour)、大卫·德鲁(David Drew)与鲁斯·乔丹(Ruth Jordan)、埃森·艾尔金德(Aythen Elkind)、朱迪·格雷厄姆(Judy Grahame)、罗纳德·哈伍德(Ronald Harwood)、加文·亨德森(Gavin Henderson)、道格拉斯·肯尼迪(Douglas Kennedy)、已故的阿伦斯·利萨拉(Ahron Lizra)、菲欧娜·马多克斯(Fiona Maddocks)、玛丽亚·穆勒(Maria Muller)、费利克斯·皮拉尼(Felix Pirani)、苏西·罗博茨(Zsuzsi Roboz)、约翰·图萨(John Tusa);柏林方面有雪莉·阿普索普(Shirley Apthorp)、菲舍尔-迪斯考;苏黎世的马里斯与伊琳娜·扬松(Mariss and Irina Jansons)、玛丽·米克尔(Marie-Christine Mikl);奥斯陆的莫娜·莱温(Mona Levin);墨尔本的林·本德(Lin Bender)、约翰·曼格(John Manger);威尼斯的努里娅·勋伯格—诺诺(Nuria Schoenberg-Nono);耶路撒冷的塔蒂亚娜·霍夫曼(Tatiana Hoffmann);以色列特拉维夫的诺姆·谢里夫(Noam Sherriff)。此外,本书即将完稿的最后阶段,伦敦交响乐团长笛首席加雷斯·戴维斯在博客上发表的文章引发了一场关于"马勒对专业乐手的影响究竟为何"的讨论,也引起了我对该问题的关注。

对任何一位作者而言,约翰·盖勒(John Geller)与简·格尔夫曼(Jane Gelfman)都是了不起的作家经纪人,他们直觉之敏锐、精准无人能超越。我在兰登书屋(Random House)的编辑马蒂·阿舍(Marty Asher)与莱克西·布卢姆(Lexy Bloom)总是逼我挑灯夜战，当然都是十足正当的理由。如果把两位严苛的编辑比作咖啡，那么丽莎·维内特（Lisa Weinert）就是温和的洋甘菊茶。总之，若是没有这些人，这本书就不可能出现。费伯出版社的编辑贝琳达·马修斯（Belinda Matthews）与其作曲家丈夫科林·马修斯（Colin Matthews）对于最终稿贡献良多。迈克·唐斯（Michael Downes）则承担了最终打字稿的校对工作，确保一切准确无误。

最后，我欠我的家人一个大大的拥抱，他们总是如此包容马勒与我。埃尔比（Elbie）、娜玛（Naama）、阿比盖尔（Abigail）与加布丽埃拉（Gabriella）是直接受害者，西蒙（Simon）、伯纳德（Bernard）与杰杰（Jay Jay）则是间接受害者。用马勒的话说，他们知道"爱告诉了我什么"。至少，我希望他们能明白。

文献目录

主要参考书目

1. Adler, Guido, *Gustav Mahler* (Vienna: Universal Edition, 1911; second edition, 1916)

2. Auner, Joseph (ed.), *A Schoenberg Reader* (New Haven and London: Yale University Press, 2003)

3. Bahr-Mildenberg, Anna, *Erinnerungen* (Vienna: Wiener Literarische Anhalt,1921)

4. Bauer-Lechner, Natalie, *Erinnerungen an Gustav Mahler* (Leipzig and Vienna: E.P.Tal, 1923)

5. —*Gustav Mahler in den Erinnerungen*, ed. Herbert Killian and Knud Martner (Hamburg: Wagner, 1984)

6. —*Recollections of Gustav Mahler*, transl. Dika Newlin, ed. And annotated Peter Franklin (Cambridge: Cambridge University Press,1980)

7. Blaukopf, Herta and Kurt, *Die Wiener Philharmoniker* (Vienna and Hamburg: Paul Zsolnay, 1986)

8. Blaukopf, Kurt, *Mahler*, transl. Inge Goodwin (London: Allen Lane,

1973)

9 —(ed.), *Mahler, A Documentary Study* (New York: Oxford University Press, 1976)

10 Brand, Juliane, Christopher Hailey and Donald Harris(eds), *The Berg-Schoenberg Correspondence* (Basingstoke: MacMillan Press, 1987)

11 Brod, Max, *Gustav Mahler: Beispiel einer deutsch-jüdischen Symbiose* (Frankfurt-am-Main: Ner-Tamid Verlag, 1961)

12 —*Israel's Music* (Tel Aviv: Sefer Press, 1951)

13 Borchardt, Georg (ed.), *Mahler: Meine Zeit wird kommen; Aspekte der Mahler-Rezeption* (Hamburg: Dölling und Gallitz Verlag, 1996)

14 Castagné, André, Michel Chalon and Patrick Florençon (eds), Gustav Mahler et l'ironie dans la culture viennoise au tournant du siècle, actes du colloque de Montpellier, 16-18 juillet 1996 (Montpellier: Editions Climats, 2001)

15 Cooke, Deryck, *Gustav Mahler : An Introduction to his Music* (London: Faber Music, 1980)

16 —*Mahler 1860-1911* (London: BBC, 1960)

17 —*Vindications: Essays on Romantic Music* (London: Faber and Faber, 1982)

18 Feder, Stuart, *Mahler: A Life in Crisis* (New Haven and London: Yale University Press, 2004)

19 Floros, Constantin, *Gustav Mahler: The Symphonies*, transl. Vernon Wicker from 1985 German Vol. III (Portland, Oregon: Amadeus Press, 1993), Foerster, J.B., Der Pilger (Prague: Artia, 1955)

20 Franklin, Peter, *Mahler: Symphony No.3* (Cambridge: Cambridge University Press, 1991)

21 Fülop, Peter, *Mahler Discography* (New York: The Kaplan Foundation,

1995)

22 Graf, Max, *Composer and Critic* (New York: W.W. Norton, 1946)
23 —*Legends of a Musical City* (New York: The Philosophical Library, 1945)
24 Grun, Bernard (ed. And transl.) , *Alban Berg: Letters to his Wife* (London: Faber and Faber, 1971)
25 Hefling, Stephen, *Mahler: Das Lied von der Erde* (Cambridge: Cambridge University Press, 2000)
26 — (ed.) , *Mahler Studies* (Cambridge: Cambridge University Press, 1997)
27 Heyworth, Peter (ed.) , *Conversations with Klemperer* (London: Victor Gollancz Ltd., 1973)
28 Isaacs, Reginald, *Gropius: An Illustrated Biography of the Creator of the Bauhaus* (Boston: Little, Brown and Company, 1991) . Abridged from Isaacs, Walter Gropius, *Der Mensch und sein Werk* (Berlin: Gebr. Mann Verlag, 1983-4)
29 Kaplan, Gilbert E., *Introduction to Facsimile of Gustav Mahler 2nd Symphony in C Minor, 'Resurrection'* (New York: Kaplan Foundation, 1986)
30 —(ed.), *The Mahler Album* (New York: Kaplan Foundation, 1995)
31 Klemperer, Otto, *Klemperer on Music: Shavings from a Musician's Workbench*, ed. Martin Anderson (London: Toccata Press, 1986)
32 Kolodin, Irving, *The Metropolitan Opera, 1883-1966: A Candid History* (New York: Alfred A Knopf, 1966)
33 La Grange, Henry-Louisde, *Mahler: Vol.1* (London: Victor Gollancz, 1974)
34 —*Mahler: Vol.2, Vienna: The Years of Challenge (1897-1904)* (Oxford:

35 —*Mahler: Vol.3, Vienna: Triumph and Disillusion* (*1904-1907*) (Oxford: Oxford University Press, 1999)

36 —*Gustav Mahler: A New Life Cut Short* (*1907-1911*) (Oxford: Oxford University Press, 2008)

37 Lea, Henry A., *Gustav Mahler: Man on the Margin* (Bonn: Bouvier, 1985)

38 Lebrecht, Norman, *Mahler Remembered* (London: Faber and Faber, 1987)

39 —*The Maestro Myth* (London: Simon and Schuster, 1991)

40 McClatchie, Stephen (ed.And transl.) ,*The Mahler Family Letters* (Oxford: Oxford University Press, 2006)

41 Mahler, Alma, *Gustav Mahler: Memories and Letters*, transl. Basil Creighton (London: W.Clowes and Son,1946) ; third revised edition, ed. Donald Mitchell and Knud Martner (London: J. Murray, 1973)

42 —*Mein Leben* (Frankfurt: Fischer, 1960) ; transl. into English by E.B. Ashton as *And the Bridge is Love* (New York: Harcourt Brace, 1958)

43 —*Diaries 1898-1902*, transl. and abridged Antony Beaumont (London: Faber and Faber,1999)

44 Mahler, Gustav, *Adagietto. Facsimile, Documentation, Recording*, ed. Gilbert E. Kaplan (New York: Kaplan Foundation, 1992)

45 —*Briefe, 1870-1911* (Vienna: Paul Zsolnay, 1924)

46 —*Letters to his Wife*, ed. Henry-Louisde La Grange and Günther Weiss in collaboration with Knud Martner, transl. Antony Beaumont (London: Faber and Faber, 2004)

47 —*Mahler's Unknown Letters*, ed. Herta Blaukopf, transl. Richard Stokes (London: Victor Gollancz, 1986)

48 —*Mein lieber Trotzkopf, meine süsse Mohnblume: Briefe an Anna von Mildenburg*, ed. With a commentary by Franz Willnauer (Vienna: Paul Zsolnay Verlag, 2006)

49 —*Selected Letters*, ed. Knud Martner, Eithne Wilkins, and Ernst Kaiser, transl. Bill Hopkins (London: Faber and Faber, 1979)

50 —and Richard Strauss, *Gustav Mahler-Richard Strauss: Correspondence, 1888-1911*, ed. Herta Blaukopf, transl. Edmund Jephcott (London: Faber and Faber, 1984)

51 Meysels, Lucian O, *In meinem Salon ist Österreich: Berta Zuckerkandl und ihre Zeit* (Vienna: INW, 1994)

52 Mitchell, Donald, *Discovering Mahler: Writings on Mahler, 1955-2005* (Woodbridge: The Boydell Press, 2007)

53 —*Gustav Mahler: The Early Years* (London: Rockliff, 1958); second edition, revised Paul Banks and David Matthews (London: Faber and Faber, 1980)

54 —*Gustav Mahler: Songs and Symphonies of Life and Death* (London: Faber and Faber, 1985)

55 —*Gustav Mahler: The Wunder horn Years* (London: Faber and Faber, 1975)

56 —(ed.), *Gustav Mahler: The World Listens* (published for the Mahler Festival, Amsterdam, 1995)

57 —and Andrew Nicholson (eds), *The Mahler Companion* (Oxford: Oxford University Press, 1999)

58 Museen der Stadt Wien, *Traum und Wirklichkeit in Wien, 1870-1930*, special exhibition catalogue of Historiches Museum der Stadt Wien (Vienna: Museen der Stadt Wien, 1985)

59 Pfohl, Ferdinand, *Gustav Mahler: Eindrücke und Erinnerungen aus der*

Hamburger Jahren, ed. Knud Martner (Hamburg: Karl Dieter Wagner, 1973)

60 Počátek Cesty, *Gustav Mahler, a Jihlava*, written by Vlastimil Sverak, Renata Piskova, Helena Nebdalova, Vlastimil Sveřák, Petr Dvořák (Jihlava: statni okresni archiv, 2000)

61 Reeser, Eduard, *Gustav Mahler und Holland* (Vienna: IGMG, 1980)

62 —et. al., *Gustav Mahler: The World Listens* (Amsterdam: Muziek & Wetenschap; Dutch Journal for Musicology, vol. 5, no. 3, 1995/6)

63 Reilly, Edward R., *Guido Adler and Gustav Mahler, Records of a Friendship* (Cambridge: Cambridge University Press, 1982)

64 Ritter, William, *William Ritter chevalier de Gustav Mahler: écrits, correspondance, documents*, ed. Claude Meylan (Bern: Peter Lang, 2000)

65 Roller, Alfred, *Die Bildnisse von Gustav Mahler* (Leipzig and Vienna: E.P.Tal, 1922)

66 Roman, Zoltan, *Gustav Mahler and Hungary* (Budapest: Akademiai Kiado, 1991)

67 —*Gustav Mahler's American Years 1907-1911* (New York: Pendragon Press, 1989)

68 Schoenberg, Arnold, *Schoenberg Letters*, ed. Erwin Stein (London: Faber and Faber, 1964)

69 Specht, Richard, *Gustav Mahler* (Stuttgart and Berlin: DVA, 1913; 18th impression, 1925)

70 Stefan, Paul, *Gustav Mahler: Eine Studie üher Persönlichkeit und Werk* (Munich: Piper & Co, 1910; US edition, Schirmer, 1912)

71 —(ed.), *Gustav Mahler: Ein Bild seiner Persönlichkeit in Widmungen* (Munich: Piper & Co., 1910) .See also by same author *Gustav Mahlers*

Erbe (Munich: Weber, 1908) and *Das Grabin Wien* (Berlin: Eric Reiss, 1913)

72　Wagner, May H., *Gustav Mahler and the New York Philharmonic Orchestra Tour America* (Lanham, Maryland: The Scarecrow Press, 2006)

73　Walter, Bruno, *Briefe: 1894-1962*. Frankfurt: Fischer, 1969

74　—*Gustav Mahler*, transl. James A. Galston (London: Kegan, Paul, Trench, Trubner and Co. Ltd, 1937)

75　—*Theme and Variations*, transl. James. A. Galston (London: Hamish Hamilton, 1947)

76　—*Vonder Musik und vom Musizieren* (Frankfurt: Fischer, 1957)

77　Willnauer, Franz, *Gustav Mahler und die Wiener Oper* (Munich and Vienna: Jugend und Volk, 1979; second edition, 1993)

78　[Szeps-] Zuckerkandl, Bertha, *My Life and History* (London: Cassell, 1938)

79　Zuckerkandl, Bertha, *Österreich intim. Erinnerungen 1892-1942* (Frankfurt: Ullstein, 1970)

80　Zweig, Stefan, *The World of Yesterday* (London: Cassell, 1943)

81　Zychowicz, James L.(ed.), *The Seventh Symphony of Gustav Mahler: A Symposium* (Cincinnati: University of Cincinnati College of Music, 1990)

其他参考书目

82　Adler, Tom, with Anika Scott, *Lost to the World* (Philadelphia: Xlibris, 2002)

83　Adorno, Theodor Wiesengrund. *Mahler: A Musical Physiognomy*,

	transl. Edmund Jephcott (Chicago: Chicago University Press, 1992)
84	—*Mahler, Ein Musikalische Physiognomik* (Frankfurt: Suhrkamp, 1960)
85	—*Quasiuna Fantasia: Essays on Modern Music*, transl. Rodney Livingstone (London: Verso, 1992)
86	Appignanesi, Lisa, and John Forrester, *Freud's Women* (London: Phoenix, revised edition, 2005)
87	Aspertsberger, Friedbert and Erich Wolfgang Partsch(eds), *Mahler-Gespräche* (Innsbruck: Studien Verlag, 2002)
88	Bacharach, A. L., *The Musical Companion* (London: Cassell, 1934)
89	Bailey, Colin B. (ed.), *Gustav Klimt: Modernism in the Making* (NewYork: Harry N. Abrams, 2001)
90	Barham, Jeremy (ed.), *Perspectives on Gustav Mahler* (Burlington: Ashgate, 2005)
91	Beaumont, Antony, *Zemlinsky* (London: Faber and Faber, 2000)
92	Bertensson, Sergei and Jay Leyda, *Sergei Rachmaninoff: A Life in Music* (New York: New York University Press, 1956)
93	Bertin, Celia, *Marie Bonaparte: A Life* (London: Quartet Books, 1983)
94	Bethge, Hans, Die Chinesische Flöte (Leipzig: Insel-Bücherei, No. 465, 1907et. seq.)
95	Brown, Malcolm Hamrick(ed.), *A Shostakovich Casebook* (Bloomington: Indiana University Press, 2004)
96	Busoni, Ferrucio, *Letters to His Wife* (London: Edward Arnold, 1938)
97	Canetti, Elias, *The Play of the Eyes*, transl. Ralph Mannheim (New York: Farrar, Straus, Giroux, 1986)
98	Cardus, Neville, *Gustav Mahler: His Mind and his Music, Vol.1* (London: Victor Gollancz, 1965)

99 Carnegy, Patrick, *Wagner and the Art of Theatre* (New Haven and London: Yale University Press, 2006)

100 Carr, Jonathan, *The Real Mahler* (London: Constable, 1997)

101 Cherlin, Michael, Halina Filipowicz, and Richard L.Rudolph, *The Great Tradition and Its Legacy: The Evolution of Dramatic and Musical Theatre in Austria and Central Europe* (London: Berghahn Books, 2004)

102 Cooke, Mervyn, *A History of Film Music* (Cambridge: Cambridge University Press, 2008)

103 Damrosch, Walter, *My Musical Life* (New York: Scribner, 1923)

104 Davenport, Marcia, *Too Strong for Fantasy* (London: William Collins, 1968)

105 Dukas, Helen, and Banesh Hoffmann(eds), *Albert Einstein: The Human Side: New Glimpses from his Archives* (Princeton: Princeton University Press, 1989)

106 Evans, Richard J., *Deathin Hamburg: Society and Politics in the Cholera Years, 1830-1910* (London: Penguin Books, 1987)

107 Ekman, Karl, *Jean Sibelius: The Life and Personality of an Artist*, transl. Edward Birse (Helsingfors: Holger Schildts Forlag, 1935)

108 Farrar, Geraldine, *Such Sweet Compulsion* (New York: Greystone, 1938)

109 Fiedler, Johanna, *Molto Agitato: The Mayhem Behind the Music at the Metropolitan Opera* (New York: Doubleday, 2001)

110 Gahagan, Judy, *Did Gustav Mahler Ski?* (New York: New Directions, 1991)

111 Gay, Peter, *Freud: A Life for Our Time* (London: J.M. Dent, 1988)

112 Gay, Peter, *A Godless Jew* (New Haven and London: Yale University

113 Giroud, Françoise, *Alma Mahler, or the Art of Being Loved*, transl. R.M. Stock (Oxford: Oxford University Press, 1991)

114 Grass, Günter, *Peeling the Onion*, transl. Michael Henry Heim (London: Harvill Seeker, 2007)

115 Gresser, Moshe, *Dual Allegiance: Freud as a Modern Jew* (Albany: State University of New York Press, 1994)

116 Grunfeld, Frederic V., *Rodin* (London: Hutchinson, 1987)

117 Grünfeld, Heinrich, *In Dur und Moll* (Leipzig: Grethlein, 1923)

118 Hanak, Peter, *The Garden and the Workshop: Essays on the Cultural History of Vienna and Budapest* (Princeton: Princeton University Press, 1998)

119 Harwood, Ronald, *Mahler's Conversion* (London: Faber and Faber, 2001)

120 Heller, Sharon, *Freud A-Z* (London: John Wiley, 2005)

121 Hellsberg, Clemens, *Demokratie der Könige: Die Geschichte der Wiener Philharmoniker* (Zurich: Schweizer Verlagshaus, 1992)

122 Heymann-Wenzel, Cordula, and Johannes Laas(eds), *Musik und Biographie* (Würzburg: Königshausen & Neumann, 2004)

123 Heyworth, Peter, *Otto Klemperer, His Life and Times, Vol.1* (Cambridge: Cambridge University Press, 1983)

124 Heyworth, Peter, *Otto Klemperer, His Life and Times, Vol.2* (Cambridge: Cambridge University Press, 1996)

125 Hilmes, Oliver, *Witwe im Wahn: Das Leben der Alma Mahler-Werfel* (Munich: Siedler, 2004)

126 Janik, Allan, and Stephen Toulmin, *Wittgenstein's Vienna* (New York: Simon and Schuster, 1973)

127 Jones, Ernest, *The Life and Work of Sigmund Freud*, ed. And a bridged Lionel Trilling and Steven Marcus (London: Penguin Books, 1964)

128 Jung, Carl Gustav, *Memories, Dreams, Reflections*, transl. Richard and Clara Winston (New York: Pantheon Books, 1963)

129 Jungk, Peter Stephan, *A Life Torn by History: Franz Werfel, 1890-1945* (London: Weidenfeld and Nicolson, 1990)

130 Karbusicky, Vladimir, *Mahler in Hamburg: Chronik einer Freundschaft* (Hamburg: von Bockel Verlag, 1996)

131 Karpath, Ludwig, *Begegnung mit dem Genius* (Vienna: Fiba, 1934)

132 Keegan, Suzanne, *Bride of Love: The Life and Times of Alma Maria Werfel* (London: Seeker and Warburg, 1991)

133 Kenyon, Nicholas, *Simon Rattle: from Birmingham to Berlin* (London: Faber and Faber, 2001)

134 Köhler, Joachim, *Richard Wagner: The Last of the Titans*, transl. Stewart Spencer (New Haven and London: Yale University Press, 2004)

135 Kokoschka, Oskar, *My Life*, transl. David Britt (London: Thames and Hudson, 1974)

136 Lukacs, John, *Budapest 1900* (London: Weidenfeld and Nicolson, 1998)

137 McColl, Sandra, *Music Criticism in Vienna, 1896-97* (Oxford: Clarendon Press, 1996)

138 Mahler, Anna, *Anna Mahler: Her Work* (London: Phaidon, 1975)

139 Mahler-Feestboek (Amsterdam: Concertgebouw, 1920)

140 Mann, Katiam, *Unwritten Memories* (London: André Deutsch, 1975)

141 Martin, George, *The Damrosch Dynasty* (Boston: Houghton Mifflin, 1983)

142 Medvei, Victor Cornelius, *The History of Clinical Endocrinology* (London: Taylor and Francis, 1993)

143 Moldenhauer, Hans and Rosaleen, *Anton von Webern: A Chronicle of His Life and Work* (London: Victor Gollancz, 1978)

144 Monson, Karen, *Alma Mahler: Muse to Genius* (London: William Collins, 1984)

145 Morton, Frederic, *A Nervous Splendour, Vienna 1888-1889* (London: Weidenfeld and Nicolson, 1980)

146 John Murray, *Hand book for Travellers in Southern Germany* (London: John Murray, 1858)

147 Nejedly, Zdenek, *Gustav Mahler* (Prague: Statni Nakladatelstvi, 1958)

148 Newman, Richard, and Karen Kirtley, *Alma Rosé: Vienna to Auschwitz* (New York: Amadeus Press, 2003)

149 Nussbaum, Martha C., *Upheavals of Thought: The Intelligence of Emotions* (Cambridge: Cambridge University Press, 2001)

150 Painter, Karen(ed.), *Mahler and His World* (Princeton: Princeton University Press, 2002)

151 Pople, Anthony(ed.), *Theory, Analysis and Meaning in Music* (Cambridge: Cambridge University Press, 2006)

152 Porter, Roy, *The Greatest Benefit to Mankind: A Medical History of Humanity* (London: Harper Collins, 1997)

153 Prokofiev, Sergei, *Diaries 1915-1923: Behind the Mask*, ed. and transl. Anthony Phillips (London: Faber and Faber, 2008)

154 Reed, Philip (ed.), *Britten and Mahler: Essays in Honour of Donald Mitchell on his 70th Birthday* (Woodbridge: The Boydell Press, 1995)

155 Reik, Theodor, *The Haunting Melody: Psychoanalytic Experiences in Life and Music* (New York: Farrer, Straus and Young, 1953)

156 Roazen, Paul, *Freud and his Followers* (London: Allen Lane, 1974)
157 Ross, Alex, *The Restis Noise* (New York: Farrar, Strauss, Giroux, 2007)
158 Ryding, Erik and Rebecca Pechefsky, *Bruno Walter: A World Elsewhere* (New Haven and London: Yale University Press, 2001)
159 Sacks, Oliver, *Musicophilia* (London: Picador, 2007)
160 Schnitzler, Arthur, *My Youth in Vienna*, transl. Catherine Hutter (London: Weidenfeld and Nicolson, 1971)
161 Shaw, George Bernard, *Music in London, 1890-94* (London: Constable, 1931)
162 Snowman, Daniel, *Hallelujah: An Informal History of the London Philharmonic Choir* (London: LPC, 2007)
163 Spiel, Hilde, *Vienna's Golden Autumn, 1866-1938* (London: Weidenfeld and Nicolson, 1987)
164 Susskind, Charles, *Janácek and Brod* (New Haven and London: Yale University Press, 1985)
165 Walker, Alan, *Hansvon Bülow: A Life and Times* (New York: Oxford University Press, 2010)
166 Walker, Frank, *Hugo Wolf*, second revised edition (London: J.M.Dent, 1968)
167 Wechsberg, Joseph, *The Opera* (London: Weidenfeld and Nicolson, 1972)
168 Weidinger, Alfred, *Kokoschka and Alma Mahler*, transl. Fiona Elliott (Munich and New York: Prestel, 1996)
169 Werfel, Franz, *Embezzled Heaven* (New York: Viking, 1940)
170 Whitford, Frank, *Oskar Kokoschka* (London: Weidenfeld and Nicolson, 1986)
171 Whyte, George R., *The Accused: The Dreyfus Trilogy* (Bonn: Inter

172 Wilhelm, Kurt, *Richard Strauss, An Intimate Portrait*, transl. Mary Whittall (London: Thames and Hudson, 1989)

173 Wittgenstein, Ludwig, *Culture and Value* (Oxford: Blackwell, 1948)

174 Wolf, Hugo, *Eine Persönlichkeit in Briefe, Familienbriefe*, ed. Edmund von Hellmer (Leipzig: Breitkopf & Härtel, 1912)

175 Wullschlager, Jackie, *Chagall: Life and Exile* (London: Allen Lane, 2008)

176 Yates, W. E., Schnitzler, *Hofmannsthal and the Austrian Theater* (New Haven and London: Yale University Press, 1992)

177 Yoffe, Elkhonon, *Tchaikovsky in America* (New York: Oxford University Press, 1986)

手稿、论文、期刊及展览目录

178 Anizan, Anne-Laure, 'Paul Painlevé (1863-1933) : un scientifique en politique' (thesis, Institut d'Études Politiques de Paris, 2006)

179 Die Ara Gustav Mahler, Wiener Hofoperndirektion 1897-1907 (Vienna: Theater Museum, 1997)

180 Bailey, Colin(ed.), Gustav Klimt: Modernism in the Making (*Exhibition catalogue for National Gallery of Canada*, Ottawa, June-September, 2001)

181 Bosworth, M., 'The Ellis Island US Arrival Records for Gustav Mahler, 1907-10', *Naturlaut* vol.6, no.2

182 Cadra, Janko, Diaries of Janko Cadra (1882-1927) , in the *Archives of Fine Arts and Literature of the Slovak Foundation*, Martin, Slovakia. Translations by Milan Palak (booklet, 2005) and *Michael Srba* (private

communication,2009)

183 Christy, Nicholas P., and Beverly M. Christy, 'Mahler's Final Illness', from the Department of Medicine, Roosevelt Hospital, and the College of Physicians and Surgeons,Columbia University (New York: 1998. http://www.mahlerarchives.net/archives/mahlerillness.pdf)

184 Collins, T. M., 'A Life of Otto H. Kahn: Finance, Art, and Questions of Modernity' (unpublished Ph.D. thesis, New York University, 1998)

185 Draper, K., 'A Voice for Modernism in Elsa von Bienenfeld's Music Reviews' (graduation thesis, Brigham Young University, 2005)

186 Garcia, Emanuel E., MD, 'A New Look at Gustav Mahler's Fateful Encounter with Sigmund Freud', Journal of *The Conductors' Guild*, vol.12, nos.1 and 2 (Winter/Spring 1991)

187 —'Gustav Mahler's Choice: A Note on Adolescence, Genius and Psychosomatics', in *The Psychoanalytic Study of the Child*, vol.55, pp.87-110 (New Haven and London: Yale University Press, 2000)

188 Hefling, Stephen, 'Mahler's Totenfeier and the Problem of Program Music', *19th Century Music*, vol.12, no.1 (Summer 1988)

189 Jaros, Zdenek, *Guide to Mahler's Jihlava* (Municipality of Jihlava, 2000)

190 Korngold, Julius, Memoirs (manuscript copy in NL archives)

191 Die Korngolds: klischee, kiritik und komposition, catalogue for an exhibition at the Jewish Museum (Vienna, November 2007-May 2008)

192 Kristan, M., 'Josef Hoffmann und die Villenkolonie auf der Hohe Warte',notes to a special exhibition for the *Vienna International Arts and Antiques Fair* (Vienna: Leopold Museum, November 2007)

193 Levy, D., 'Gustav Mahler and Emanuel Libman: bacterial endocarditis in 1911', *British Medical Journal*, vol.293 (20-27 December 1986)

194 Loschnigg, E, 'The Cultural Education of Gustav Mahler' (Ph.D. thesis, University of Wisconsin-Madison, 1976)

195 Mahler et la France (*Paris: Musical: Revue du Châtelet*, No.9, Éditions Parution, 1989)

196 Mahler, Gustav, Gustav Mahler IX. Symphonie, Facsimile nach der Handschrift, ed. Erwin Ratz (Vienna: Universal Edition, 1971)

197 —Facsimile. Gustav Mahler Zehnte Symphonie; Skizzenblätter (Vienna: Paul Zsolnay Verlag, 1924)

198 Mabler Tentoonstelling, Muziekcentrum Vredenburg Utrecht (13-30 November 1986)

199 Martner, Knud, Gustav Mahler im Konzertsaal (manuscript, to be published by Ashgatein 2010-11)

200 —'Verwelkte Blütenträume: Ein Werkverzeichnis der österreichischen Komponistin Alma Maria Schindler (verehelicht Mahler, Gropius, Werfel) nebst Streiflichter auf die Jahrenbis 1902' (Copenhagen: privately printed, 2007)

201 Natter, T., and C.Grunenberg(eds), Gustav Klimt: Painting Design and Modern Life, exhibition catalogue for *Tate Liverpool* (May-August 2008)

202 Plutalov, D., Doctoral thesis on the life and works of Maria Yudina (University of Nebraska-Lincoln, in progress)

203 Poulain-Colombier, Jacquelyne, Presto: les deux patients musiciens de Freud: Le Patient de la Psychanalyse (Paris: L'Harmattan, 2007)

204 Rose, Louis,' The Psychoanalytic Movement in Vienna: Towards a Science of Culture' (dissertation, Princeton University, 1986)

205 Rothstein, Edward, 'Critic's Notebook: Mahler Goes on Trial: Genius or Fraud or Both? '*New York Times*, 22 November 1994, C18

206 Rychetsky, Jiri, 'Mahler's Favourite Song', *Musical Times*, vol.130, no.1762 (1989), p.729

207 Sander, Jaroslav, 'The Family History of Gustav Mahler, '*Jewish Quarterly*, vol. 33/3, no.123 (1986), pp.53-54

208 Zakrewska, Dorota, 'Alienation and Powerlessness: Adam Mickiewicz's "Ballady" and Chopin's Ballades', *Polish Music Journal*, vol.2, nos.1-2(1999) http://www.usc.edu/dept/polish_music/PMJ/issue/2.1.99/zakrzewska.html

在线资料

209 http://gustav-mahler.org

210 http://www.bgm.org

211 http://gustavmahler.net.free.fr

212 www.jihlava.com

213 http://www.mahlerarchives.net

214 http://www.mahler-steinbach.at/englisch/index_en.htm

215 http://www.deathreference.com/Ke-Ma/Mahler-Gustav.html-on Mahler's morbidity

216 http://www.universaledition.com/mahler-Mahler's publisher's site

217 www.leonardbernstein.com

218 www.dasliedchinese.net-guide to original texts

219 http://www.lehrer.uni-karlsruhe.de/~za1326/meyer/mahler.pdf-helpful analysis of Tenth Symphony(in German,with musicexamples)